西南民族地区高速公路与特色旅游小城镇协同研究

曾 鹏 曹冬勤 著

中国财经出版传媒集团
经济科学出版社
Economic Science Press

图书在版编目（CIP）数据

西南民族地区高速公路与特色旅游小城镇协同研究/曾鹏，曹冬勤著.—北京：经济科学出版社，2017.11
ISBN 978-7-5141-8577-5

Ⅰ.①西… Ⅱ.①曾…②曹… Ⅲ.①民族地区-高速公路-交通运输管理-关系-小城镇-旅游业发展-研究-西南地区 Ⅳ.①F542②F592.77

中国版本图书馆CIP数据核字（2017）第261099号

责任编辑：李晓杰 胡静静
责任校对：隗立娜
责任印制：李 鹏

西南民族地区高速公路与特色旅游小城镇协同研究
曾 鹏 曹冬勤 著
经济科学出版社出版、发行 新华书店经销
社址：北京市海淀区阜成路甲28号 邮编：100142
总编部电话：010-88191217 发行部电话：010-88191522
网址：www.esp.com.cn
电子邮件：esp@esp.com.cn
天猫网店：经济科学出版社旗舰店
网址：http://jjkxcbs.tmall.com
北京季蜂印刷有限公司印装
710×1000 16开 26.75印张 500000字
2017年12月第1版 2017年12月第1次印刷
ISBN 978-7-5141-8577-5 定价：78.00元
（图书出现印装问题，本社负责调换。电话：010-88191510）

本书受广西壮族自治区教育厅“广西高等学校高水平创新团队及卓越学者计划”项目、桂林理工大学校长高层次人才基金、桂林理工大学广西文化旅游产业发展协同创新中心出版基金、桂林旅游学院休闲旅游产业研究协同创新中心项目联合资助出版。

作者简介

曾鹏，男，1981年7月生，汉族，广西桂林人，中共党员。广西师范大学经济学、法学双学士、管理学硕士，哈尔滨工业大学管理学博士，中国社会科学院研究生院政治经济学专业第二博士研究生，中央财经大学经济学博士后，桂林理工大学社会科学办公室主任、科技处副处长，经济学教授，硕士研究生导师，入选国家民族事务委员会“民族问题研究优秀中青年专家”、国家旅游局“旅游业青年专家培养计划”、民政部“行政区划调整论专家”、广西壮族自治区“十百千人才工程”第二层次人选、广西教育厅“广西高等学校高水平创新团队及卓越学者计划”、广西教育厅“广西高等学校优秀中青年骨干教师培养工程”、广西知识产权局“广西知识产权（专利）领军人才”、广西文化厅“广西文化产业发展专家”。主要从事城市群与区域经济可持续发展方面的教学与科研工作。主持完成国家社会科学基金项目2项、省部级和地厅级纵向项目15项。出版《面向后发地区的区域技术战略对企业迁移作用机理研究》《中国—东盟自由贸易区带动下的西部民族地区城镇化布局研究——基于广西和云南的比较》等著作4部；在《社会科学》《国际贸易问题》《农业经济问题》《数理统计与管理》《经济地理》《中国人口·资源与环境》《人文地理》《城市发展研究》《城市问题》《现代法学》等中文核心期刊、CSSCI源期刊、EI源期刊上发表论文82篇，在省级期刊上发表论文24篇，在《广西日报》（理论版）上发表论文27篇，在论文集上发表论文18篇。其中有9篇被EI检索，有4篇被ISTP/ISSHP检索，有60篇被CSSCI检索，有1篇被人大复印资料全文转载。学术成果获国家民委社会科学优秀成果奖二等奖1项、三等奖1项；广西社会科学优秀成果奖二等奖3项、三等奖6项；团中央全国基层团建创新理论成果奖二等奖1项；民政部民政政策理论研究一等奖1项、二等奖1项、三等奖2项、优秀奖1项；教育部高校哲学社会科学研究优秀咨询报告1项；团中央全国社区共青团工作调研活动优秀调研奖一等奖1项；桂林社会科学优秀成果奖一等奖1项、二等奖1项、三等奖4项；广西教育科学研究优秀成果奖三等奖1项；广西高等教育自治区级教学成果奖二等奖1项；全国工商管理硕士教育指导委员会“全国百篇优秀管理案例”1项。

曹冬勤，女，1994年1月出生，汉族，四川资阳人。燕山大学里仁学院管理学学士，桂林理工大学公共经济与管理专业硕士研究生。主要从事旅游城镇化方面的研究，获得国家民委社会科学研究成果三等奖1项。

序　一

山东大学经济研究院院长、长江学者特聘教授、
博士研究生导师 黄少安教授

曾鹏教授长期关注中国旅游城镇化和民族区域经济发展的重大理论和现实问题，著作《西南民族地区高速公路建设与特色旅游小城镇协同研究》对西南民族地区高速公路与特色旅游小城镇的接入性问题进行了深入的探讨研究，这是在2017年3月1日国家旅游局等联合印发《关于促进交通运输和旅游融合发展的若干意见》后首部以高速公路与特色旅游小城镇协同关系为研究重点的著作，与国家关于加快交通运输业与旅游发展融合的政策不谋而合，具有前瞻性和开创性。研究从高速公路与特色旅游小城镇两个方面出发，首先就西南民族地区的高速公路与特色旅游小城镇进行了内涵的界定和特征分析，在充分考虑西南民族地区发展现状的基础上对高速公路和特色旅游小城镇进行了维度划分，并建立总体的分析框架和各部分的子分析框架。其次在分析高速公路与特色旅游小城镇的各自维度特征和接入特点的基础上，结合各类民族期刊所得出的有关民族经济发展的理论，同时根据西南民族地区高速公路与特色旅游小城镇协同关系的演化过程以及相关的影响因素，提出了研究假设和建立演化模型。再次，运用结构方程模型的计量分析方法对西南民族地区高速公路与特色旅游小城镇的协同关系进行实证分析，在计算西南民族地区高速公路与特色旅游小城镇的协同度的基础上，以西南民族地区典型的特色旅游小城镇为案例地，运用SPS案例研究方法进行案例验证分析，并对于西南民族地区高速公路与特色旅游小城镇的协同关系提出规划路径和实施路

径，包括在基于高速公路建设的基础上特色旅游小城镇协同的实现路径、基于特色旅游小城镇建设的基础上高速公路协同的实现路径、高速公路与特色旅游小城镇协同的实现路径。最后，研究在理论分析—规划—设计—实施的基础上，以西南民族地区云南省的翁丁古寨为案例，将所提出的理论模型和协同实现路径应用在翁丁古寨的实际旅游规划当中，改变翁丁古寨高速公路与特色旅游小城镇发展不协调的现状，最终实现高速公路与特色旅游小城镇的协同、健康、持续发展。

本书对西南民族地区高速公路与特色旅游小城镇的协同性进行深入研究具有十分重要的意义。一方面，从当前现有的研究文献资料来看，针对高速公路与特色旅游小城镇的相关分析比较缺乏，甚至在高速公路与旅游小城镇的内在作用机制方面的研究出现了理论上的空白，这就极大地弱化的现有的资料在理论层面对本课题的支撑力度。在这种研究资料缺失的背景下，本书选择以高速公路与特色旅游小城镇的协同接入关系作为研究课题具有极大的前瞻性，为后来的学者在相关科研问题上的深入奠定了初步的研究理论基础，使得深层次的相关研究和实践具有了初步的理论支撑，也强化了制度这一因素在民族地区经济发展中的重要作用。另一方面，研究区域的选择定位在西南民族地区，我国民族地区和非民族地区经济社会发展不平衡是我国一项基本的国情，研究通过对高速公路与特色旅游小城镇协同的实现路径研究进行制度创新，包括产品创新、技术创新、组织创新和市场创新等方面，为加快西南民族地区旅游城镇化进程进行了制度上的创新，对西南民族地区区域经济发展和全域旅游旅游的展开有着重要的现实意义。有利于促进少数民族地区社会、环境、生态、教育等多方面的发展，提高西南民族地区的居民受益水平，强化民族地区内部以及民族地区与外部的经济文化交流，维护和促进民族团结，实现共同进步和共同繁荣。

这本著作对于统筹我国在高速公路与特色旅游小城镇的发展，具有指导意义。我相信，读者看完这本书或许会得到一些新的启发，获得一些新的收获，或者会提出很多的问题，发现研究中的不足和尚不成熟的地方，如果能激发更多的研究者加入到这个研究领域当中，产生出更多的研究成果，那将是很好的社会效应。

2017 年 6 月

序　二

国家旅游局人事司副司长　余昌国

在城镇化与旅游业快速发展的大背景下，特色旅游小城镇的开发建设作为推进城镇化的重要途径之一，其演化历程、旅游影响、旅游城镇规划以及旅游小城镇的管理都成为一些学者的研究重点和热点。同时随着近年来国际旅游的研究对地理空间、区域旅游、社区关系等相关问题的侧重，城镇化的发展模式逐渐从以土地为中心发展到以人为中心，特色旅游小城镇的利益主体之间的利益分配关系以及特色旅游小城镇居民也逐渐成为国外研究者的焦点。新型城镇化是工业化、信息化、城镇化、农业现代化同步发展，城乡统筹发展的城镇化，是规划科学、布局优化、节约集约利用土地的城镇化。新型城镇化必然伴随着土地制度的改革和创新。本书在对西南民族地区高速公路与特色旅游小城镇协同研究中重点强调了土地的占用问题，研究对于旅游征地的合法性、居民社区参与以及土地资源的节约和浪费等方面都进行了阐述，创新性地提出了在现有的旅游开发中解决土地占用问题的实施路径，强调西南民族地区特色旅游小城镇旅游用地的开发重点应该放在旅游用地的投入产出水平上，在完善相关基础设施时注重现有设施的深度利用，运用集约化管理思想减少旅游土地的投入量，最大限度地使用西南民族地区特色旅游小城镇和高速公路建设现有的土地资源。

从经济发展的空间视角来看，中国的经济区主要分为东北、京津、北部沿海、东部沿海、南部沿海、中部、西北、西南八大经济区。在现阶段我国的经济区中，由于区位条件、资源禀赋等客观因素，以及区位比较优势、经济发展模式选择以及政策策略等主观原因使得区域经济发展水平、经济结构、基础设施和社会事业发展都呈现出较大的差距。区域经济发展的不平衡是我国发展中面临的一个长期性的问题。在全球区域经济一体化发展的大趋势下，区域经济发展的一大特点就是逐渐突破传统的地域限制，向广域一体化方向发展。区域的基础交通建设是促进区域经济成长的一个重要的因素，也是使投资和产业结构调整得以持续进行的重要保障。但纵观西南民族地区的交通发展现状，由于地理环境和地势状况使得西南民族地区的交通建设难度系数远远高于同纬度的东部沿海地带，加之交通技术难度较大，相关资金和人才等要素跟不上，造成了西南民族地区交通建设的成本高、发展慢且发展水平有待提高的现状。在这种大环境下，本书创新性地对高速公路与特色旅游小城镇的协同关系进行研究，提出基于特色旅游小城镇建设的高速公路建设路径，为解决西南民族地区交通问题提出了一个有针对性的思路。

曾鹏教授对于区域经济发展中的理论问题和实践问题给予了长期关注。本书以西南民族地区作为研究地域，在研究中综合运用了多种理论和方法，是在2017年3月1日国家旅游局等六部联合印发《关于促进交通运输和旅游融合发展的若干意见》后首部以高速公路与特色旅游小城镇协同关系为研究重点的著作，开创了关于高速公路与特色旅游小城镇协同性研究的先河，与国家关于加快交通运输业与旅游发展融合的政策不谋而合，体现了很好的前瞻性和创新性。本书在综合构建起西南民族地区高速公路与特色旅游小城镇协同作用的理论模型和实证模型的基础上，运用实地案例进行旅游规划以改变高速公路与特色旅游小城镇不协同的现状，提出高速公路与特色旅游小城镇协同的实现路径，做到了理论和实践的统一。西南民族地区作为我国欠发达地区，新型城镇化发展所面临的问题还比较多。本书对西南民族地区高速公路与特色旅游小城镇的协同研究，对充分发挥西南民族地区的比较优势，促进西南民族地区旅游经济的发展和城镇化发展，维护民族团结，实现共同进步，具有重要的意义。同时，本书所进行的创新型研究和方法是建立在综合学科的应用基础之上的，对于进一步丰富技术经济学、旅游规划学、区域经济学等学科研究的理论内涵与实践案例也具有很好的意义。

2017 年 6 月

目录

Contents

第 1 章

绪　　论

1.1　研究背景及问题提出

1.1.1　研究背景

为了进一步扩大交通运输的有效供给和优化旅游业发展的基础条件，2017 年 2 月 28 日，由交通运输部、国家旅游局、国家铁路局、中国民用航空局、中国铁路总公司、国家开发银行联合印发的《关于促进交通运输和旅游融合发展的若干意见》中将“旅游 + 交通”放在了突出位置，对加快形成交通运输业和旅游融合发展的新格局提出了若干意见。在建立健全交通运输和旅游融合发展的运行机制中，以慢旅游和快进度为特征的旅游交通设施网络成为新时期的建设目标，同时将旅游景观、旅游标志等相关旅游基础设施建设与交通基础设施建设进行了统一规划和设计，在实现区域交通畅通的同时充分体现景区的人文特色和自然特色。其中，在建设集“吃、住、行、游、购、娱”为一体的“慢旅游”交通网络中，重点强调旅游景区的游憩、休闲、娱乐、文化、教育等功能，要求根据景区的实际需要增设慢旅游交通基础设施，提出加强少数民族村寨和旅游风情小镇的交通网络建设。交通运输和旅游越来越成为不可分割的一部分，在旅游发展中完善交通运输体系建设和在交通基础设施建设中开发旅游功能成为交通运输和旅游业融合的两条重要的途径。而在交通基础网络的体系构建当中，提升高速公路服务设施的旅游功能是重要的途径之一。因此必须因地制宜地进行高速公路景观打造和高速功能服务区的景区建设模式创新，积极发展精品公路旅游线路和打造精品旅游公路产品，加强高速公路沿线生态资源保护和旅游特色小镇、特色村寨、绿道系统的规划建设，推广旅游精品自驾游线路，创新交通文化旅游产品[1]，将少数民族文化和交通运输进行有机地结合是中国特色处理民族问题的正确道路[2]，积极推进少数民族经济发展，维护和促进民族团结，实现民族共同繁荣。

随着我国旅游经济在新的市场经济条件下的飞速发展，在“十二五”旅游规划顺利实施的基础上，国务院颁发了《“十三五”旅游业发展规划》（以下简称“十三五”旅游规划），在“十三五”旅游规划中，中国旅游业发展五年规划首次被列入国家重点专项规划，层级达到前所未有的高度，旅游精准扶贫被给予了广泛的重视和关注[3]。这是旅游业发展的大趋势所驱，也是党中央、国务院以及全社会关注的结果，为旅游业的发展向着更为规范化的方向并逐渐成为拉动经济增长的重要支撑力量提供了良好的契机。除此以外，“十三五”旅游规划时期也是我国旅游业从旧常态到新常态的转变时期[4]。旅游新常态的特征之一就是旅游市场的个性化、差异化和多样化消费需求逐渐成为主流，客观市场的特征对于将传统的笼统地追求旅游项目数量的增加转变为提高旅游服务项目的质量提出了相应的要求，同时旅游经济的增长方式也应该由规模速度型粗放增长转变为质量效率型集约增长[5]。各地的旅游开发应该要因地制宜，将已经开发的旅游产品进行质量提升和开发新业态、开发新产品并重，坚决遵循产业融合、复合利用的原则，尽量依托文化、教育、体育、医疗、交通、农林、水利、村镇、街区和工矿等各类社会资源，在开发的过程中注重民众的参与，开发出与民众生活融为一体的大众休闲旅游产品和兼具独特性和艺术性的人文旅游产品[6]。“十三五”旅游规划尤其强调发展旅游业应该从打造国民福利、通往幸福生活方面入手[7]，让旅游成为美丽经济和幸福生活的融合体。强调充分利用旅游业拉动产业、增加投资、促进消费的经济属性，控制区域间的经济发展水平的不均衡[8]，尤其是民族地区和非民族地区之间的经济差异，通过促进民族地区旅游经济的发展来维护民族团结，将增加居民受益贯穿到旅游经济发展的始终，实现民族共同繁荣，将旅游业发展成为提升收入、拉动就业、降低消耗、美化环境、传承文化的生态型、文化型和综合型产业。

在城镇化和旅游发展的研究当中，有学者提出在中国现代性的特定语境下，城镇化与信息化、工业化和农业现代化都具有联系[9]，旅游业的发展在很大程度上也带动了城市化进程[10]，其中一个非常典型的表现就是中国特色旅游小城镇的逐渐兴起和发展[11]。旅游业的结构效应对城乡二元经济具有缓解作用，同时城乡二元经济结构对于旅游经济具有带动、调节、增长作用[12]，二者相互调节、相互促进。在中国城乡经济发展不平衡的状态下，有学者认为积极发展旅游经济是改善这种局面的有效途径，同时，居民感知、社区参与和支持对于旅游业的发展起到越来越重要的作用[13]，居民参与和支持程度不同的城乡差异呈现出显著性的特征[14]。在旅游经济的发展中，旅游城镇化进程的加快一方面对于扩大旅游景区的规模和提高旅游景区的可进入性具有推动作用，慢旅游的发展强化了城市和乡村之间的联系，反过来城乡联系的加强又进一步推动慢旅游模式的扩张和慢性旅游系统的完善。另一方面城镇化水平对居民的消费水平也产生重要的影响，城镇化水平越高的地区越容易产生旅游消费，在旅游引导的城镇化中[15]，旅游经济的发展水平与当地的消费规模具有正相关关系。在旅游经济的环境效益方面，旅游业的环境绩效对旅游企业在各个经济领域具有的差异化影响也在逐渐扩大，典型的有酒店、航空[16]。

在城镇化与旅游业快速发展的大背景下，特色旅游小城镇这一新兴的旅游城镇类型逐渐成为旅游热点和研究者的关注焦点，传统意义上特色旅游小城镇是指将旅游经济的发展与小城镇建设相结合的一种小城镇类型。随着旅游产业的发展和拉动作用的不断增强，现代化特色旅游小城镇在自身的建设和发展中对旅游业的依赖性也在逐渐加深，特色旅游小城镇的空间规模、项目布局和设施定位都逐渐倾向于与旅游资源的布局和主题定位[17]相协同。特色旅游小城镇的开发建设作为推进城镇化的重要途径之一，其演化历程、旅游影响、旅游城镇规划以及旅游小城镇的管理都成为国外学者的研究重点和热点[18]，同时随着近年来国际旅游的研究对地理空间、区域旅游、社区等相关问题的侧重，城镇化的发展模式逐渐从以土地为中心发展到以人为中心[19]，特别是随着“以人为本”的人文主义思想深入人心，特色旅游小城镇的利益主体之间的利益分配关系以及特色旅游小城镇居民也逐渐成为国外研究者的焦点和重心[20]。纵观国内的特色旅游小城镇发展，我国旅游业正处于一个全民大众化、经常性、高频次出游阶段，并已经形成了全球最大的国内旅游市场和世界第一大出境旅游消费市场，受到了越来越高程度的关注，这就为我国特色旅游小城镇的发展创造了一个良好的市场环境。同时，2000 年以来，我国旅游业发展呈现出的大众化特征越来越明显，国内的旅游需求迅速增长，尤其在民族地区，旅游的发展促进了民族旅游社区的重构[21]。国家对旅游产业的重视程度也在不断加深，旅游精准扶贫力度和旅游基础设施的投入力度在不断地加大[22]，旅游供给不断优化，这些因素都有力地推动了我国特色旅游小城镇的发展。从特色旅游小城镇作为旅游业与城镇建设的结合体的本质来看，特色旅游小城镇的发展对于发展旅游产业和加快城镇建设都具有重要的意义。对于旅游产业的发展来说，特色旅游小城镇的发展对转变旅游业的发展思路和创新旅游业的发展模式具有驱动作用，同时在旅游产业的发展中不断地挖掘特色旅游小城镇的自然资源和人文资源，进一步完善了城镇基础设施和旅游服务接待设施[23]。对于特色旅游小城镇的建设来说，旅游产业的突出发展解决了特色旅游小城镇发展的产业支撑问题，并且在进行旅游开发的过程中城镇化的质量不断地得到提高，民族地区的产业经济结构得到优化和升级[24]的同时进一步促进了特色旅游小城镇的文化、教育、科技、卫生等社会事业综合质量的提高，有利于促进民族地区的经济发展和维护民族团结，实现相关产业发展与特色旅游小城镇经济繁荣的协调，推动区域经济社会的进步。

20 世纪 80 年代，中国拉开了高速公路建设的序幕，随着中国经济的快速增长和机动车辆的大幅度增加，人们对于出行的时间和便捷有了越来越多的要求，同时，在我国的区域经济发展中城市与城市之间的经济、政治和社会交往越来越频繁，高速公路成为城市和城市之间进行经济社会文化交流的纽带和桥梁[25]，其交通功能和运输作用也在不断的发展中得到扩大。铁路运输一直是中国国民经济长足发展的不可缺少的中坚力量，铁路运行速度的不断提升为我国旅游出行提供差异化服务的同时，弥补了航空运输价格昂贵和水运速度缓慢的空白，高速铁路逐渐成为一股促进我国交通运输行业机构得到调整和优化的重要力量[26]。同时，伴随高速铁路建设和运营所带来的“高铁经济”逐渐得到发展并引起国内外的重视[27]，高速公路和铁路的既有格局也逐渐被打破，高速公路的客运和货运逐渐受到了高铁运输的很大冲击，公路和铁路的平衡格局逐渐被高铁的优势地位所取代。并且，随着高铁时速的不断提高和安全性增强，高铁和旅游经济的发展也逐渐紧密起来[28]，高铁的发展步伐在持续加快中，要在高铁的冲击下继续获得优势，高速公路就必须突破原有的单纯的交通功能，积极地将生产力的概念应用于高速公路之中，运用现代化的管理模式对高速公路干线进行城市主干网络的思考[29]，在新的背景和时代下开发自身的商业功能和旅游功能。

新型城镇化是现代化发展的必经之路[30]，旅游业作为推动城镇化进程的主要动力之一，在推动城镇化进程的同时，城镇化的发展也为旅游业提供了良好的发展环境[31]。在全域旅游中，旅游业作为优势产业[32]，通过对区域内经济社会资源进行全方位提升和系统化布局，积极发展旅游业可以带动相关产业的发展和实现产业升级。在城镇化和全域旅游发展的大背景下，特色旅游小城镇这一新兴的旅游城镇类型和旅游发展模式得到推动和鼓舞。特色旅游小城镇建设一般包括对城镇内的经济进行建设，加强原有的经济基础，提高特色旅游小城镇抗风险的能力；对城镇内的政治进行建设，充分利用具有优势作用的政策措施，通过强化政治手段突出小镇发展所具有的优势资源；对城镇内的文化进行建设，积极发扬小镇所具有的文化特色，并积极地与外部文化进行交流，在不断的交融中进行自我文化升级。与此同时，特色旅游小城镇也集中注意力在旅游产业要素的配置上，将镇域内的众多旅游要素进行合理的配置，优化资源结构，提高资源的利用率，致力于满足游客的旅游文化精神需求。不同类型的特色旅游小城镇的动力机制和驱动力量是存在一定差异的[33]，建设的路径和建设模式也大相径庭，总体来说包括两大类：一是单纯从旅游小城镇自身的构成要素出发，通过不断建设自身和扩展功能实现城镇的整体发展；二是从特色旅游小城镇与其他周边要素的接入性角度出发，通过加深特色旅游小城镇与周边要素的协同程度来达到促进特色旅游小城镇自身发展的目的。从系统的角度出发，特色旅游小城镇具有整体性和层次性并且可以作为一个整体的旅游产品来对待[34]，它是由不同的旅游节点组成的一个整体的旅游景区，旅游景区的发展与外界的联系是分不开的。从旅游市场的角度来看，旅游市场是一个特色旅游小城镇得以产生和进一步发展的首要因素，只有具有相应的市场，特色旅游小城镇的旅游产品才有销售的空间和目标人群，旅游市场的结构组成和规模大小也在很大程度上影响着特色旅游小城镇旅游产品的销售规模和旅游需求的大小，旅游市场的层次与特色旅游小城镇的层次具有一致性特征，集中影响着特色旅游小城镇的特色和上升空间[35]。无论是旅游系统还是旅游市场，特色旅游小城镇要获得持续的发展都与对外连接的交通要素是不可分割的，这也就引出了本书的研究重点和中心——高速公路与特色旅游小城镇的协同关系。

本书对高速公路与特色旅游小城镇的协同关系探讨既是对特色旅游小城镇发展动力机制的研究，也是对特色旅游小城镇与周边要素实现协同的接入性研究。纵观国内文献对特色旅游小城镇的研究，大部分都侧重于特色旅游小城镇的分类和发展模式[36]、特色旅游小城镇的发展对策研究[23]、特色旅游小城镇布局[37][38]、社区居民参与以及特色旅游小城镇的空间问题[39]等研究，关于特色旅游小城镇与外界因素的接入性和协同性研究尚处于空白状态，尤其是对高速公路这一交通要素的研究，这就使得本书对高速公路与特色旅游小城镇协同关系的研究将在很大程度上弥补相关研究理论的空白，为特色旅游小城镇和高速公路实现协同奠定理论研究基础。对于特色旅游小城镇来说，实现与高速公路的接入将大大提高区域的交通通达度和景区的可进入性，增加特色旅游小城镇的客流量和物流量，最重要的是，交通条件的改善将使得信息的交换更加频繁，旅游资金来源会呈现扩大化和渠道多样化状态。从特色旅游小城镇的高速公路建设角度出发，旅游规模的扩大和客货流量的增加会促进高速公路基础设施得到进一步的完善，提高了高速公路的利用率和有效性，为进一步完善高速公路建设体系和现代化交通体系创造了有利的条件[40]。

从区域经济发展的角度来看，新常态下中国区域旅游发展正呈现规模扩张和个性消费同步提升趋势[41]，区域旅游发展的协调性成为了重要目标，既包括区域旅游内部旅游要素的协调性，也包括区域内旅游业与其他产业的协调性。其中，推进区域内产业协调发展、形成多层次区域旅游发展模式成为新常态下旅游产业发展的新思路，同时，在区域经济的发展中强化市场配置资源的决定性作用，加强对外的连接性，构筑对外开发的新格局，在实现区域合作中加强环境的保护和维持生态平衡[42]。区域内交通基础设施的建设对促进经济增长具有正向作用[43]，高速公路作为特色旅游小城镇的运输通道，高速公路网布局对特色旅游小城镇的空间布局和资源要素分配起着不可忽视的作用[44]，交通作为影响旅游空间结构的要素之一，区域内的旅游流空间结构特征的形成与高速公路网的可达性有着显著的作用机理，高速公路的建设和设施完善对于强化旅游流扩散和集聚具有显著作用，特色旅游小城镇的开发和发展与高速公路建设结合在一起有利于区域经济的平衡持续健康增长。

民族地区居民的参与对民族旅游经济的增长具有重大的推进意义[45]，西南民族地区特色旅游小城镇的发展是在全域旅游发展的大环境中进行的，居民对于旅游业活动和旅游项目设置规划都进行了积极的参与，尤其是在西南民族地区民族环境和自然环境的保护方面，其参与性和积极性大幅度提高。在民族环境氛围保护方面，西南民族地区人民通过对本地区多样化的少数民族风情保护使得民族独特性和艺术性得以保存和延续[46]，为进一步进行民族性旅游资源和旅游产品的开发提供文化基础。同时，西南民族地区典型的特征就是具有良好的生态环境和自然状况，山水相依，石灰岩广布，这些都为西南民族地区生态环境作为旅游优势资源提供了自然基础。中央政府依靠旅游精准扶贫，一方面对西南民族地区的民族性进行保护，包括西南民族地区的少数民族经济和少数民族文化，以旅游业的发展促进少数民族经济实现跨越，有利于维护和促进民族团结，实现民族共同繁荣；另一方面在发展旅游业中重视提高居民的收入水平[47]，居民收入差异的扩大化将会进一步影响区域劳动力水平的提高[48]。特色旅游小城镇的当地居民通过对民族特色和生态环境的保护为西南民族地区旅游业的可持续发展提供了助力，为进一步利用旅游业的发展带动区域人民生活水平的提升和财产性收入的增加创造了条件[49]。

综上所述，在城镇化和旅游经济共存的动态发展环境中，全域旅游发展的大趋势将旅游相关产业与可利用的劳动力都卷入到了旅游产业结构升级的浪潮中去。高速公路在高速铁路的冲击下原有的单一的交通功能被逐渐打破，高速公路商业功能和旅游功能得到了进一步开发，特色旅游小城镇要取得持续的发展和实现城镇居民旅游收入的提高就必须将区域的交通要素与特色旅游小城镇建设进行协同以促进特色小城镇实现旅游经济的跨越式发展目标，同时特色旅游小城镇的建设也会在很大程度上带动区域内的交通建设。而要实现区域特色旅游小城镇与高速公路交通的协同，最有效的方法就是从旅游小城镇和高速公路交通的内部实现接入，只有从二者的内部实现联结，整体才会逐渐趋于协同发展。正是在这样的理论研究和实际应用情况的背景下，高速公路与旅游小城镇的协同性问题成为了当代西南民族地区旅游学、交通规划学、民族学以及经济学领域的重要研究课题和关注热点之一。

1.1.2 问题提出

从经济发展的空间视角来看，中国的经济区主要分为东北、京津、北部沿海、东部沿海、南部沿海、中部、西北、西南八大经济区[50]。在现阶段我国的经济区中，由于区位条件、资源禀赋等客观因素，以及区位比较优势、经济发展模式选择以及政策策略等主观原因使得区域经济发展水平、经济结构、基础设施和社会事业发展都呈现出较大的差距[51]。区域经济发展的不平衡是我国一个长期性的问题。其中，西南地区的区域经济发展呈明显滞后状态，尤其是在西南民族地区，限制性的地理条件和薄弱的经济发展基础使得西南民族地区的区域经济发展后劲不足，产业结构亟待调整，教育水平的落后更是造成了专业人才的短缺和技术的低层次发展。随着“一带一路”重大战略构想的提出[52]，我国将区域经济发展不平衡问题放置在了国际大背景下寻求解决，国际分工和跨区域合作使得生产要素向西南民族地区转移，这就为西南民族地区迎来了新的发展契机和崛起机会。促进西南民族地区的发展必须牢牢抓住“一带一路”所带来的机会，加强与外界的交流与联系，把握市场结构变动和组合信息，寻找到产业结构支撑，将西南民族地区带出经济发展的洼地，增强西南民族地区的竞争力和区域互补性[53]，为解决我国区域发展不平衡问题提供助力，为西南民族地区居民整体生活水平的提高和中央扶贫攻坚计划顺利实施提供必要的基础，是实现中国梦这一伟大目标的必经之路。

在我国城镇化和全域旅游的大背景下，西南民族地区经济社会发展中出现的问题集中表现为城镇化进程缓慢和社会经济发展相对滞后[54]，两个突出的问题相互交错构成了西南民族地区经济社会和谐发展所面临的重要问题，结合相关文献和研究理论，研究认为通过在西南民族地区发展规模化和集群化的特色经济，可以在推动城镇化进程的同时促进区域经济的发展，并在不断促进特色经济发展的过程中实现城镇化与社会经济发展的良性互动循环。民族地区特色经济的核心组成部分便是民族地区旅游经济[55]，西南民族地区拥有着天然的十分富集的旅游资源，通过发展当地特色旅游产业可以促使西南民族地区的特色经济进一步得到发展，为西南民族地区走向全国乃至全世界打开了大门。旅游业作为无烟产业和朝阳产业，在推动西南民族地区经济发展的同时更能促进产业结构的调整和优化，对于区域生态环境的保护、扩大社会就业和增加居民经济收入等各个方面都发挥了十分重要的作用。同时，旅游业的发展是一个持续的动态过程，旅游产业战略为了适应外部市场的变化和满足生产要素的交换也需要进行相应的升级，只有这样才能在发展和竞争中不断提高旅游品质和服务质量。这一动态的发展趋势为西南民族地区特色经济的持续性增长提供了内在动力，旅游基础服务设施和相关配套设施不断地得到建设和完善。同时，民族旅游作为一种特殊的旅游形式，西南民族地区多样化的民族风情和深厚的民情文化底蕴无疑为发展民族旅游提供了充足的后备资源和发展潜力[56]，旅游经济的发展为西南民族地区经济的可持续发展和后续发展能力保障提供了内在动力，为促进少数民族经济的发展和提高少数民族人民的生活水平创造了条件，有利于维护我国的民族团结和实现民族共同繁荣。必须要指出的是，在中国实施精准扶贫的大背景下，旅游精准扶贫已经成为我国反扶贫的重要方式和手段之一，对于我国实现脱贫致富的政策目标有着不可替代的促进作用。

在全球区域经济一体化发展的大趋势下，区域经济发展的一大特点就是逐渐突破传统的地域限制[57]，向广域一体化方向发展，而传统的区域贸易和区域内部的贸易很少突破地缘的限制[58]。区域的基础交通建设是促进区域经济成长的一个重要的因素，也是使投资和产业结构调整得以持续进行的重要保障[59]，尤其是对于处于我国西南边缘地带的西南民族地区，民族发展和边境沟通与良好的交通条件具有千丝万缕的联系。但是纵观西南民族地区的交通发展现状，由于地理环境和地势状况使得西南民族地区的交通建设难度系数远远高于同纬度的东部沿海地带，加之交通技术难度较大，相关资金和人才要素跟不上，历史、文化、宗教等诸多因素有着制约作用，种种不利条件造成了西南民族地区交通建设的成本高、发展慢且发展水平有待提高的现状，相对于其他地区，西南民族地区的交通运输发展在里程设计、规模确定、速度控制、科技投入、运营管理等方面都存在着很多亟待解决的问题。众多的交通限制性因素就使得西南民族地区的人口难以形成集聚效应，交通公共建设设施的落后使得物资运输发展缓慢，交通条件的落后成为西南民族地区经济发展和产业融合的关键限制性因素，不利于少数民族文化的交流传播和实现民族共同繁荣。同时，随着我国高速铁路建设步伐的加快，高速铁路快速的运行优势对高速公路原有的客流量和货流量都产生了挤出效应，人们出行有了更多样化的选择，这就成为高速公路建设和运营的不利条件，现有的已通行的高速公路运输率有所下降，如何在高铁的冲击下为高速公路谋求新的发展契机成为西南民族地区高速公路建设不可忽视的问题。

旅游业是国民经济发展的战略性支柱产业，对国民经济的发展和水平结构升级都起着重要的影响作用，而交通运输是旅游经济发展的基础支撑和先决条件。近年来，随着我国交通运输体系的不断完善，交通运输与旅游业相融合已经成为旅游业转型发展的新趋势。对西南民族地区的交通条件进行改善需要改变传统的单一的交通基础设施建设和路网布局完善的做法，将西南民族地区具有支撑作用的旅游业与交通规划布局实现协同，一方面对于完善现代化的交通体系和实现交通运输产业的发展升级具有积极的促进作用，另一方面公路作为旅游交通的重要一环，公路与旅游的协同将有利于旅游产业物流、资金流和信息流在区域空间上的流动，增强西南民族地区的经济社会的发展活力[60]，对于促进少数民族经济发展和维护民族团结具有重要的理论和现实意义。同时，西南民族地区的旅游经济发展规模和发展水平也会相应地影响区域交通的规模和需求的大小[61]，具体来说，区域旅游经济的发展水平越高，对于旅游经济发展和建设所必需的原材料、能源的需求会大大增加以用于景区发展建设，这就直接对交通运输的交通量和交通从业人员规模数量产生影响。因此，交通和旅游两者是相互影响和相互协同的，交通运输的需求会随着旅游经济的增长而增长，旅游经济逐渐成为拉动交通运输发展的一股力量，同样，交通条件作为西南民族地区区位条件之一，与环境、技术、劳动力素质、经济政策等相关条件一起决定旅游投资环境的优劣，进而影响区域旅游经济的进一步发展和实现民族共同繁荣。

西南民族地区在新的历史条件下促进高速公路与特色旅游小城镇的连接和协同对于充分有效地利用当地的各种资源有着重要的作用，同时交通条件作为西南民族地区经济发展的重要限制性因素，尤其是高速公路作为重要的交通运输方式，其对区域的经济发展水平具有重要的影响作用[62]，促进交通发展对于西南民族地区实现旅游精准扶贫具有重要的意义，更是西南民族地区加快融入“一带一路”建设的重要举措[63]。西南民族地区的特色旅游小城镇建设和规划对于整个西南民族地区高速公路体系的建立和区域经济的发展都具有巨大的拉动作用，但是在实际的小镇规划和设计当中还存在许多的问题，在小镇与高速公路的协同之中，协同路径还不明晰，全盘谋划和顶层设计有所欠缺，城镇的旅游布局和交通布局也没有得到优化，生态旅游产业链不完整，绿色特色小城镇的发展尚在起步阶段，在旅游小城镇的管理模式中也缺乏创新点，专业旅游管理人才还存在很大的空白，特色旅游小城镇的市场竞争环境有待改善等突出问题还较多，有待于进一步解决。

区域经济发展的最终目的是增加当地居民就业，增加居民财产性收入，在提高人民的生活水平的同时促进区域内公共设施的建设，保护当地的生态环境，提高居民的生活质量[64]。西南民族地区原生态的自然生态环境既是人民生存的基础，也是当地进行旅游资源开发和进一步开拓产品市场的后备资源，实现西南民族地区高速公路建设与旅游小城镇发展的结合，必须要做到在交通建设规划和小城镇设计实施中，不能以破坏自然生态环境为代价来促进经济的发展。在发展特色民族旅游经济中发展生态旅游[65]，将高速公路建设和小城镇的规划都纳入西南民族地区生态旅游承载力的范围内[66]，将生态旅游发展内容与区域经济可持续发展相协同，使得环境保护能够受益于当地的居民。我国民族地区经济发展的状况和居民受益状况直接关系到整个国民经济的发展程度、国家的安全和社会稳定，促进民族地区经济的发展有利于打破我国民族地区和非民族地区发展不平衡的格局[67]，改变民族地区经济发展相对落后的状况既是保证我国国民经济持续、协调、健康发展的有效途径，也是维护我国民族团结和实现民族共同繁荣的必经之路。

综上所述，在旅游经济发展与城镇化共存的迅速发展动态环境中，西南民族地区想要发展区域经济，尤其是想以发展旅游经济来带动区域经济的发展，正确处理好旅游和交通之间的关系显得尤为重要，结合西南民族地区发展的实际状况，旅游经济发展的大趋势就是特色旅游小城镇的发展，交通建设的重点在于西南民族地区高速公路的建设。在此基础上，本书将理论研究机理与西南民族地区的发展实际相结合，将研究的重点和中心具体到西南民族地区特色旅游小城镇和高速公路的协同上来。尽管从理论和实践方面都表明了西南民族地区高速公路与特色旅游小城镇实现协同的重要性，但是仅仅了解其重要性是远远不够的，还存在着一系列需要回答的问题：西南民族地区高速公路与特色旅游小城镇的重点构成要素是什么？高速公路内部要素是怎样实现演化的？特色旅游小城镇的内外部影响因素包括哪些？高速公路与旅游小城镇的接入模式和相互作用机制是什么样的？在现有的西南民族地区旅游小城镇中，高速公路与旅游小城镇的接入性到底如何？等等，如果这些问题没有得到很好地解答，就不能构建西南民族地区的高速公路与特色旅游小城镇的协同作用机制，也不能提出西南民族地区高速公路与特色旅游小城镇的协同实现路径。因此，本书以西南民族的地区的高速公路与特色旅游小城镇协同为研究中心，将以上提出的一系列问题作为研究问题的出发点。

1.2 研究目的及研究意义

1.2.1 研究目的

研究以实现西南民族地区旅游和交通的融合发展来推动旅游业和交通运输业的建设为目的，以促进少数民族地区经济的发展来维护民族团结和实现民族共同繁荣。在实际调研的基础上结合现有的西南民族地区交通与旅游发展一致性和互补性特征的相关文献研究成果，将西南民族地区的交通和旅游协同具体到高速公路与特色旅游小城镇的协同作用关系上来。通过分别对西南民族地区的高速公路与特色旅游小城镇进行维度划分、构建研究分析框架、提出研究假设和演化模型、构建结构方程进行实证研究以及运用案例进行验证等相关内容的布局，致力于对西南民族地区高速公路与特色旅游小城镇的协同作用进行研究探讨。通过对高速公路与旅游小城镇协同的研究弥补相关理论空白，同时为进一步提高西南民族地区高速公路与特色旅游小城镇的接入性提供理论指导，为建设特色旅游小城镇提供规划和设计方法，促进高速公路建设的优化布局，推动西南民族地区经济社会快速健康可持续发展。

1.2.2 研究意义

就目前而言，高速公路与特色旅游小城镇的协同关系性方面的研究尚未提出一套系统性的理论和明确的研究结论，针对高速公路与特色旅游小城镇协同方面的研究成果均相对较少。本书以西南民族地区高速公路与特色旅游小城镇的协同分析框架作为研究基础，通过系统分析对西南民族地区高速公路与特色旅游小城镇的构成维度划分、影响因素、研究假设、演化模型、作用机制、相关路径的关联程度测量和规划设计等方面都做出了较为翔实的论述，这些研究内容对于深入研究西南民族地区高速公路与特色旅游小城镇的接入性原理具有十分重要的意义。具体来说，其研究意义可以表述为理论意义和现实意义两部分。

本书对于西南民族地区高速公路与特色旅游小城镇协同的研究具有重要的理论意义。具体体现在：第一，本书对高速公路与特色旅游小城镇的内在机理做了翔实的分析，从当前现有的研究文献资料来看，针对高速公路与特色旅游小城镇的相关分析比较缺乏，甚至在高速公路与旅游小城镇的内在作用机制方面的研究出现了理论上的空白，这就极大地弱化了现有的资料在理论层面对本研究的支撑力度。在这种研究资料缺失的背景下，本书选择以高速公路与特色旅游小城镇的协同接入关系作为研究课题具有极大的前瞻性，为后来的学者在相关科研问题上的深入奠定了初步的研究理论基础，使得深层次的相关研究和实践具有了初步的理论支撑。第二，本书在研究方法上采用了定性分析和定量分析相结合的形式。在现有的高速公路与特色旅游小城镇的研究文献中，多数的研究采用的是定性方法，较少的文献运用计量方法进行定量分析。本书在研究的过程中，一方面对研究对象采取定性的方法进行分析，另一方面运用计量方法对西南民族地区高速公路与特色旅游小城镇协同作用机理和路径进行定量测度，在研究区域旅游经济发展与交通建设协同方面具有一定的突破性。两种方法相结合的方式能够更加直观具体地反映出西南民族地区高速公路与特色旅游小城镇协同作用机理和本质。

本书对于西南民族地区高速公路与特色旅游小城镇协同的研究具有重要的现实意义。具体表现在：第一，研究区域的选择定位在西南民族地区（包含广西壮族自治区、云南省和贵州省），由于西南民族地区在地理位置上处于我国西南边陲，是我国面向东南亚的门户，在经济社会发展方面相对东部地区较为缓慢[68]。然而西南民族地区具有独特的山川风貌和多样化的民族风情为旅游小城镇的特色建设和发展提供了天然的资源，高速公路条件的有限性和城镇差异性对旅游小城镇的发展作用参差不齐，这就为本书对西南民族地区高速公路与特色旅游小城镇的协同作用关系的研究创造了良好的区域特征优势。现实的西南民族地区高速公路建设体系还不够完善，只有建立健全完善的交通网络体系，西南民族地区内的丰富的自然资源和人文资源才能被外界所知晓，才能充分地将当地的资源储备转化为经济优势。从这个角度上来说，在西南民族地区发展旅游业，旅游资源的分布不均匀是当地旅游资源分布的一大特点，通过对西南民族地区高速公路与特色旅游小城镇接入性的研究为进一步开发旅游资源提供理论指导。第二，西南民族地区各个旅游景区和特色旅游小城镇所拥有的优势资源是存在着很大的不同的[69]，具有多样性特征，但是由于交通的不便限制了西南民族区域内的各个景区进行资源的互补和相互融合，各自的发展都相对独立，这样就不能扩大西南民族地区整体的旅游规模，也无法从资源的互补和运营模式的交流中更好地促进自身的进步和发展。通过对高速公路与特色旅游小城镇协同的研究，为实现西南民族地区高速公路规划建设和特色旅游小城镇设计实施提供了理论依据，为加快西南民族地区旅游城镇化进程提供理论指导，对西南民族地区区域经济发展和全域旅游的展开有着重要的现实意义。第三，我国民族地区和非民族地区经济社会发展不平衡是我国一项基本的国情，促进少数民族地区经济的发展有利于促进少数民族地区社会、环境、生态、教育等多方面的发展，提高西南民族地区的居民受益水平，强化民族地区内部以及民族地区与外部的经济文化交流，维护和促进民族团结[70]，实现共同进步和共同繁荣。

1.3 西南民族地区高速公路与特色旅游小城镇的协同现状

1.3.1 西南民族地区城镇规划与旅游交通规划的关系

对西南民族地区城镇规划与旅游交通规划的关系进行梳理和说明，需要在其他地区旅游小城镇与旅游交通规划相关性研究的理论基础上结合西南民族地区的自然环境和社会发展状况对城镇规划和旅游交通的关系进行探索和归纳[71]。一方面，旅游交通规划作为旅游规划的组成部分，是根据西南民族地区旅游交通的发展基础、发展态势和发展要素的不同发展特征所选择的特定目标体系，以及为实现目标体系在有限制的旅游发展条件下对各项旅游交通要素所做出的设计。旅游交通属于旅游业的一个子系统，而旅游业又属于城镇发展的一项内容，旅游规划是组成城镇规划的重要部分。旅游业作为国民经济的战略支柱性产业，旅游公共设施的建设有相应的土地要求，土地要素是城市整体构造规划中重要的一环，将旅游用地作为社会发展的重要组成部分，有利于最大限度地减少土地利用冲突，实现用地的综合均匀和协同。旅游业是拉动西南民族地区经济发展的重要产业，旅游交通是拉动旅游业增长的重要力量，考虑到西南民族地区保存较为完好的生态环境，在进行城镇规划和旅游交通规划时都要注重生态环境的保护，将资源保护和开发结合起来。同时，西南民族地区的城镇规划一般确定了城镇的性质、发展规模以及未来延伸方向等方面的内容，旅游交通规划不能脱离城镇规划的大框体系，要在现有的城镇性质、发展规模和未来延伸方向的基础上确立旅游交通规划的性质、发展规模和未来延伸方向，同时与城镇的总体规划进行积极地配合，保证旅游交通规划具有依据性和可操作性，实现旅游与城镇规划的协同进行，共同促进西南民族地区特色旅游小城镇的发展。

另一方面，城镇规划与旅游交通规划也存在着明显的区别。从内容上看，城镇规划具有全面性和根本性，它决定了城镇最主要的功能和未来的大体方向，旅游交通规划作为旅游规划的一项内容，其内容仅限于旅游发展的交通建设方面，良好的旅游交通规划除了对发展旅游经济具有积极的促进作用以外，对于城镇道路交通体系的进一步完善也具有助力作用。同时，城镇规划是国家和地方政府为促进城镇发展而采取的积极的宏观调控手段，而旅游交通规划则是政府通过对旅游交通设施和基础配套设施的协同安排进一步实现发展旅游行业而采取的手段。

1.3.2 西南民族地区高速公路与特色旅游小城镇协同的可行性

对西南民族地区特色旅游小城镇与高速公路协同规划所具有的可行性进行阐述，分别从西南民族地区特色旅游小城镇与高速公路两个方面着手，在对二者分析的基础上对协同方式和开发进行分析。从西南民族地区特色旅游小城镇的可行性分析出发，首先对西南民族地区特色旅游小城镇的旅游资源开发所具有的可行性进行分析[72]，其次是对西南民族地区高速公路网络体系建设进行分析，在指出西南民族地区高速公路在建设中所呈现出来的特点的基础上对西南民族地区高速公路与区域旅游经济的紧密相关性进行分析，指出西南民族地区的高速公路建设与旅游经济的发展具有协同一致性。西南民族地区因其独特性和特殊性使其在建设和发展过程中具有相比其他运输工具不可比拟的优势特征，高速公路作为西南民族地区旅游的主要旅游交通方式具有客观性，这是历史和现实的自然选择的结果。高速公路与旅游结合的大趋势使得高速公路不再仅仅局限于传统的单一的交通功能，其更具有了旅游功能和商业功能，这就促使了旅游公路的形成，并在新的旅游理念和趋势下具有全新的西南民族地区独特的功能和作用。最后对于高速公路作为西南民族旅游出行的主要的方式所具有的可行性进行了较为全面的分析。

第一，西南民族地区特色旅游小城镇旅游资源开发具有可行性。西南民族地区的旅游资源主要分成三大块区域：一是中心区，中心区的旅游资源非常丰富，同时经济基础较好，旅游基础设施建设较为良好，这是西南民族省区最主要的旅游通道，拥有较为丰富的自然景观、人文景观和现代都市景观，经济发达，人口众多，旅游市场较为稳定[6]，比如，云南省的昆明市大部分地区和玉溪市。二是特色区，特色区有着多样的自然景观，最典型的是西南民族地区以喀斯特地貌为主的山、水、林、洞等自然奇观和风貌独特的石林风景区，同时特色区还包括广大的特色旅游小城镇，其以独特的文化文脉为主要的旅游资源，旅游小城镇的少数民族气息相当浓烈，但是特色区的经济开发条件和交通建设条件不如中心区，所以其虽然拥有独特的旅游资源，但在旅游开发和规划方面还有所欠缺。三是边缘区，由于西南民族地区地处我国西南边境，与缅甸、老挝、泰国等东南亚国家距离非常近，位于边境的边陲小镇以及边境旅游景区便构成了西南民族地区的边缘区地带[73]，这些地方由于交通区位劣势的影响使得原有的旅游资源不能对旅游客源市场形成信息流，其经济发展水平远远不如中心区，但是旅游资源的独特性和旅游吸引力独具一格，如云南边陲小镇翁丁古寨。西南民族地区旅游资源的分布状况就使得在整个西南民族地区，旅游资源很丰富且极具独特性，加之本身经济条件和交通区位优势很明显，所以旅游业发展相当迅速，旅游客源市场也相对稳定[74]。但是随着旅游规模的逐渐扩大，景区资源的可再生能力受到限制，西南民族的民族原生性和独特性逐渐呈现出更多的商业化色彩，本身的旅游资源逐渐不再满足旅游市场的需求。而在另一些地区，旅游资源独特性十分突出，但是由于自身旅游经济基础相当薄弱，加之建设资金缺乏，旅游发展后劲不足，旅游目的地与外界的接入性有待进一步加强，出现供给过剩的状况[75]。旅游资源与经济、市场的紧密相关性决定了旅游资源在开发的过程中不能仅仅遵循择优开发的原则，要根据旅游市场的空间分布特征和未来发展定位来确定旅游供给的空间布局和旅游开发战略[76]，这是旅游资源与其他类型的资源开发所呈现出的显著性特征。因此根据西南民族地区旅游资源在分布中所呈现出来的广泛性和不均匀性特征，以及西南民族地区交通在旅游资源和客源市场中所起的重要的联结作用，从客观上对交通可达性提出了全新的要求。同时西南民族地区特殊的地理环境和地址特征使得环境具有脆弱性和易破坏性，这就要求在进行旅游资源开发布局中要充分地考虑交通的灵活性和持续性特征。因此，纵观高速铁路、水运、空运等相关的运输方式，在灵活性和受限制性方面均没有公路运输的优势条件，加上与高速铁路和航空等相比，公路交通具有投资少，资金流动速度快的显著优势，综合来看，公路的社会和经济效益更为显著。因此西南民族地区的旅游资源分布状况就使得公路交通作为主要的交通运输方式具有高度的可行性。

第二，西南民族地区高速公路网络体系建设具有可行性。高速公路作为一种重要的交通载体，其自身具有运行速度快、通行能力大、安全性高、成本更低、投资回报率高等突出的优势特点，相较于航空、水路、普通公路都具有不可比拟的优势。同时高速公路作为一种相对较主流的旅游交通方式，对于促进高速公路沿线的工业开发、改善工业布局、吸引大批工业企业沿高速公路两旁选址、修建厂房、发展工业基地具有积极的促进作用，对于加快旅游城镇化进程和形成工业带都具有重要的意义，一直以来都受到国家和广大人民群众的重视。西南民族地区喀斯特地貌为高速公路景观设计提供了自然基础。旅游产业的发展强调对生态环境的保护，人们对于旅游出行的旅游期望已经不再单单满足于传统的只为出行提供快速便捷的交通条件，对沿途景观和布局也产生了新的市场需求。西南民族地区典型的喀斯特地貌广泛分布，为人们旅游提供了得天独厚的自然环境和人文条件，为高速公路景观设计提供了天然素材和赖以发展的基础，喀斯特地貌影响着高速公路的隧道景观设计、高速公路服务区的景观设计以及高速公路收费站的景观设计。

第三，西南民族地区旅游公路功能建设使高速公路与特色旅游小城镇的协同具有可行性。公路典型的特征包括其所具有的社会性、经济性、适用性等，主要从畅通直达、汇集疏散和灵活通达等方面集中体现其服务价值。随着公路的不断发展，社会经济总量不断加大，生态建设理念的进一步传播以及新的旅游市场需求在不断地增长，公路传统的内涵也在顺应时代发展中得到进一步的拓展和延伸，在原来的社会性、经济性和适用性基础上得到延伸和拓展，原本单一的交通运输功能逐渐被打破，更多的是与旅游观光、生态保护、道路景观文化展现等相关功能结合起来，增添了旅游、美学、艺术、文化以及生态等多重价值，形成了一种新型的公路类型——旅游公路。从旅游的视角来看，旅游公路在完成其传统的交通运输功能的同时已经成为旅游景区的一部分，其道路景观设计和文化定位是景区的重要组成部分[77]，游客进入旅游景区的第一印象往往都是由旅游公路所决定的。公路交通网络是构成旅游基地开发和发展的基础条件之一，旅游目的地的开发和建设除了受到一般性的经济、地理、国家或地区发展战略的走向和政策影响以外，也受到旅游交通公路网络的影响。同时，旅游公路景观也是组成旅游资源和旅游吸引力系统不可缺少的一部分，旅游公路的网络布局、走向趋势以及规划重点都会对旅游产品的生产要素和产品的流动产生深刻的影响。单个的旅游景点沿着旅游公路的走向进行布局，在新的视角和规划下呈现出全新的旅游产品形态，具有单个旅游景点不曾具备的功能和作用，在西南民族区域内实现单个旅游景点无法实现的规模经济和集聚效益。

第四，西南民族地区高速公路作为主要旅游出行方式具有可行性。在西南民族地区的主要省份当中，贵州省的地貌属于中国西南部高原山地，高原山地居多，素来就有“八山一水一分田”的称号，全省90%以上为山地，区域内山地广泛分布，地势起伏较大。除此以外，省内拥有特殊的岩溶地貌，且这种地貌广泛地分布在贵州省内的广大山地地貌中，呈现出的状态也各异，种类具有多样的特征，这就构成了一种特殊的岩溶生态系统。广西壮族自治区总体的地貌特征可以用“山多平原少，岩溶广布”来形容，广西的四周都被林立的高山所包围，此外，岩溶现象在广西是非常容易见到的，广西可溶性岩石主要是石灰岩，石灰岩分布的面积十分的广泛，对广西的土地、水文、交通、饮水等都产生了深刻的影响。云南省与贵州省、广西壮族自治区在山地上具有相似性特征，省内的山地面积也十分广，加上自然的地形条件异常复杂，地势高低起伏较大，断裂带发育广泛。西南民族三省区的主要地势地貌可以概括为：多山多岩溶，且地质构造复杂。真实的客观条件使西南民族地区的交通建设难度系数直线上升，工程技术难度偏大，交通发展的限制性因素较大。对于铁路建设来说，由于地下多暗河和断裂带发育，火车的运行速度受到很大的影响；又由于西南民族地区多山地气候，年降雨量偏多，使航空飞行受到限制，加之整个区域内山地多平原少，机场的选址和修建有一定的难度，这就使得航空运输受到很大的限制。公路运输因其路程相对较短和造价经济的特点，可以实现“门达门”的直达运输，投入的资金量较少，投资回报风险较低，且资金的周转周期更短，灵活性更强，在西南民族地区经济基础较差和地势地貌条件复杂的条件下，公路已经成为西南民族地区主要的出行方式和运输选择。

第五，在慢旅游的趋势下，高速公路作为西南民族地区特色旅游主要交通方式具有可行性。西南民族地区的游客主要来自省内和省外两个区域，省外的旅游者中，中等收入和高等收入者占据很大一部分，低收入者所占有的份额相对较少。在西南民族区域内的游客主要是自驾游游客，其游客类型包含多种，各种社会背景的游客都有参与到西南民族地区的旅游中来。在慢旅游的大趋势下，外来旅游者的旅游心理呈现出对深度旅游形式的追求和旅游期望的特点。游客不再是原来的单一地进行走马观花似的观光旅游，不再单一的对旅游速度和旅游数量进行追求，而是更多的要求放慢旅游节奏，以一种慢旅游的节奏去制定和规划旅游路线和旅游项目游览[78]，同时不再是单一的追求旅游目的地的旅游游览效果，对旅游过程中的每一处风景都抱有观赏的旅游期望。这种普遍的游客心理对西南民族地区的旅游交通提出了相应的要求，旅游交通在满足基本的交通功能的基础上，对公路沿线的旅游景观都要进行相应的旅游布局以吸引旅游者的眼球[79]，使旅游过程不再是单一乏味的旅游交通过程，更多的是对沿途风景的一种享受。这种游客心理就决定了西南民族地区要以高速公路作为主要的旅游方式和交通方式，因为从旅游者的类型组成来看，来西南民族地区的旅游者大都是中等收入的群体，高速公路有着较高的经济效益和较低的运行成本的特点满足了这类游客类型的需要，节省了旅游花费，同时更重要的是最大限度地满足了旅游者心理需求，高速公路沿线景观的设计与旅游景观设计能够成为旅游吸引物系统的一部分，适合旅游者追求慢旅游生活节奏的心理，在传统交通功能得到满足的基础上能够最大限度地实现旅游功能的满足。综上所述，根据西南民族地区旅游者的类型和旅游心理，西南民族地区旅游业的发展必须以高速公路交通为主要的运行方式，才能在整个旅游链和交通链上实现有效的协同和联结。

由前面的可行性分析中得出由于西南民族地区特殊的自然条件和突出的民族性特征，其旅游资源的分布以及游客类型和心理都决定了高速公路作为西南民族地区主要旅游方式的必然性。同时应该指出的是，高速公路作为交通运输体系的重要组成部分，除了一般公路的特点以外，还具有特殊的功能和显著的优势，特别是在西南民族地区这个自然环境基础较差的区域内，高速公路所具有的优势特征得到进一步的凸显。首先，作为一种具有优势性的交通运输方式，西南民族地区的高速公路主线路和各支路形成了具有动态性和整体性的运输网络体系，大大缩短了西南民族地区区域内部以及区域与外部的距离，缩短了旅游者对区域内各景区的感知距离，有力地刺激了旅游者的出行动机强度。其次，动态性和整体性的高速公路网络有利于从整体上对西南民族地区的旅游资源进行整合，包括对已有的旅游产品进行创新升级和针对不断变化的旅游市场需求开发新的旅游产品，以创新旅游产品来引导旅游消费市场，引导区域旅游热点或中心的形成，提升西南民族地区景区的竞争力。最后，高速公路网络的形成和建设将大大增强西南民族地区区域内部的经济文化交流和与外部的信息共享，区域内以及区域与外部的经济合作和文化交流都会得到进一步地加强[80]，有利于发展少数民族经济和少数民族文化，促进民族团结和实现民族共同进步。

1.3.3 西南民族地区高速公路与特色旅游小城镇协同现状

云南省高速公路现有的通车里程已经超过了 3 255 千米，现代化公路交通体系已经初步形成，随着云南旅游业的大发展，旅游交通作为旅游要素的重要一环，其对于旅游业的健康持续发展具有越来越重要的作用，为了进一步利用高速公路交通体系，同时增进旅游与交通的联系，使得云南的特色旅游小城镇在高速公路的协同下能够被外界更多的认知和接触，云南交通运输厅提出“公路+旅游”的新构想，到2016年，云南公路局推出规划项目“云南美丽公路旅游线”，打造“云南美丽公路旅游图”。云南省提出的最美的六条公路的规划项目将云南的特色小城镇与高速公路有机地连接在一起，包括大丽高速、保腾高速、龙瑞高速、思小高速、锁蒙高速，以及昆武、武攀高速在内的六条高速公路，从建设理念和运营现状来看都在进行高速公路建设的同时实现与云南特色旅游小城镇发展的协同。

贵州省的高速公路规划总体来说可以归结为“6横、7纵、8环、4环线”的高速公路规划格局，截至2016年，贵州省推出打造“多彩贵州·最美高速”“多彩贵州·平安高速”的高速公路新格局，所有的5A级景区和重要的4A、3A级景区目前都已经实现30分钟进入高速公路系统。此外，除了通车以外，贵州省交通局还投入了大量的资金进行高速公路基础设施建设，重点在于高速公路服务区的建设，同时为了进一步提供旅游便利和服务，贵州省交通局将加强高速公路沿线标识标牌治理。随着贵州省高速公路建设的日趋完善，基本实现了“县县通高速”。一方面，交通通达性的提高大大提高了贵州特色旅游小城镇的可进入性，对外界的交流多渠道化和便捷性大大提高，这给贵州省的旅游业提供了一个良好的发展契机，旅游发展进入了新的“红利时期”。贵州省高速公路的发展使发展旅游业的区位优势凸显，前来观光休闲的人数大幅度的增多和参观规模的扩大使贵州省的特色旅游下城镇的客源结构和消费模式发生了改变，散客化和区域化的消费趋势将更为的突出。“旅游+高速”的全新理念得到传播和认可[81]，高速公路节点越来越趋向于发展成为旅游要素的聚集区和投资开发的热点区域，典型的包括高速公路服务站，贵州省的特色旅游小城镇的产业结构正处在升级中。另一方面，高速公路沿线景观规划和功能突出也逐渐向旅游靠拢，例如，贵黔高速公路的带动效应，高速公路的连接性使得原本旅游过冷的贵州黔西北地区慢慢地出现旅游热的发展契机，促进了整个贵州旅游格局的转变和规模的扩张。

广西壮族自治区高速公路以首府南宁为中心城市，已基本形成了地级市高速公路连通，县县通高速的现状已然形成，“通江、达海、连边”的高速公路网络骨架已经初步形成，大幅度提高了运输效率和运输能力。高速公路具有高速、便捷、畅通的特点使得广西的高速公路建设成果对于整个广西壮族自治区的经济、社会、环境、服务和文化传播都产生了极大的推进作用，为加速建构“两区一带”区域协调发展和“一带一路”与西南民族地区新型城镇化协同发展的新格局做出了重要的贡献[82]。一方面，现阶段广西的民族文化已经初具规模，特色旅游小城镇构成了广西魅力非凡的民族风情画卷，特色旅游景区的发展使原有的旅游目的地规模得到扩大[83]，相关的交通基础设施得到完善，旅游业的发展使相关政府和部门重新审核度量景区周边的旅游交通公路的合理性，特色旅游经济的发展在很大程度上带动了公路建设的发展。另一方面，广西高速公路的发展也在很大程度上为少数民族民俗旅游的兴起和进一步发展、旅游景区规模的扩大和旅游项目的创新规划提供了对外联结的通道，高速公路的发展为旅游经济的发展创造了条件，最典型的例子是广西的崇靖高速的修建。

1.4 西南民族地区高速公路与特色旅游小城镇协同的研究综述

1.4.1 关于特色旅游小城镇研究

旅游小城镇是城市化和旅游业发展的产物，既具有城市化所具有的过程性，也与旅游业的发展模式具有高度的一致性。随着城市化步伐的加快和世界范围内的旅游经济逐渐增长，旅游小城镇的数量规模在不断的扩大和增加，研究者对于旅游小城镇的兴趣也逐渐增加，使旅游小城镇成为城市化研究和旅游发展研究中的焦点[18]。本书在对西南民族地区的特色旅游小城镇与高速公路的协同研究中，主要包括对特色旅游小城镇的内涵进行界定、国外特色旅游小城镇的研究进展、国内特色旅游小城镇研究进展三个大的方面，通过对相关文献的整合为下文展开对旅游小城镇的研究奠定相关理论基础。

在特色旅游小城镇的内涵界定中，一般将特色旅游小城镇定义为一种以旅游业发展为主导的小城镇模式[84]，本书在展开对特色旅游小城镇的内涵进行界定的过程中，分别对小城镇和旅游小城镇进行界定。

小城镇，顾名思义，从规模上来看，其与一般的城镇相比较规模上有所减小，并且多数作为城乡之间的过渡体而存在。我国不同的学科对小城镇的定义和内涵界定也有着不同的看法，从狭义上讲，根据《中华人民共和国城市规划法》的范围，小城镇指除设市以外的建制镇，包括县城。广义上的小城镇除了狭义概念中的建制镇和县城以外，还包括的集镇的概念，广义的定义相对来说更加符合我国对小城镇的普遍定义，更多地考虑到了小城镇发展的动态性和乡村性。综合来说，我国对于小城镇的理解一般包括四类范畴：小城市、县城、一般的建制镇和集镇。小城镇作为城市和农村两种不同性质的社会形态的连接体，是镇域经济、社会、文化的综合发展中心，随着农村和城市的不断动态发展，小城镇作为过渡体表现出这一中间的变动状态[85]。一般来说，如果小城镇得到进步，便有了进一步升级为城市的经济和社会基础，反之，如果经济不断衰退，以致缺乏了基本的文化、经济和政治的聚集功能[86]，则其便可能退化为农村的形态。从世界范围来看，各国对城镇或城市地区的定义也大相径庭。例如，欧盟则使用卫星照片根据土地使用类型决定哪里是城市，哪里是乡村，一般将每个建筑物的间距不超过200 米的一群建筑物所在的地区定义为城市。

纵观国内外对小城镇的研究状态，汉斯（Hans）主要对小城镇的文化集聚功能进行分析[87]，进而对小城镇的文化政策和文化主导策略展开相关研究。克里斯丁（Christine）[88]和穆罕默德·伊姆兰（Muhammad Imran）通过对小镇居民的出行进行研究来对交通灵活性与小镇的经济发展展开深入研究，结果表明灵活的共享交通对于提高小城镇居民的社会经济效益具有相当大的潜力。蒂瓦里（Alok Tiwari）从研究小城镇的持续性出发[89]，提出可持续的管理规划和城镇规模对于小城镇的可持续发展和成长具有重要的意义。小城镇是中国城市化的重要动力，如何利用推动开发进一步完善基础设施建设是一个不可避免的研究课题，朝林（Chaolin）[90]等人提出城市的“中国式设计”，提出“县服务城市”（CSC）的概念，并与中国其他的城市在经济发展中有着同样的地位。从我国的产业类型划分来看，我国主要将小城镇划分为工业型的小城镇、旅游型小城镇、商贸型小城镇、科技型小城镇、农业型小城镇、矿业型小城镇等相关小城镇类型[91]。我国著名社会学家费孝通先生关于小城镇的建设发表《小城镇大问题》一文，提出以城乡一体化为导向，在大力推进城镇化的进程中探索优先发展小城镇的城市化道路[92]，探索区域经济共同体合理布局的发展模式。

小城镇发展的立镇之本在于培育具有支撑力量的产业，旅游小城镇就是在小城镇的基础上依靠丰富旅游资源，发展特色旅游产业，进而带动当地的餐饮、住宿、交通、商贸、就业以及文化娱乐等多项相关产业发展的小城镇类型。旅游小城镇是重要的小城镇类型，是对小城镇概念的延伸。对于旅游业占小城镇的比例问题和旅游产业的发展规模，不同的学者有着不同的定义，具体来说蒙睿（2002）[93]提出旅游小城镇内部应该如旅游景区一样，将管理、观光、体验、交通、服务等区域进行有差别的划分，这些划分区域可以是小城镇内现存的，也可以是潜在发展的，旅游业应该具有较高的专业化水平和专业区域规模。张俊峰（2003）[94]从小城镇的旅游吸引力出发，他提出旅游小城镇本身应该具有一定的资源类别和规模，并且这些旅游资源能够对外界形成一定的旅游吸引力，同时对小城镇外来的游客还应该具有一定的旅游接待能力，并且在不断的发展中旅游吸引力不断增强并带动旅游收入在小镇的总体收入中比例持续上升。黄金火、马晓龙（2005）[95]从旅游资源的角度出发，他们认为旅游小城镇是建立在特色旅游资源的基础上的，小镇的旅游产品和旅游形象的塑造都离不开旅游的资源类型和分布状态，旅游经济在整个小城镇的发展中居于主导地位。

根据各方对特色旅游小城镇的不同定义，结合中西方对特色旅游小城镇内涵定义的要点和不同，总体来看，虽然研究重点和学者的出发点各有不同，但是都主要集中在旅游资源和旅游经济这两个方面上，可以说，旅游资源和旅游经济是特色旅游小城镇产生和发展不可缺少的要素。但是，实际上一定的旅游资源是旅游经济得以发展的基础，旅游经济发展是对旅游资源进行综合开发的结果，可以说，旅游资源是发展旅游经济的一部分。从这个角度出发，本书在对特色旅游小城镇进行内涵界定的时候就不考虑旅游资源要素，从旅游经济的角度出发来定义旅游小城镇即可，具体来说可以从旅游经济的绝对量和在当地小镇收入中所占有的比例来进行衡量。

对于特色旅游小城镇的内涵界定，通常从狭义和广义两个方面出发对旅游小城镇进行定义。从狭义上看，特色旅游小城镇是指旅游经济在当地经济的衡量中占有绝对的主导地位，通过频繁的旅游活动对当地的社会文化具有显著带动作用的小城镇类型。从广义上看，特色旅游小城镇是依靠本身具有特色的自然资源和人文资源，能提供相应的观光、休闲、教育、体验和旅游服务活动的存在一定的旅游经济活动的小城镇[96]。本书主要对西南民族地区的特色旅游小城镇和高速公路的协同关系进行研究，其特色旅游小城镇主要是指以旅游业发展为主导地位、旅游经济发展对当地经济的发展进程起到较大的影响作用，同时旅游业的发展在社会、生活、环境和文化等多方面都具有一定影响的小城镇，可以看出本书所指的特色旅游小城镇主要是从狭义的角度出发来进行相关研究。旅游经济在当地经济占有绝对主导地位可以从绝对量和相对占有比例来进行识别，一方面，西南民族地区的特色旅游小城镇发展程度不高，西南民族地区落后的经济基础使旅游经济的绝对量与东部发达地区相比有很大的差距，所以不能单纯地从旅游经济的经济总量出发。另一方面，西南民族地区拥有丰富的旅游资源，其旅游产业对当地经济具有很大的驱动作用，虽然总体的经济总量不高，但是对于镇域经济来说其占有比例是较高的，从相对占有比例出发就更多地考虑到了客观实在性，在进行特色旅游小城镇鉴别和判断时具有可信性。

早期国外对特色旅游小城镇的研究主要是依附在对城市和乡村的研究，作为城市和乡村的过渡体来展开研究，在这个时期内特色旅游小城镇并不是作为一个独立的研究问题而存在的。到20世纪70年代，伴随着旅游业规模的扩大和旅游产业的带动作用逐渐凸显，旅游经济对于城市的发展逐渐有着越来越重要的作用，在这个大背景下，旅游和城市的相互作用关系被显性化，城市成为旅游发展的支点。随着城镇化的进程加快，城市的旅游活动也逐渐扩散到小城镇中去，小城镇的旅游发展逐渐兴起并以较快的速度蔓延开来，在这种情况下，国外的研究学者们开始把注意力转移到旅游小城镇上来，旅游小城镇也开始作为一个独立的研究个体被广泛的研究[18]。到了20世纪末，旅游小城镇的开发活动在全世界范围内展开，美国、英国、法国、澳大利亚以及众多的拉美国家都重视旅游小城镇的开发和利用，尤其是认识到旅游小城镇在城镇化进程中和旅游经济的发展中所具有的不可替代的积极作用，促进了旅游小城镇逐渐成为主要的小城镇类型之一。

在对特色旅游小城镇的研究中，国外的学者常采用的方法就是案例研究法，通过单案例研究或者多案例研究的方法对某一个或多个具体的旅游小城镇展开相关的研究，通过案例的研究总结提炼出一个理论，或者通过用旅游小城镇去验证所构建的理论模型。总的来说，国外对特色旅游小城镇的研究主要集中在旅游小城镇的经济效益和规划管理两个方面。

旅游小城镇的经济效益表现为旅游小城镇可以创造就业机会，提高当地居民的工资收入和城镇居民的生活水平，增加经济总量，带动相关产业发展的同时促进产业结构的调整，等等。阿米尔（Amir）[97]等人研究马来西亚的旅游收入，这项研究涉及旅游五个部分的内容：住宿、餐饮、娱乐、购物和交通，提出旅游经济对于促进马来西亚的经济收入和当地居民收入具有重要的意义。旅游业为希腊皮斯哥瑞尔小镇积极地创造了就业岗位以增加当地居民就业[98]，在经济萧条时期，旅游小城镇的发展为美国威廉小镇的经济复苏产生了不可替代的拉动作用[99]，大大地刺激了威廉小镇相关产业的发展。最著名的旅游小城镇的经济效益研究是巴雷特等学者以爱丁堡的历史古镇为案例研究对象，研究表明旅游产业已经成为当地的支柱产业，在发展的过程中更是引入了从官方到民间的多方力量[100]。与此相反的是，欧瓦（Owuor）[101]相关学者以肯尼亚·蒙巴萨（Kenya Mombasa）作为研究对象，他们发现虽然当地政府对于旅游小城镇的发展给予了充分的支持，但是旅游小城镇的产出却收效甚微。南非福特·弗里斯（Fort Fries）旅游小镇的研究表明[102]，政府虽然对旅游小城镇给予高度的重视，但是却容易被外部利益集团所利用，这就使得旅游经济的发展始终呈现缓慢的趋势。

在国外的旅游小城镇规划中，不同的研究学者对于旅游小城镇规划与相关因素的考虑大相径庭。严里（Yim）[103]从研究政治因素与旅游小城镇的规划角度出发，通过对中国香港的政治经济影响当地旅游小城镇的发展模式和规划治理的研究，提出旅游治理模式是多元化元素增长的结果。妮科尔·弗雷（Nicole Frey）和理查德·乔治（Richard George）从研究旅游管理的主体出发[104]，以国际知名旅游胜地开普敦的旅游管理为案例对象，通过对企业数据的收集和分析研究旅游管理主体的旅游策略对于旅游经济发展的影响。阿什瓦尼库玛尔（Ashwani Kumar）[105]对印度特有的山地城镇进行研究，主要针对印度的建筑法规对山地城镇建设所带来的影响进行论述，强调现有的建筑法规的发展模式和丘陵城镇所面临的各种问题之间的相关性。与此同时，国外的许多研究学者通过建立相关模型来使特色旅游小城镇的规划更加合理化，在不断的模型建设中完善了旅游小城镇的管理体系[106]。洛加尔（Logar）以旅游小镇茨里克维尼察（Crikvenica）作为研究案例，在充分分析的基础上针对案例地提出旅游小城镇开发的具体建议[107]。科斯塔（Costa）从理论的角度出发，他认为要使旅游小城镇的规划合理，小镇内的各项设施和项目必须保持高度的一致性，同时旅游规划应该是一个具有连续性的过程，不能轻易的改变。对于旅游小城镇的规划和管理研究，相当一部分学者都将旅游规划和小镇规划进行比较，这是一个具有持续性研究的问题，科斯塔（Costa）[108]提出旅游规划和小城镇的规划更是随着旅游业城镇化步伐的加快而逐渐趋于融合，旅游规划逐渐被列为特色旅游小城镇规划的一部分内容。

中国对特色旅游小城镇的研究起步于20世纪80年代[109]，与国外特色旅游小城镇发展起点不同的是，我国的旅游小城镇从一开始就作为一个独立的研究主体被广大研究学者们研究，这与我国城镇化道路是分不开的。到了21世纪初，旅游小城镇的研究地位逐渐凸显，较早研究的学者秦学使用成熟的旅游规划理论对旅游小城镇的规划和建设提出意见[110]，对于旅游小城镇研究体系的完善具有重要的作用。2006年建设部和国家旅游局在云南召开旅游小城镇工作会议，云南省实施旅游型小城镇战略。随着城镇化和旅游经济的不断发展，旅游型小城镇作为旅游业发展的重要形式也越来越多地受到国内学者的关注，旅游小城镇的研究体系也逐渐趋于完善中，尽管在众多的研究学者中，旅游小城镇受关注的点和研究方向大相径庭，但是总体来说，我国对特色旅游小城镇的研究方向主要集中在小城镇建设中政府作用研究和发展模式研究两个方面。

国家建设部部长汪光焘[111]曾针对我国的旅游小城镇发展建设指出旅游小城镇建设规划必须一步一步走，不能急功近利，在发展的过程中要始终坚持政府的引导地位，在政府进行调控的同时积极发挥市场机制，制定相关法律规定对小城镇的开发进行严格的控制和实现资源的永续利用。赵媛等[112]相关学者认为旅游小城镇实现发展首先要做的是加强对旅游小城镇的认识，深化了解相关建设，政府的支持作用固然是必不可少的，但是市场机制对于拓宽资金渠道和扩大投资规模更具有刺激作用。政府的相关政策出台对于旅游小城镇发展的动力机制具有完善作用[33]，2009 年我国通过的《关于加快发展旅游业的意见》中强调了将旅游业发展成为国民经济的支柱型产业[23]，旅游业的发展与城镇化的结合进一步促进了我国特色旅游小城镇的发展和进步。政府在宏观上制定了促进旅游业发展的规划，各地方政府结合自身小城镇的旅游资源状况和市场目标定位特点制定颁布具有本地区特色的旅游规划纲领以指导全镇旅游业的发展，政府在制定旅游小城镇的发展策略时应该将用地规划、交通规划、绿地规划等相关方面进行综合考量，在发展旅游小城镇的同时要注重生态环境的保护[113]。

我国国土辽阔，南北差距和东西差异都较大，各地的旅游小城镇都是在历史的发展中不断形成自身的旅游特色，具有鲜明的地域性特征，在发展旅游小城镇中要始终围绕小镇的特色进行开发，包括少数民族文化和自然特色环境[114]。这就使得对旅游小城镇发展模式的探讨要充分地与当地实际相结合，因地制宜地选择和制定旅游小城镇的发展模式。我国学者在对旅游小城镇的发展模式进行研究时，通常采用的方法是案例研究方法，通过对单个或者多个案例的研究对旅游小城镇的发展模式展开相关研究。龙彬和吴丹[115]以成都龙泉驿区的山泉镇旅游发展为案例，总结出“一个中心，两个统筹”的旅游发展模式，对于民族地区的贫困地区的旅游小城镇发展模式，殷红梅等[116]提出针对贵州省 6 种典型旅游小城镇建设模式，以推进乡村旅游的扶贫建设模式完善。李瑞等[117]以伏牛山旅游小城镇为案例研究对象，根据当前伏牛山旅游小城镇的发展特征，因地制宜地制定出山地型旅游小城镇的发展措施，提出拉长拉宽旅游业产业链的发展模式。夏正超[33]在新型城镇化的大背景下以浙江省旅游小城镇作为案例研究对象，通过对旅游小城镇现有的发展路径和面临的机遇和挑战进行深入的分析，强调政府手段与市场手段相结合的重要性，提出具有针对性的旅游小城镇发展路径和对策。

本书对西南民族地区的特色旅游小城镇进行研究时主要从慢旅游、居民受益和旅游功能开发这三个维度来进行，在文献回顾的过程中分别对慢旅游、居民受益和旅游功能开发这三项的研究状况和重点内容进行阐述。

当今全球城市生活节奏日益加快，城市居民对慢节奏的生活方式产生了新的需求，慢旅游这一新型的深度旅游方式便应运而生。国内外对于慢旅游的研究逐渐增多，总体来说，国内外学者中将慢旅游作为一种促进旅游小城镇发展的模式选择的研究占大多数。刘滨谊[118]以华阴市风景区旅游小城镇为案例研究对象，提出为了抓住在全球化趋势下资本流动所带来的新的机遇，提出“3S + 3L + AVC”的旅游小镇发展理念，将旅游小城镇打造成为慢节奏城市。韦玮[119]以上海朱家角古镇为案例地，围绕朱家角古镇的休闲氛围、旅游资源和文化底蕴来谈其作为慢旅游目的地的可行性，并提出建设建议。鲍黎丝和王世峰针对目前旅游业发展中出现的利益分配矛盾突出、生态环境恶化的现状，从利益相关者的角度构建慢旅游动力机制和模型[120]，他提出慢旅游是解决各利益方诉求的关键途径。段学成等[121]学者从计量的角度对浙江舟山的慢旅游开发进行研究，通过市场调研和 SPSS 分析对于舟山发展慢旅游和开拓慢旅游这一具有潜力的市场提出策略，重点在于建立慢旅游基础设施，丰富慢旅游体验项目，营销助推慢旅游文化，等等。在慢旅游的系统建立中，城市公共自行车系统与慢旅游的节奏相吻合能够为慢旅游发展提供一定的基础，通过完善公共自行车系统已达到完善慢旅游公共服务体系的目的。同时，针对城市公共自行车系统，张闻宇[122]等相关学者从空间布局规划、配套设施建设、租赁系统管理与慢旅游宣传推广四个方面提出慢旅游视角下的城市公共自行车系统优化策略，通过对城市公共自行车系统的多功能性建设实现更好地为城市慢旅游服务。

旅游小城镇内居民的受益状况是促进旅游业发展的内在动力，社区居民的参与和小城镇旅游开发有着密切的联系，但是目前居民受益经常没有引起足够的、全面的认识，通过对居民受益问题的相关分析增加小镇居民受益状况。在旅游扶贫的大环境下，通过对当地居民对旅游扶贫经济、社会文化和环境效应的感知、态度、参与行为和政策评价的研究[123]，有利于对于贫困地区的旅游扶贫提出具有针对性的政策，最终实现帮助贫困特区人民脱贫的目的。居民受益不应该仅仅从居民的财富分配数量来逆行衡量，而是应该建立一个公平的、多方协调的分配体制[124]。除了促进旅游目的地自身的发展来增加居民受益，相关利益者之间的利益分配制度也与居民受益密切相关，从西方经济学博弈论的角度出发，重点对居民中的旅游参与者与开发商之间的利益分配进行研究。克里斯蒂安（ChristianM）[125]等外国学者比较和研究了居民的社区参与对于旅游目的地的影响，这项研究通过比较农村和城市旅游目的地的居民参与，为旅游目的地居民参与的研究做出了重要的贡献。辛克莱（Sinclair）[126]利用来自 14 个教区的牙买加居民收集的数据，交叉列表分析是用来确定居民支持旅游业发展的具体描述，研究在旅游业的发展中不同居民的态度对旅游经济发展的影响。尼克劳斯·布卡斯（Nikolaos Boukas）和施亚卡斯（Ziakas）[127]探讨了塞浦路斯如何提高其旅游竞争力，维持其规模和吸引力的属性，并确保居民的福祉，提出了一个“由内而外”的方法来改变当地居民的受益情况，这种方法的采用可以通过“自下而上”的决策让居民参与当地社区的旅游规划，并提高居民生活质量。在发展社区经济中，居民、旅游企业在旅游景区发展中地位、职能、作用各不相同，通过分析居民在参与度、受益度、满意度方面的差别，识别出解决旅游目的地在旅游本地化分配方面所面临的主要的问题手段，主要包括提高居民的社区参与程度，强化居民的主人翁意识，重视引进和培育专业的旅游管理的人才和打造高素质的旅游管理团队，成立当地旅游协作机构来减少旅游发展过程中的阻力等。

旅游功能开发对于维持旅游目的地旅游吸引力的持续增长具有根本的作用，对旅游目的地的功能开发包括很多方面的内容。当前的旅游功能开发中，旅游目的地越来越趋向于重视对绿道的规划设计，如何对在建和已建成的绿道进行旅游功能开发和运营管理维护[128]是研究者们热衷的一个问题。在研究的过程中，案例研究的方法是广大研究学者们所普遍采用的方法之一。以重庆主城区的旅游功能开发为案例，在旅游的快速发展中就如何提高滨水空间的旅游资源的利用率展开研究调查[129]，根据资源分布特色进行旅游功能开发布局，以四川省石棉县为例，根据石棉县旅游资源的特色及分布特点将其分成七个旅游功能区，并对每个功能区的开发内容与形式做出了详细的安排，对山地滨水中小城市旅游功能区划与开发进行了探究。旅游功能的开发需要跟旅游目的地的资源特征和类型进行匹配，对旅游资源进行类型划分、特征分析、功能分区有利于区域旅游资源的优化和深度开发，将旅游目的地已形成的丰富的文化资源充分融入旅游主题当中去，通过对旅游资源的分析和探讨制定旅游目的地旅游功能分区和开发的原则，依照相关的原则对旅游目的地资源、文化、经济等相关方面进行潜力挖掘，在开发和利用的过程中最重要的原则是保护当地的生态环境和自然生态，不以牺牲环境为代价来追求经济利益[130]，坚持开发和保护并重。

1.4.2 关于高速公路研究

随着国民经济的发展，作为交通运输网络骨架的高速公路以它快捷、安全、舒适的特性赢得了人们的广泛赞誉，并且对经济发展和社会进步起着日益重要的作用。近年来，科技的进步使得高速公路的通车里程越来越长，高速公路网布局也逐渐趋于完善。随着区域经济的发展，高速公路作为沟通的纽带和桥梁，其对于区域间的便利和联系的加强起着至关重要的作用，在这样的环境下，高速公路逐渐成为国内外研究学者们的热点和焦点，本书对西南民族地区高速公路与特色旅游小城镇的协同进行研究，对高速公路的文献研究包括国内外学者对高速公路的研究现状、高速公路交通量的研究进展、高速公路网布局的研究进展以及高速路服务区的研究进展几个部分。

世界上最早的高速公路于20世纪20年代到30年代，在德国和意大利问世。相对地，国外对高速公路研究起步较早，高速公路作为一个完整的研究对象在国外很早就拥有独立的研究地位，在理论和实际应用方面都领先于我国的高速公路研究。在国外高速公路的研究理论研究中，主要包括对高速公路基础设施状况、运输状况以及历程的研究，随着高速公路商业化价值的突出和经济学理论和经济水平的迅速发展，学者们对高速公路的管理和运营体制建设的研究逐渐取代了单一的对高速公路本身的研究。

国外学者对高速公路的理论研究成果随着高速公路功能的突出而逐渐完善，索里雷德尔（Sauerlender）[131]以宾夕法尼亚（Pennsylvania）公路作为研究对象，通过对公路本身以及公路与周边产业的相互作用关系建立公路产业带模型，梅尔先生[132]运用哈佛微观仿真模型研究公路对于发展中国家经济社会的影响，哈里维克[133]提出高速公路对于经济收入的增长和就业问题具有不可忽视的影响，随后加拿大学者帕夫洛通过提出投入—产出模型对高速公路投资对于经济社会的间接影响提出了新的观点[134]，瑞弗汉恩（Rephann）[135]在研究美国的公路投资对区域经济发展的影响时，采用实证研究的方法，得出公路投资与经济活动的关系程度与都市化的距离有着显著的关系。

研究学者对于高速公路的研究焦点也有所不同，塞格尔·库尔（Sagar Kurle）[136]等相关学者以德里古尔冈高速公路为研究对象，在对德里古尔冈高速公路特殊性分析的基础上建立了四车道的结构方程模型以研究车辆对车道利用率的影响，同时为其他公路车道的设计和利用率的提高提供助力。穆罕默德·阿卜杜勒（Mohamed Abdel－Aty）和杰阳（Jaeyoung）[137]通过贝叶斯回归分析对拥挤对于城市道路的交通所产生的影响进行分析，运用自动识别（AVI）系统和微波车辆检测系统（MVDS）监测案例地在道路拥挤时高速公路的安全状况，铃木光司（Koji Suzuki）[138]在内的相关学者以日本道路为研究对象，通过对日本合并路段的替代安全措施和对司机的服务评估质量的研究对高速公路的碰撞风险进行评估，研究结果指出碰撞的结果是受到高速公路交通量大小的影响。除了对高速公路的研究，静山田（Susumu Yamada）和真琴高桥子（Makoto Takahashi）从研究高速公路司机行为出发[139]，基于司机的行为和不同的环境条件下测得的真实交通数据，提出了驱动程序的认知模型。平井一夫（Shoichi Hirai）[140]在内的相关学者主要对网络流量模拟器在整个城市高速公路网络发展中的作用进行研究，文章阐述了交通建模与路径选择行为在高速公路网络仿真建模中的重要性，强调了运用仿真建模进行研究的准确性。库尔（Choongwan Koo）、泰勋鸿（Taehoon Hong）和金姆（Jimin Kim）对高速公路服务区展开研究[141]，通过对韩国不断增长的高速公路服务区决策支持系统进行最优化检验，提出高速公路服务区的最优决策支持系统应该以提高盈利能力为核心，为高速公路服务区的商业化发展研究提供了理论基础。

我国对高速公路的相关研究相对于西方来说起步较晚，同时结合高速公路的实际发展，高速公路的功能在逐渐地打破原有的单一的交通功能的状态并逐渐向着多功能方向发展。国内学者对高速公路的研究越来越超出道路功能本身的范畴，高速公路具有旅游、休闲、购物、观光以及整合地方资源等众多延伸功能，当代的研究学者更多的是研究公路对于区域经济发展、旅游发展、生态环保的接入性作用，而不仅仅局限于研究高速公路的规划、设计、征地、建设等一系列交通范畴的问题。

国内学者在高速公路研究方面的一个重要趋势就是将高速公路与旅游结合在一起，高翔[142]等学者使用2008年第二次经济普查企业数据和县级高速公路数据得出有高速公路连接的服务业企业劳动生产率更高，钱佳和汪德根[143]以苏州市为例，在探索性因子分析基础上构建了城市居民对高速公路免费政策的支持度及出游行为感知概念模型对高速公路免费政策感知与支持度及出游行为相关关系进行研究。在综合考虑旅游目的地的地理状况、旅游资源分布对交通条件的影响，研究高速公路作为区域旅游经济发展的主要交通方式的可行性，在某些具有旅游发展潜力的地方修建高速公路，高速公路本身作为旅游经济网络中的一部分，随着旅游经济和交通运输的不断融合，高速公路承担的不仅仅是单一的交通运输功能，还具有传承地域文化和助推当地旅游经济发展的功能。

王成新[144]等相关学者以山东半岛城市群为例，将定性分析与定量分析相结合，从城市群体系结构、空间结构和职能结构3个层面剖析了高速公路对城市群的影响。2012年8月，国务院下发通知，首次在全国范围内实行重大节假日免收小型汽车高速公路通行费，在这种背景下，对高速公路重大节假日差异化研究有利于合理引导居民出游，增进社会福利[145]。高速公路网络与城镇空间的互动关系也是国内研究学者关注的焦点，以长江三角洲为研究地，周恺[146]以交通通达性作为高速公路网络与城镇互动的度量单位，运用网络分析的办法对高速公路的发展状态进行概括，认为通达性越高的地方，其城市之间的沟通程度也就越高，区域的交流越频繁深入，通达性建设对于区域经济的提高具有重要的影响作用。林涛和孙婷婷通过测算长三角地区高速公路网络和城镇体系空间结构的长度维数、集聚维数、网格维数、关联维数等分形维数对高速公路网络与城镇体系空间结构的分形进行研究[147]。

本书对西南民族地区高速公路与特色旅游小城镇的接入机制进行研究，在对高速公路的研究中重点将高速公路划分为交通量、公路网布局和高速公路服务区三个维度，根据国内外的相关研究对三个维度进行研究重点评述。

高速公路交通量的研究对于提高高速公路投资的准确性具有重要的作用，在目前国内外对高速公路交通量的研究文献中，众多的学者将注意力转移到如何进行科学合理的交通量的预测、如何根据交通量对高速公路幅面进行设计、高速公路交通量的影响因素以及建立高速公路交通量的预测模型等相关问题上。高速公路交通量是影响高速公路投资回报率的敏感性因素，基于此，国内外研究学者们对于高速公路交通量的研究都予以了极大的热情。

20 世纪初期美国哈佛大学率先设立的交通工程学专业，是国外高速公路交通量研究最早萌芽的阶段，因为专业的主要研究内容之一就是高速公路交通量。随着高速公路的飞速发展，世界范围内的研究学者们提出了关于交通规划的模型和方法，高速公路交通量的研究方法和理论也在这一阶段得到极大的丰富。信息社会的到来以及科技手段的逐渐进步，越来越多的研究方法和新的研究理论被提出来，专家学者们对于高速公路交通量的研究方法和手段随着时代发展不断地得到更新，研究内容也更加丰富，研究深度也逐渐加深。

随着研究的深入和科技的发展，当代的外国学者对于高速公路交通量的研究在方法和内容上都进行了新的延伸，迪克（Dick Apronti）和哈立德（Khaled Ksaibati）[148]在内的相关学者运用线性回归模型估计主要的土地类型和人口，运用 Logistic 回归模型，通过使用五个阈值或水平来确定道路交通的水平。拉吉斯拉夫巴图斯卡图（Ladislav Bartuska）、巴布森（Vladislav Biba）和卡雷尔（Karel Jerabek）[149]三位学者概述了捷克共和国交通量的计算问题，他们通过长期对道路进行测量以收集不同类别的数据，并利用收集的相关数据进行道路的类别划分，最终确定平均日交通量（AADT）的不可应用性。法鲁克（Faruk）[150]等一众学者运用案例研究的方法对便携式动态称重装置与交通量的互动关系展开研究，通过对二周内收集的交通数据的评价，研究表明便携式动态称重装置可用于设计、分析收集可靠的交通信息，并且是一种既方便又合乎成本的方式，还便于监测，但是，在任何真正的交通数据收集以前，便携式称重必须要事先进行合适的单元选址。类似的，毛利兹瑞（Moniruzzaman）[151]等相关学者也运用案例研究的方法，他们以国宾大桥作为案例研究地，在相关交通特性、速度、行驶时间、队列长度的短期预测的基础上，所采用的数据是利用远程交通微波传感器和全球定位系统进行为期一年多的观测和收集，运用评价指标证实了具有高预测能力的人工神经网络模型，并将这项研究运用到商用车过境时间与交通量的短期预测中。

相较于国外对高速公路交通量的研究，我国对交通量和交通规划的研究起步较晚，作为交通工程的重要组成部分，我国交通规划的理论研究和实际应用发展历史只有不到30年的历史，最早是由美国的学者将交通量的研究方法和理论研究传入到我国，在中国交通业发展迅猛的大环境下，国内学者对交通量的研究不断地深入，并逐渐呈现出方向上的多样性。交通量预测作为交通量理论研究和实际应用的一个重要的方向，我国起步时对高速公路交通量的研究主要集中在高速公路交通量的预测上。经过不断地摸索和总结，我国在交通量研究方面从理论到模型构建，从方法到运用软件都取得了很大的进步，对路径系数和数据处理的精确度大幅度提升。同时，交通量作为独立的研究对象，国内专家学者逐渐尝试从影响因子方面来进行相关的研究，除了采用传统的预测方法进行研究以外，交通量预测和服务水平、观测站点布局、预测体系存在的问题、生成机理、数据收集方法以及分布规律等多个方面也逐渐被国内研究学者所关注。

肖智和李玲玲根据高速公路年交通量样本小、预测期长、受经济因素影响等特点，选用了支持向量有机回归来进行多因素单目标的预测[152]，通过将所搜集的经济因素进行主成分分析和应用PSO方法对支持向量机参数进行优化，对PSO-SVM在高速公路交通量预测中的应用进行了深入的研究。在交通量的预测中，高速公路交通量受众多因素影响且各因素具有较强的不确定性，针对这个情况王慧勇[153]提出适用于高速公路交通量预测的灰色线性回归组合预测模型，林文新[154]等学者提出高速公路交通量预测的GM（1，1）残差改进模型，并将模型应用于某高速公路某收费站，对9期序列数据进行了模拟预测。刘甜伟[155]以沪宁高速公路为研究依据，通过分析交通预测量与实际交通量的差异来总结失准规律，同时提出加强预测准确性的意见，这对于更加准确地预测高速公路的交通量和提高预测方法的科学性和合理性具有十分重要的意义。在高速公路交通量研究中，由于我国的各个区域的道路条件和经济发展水平、人口分布、环境状况等大相径庭，所以在进行高速公路交通量相关研究时通常将研究范围进行区域化和缩小化，例如，针对城市连绵区高速公路不同于传统高速公路对外通道的功能与特征，刘恒[156]等学者采用城市交通建模的思想预测高速公路交通量；李娇娇和赵翠薇[157]将研究区域放在贵州省，以厦蓉高速的贵州省与广东省段及贵州省内新建高速交通项目为例，在实际案例的基础上计算由于新建的交通项目诱增的交通量与经济之间的关系；金刚[158]以京沪高速公路沂淮江段为案例地，根据路段建立了交通量和当量轴载作用次数的预测模型；郑晓阳[159]对西部地区主要干线特有的功能属性进行分析，从功能属性的角度出发聚焦于交通量的精度研究，提出如何在工程规划者中提高预测精度的措施。

在高速公路网布局研究方面，我国的高速公路发展相对于西方来说起步较晚，西方在20世纪30年代开始对高速公路的研究予以重视，中国的研究则开始于80年代，接近落后了半个世纪，所以在高速公路网布局方面，总的来说我国无论在理论基础还是实际应用都不如西方对高速公路网布局的研究深度和宽度。但是另一方面，我国的高速公路网布局研究虽然起步较晚，但地后劲比较充足，随着广大的留学者和专家回归带来了丰富的交通规划布局经验和知识，加上我国政府对于高速公路发展的政策重视和支持，使得我国对于高速公路发展的研究虽然起步没有优势，但是在相关研究领域的创新点却闻名世界。

国外对于高速公路网布局的研究大多集中在通过研究高速公路网里程与相关因素的相互作用关系，并通过对它们之间相互关系的探索进一步建立相应的函数关系式，通过模型的构建为进一步合理地进行高速公路网布局研究奠定理论基础。在影响高速公路网布局的众多因素当中，学者们通常从某一个具体的研究地出发，通过对研究地域的特征分析建立具有特殊性和针对性的布局模型，地域特征通常包括区域的人口数量、耕地和建设用地面积、区域的产业结构、区域整体的经济发展水平、交通需求量以及基础设施建设状况等方面，早期的国外研究者对这一块进行了大量的研究，例如，俄罗斯的研究学者运用数学研究的方法，关于公路网建设规模大小、城市发展水平和交通运输量三者的关系建立了数学函数关系式；欧洲的一众学者将研究的焦点放在公路网规模、人均可利用的土地面积和国民生产值三者之间关系上，运用数学模型构建出三者的函数关系式；日本的研究学者提出了关于路网规模、经济发展水平和人口之间关系的国土系数理论。由于各国在具体的研究区域上存在固有的差别，所以建立的函数关系式和参数取值也存在着很大的区别。

随着国内外研究学者对高速公路网布局的研究深入，高速公路布局的研究逐渐不再仅仅是局限于高速本身布局对于模型优化[160]的研究，更多的是与当地的主导经济相结合起来，包括对高速公路与旅游经济发展互动关系的研究、高速公路通达性与居民出行意愿的关系[143]、高速公路网布局合理性与区域资源调动[161]、高速公路网络的信息安全系统等多方面的研究。汤姆斯·赛里莫（Thomas Salimol）和杰克罗伯特（Jacko Robert B）[162]从研究高速公路运营对环境和空气质量影响的角度出发，将回归与神经网络模型运用到高速公路细颗粒物与一氧化碳浓度预测模型中。张昊（Hao Zhang）等一众学者[163]通过已知高速公路的网络拓扑结构、交通流密度等相关信息提出了一种基于高速公路网识别概率的标识符选择方法，王志星和陆珍彩[164]以国际新通道——防城至东兴高速公路为研究对象，提出高速公路不仅仅是一条重要的教育运输通道，更是一条旅游路，在高速公路的建设中将当地的“海洋文化、东盟风情、绿色长廊”融入景观和项目规划中。类似的，国内学者以渤海海峡跨海通道为例，选取网络通达性指数、三步深度值和空间距离通达性指数 3 个指标和点的中间中心度、线的中间中心度 2 个指标，对骨干交通设施对区域旅游空间格局的影响进行研究[165]。旅游业作为国民经济的一部分，高速公路与区域经济的互动关系也是国内学者的关注焦点之一，把高速公路网看作一个交通运输生产系统，提出了一种基于范围经济理论的高速公路网络效益的综合评价方法，科学合理的高速公路网规划对于促进地区交通体系的完善和经济的发展有着密切的关系，通过对区域高速公路发展规模和发展过程中所呈现出的问题进行分析，制定出与区域经济发展适应程度最高的高速公路网布局。

在世界范围内研究高速公路服务区的发展状况，美国拥有世界上最发达的高速公路网，高速公路服务区数量规模相对庞大，且由于发展历史悠久，服务区的基本功能设施建设已经趋于完善，在美国的一般高速公路服务区都设有公用电话、停车场、洗手间、便利店以及遍布的快餐店。日本的高速公路服务区由两家公司特许经营，由于两家公共享服务区的管理区，所以日本的服务区拥有统一的技术标准和规划方法。值得一提的是法国的服务区，法国的服务区在拥有基本的服务设施和功能以外对于服务水平的人性化和标准化也有着自己的规定。研究将国内外的高速公路服务区进行比较发现，我国高速公路服务区在交通状况、建设标准、功能布局等方面都与国外的高速公路服务区呈现出较大的区别，总体来说，欧美日等发达国家在进行高速公路设计时空中环境、景观与服务区的建筑融合更为突出，空间开发性强，注重人的感受。我国的高速公路建设发展历史较短，高速公路沿线更多的是侧重交通安全，对于服务区的建设和布置方面相对重视度不够，并且，由于国内不同运营线路的客流量和经济发展水平存在很大的差距，导致我国的高速公路服务区出现较为严重的差异化特征，有的服务区基本功能设施齐全，且进一步注重开发和提高服务区的商业功能和旅游休闲功能，而有的服务区相对地理位置偏僻，通行车辆较少，高速公路服务区基本的生计都难以维持，卫生条件较差，管理混乱。

随着高速公路建设的发展，高速公路服务区建设也迈上了一个新的阶段，国内外学者也不再是仅仅从高速公路本身的基本功能设置和基本设施布局上去进行研究，更多的是本着“以人为本”的观念更加注重高速公路服务区中人的因素，注重服务区的服务性。日本学者通过对高速公路的实际记录，采用案例研究的方法，对高速公路服务区快速充电站充电器附加的实际拥挤及影响[166]进行了研究，瑞星进（XJRui）和柏红（HBai）两位学者从加强高速公路服务区的安全监控出发，提出基于神经网络专家系统的高速公路服务区运行安全监控系统[167]。在高速公路服务区的研究中，多采用案例研究的方法，例如，以云南省 G56 号潞江高速服务区为例，利用相关技术对原服务区进行改造，使得高速公路服务区的建筑在充分利用太阳能技术与现代社会中电动车普及的现象相照应[168]，使高速公路能适应新能源下的动力车辆的需求。现代化的高速公路服务区建设越发倾向于以人为本和保护环境的设计运营理念，从人性化设计的理念出发，立足于人与环境和谐发展，塑造富有地域特色的高速公路服务区，是服务区持续发展和完善的关键，针对当前高速公路服务区存在的问题，对服务区进行规范化管理，同时要充分考虑案例地的实际情况和发展目标，根据地区特色和区位条件提出具有针对性的管理发展模式。

本书对西南民族地区的高速公路与特色旅游小城镇协同关系进行研究，重点在于把高速公路与旅游的关系作为研究基础。服务区功能拓展研究是当前服务区产业链所研究的热点，把服务区的功能拓展与旅游休闲产业的发展相结合是服务区和旅游发展的新趋势，在确保行车的安全、舒适的基础上，服务区作为现代化交通运输的重要组成部分，在文化建设和功能发挥上起着重要的作用，是高速公路最亮丽的服务窗口。在专为驾乘人员提供休息、就餐、加油维护和修理等服务的基础上，也为出行者们展示着地域文化色彩。高速公路服务区作为旅游自驾游不可缺少的部分，我国学者在编著《2014 年中国自驾游地图集》中将各地的高速公路线路和高速公路服务区进行了标注。同时，在绿色发展的大背景下，高速公路与旅游的结合不可避免地要对绿色生态环保给予高度的重视，转变传统的交通发展理念，推行绿色交通。高速公路服务区代表着高速公路乃至整个区域对外的形象，在与旅游业的接入中，要充分地将旅游要素融入高速公路服务区的布局设计当中，尤其是要融入地方深厚的文化底蕴，通过注入地方的文化元素打造特色旅游发展经济，将高速公路建设与地域文化建设结合发展。

1.4.3 关于西南民族地区高速公路与特色旅游小城镇协同的研究

本书对于高速公路与特色旅游小城镇协同关系进行研究，任何研究都离不开已有的研究理论和基础，对于西南民族地区高速建设与特色旅游小城镇的接入性研究基础，本书在全球领先的数字出版平台——中国知网（CNKI）进行相关的主题检索，其结果见表 1.1。

表 1.1 西南民族地区高速公路与特色旅游小城镇协同研究检索结果

关键词	年份	期刊（篇）	博硕论文（篇）	会议、报纸（篇）
西南民族地区	2012～2017	995	137	178
西南民族地区旅游	2012～2017	620	108	107
西南民族地区高速公路	2000～2017	11	6	9
高速公路与旅游	2012～2017	518	114	41
西南民族地区高速公路与旅游	1998～2017	5	5	4
西南民族地区高速公路与旅游小城镇	1998～2017	1	1	0

由表1.1可以看出，已有的对于西南民族地区、高速公路与旅游以及西南民族地区的旅游研究文献都是广大研究学者的研究重点，但是对于西南民族地区高速公路与旅游的研究就相对较少，当本书将旅游业具体化到西南民族地区的特色旅游小城镇时，研究理论还几乎处于空白。这就表明对于西南民族地区高速公路与旅游特色小城镇的接入性问题具有较高的研究价值，可以弥补相关文献的空白，为未来对高速公路与旅游小城镇的其他互动关系的研究提供研究基础。

传统意义上的西南民族地区除了本书所包括的云南、广西和贵州以外，还包括广大的四川省，本书对西南民族特色旅游小城镇的研究综述仅仅从云南、广西和贵州出发，不考虑广大学者对四川省旅游小城镇的研究。在西南民族地区的旅游业发展中，民族旅游是西部旅游的一大亮点，研究学者以香格里拉乡规划为例，剖析了民族地区旅游小城镇规划面临的难点问题[169]，将旅游学与规划学运用到小城镇建设的理论中去[170]，在小城镇的建设中还应该处理好利益相关者之间的矛盾冲突，包括旅游者、政府、社区居民和旅游开发者[171]。在西南民族地区的旅游经济研究中，学者们非常重视旅游感知这一要素，游客作为旅游活动的实施主体，与旅游影响的产生有密切联系，研究游客对旅游影响的感知不仅对推动民族地区居民增收、社会稳定及可持续发展等有重要意义，还有助于实现国民经济的持续健康发展[172]。除此以外，西南民族地区的旅游经济发展还特别重视生态环境的保护[174]。在“十三五”旅游规划的大背景下，旅游精准扶贫受到西南民族地区各省区的重视，为众多的旅游小城镇依靠自身的旅游资源优势以实现脱贫提供了机会[173]，这也是研究者新的研究热点。

总的来说，西南民族地区拥有着丰富的自然资源和人文资源，独特的喀斯特地貌和多样化的民族风情为西南民族地区发展旅游业提供了必然性，当地居民在长期的历史实践中不断地与当地的文化融为一体，积极地为开发和弘扬本地特色文化贡献自己的力量，加上西南民族地区政府对旅游业的发展给予了较大力度的支持，使得旅游交通体系的完善和旅游产业结构的调整有了客观可能性。本书对西南民族地区高速公路与特色旅游小城镇的协同作用进行研究，在充分借鉴相关研究学者的研究成果和方法的基础上展开具有针对性的研究，无论是对于区域旅游业的发展，还是高速公路与旅游小城镇的接入性研究都具有前所未有的开创作用。

1.4.4 研究述评

目前国内外对于高速公路交通量预测、高速公路网布局、高速公路服务区建设、特色旅游小城镇的发展模式、特色旅游小城镇发展的动力机制等相关问题展开了大量的研究并取得了多方面的成果，为进行高速公路和特色旅游小城镇的协同接入研究奠定了一定的理论基础。但是，从国内外现有的研究成果来看，有关特色旅游小城镇与交通规划的，特别是特色旅游小城镇和高速公路的作用机制和协同发展路径的成果还不是特别多，对于高速公路交通量和慢旅游模式、路网布局和居民受益状况以及服务区和旅游小城镇旅游功能开发之间的协同模式和作用路径等方面的研究成果尚处于起步阶段且较为分散。

在高速公路交通量、高速公路网布局、高速公路服务区以及高速公路建设与旅游相结合方面，对高速公路和旅游的接入机制研究还不够系统和全面，缺乏对高速公路的构成维度和演化的研究。有必要从内部维度划分的角度去研究高速公路与旅游的接入性原理，明确各个维度的划分依据和作用，并从高速公路与旅游相协同的角度出发来进行西南民族地区高速公路与特色旅游小城镇协同的研究，对经过本书界定的高速公路维度构成进行分析，得出全新的结论。

在特色旅游小城镇的研究方面，在研究区域上，国内外学者都倾向于研究某一个有代表性特征的旅游小城镇，相应的在研究方法上常采用的方式就是案例研究方法，并且通常是单案例的研究。在对特色旅游小城镇的研究内容方面，小城镇的发展经营模式、旅游小城镇中利益相关者分析、旅游小城镇的旅游资源开发和利用、旅游小城镇发展路径等是现有的国内外学者关注的重点内容，而对于特色旅游小城镇的对外接入性和协同性相关的研究少之甚少。从旅游小城镇的内部维度出发与周边要素进行接入性的研究不仅仅对特色旅游小城镇的发展具有推动作用，对区域经济的发展和产业结构的平衡也是具有重要意义的。

在西南民族地区高速公路与特色旅游小城镇协同关系研究方面，目前就西南民族地区高速公路与特色旅游小城镇的接入性研究成果还十分少见且呈现出比较分散的格局。旅游和交通的相关性研究大多集中在旅游公路和景观布局上，将小城镇的发展理念、目的和发展动力与交通量建设、路网布局建设、服务区建设相结合，将从内部实现高速公路与特色旅游小城镇的连接。这对于提高旅游小城镇的对外接入性和开发性以及高速公路功能扩展都具有十分重要的促进作用，同时对协同关系的研究将在很大程度上弥补研究领域的空白，西南民族地区的高速公路建设如何与特色旅游小城镇发展进行有效的协同将是今后旅游小城镇研究中的重要内容。

1.5 主要研究内容、技术路线和研究方法

1.5.1 主要研究内容

本书对西南民族地区高速公路与特色旅游小城镇协同关系进行研究，在全文的布局结构中，按照分析、规划、设计和实施的逻辑线索，四个本书的主要内容分为八个部分，包括绪论、分析框架、研究假设和演化模型、结构方程的实证研究、SPS案例验证、协同实现路径规划、路径实施以及案例实践。每个部分对西南民族地区的特色旅游小城镇和高速公路协同关系研究具有不同的作用，具体各部分的内容如下。

第一部分是绪论部分。在本书的绪论部分当中，主要包括本书的研究背景和问题提出、西南民族地区高速公路与特色旅游小城镇协同的现状、西南民族地区高速公路与特色旅游小城镇的研究综述、本书在研究中的技术路线和研究方法介绍。首先，在研究背景中着重分析了交通运输和旅游业融合的时代背景，一方面，旅游业成为我国国民经济发展的战略性支柱产业，其地位逐渐提升，特色旅游小城镇作为旅游产业发展的一种新形势，在旅游城镇化和全域旅游中具有不可比拟的发展优势。另一方面，在高速铁路的冲击下，高速公路原有单一的交通功能被逐渐打破，在旅游资源丰富的西南民族地区呈现出商业化和体验化的特征，高速公路与旅游业的融合成为高速公路转型升级的必经之路。在这种背景下，要想改变西南民族地区经济社会条件相对滞后的状态，加快建设旅游引导的新型城镇化建设步伐，减少交通运输所带来的制约性因素，就要积极地响应时代的变化，将高速公路建设与特色旅游小城镇发展相结合。其次，对西南民族地区高速

公路与特色旅游小城镇协同现状进行分析，阐明了城镇规划与旅游交通规划的关系，包括相似性和差异性，结合西南民族地区高速公路建设特征和特旅游小城镇的发展，对二者协同的可行性进行了论述，再对现阶段的高速公路与特色旅游小城镇的协同进行了分析。再次，在西南民族地区高速公路与特色旅游小城镇的研究综述中，主要从特色旅游小城镇的研究综述、高速公路研究综述以及西南民族地区高速公路与特色旅游小城镇协同的研究综述，在进行相关文献借鉴和总结的基础上，进行参考文献的研究述评。最后，介绍了本书的主要内容、技术路线和研究方法，绘制全书的技术路线图进行说明。

第二部分是西南民族地区高速公路与特色旅游小城镇的分析框架研究。首先，基于西南民族地区高速公路内涵界定和特征分析内容上，本书对西南民族地区高速公路的构成维度进行划分，包括交通量、高速公路网布局以及高速公路服务区三个构成维度，说明维度划分的依据和合理性，结合西南民族地区高速公路发展现状分别对交通量、高速公路网布局和高速公路服务区进行维度解析。其次，基于西南民族地区特色旅游小城镇内涵界定和特征分析内容上，本书对西南民族地区特色旅游小城镇的构成维度进行划分，将特色旅游小城镇划分为慢旅游模式、居民受益和旅游功能布局三个维度，对各自的维度划分依据进行了深入的翔实阐述，结合西南民族地区特色旅游小城镇发展现状分别对慢旅游、居民受益和旅游功能开发进行维度解析。同时，在维度划分的基础上，构建西南民族地区高速公路与特色旅游小城镇协同关系的分析框架，包括总体的分析框架以及各个维度结合的分析框架，阐明总框架和各子框架的构建依据，紧密结合西南民族地区高速公路与特色旅游小城镇协同现状的相关内容进行分析框架的解释。最后，对高速公路与旅游小城镇的协同关系演化分析和内外部影响因素进行了阐述，包括主动的演化形态和被动的演化形态，内部影响因素和外部影响因素，特别注意的是，本书依据西南民族地区高速公路与旅游小城镇的实际发展情况，提出西南民族地区的内部影响因素分析，内部要素中结合西南民族地区旅游经济的发展特征提出了五个旅游核心要素，包括：民族性、酒店住宿、交通、旅游购物和特色旅游资源，为接下来进行相关研究假设奠定理论分析基础。

第三部分对西南民族地区高速公路与特色旅游小城镇的协同关系进行研究假设和演化分析。从西南民族地区高速公路与特色旅游小城镇的维度构成出发，分别对高速公路交通量对特色旅游小城镇慢旅游发展的协同作用、高速公路网布局对特色旅游小城镇当地居民受益的协同作用、高速公路服务区对特色旅游小城镇旅游功能开发的协同作用提出相关假设。在提出研究假设的基础上，构建出西南民族地区高速公路交通量对特色旅游小城镇慢旅游发展的协同作用、西南民族地区高速公路网布局对特色旅游小城镇当地居民受益的协同作用、西南民族地区高速公路服务区对特色旅游小城镇旅游功能开发的协同作用的演化模型。研究假设是全书的核心内容，在进行研究假设的时候充分地参考相关的文献和运用已有的结论，对高速公路与特色旅游小城镇协同的因变量和自变量进行解释和筛选，对研究假设的路径进行详尽的解释。

第四部分主要通过构建结构方程模型对西南民族地区高速公路与特色旅游小城镇协同作用关系进行实证分析，对本书提出研究假设进行判断。其中，本书根据研究假设设置了西南民族地区高速公路交通量对特色旅游小城镇慢旅游发展的协同作用、西南民族地区高速公路网布局对特色旅游小城镇当地居民受益的协同作用、西南民族地区高速公路服务区对特色旅游小城镇旅游功能开发的协同作用三个结构方程模型，每一个模型都按照下面的步骤来完成相关的实证分析。首先，进行初始数据的收集，主要包括调查问卷、实地考察和官方公布的权威数据，通过对受访者的感知结果进行测度来进行原始数据的收集，同时进行案例地的实地考察。其次，设置变量并对变量进行度量，在收集数据的基础上对样本数据进行检验，包括信度检验和效度检验，对数据进行描述性统计分析。再次，根据研究假设的相关内容，分别构建出西南民族地区高速公路交通量对特色旅游小城镇慢旅游发展的协同作用、西南民族地区高速公路网布局对特色旅游小城镇当地居民受益的协同作用、西南民族地区高速公路服务区对特色旅游小城镇旅游功能开发的协同作用的三个结构方程模型，对初始模型进行数据的匹配，计算出拟合度的大小，对路径进行选择和调整。当原始结构方程中存在着路径并没有通过检验时，需要对原始的结构方程模型进行调整，直到所有的路径都能通过检验。在确立最终结构方程模型之后，运用标准化后的路径系数对每条路径的作用强度进行估计，进行研究假设的检验，得出结论和启示。

第五部分主要运用 SPS 案例研究方法对西南民族地区高速公路与特色旅游小城镇协同关系进行案例验证。首先进行案例的研究设计，运用协同学的相关原理和方法对协同理论进行测算，在计量的基础上运用 SPS 案例研究的方法进行案例分析，介绍了案例的选取和案例的数据收集，在本章的案例设计中，主要以贵州省的镇远古镇、广西南宁扬美古镇以及云南的勐仑小镇作为案例分析小镇，在对高速公路与特色旅游小城镇协同关系中，以贵州镇远古镇作为案例地对高速公路交通量与旅游小城镇慢旅游的协同进行验证，以广西扬美古镇作为案例地对高速公路网布局与居民受益的协同进行验证，以云南勐仑小镇作为案例地对高速公路服务区与特色旅游小城镇旅游功能开发的协同作用进行案例验证。其次，对案例地（镇远古镇、扬美古镇、勐仑小镇）的发展状况进行说明，包括小镇的发展历史特色、高速公路建设状况、旅游业的发展现状以及高速公路与旅游业的结合现状。再次，基于案例地的实际发展情况展开案例发现与讨论，为了深刻地对高速公路与特色旅游小城镇协同关系进行分析，在案例发现中分别从高速公路对特色旅游小城镇的协同作用、特色旅游小城镇对高速公路的协同以及高速公路与特色旅游小城镇的协同三个角度来进行，通过对三个案例地的实际调研和考察，结合相关研究基础，并且分别构建三个作用机制。最后，分别针对高速公路交通量与慢旅游、高速公路网布局与居民受益、高速公路服务区与旅游功能开发三种协同关系进行案例验证结果分析，将三个案例地的分析结果应用于理论构建中，验证了西南民族地区高速公路与特色旅游小城镇具有的协同关系。

第六部分对西南民族地区高速公路与特色旅游小城镇协同关系的实现路径规划进行研究。本书在西南民族地区高速公路与特色旅游小城镇协同关系的实现路径规划中主要从高速公路与特色旅游小城镇这两个构成要素出发，首先是基于高速公路建设的特色旅游小城镇的规划，包括对特色旅游小城镇的旅游资源开发、特色旅游小城镇的规划重点、设计规划体系以及规划实施路径，着重提出基于高速公路建设的特色旅游小城镇规划应该将西南民族地区的民族特色、慢旅游系统、土地占用、核心利益相关者的关系作为特色旅游小城镇规划的重点内容。其次是基于特色旅游小城镇建设的高速公路规划，包括高速公路的地域性规划、战略规划目标、精品规划模式、文化主题定位和游客服务设施，提出在高速公路的规划中要始终以西南民族地区的地域性特征为基础，以外畅内达、结构均匀和集约生态为高速公路规划的战略目标，坚持对外交通模式和对内交通模式两种路径，在规划中要注重高速公路的文化主题定位，将西南民族地区特色旅游小城镇的民族文化特征与高速公路相融合，提高高速公路的文化性，始终坚持以人为本的发展理念，将旅游者放在核心位置，对特色旅游小城镇的游客服务设施进行规划，同时为了保证特色旅游小城镇的经营效果和经济效益，在利益分配中要处理好核心利益相关者之间的关系，做到真正的居民受益。再次是西南民族地区高速公路与特色旅游小城镇协同的路径规划，提出高速公路与特色旅游小城镇二者相互影响，互为基础，在建设一方的过程中兼顾另一方的发展，提出实现二者协同的规划空间布局、产业布局规划、产业发展规划、城镇布局规划和道路景观规划等方面的内容。

第七部分对西南民族地区高速公路与特色旅游小城镇协同关系的路径实施进行研究。在分析、规划和设计的基础上针对西南民族地区特色旅游小城镇和高速公路各自的建设提出实施的方法和路径，首先基于西南民族地区高速公路建设的特色旅游小城镇的实施路径，在实证分析和案例验证的基础上将特色旅游小城镇划分为慢旅游模式、居民受益和旅游功能开发三个维度，分别从这三个维度出发提出西南民族地区特色旅游小城镇建设的实施路径。然后基于西南民族地区特色旅游小城镇建设的高速公路的实施路径，分别对高速公路的三个维度：高速公路交通量、公路网布局、高速公路服务区提出合理的实施路径。最后从高速公路和特色旅游小城镇的构成维度协同的角度出发，分别从高速公路交通量与特色旅游小城镇慢旅游协同、高速公路网布局与特色旅游小城镇居民受益、高速公路服务区与特色旅游小城镇旅游功能开发协同三个维度协同出发，构建出高速公路交通量与特色旅游小城镇慢旅游协同、高速公路网布局与特色旅游小城镇居民受益、高速公路服务区与特色旅游小城镇旅游功能开发协同的实施路径。

第八部分是对西南民族地区高速公路与特色旅游小城镇的协同实现路径进行案例的实践规划。在这一部分中根据前文对西南民族地区高速公路与特色旅游小城镇的维度划分、维度解析和建立的分析框架的相关内容，加上对国内外相关文献分析，重点依据民族类和旅游行业的重要期刊，结合研究假设和结构方程的量化分析、SPS 案例验证结果的相关分析，依据前文对西南民族地区高速公路与特色旅游小城镇协同的分析逻辑和内容，本书以云南省翁丁古寨为案例地，按照类似的分析结构和框架对翁丁古寨进行详细的分析。首先对翁丁古寨的规划背景进行描述，包括全国范围内的背景、西南民族地区的背景以及翁丁古寨自身的发展背景三个方面，其次进行规划的总体思路探讨和目标定位，指出在翁丁古寨进行高速公路与特色旅游小城镇协同规划的指导思想、基本原则、发展目标和绘制技术路线图。再次对翁丁古寨高速公路与特色旅游小城镇协同现状进行分析，包括协同维度的分析，类似地将高速公路划分为交通量、高速公路网布局和高速公路服务区三个维度，将特色旅游小城镇划分为慢旅游、居民受益和旅游功能开发三个维度，建立翁丁古寨高速公路与特色旅游小城镇协同的分析框架，对高速公路与特色旅游小城镇协同的现状进行分析，提出内外部影响因素，以及说明在翁丁古寨实现高速公路与特色旅游小城镇协同所具有的客观可能性。然后对翁丁古寨高速公路与特色旅游小城镇协同路径进行设计，提出了高速公路与特色旅游小城镇协同的设计定位、功能分区和项目构思，在设计的基础上提出协同的实施路径，分别从翁丁古寨高速公路交通量与慢旅游协同的实施、高速公路网布局与居民受益协同的实施、高速公路服务区与旅游功能开发协同的实施来展开实施路径。最后为了进一步加强翁丁古寨高速公路与特色旅游小城镇协同作用关系，本书提出了相关的保障措施，包括进行配套基础设施、公共服务建设、强化政府的主导地位、多方协调与社区参与等方面。

1.5.2 技术路线

本书对西南民族地区高速公路与特色旅游小城镇的协同作用关系研究的技术路线如图 1.1 所示。

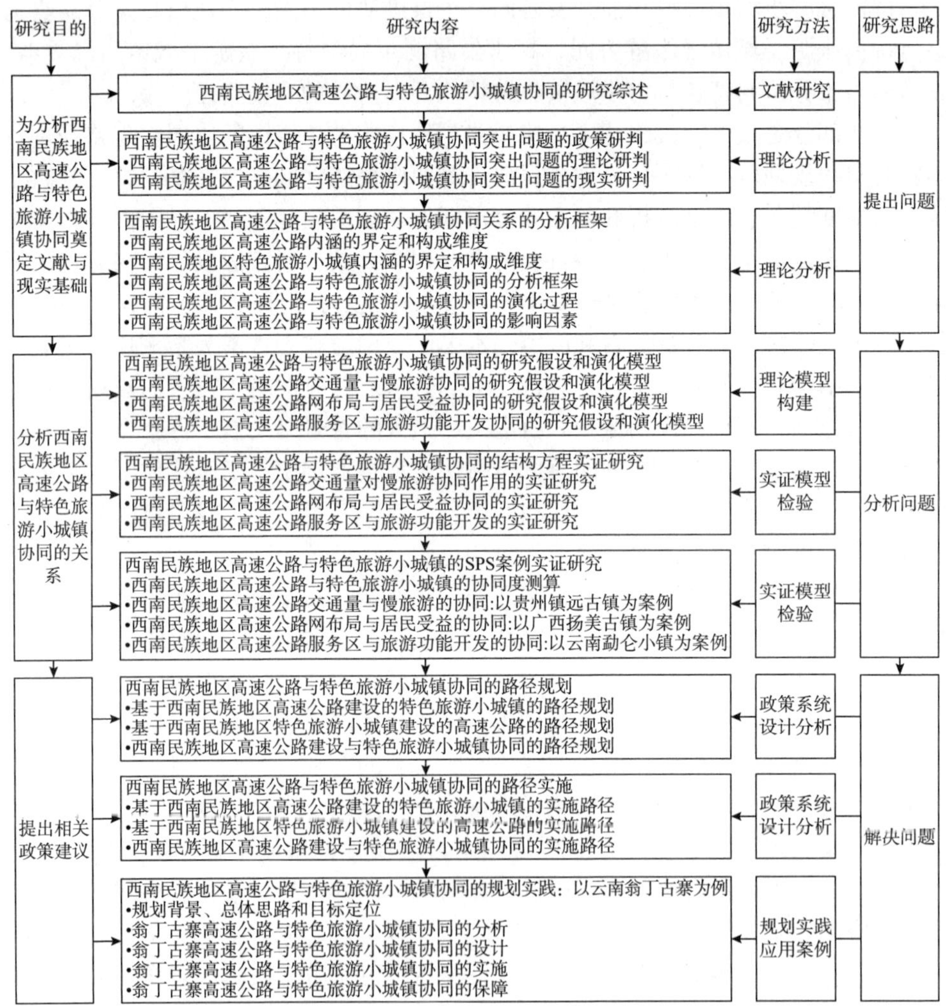

图 1.1 西南民族地区高速公路与特色旅游小城镇的协同作用关系研究技术路线

1.5.3 研究方法

本书研究采用的基本方法主要包括文献研究法、理论模型构建法方法、案例分析方法、实证模型检验法方法、政策系统设计分析法和规划实践应用案例方法。

文献研究法。通过文献研究法总结国内外关于高速公路与特色旅游小城镇协同的研究成果、发展趋势和存在问题，主要包括国内外研究者对特色旅游小城镇与周边要素结合的研究、高速公路的旅游功能延伸研究、特色旅游小城镇的规划模式、影响因素以及现有的关于高速公路与特色旅游小城镇关系的研究。

理论分析法。通过对西南民族地区高速公路与特色旅游小城镇的协同关系进行理论分析和现实分析，得出高速公路与特色旅游小城镇的理论分析模型。结合国内外的相关文献研究成果，根据高速公路与特色旅游小城镇协同的理论维度划分，建立西南民族地区的高速公路与特色旅游小城镇协同关系的理论分析框架，得出关键的影响因素和演化过程。

理论模型构建法。通过基于经济地理学理论及民族区域旅游学为前提推导出一个新的多元分析框架理论模型，得到西南民族地区高速公路与特色旅游小城镇之间内在关系的作用机理，根据内在机理进行研究假设和建立演化模型。

实证模型检验法。通过基于西南民族地区高速公路的交通量、公路网布局和高速公路服务区三个维度的划分，分别与特色旅游小城镇的慢旅游、居民受益和旅游功能开发三个维度存在内部协同关系，构建出西南民族地区高速公路交通量与特色旅游小城镇慢旅游的结构方程模型、西南民族地区高速公路网布局与特色旅游小城镇居民受益的结构方程模型和西南民族地区高速公路服务区与特色旅游小城镇旅游功能开发的结构方程模型，对三者的内部协同关系进行实证分析。同时通过基于协同度的测算，运用 SPS 案例研究方法，以贵州镇远古镇、广西扬美古镇和云南勐仑小镇三个案例地分别对交通量与慢旅游、高速公路网布局与居民受益以及高速公路服务区与旅游功能开发三者的协同关系进行案例验证。

政策系统设计分析法。通过将实现路径分为基于高速公路建设的特色旅游小城镇实现路径、基于特色旅游小城镇建设的高速公路实现路径和西南民族地区高速公路与特色旅游小城镇协同实现路径三个子系统。从分析、规划、设计及实施四个阶段分别通过交通量与慢旅游、路网布局与居民受益以及服务区与旅游功能开发三条协同实现路径分析西南民族地区高速公路与特色旅游小城镇协同的规划路径和协同的实施路径。

规划实践应用案例方法。通过基于西南民族地区高速公路与特色旅游小城镇协同的理论模型和实现路径，以翁丁古寨为规划案例地，按照分析、规划、设计和实施四个阶段的研究内容首先对翁丁古寨进行理论分析。其次构建理论模型，对翁丁古寨高速公路与特色旅游小城镇协同路径进行设计，再结合现实的优势实施条件和限制因素，对翁丁古寨的高速公路与特色旅游小城镇进行协同，将本书的规划内容和实施路径与翁丁古寨的现实情况相切合。

第 2 章

西南民族地区高速公路与特色旅游小城镇协同关系的分析框架

2.1 西南民族地区高速公路内涵的界定和构成维度

2.1.1 西南民族地区高速公路的内涵界定

西南民族地区高速公路具有和中国其他地区高速公路同样的特点，相较于其他公路运输方式，高速公路最为突出的特点就是“高速”，是对原有普通公路网进行的完善优化，是一种专为汽车分离并高速行驶且全程控制出入的多车道干线公路。界定高速公路的内涵，需要从以下几点出发。

从运输限制来看，高速公路仅为汽车专用。高速公路的交通限制中，一方面是对运输工具的限制，包括对非机动车和由于车速设计较低可能形成危险且妨碍交通的车辆的限制；另一方面则体现在对车速的限制，为了减少在高速公路运营中车速差和超车次数，高速公路的交通限制中对车辆的最高速度和最低速度进行了限制，以降低运输风险。

从道路工程设计方面出发，高速公路实行分隔行驶。一是在道路中设置中央隔离带来控制对行车的干扰；二是根据行车方向的不同设置两个或两个以上的行车道，行车道的分离既能使不同车速的车辆在各自的车道运行以确保安全，又能避免同向车辆中的相互干扰。

从管理上来看，高速公路实行严格的全封闭管理。重要体现在：一是对进出的高速公路的车辆进行严格把关，通过立交的进出口达到相交车流在空间上的分离；二是对行人和非机动车辆的限制，通过在高速公路两侧设置高路堤、高架桥、护栏、分隔网等来实现。全封闭的管理使高速公路的运行更为通畅合理，大大降低了行车事故的发生数量。

从设计上看，高速公路实行高规格的设计。高速公路两侧设置有完善的交通通信设施、安全服务设施、管理以及绿化设施，通过不断建立和完善交通服务设施来促进高速公路运营系统不断升级。

西南民族地区高速公路作为公共交通中的中坚力量，其在现代交通运输中拥有绝对优势，其核心优势突出的体现在以下几个方面。

第一，运行速度快，运输费用少。根据西南民族地区公路等级的划分，高速公路的时速设计远高于一般公路时速设计（见表2.1）。

表2.1　　高速公路与一般公路时速比较

公路等级	高速公路	一级公路	二级公路	三级公路	四级公路
设计时速（千米/小时）	1 208 060	1 008 060	8 060	4 030	20

由表2.1可以看出，西南民族地区高速公路与一般公路相比车速较快，能够较大程度的缩短旅游者的旅游耗时，提高旅游者的旅游体验效果，同时较短的通行时间可以降低车辆的消耗，有效地降低了交通运输的成本，提高区域交通运输的经济效益。

第二，通行容量大，运输效率高。西南民族地区高速公路的通行能量大（见表2.2），单位时间担负的货流量也大，提高了运输效益。

表2.2　　高速公路与一般公路的最大通行量比较

车道等级	双车道普通公路	四车道高速公路	六车道高速公路	八车道高速公路
最大通行量（万辆/昼夜）	0.5～0.6	2.5～5.5	6～8	8～10

第三，交通事故率低，可靠性增加。据相关统计，高速公路的事故率和死亡率仅为普通公路的1/3～1/20，高速公路具有封闭性的特点，对来往的车辆进行了严格的限制，包括对车道的严格限制和通行车辆的限制，有利于保证车辆在高速路上的行驶速度和行驶过程中的安全，这也使得与其他普通公路相比较，高速公路的事故发生率小了很多，安全系数更高。

第四，缩短运输时间，提升经济效益。相较于其他的运输方式，高速公路的商品流通的平均速度是最快的（见表2.3）。

表2.3　　高速公路与其他运输方式的商品流通平均速度比较

运输方式	铁路	海运	空运	高速公路
商品流通平均速度（小时）	46	20.4	17.8	7.9

高速公路在修建的过程中对质量的要求较高，相关的配套设施和设备相较于普通公路而言也更为齐全，加上修建高速公路所需要的技术较为成熟，公路运行的连续性和安全性都更强，可以全天24小时保持正常运营状态，这就提高了交通运输的数量和质量，运输品质也得到很大的提升，体现出良好的经济效益。

第五，社会综合效益明显。高速公路是具有综合效益的行业，一个地区的高速公路通达性得到提升，其区域内部以及区域间的经济文化交流次数会呈现出大幅度地上涨趋势，沿线地带的服务业、旅游业、工业、农业、城镇建设等业都会受到不同程度的经济辐射，加强了沿线地带相关产业之间的合作和交流，有利于信息的扩散和传播，最终带动整体区域经济的发展和进步，为西南民族地区沿线的居民带来了大量的就业机会，为提升居民的基本生活水平和增加居民的财产性收入创造了条件，社会综合效益提升显著。

2.1.2　西南民族地区高速公路的特征

第一，喀斯特地貌的工程状况。西南民族地区主要包括广西、云南和贵阳，地处云贵高原，地形地貌受地层岩性影响，地质构造明显，喀斯特地貌分布广泛。因受复杂的地质构造影响，沿线地形陡峻，各种不良地质交错影响。因此，西南民族地区在修建高速公路时具有明显的喀斯特地貌工程特征，包括采用碎石桩、拱形护坡、锚杆（索）框格梁护坡、十字锚索坡面防护、主动柔性防护网护坡、喷锚护坡、三维植被护坡、抗滑桩、钢管桩注浆、小导管注浆、大管棚注浆及自进式锚杆等多种路基、边坡、滑坡及隧道工程处治新技术。已修建的西南民族地区的高速公路可以称得上是新时期公路工程处治新技术的展览馆，其中云南高速公路被誉为公路工程地质博物馆，具有明显的喀斯特地貌的特色。

第二，山区的立体气候复杂。西南民族地区地处云贵高原，其地势较高，并形成高山阴冷低谷炎热的气候特点。山区复杂多变的立体气候给高速公路建设带来了极大的困难和灾难。地势温差较大、降雨量的集中以及由于降雨所带来的山地滑坡、泥石流洪灾等都给西南民族地区的施工带来了巨大的困难和损失。

第三，互通式立交。西南民族地区多高原山地，且地形陡峻，西南高速公路的建设也深受路线高差限制的影响，路线走廊带狭窄、高差大、乡村道路及河流沟渠干扰较大等因素都制约着西南民族地区高速公路的建设。互通式的立交布局确保了乡村道路及河流沟渠的通畅，同时也克服了由于陡峭地形所带来的巨大高差，实现了在狭窄的河谷地带众多河流和道路和谐相处的局面。

第四，对旅游经济的拉动作用。西南民族地区高速公路作为一种现代化的交通基础设施，其具有行车速度快、同行能力强、交通事故少、物质周转快以及良好的经济效益等突出优势。而建立在高速公路运输系统之上的西南民族地区高速经济体系又必然对西南民族地区社会经济产生重要的影响，旅游经济作为西南民族地区经济增长的重要拉动力量，促进旅游经济不断增长，已经被正式纳入国民经济序列，旅游和交通已经具有密不可分的关系。

第五，西南民族地区高速公路和特色旅游小城镇的紧密联系。西南民族地区的交通条件是指西南民族地区与外界进行人员来往（客运）和物质交流（货运）的方便程度，影响着小城镇的建设和规划。一方面，交通条件的改善有利于西南民族地区旅游资源的优势开发。西南民族地区交通条件的好坏，直接影响着旅游小城镇在发展过程中是否能够与外界取得联系以及是否达到一定的资源共享程度，地方政府积极地运用政府的调控手段和采取相关的政策措施，加大对地方交通的资金和人力的投入，优化交通网的布局，使当地的旅游要道保持畅通以便于资金、物流、人才、信息等多方面的资源进行有效的流动，对旅游小城镇发展具有重要的促进作用[174]。另一方面，交通条件的改善有利于西南民族区域内部交流的加强。旅游交通作为旅游三要素的重要构成，旅游交通条件的改善对于旅游客源地和旅游目的地的发展而言都具有十分重要的意义，旅游交通是实现旅游客源地和旅游目的地相互联系的纽带和桥梁。通过加强对西南民族地区交通条件的改善能够更好地发挥西南民族地区的旅游资源优势和加强西南民族地区区域内部的交流，交通通达性的提高能在很大程度上提高景区的可进入性，缩短旅游路程耗时的同时增加整个西南民族地区与外界的接入性，从而促进西南民族地区特色旅游小城镇的旅游发展。

第六，运营管理体制。从西南民族地区（滇、桂、黔）的管理运营机制来看，西南民族地区的高速公路基本经历了建设管理的一体化到建设和管理的分离的过程，同时从经营管理的性质来看，高速公路的运营体制也由传统的事业型单位逐渐转换为企业型单位。

由建设管理的一体化转换到建设和管理的分离体制。建设管理的一体化是指在高速公路的运营当中，从高速公路修建的最开端到最末尾都是始终由一个机构负责，包括高速公路的规划、设计、筹资、修建、试运营、正式投入运营、管理和养护等过程。西南民族地区高速公路的运营管理最开始就采用的是这样的管理运营模式，这种模式有效地保证了高速公路主题的一致性和定位的传承性，由于只有一个管理机构负责，在建设初期到后期运营的整个过程中能够减少矛盾和冲突，使得高速公路建设能够有效地进行。但是，随着专业化分工的不断发展，不论是高速公路修建还是高速公路管理运营的水平都有所提升，原来的修建与管理的一体化不再适用。为了加强专业化运行，西南民族地区的高速公路逐渐转变为修建和管理分离的运营机制，高速公路的修建和管理分别由不同的单位来主管，并设置了专门的机构来负责协调和管理，工作面的缩小和工作领域的集中使得西南民族地区的高速公路建设向着更为专业化方向发展，大大缩短了劳动时间，提高了劳动效率。

由传统的事业型单位逐渐转换为企业型单位。西南民族地区的高速公路的运营管理体制由建设管理的一体化转换到建设和管理的分离体制时，高速公路的运营和管理通常是由交通厅或者政府其他部分来进行，这种管理体制充分地体现出高速公路作为准公共产品由政府统一支配和管理的特征，统一指挥在很大程度上保证了行政和命令的统一性。但是这种管理体制和模式却缺乏市场活力，员工的工作效率和工作积极性普遍呈现出较低的特征，高速公路的运营和管理效益十分低下，原定的投资回报不能得到很好的实现，在有些地区甚至出现亏损的现象，加上高速公路在很多方面都受到来自政策的限制性影响，经济效益十分低下。于是传统的事业型单位管理体制逐渐被抛弃，取而代之是企业管理模式，这种管理模式是随着现代化企业生产逐渐产生的，强调专业化运作和市场劳动，注重经济效应。企业管理模式就对西南民族地区原有的高速公路管理体制进行改造重组，更新技术和设备，提高专业人才的比重，为西南民族地区高速公路提供了新鲜的血液和发展动力，大大提高了工作的劳动效率，使得高速公路投资回报率提高，提高了经济效益。

第七，高速公路的优势地位逐渐突出。随着高速公路建设和旅游经济的不断发展，西南民族地区高速公路网建设的规模也在不断的扩展和壮大，云南、贵州、广西的公路网都在逐渐的向外扩张和趋于完善，见表2.4。

表2.4　　西南民族地区高速公路网的不断壮大

西南民族地区	高速公路网建设状况
云南	通车总里程达到3 255 千米。预计到2017 年，云南将完成“七出省、四出境”大通道高速路建设
广西	已通车总里程达到1 411 千米，到2030 年广西全区高速公路里程将突破7 500 千米，地方列入国家高速公路网将达到1 921 千米，形成“四纵六横”高速公路网
贵阳	已有16 条高速公路建成，将实现“县县通高速公路”目标。全省高速公路总里程也达到5 100 千米

2.1.3　西南民族地区高速公路的构成维度

第一，交通量的界定。交通量是指单位时间内通过道路某断面的交通流量[175]。对交通量的预测是进行高速公路规划和设计的基础，交通量预测的精度是确定公路建设规模、公路等级、工程难度、通行量大小、经济效益的关键因素。同时交通量的大小应该体现在道路路幅的设计上，当交通量与路幅保持高度的一致性时，高速公路的经济效益和通行度也呈现出较高的特征，项目决策的科学性和工程设计的合理性也会呈现显著的影响。交通量具有时空分布特性，它会随着时间和空间的变化呈现出不同的特征，不同时间段的交通量具有较大的差异，一般来说在高峰时段，交通量较大，在空闲时段，交通量较小。交通量的空间特性则集中体现在不同的路段、地域、方向、车道所呈现出来的交通量的大小也是有着很大的差异，交通量的时空分布特征集中体现着交通量的不稳定性和随机变化性。从构成来看，高速公路交通量主要由三部分构成：趋势交通量、诱增交通量和转移交通量三类[176]。趋势交通量是指在现定的不变的路况情况下，高速公路按照其自然发展所能够增长的交通量部分；转移交通量是指公路在改建后由于改变了原有的线路、路幅或者结构所带来的增长的那部分交通量，一般来说高速公路在改建后其通行能力在原有的基础上有所增大，运输速度得到提高，运输效益更好。诱增交通量则指在现有的基础上由于对高速公路布局和主干线的分布进行了新的调整和优化从而提高了经济效益，进一步影响了公路沿线的产业布局和区域经济发展水平，使得公路两侧的土地价值和性质发生了变化而引发的新的交通量。

影响交通量变化的因素主要包括两部分，第一是区域内的社会经济发展水平，区域内的经济社会发展水平越高，其能提供的经济基础和社会基础就越好，单位时间需要通行的物流量和人流量会增大，高速公路通行量就越大。一般来说，区域内经济社会发展的水平越高，其交通量也就越大；区域内的经济社会发展水平越低，其交通量也就越小。第二是空间上的地理位置，一般来说，当两个区域所处的地理位置在空间上的距离越短，其空间的交通量就越大，反之亦然。

第二，公路网布局的界定。公路网布局是指公路线路（主干道、次干道、支路）在地域空间上的布局特征，包括公路网的线路组成状况、节点连接、走向和公路等级等。决定公路网布局的主要因素有：自然条件（如岩性、坡度、地面切割程度、崩坍、泥石流等自然灾害及气象、水文状况），客货流的流量和流向，区域经济联系和发展要求，城镇居民点分布，政治和国防要求等。公路网的布局应遵循以下原则。首先，公路网布局要和周边的交通运输布局相协调。区域内的交通运输通常由公路、铁路、水运和空运几方面组成，任何一种交通运输方式在进行自身定位和布局时都应该在满足自身运营的基础上兼顾综合运输效益，只有这样才能保持区域内综合运输体系的平衡和协调，为提升整体的运输效应创造条件。比如在进行公路与铁路的协调中，要充分地发挥相比铁路而言公路所具有的灵活性特征，为铁路集散货物和游客，同时在中、短途的大宗运输中积极地发挥作用。其次，保证公路布局的安全范围，尤其是在西南民族地区，多山地和丘陵，村镇和乡村广泛地存在，公路网布局要切实照顾到边远山区和村落，打破原来的封闭的状态，使得西南民族地区的少数民族山区能够与外界实现更多的交流。在保护本民族文化的同时接受现代社会中积极的文化特征，提升当地经济的发展水平，提高少数民族居民的财产性收入和生活水平[177]，改变落后的生产生活方式，实现民族团结和共同富裕。最后，公路网布局网络自身要保持平衡和均匀，在交通量加大的区域布局公路主干道，在交通量较小的地区设置公路的次干道或者公路的支路。既要保证较大客货流量的正常通行，也要充分地照顾到较小交通量区域的经济发展需要，路网的结构要合理规划。既要经济合理，也要便捷实用。

第三，高速公路服务区建设的界定。高速公路服务区是指在高速路上为往来车辆和游客提供基本的停车、餐饮、住宿、休息、娱乐等一系列基本服务的场所[178]，随着高速公路与旅游业的进一步融合，高速公路服务区作为高速公路的重要组部分，在不断地完善自身功能建设中逐渐地呈现出旅游商业色彩，也逐渐打破其传统的单一的基本交通功能，逐渐呈现出商业性和旅游性特征。商业性特征典型的表现体现在硬件实施改变，在满足基本交通功能的基础上配置高端的商务会议室；旅游性的特征典型的表现体现在服务区和旅游的融合，对高速公路服务区进行主题定位和旅游功能开发，将传统的高速公路服务区打造成集观光、游览、休闲为一体的现代化休闲区。一般来说，高速公路服务区的设置规模大小和服务项目的多少与区域的经济发展水平具有紧密的关系。当一个地区的经济发展水平较高，其交通的客流量和物流量都较大，高速公路服务区的客流量也具有一定的规模，其规模往往较大，且功能设备设施较为齐全，具有现代化商业色彩。反之，在一些较为偏僻的地区，其交通的客流量和货流量都较小，高速公路路网的规模较小，高速公路服务区规模也较小，只能提供基本的停车、加油、公共厕所等服务功能。

2.1.4 西南民族地区高速公路构成维度的划分依据

西南民族地区高速公路的构成维度的合理科学划分，一方面要反映西南民族地区高速公路的内涵界定和特征，另一方面要突出西南民族地区的民族特殊性和独特性，因此认为西南民族地区高速公路划分具有以下几个依据。

第一，西南民族地区高速公路建设的根本建设是对其功能的建设，是对高速公路通行能力的建设，高速公路功能的大小从侧面反映出西南民族地区的社会经济发展状况。其次，交通量也是影响高速公路投资回报率的敏感性因素。

第二，高速公路的设计建设包括对路网的设计、高速公路安全设计（照明设计、道路标识等）、道路设计等要素部分。其中，路网设计是总规划，安全设计是客观要求，道路设计是实施纲要，在整个西南民族地区高速公路的设计当中，路网设计占有基础位置，只有从整体上对西南民族地区的公路网进行规模布局，西南民族地区相关的旅游活动才能逐次展开，旅游空间格局才能逐渐拉大并最终形成。

第三，西南民族地区高速建设中高速公路服务的建设一方面包括高速公路硬件服务设施的完善，另一方面主要包括高速公路服务管理体制的不断创新和服务理念的发展。现代经济社会发展大大地促进了高速公路产业经济的发展，原有的产业结构和功能也在不断的发展中得到优化和升级，服务区不再是传统的作为高速公路的附属设施而存在，而是在新的业态下呈现出自身生命力特征，是高速公路产业中最具有商业开发价值的一环。一方面在高速公路服务区的硬件设施方面不断增加现代化的服务设施，提高技术等级和质量，另一方面在高速公路服务区的管理理念和模式方面不断采用现代化的商业管理模式，注重经济效益和竞争机制。在西南民族地区的高速公路服务区发展中，由于西南民族地区有着自身浓厚的民族特色，包括少数民族经济和少数民族文化，现代化的高速公路服务区建设更多地融合了民族特色，根据空间地域的不同对高速公路服务区进行不同的文化主题定位，将高速公路服务区打造成具有西南民族地区少数民族特色现代化商业场所。

2.1.5　西南民族地区高速公路构成维度的解析

通过对西南民族地区高速公路构成维度的划分依据的阐述，从西南民族地区高速公路建设的功能建设、设计建设和服务建设出发，认为可以将西南民族地区高速公路建设划分为以下几个维度。

第一个维度是西南民族地区高速公路的功能建设——交通量。西南民族地区高速公路交通流的流量增大使得旅游流在客流、物质流、资金流、信息流和文化流的广度和深度上不断的扩大和深化，交通流的方向也在发生变化，旅游节点不断增大，促进西南民族地区的旅游流网络不断趋于完善。同时，交通量的扩大提高了旅游流的空间性、扩展性和通达性，最终形成完整的旅游流系统反过来对高速公路的交通量具有积极的拉动作用。高速公路交通量的大小反映了社会经济发展对高速公路的经济需求，一般来说，影响交通量的众多因素可以划分为：社会经济类、交通设施类和公共政策类三大要素。

第二个维度是西南民族地区高速公路的设计建设——公路网布局。西南民族地区高速公路建设的重要一环是高速公路网的设计建设，合理的公路网布局建设将在很大程度上带动经济的发展和社会的进步。西南民族地区的公路网布局对整个西南民族地区的经济空间结构和运输效率的影响是广泛而深刻的。合理的高速公路网能为西南民族地区经济社会的更好地发展提供基础条件，同时也为促进城乡区域经济的协调发展，提高应急保障能力，构建综合交通运输体系和实现公路可持续发展具有重要意义。

第三个维度是西南民族地区高速公路的服务建设——高速公路服务区。现代经济社会发展大大地促进了高速公路产业经济的发展，服务区也在新的业态下呈现出自身生命力特征，是高速公路产业中最具有商业开发价值的一环，作为高速公路的辅助设施，西南民族地区高速公路服务区利用其优势资源来拓展业务功能，逐渐突破原有的高速公路附属地位并朝着多元化的方向逐渐发展开来。

西南民族地区服务区的基本功能建设是服务区的基础性建设，如图 2.1 所示。高速公路服务区的服务对象包括劳动者、劳动工具和劳动对象三个方面，其中，劳动者主要指高速公路通行的客运驾驶员和货运驾驶员，包括团队出行的和散客出行两部分。劳动工具主要指通行的车辆，包括客运和货运车辆，根据高速公路的基本特点其主要是大、中型的客车和小型的车辆。劳动对象则包括旅客和货物两部分的内容。

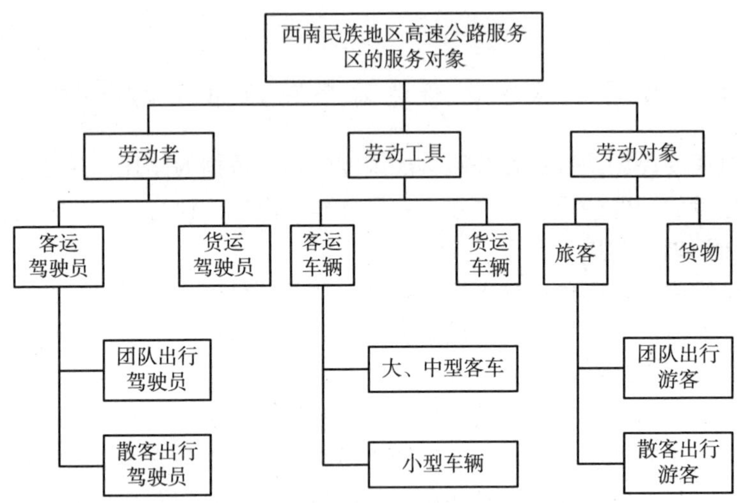

图 2.1　西南民族地区高速公路服务区的服务对象

随着西南民族地区高速公路的进一步建设和开发，高速功能服务区也冲破原有的基本功能并延伸一系列其他功能。一方面高速公路服务区更具有商业经济性质，另一方面也兼顾更多的社会效益，成为高速公路收入的主要来源之一。延伸功能更能满足行驶车辆和驾驶人员多样化的需求，主要包括休息、加水服务、洗浴、医疗以及在遭遇突发事故和自然灾害时的特殊服务。

2.2　西南民族地区特色旅游小城镇内涵的界定和构成维度

2.2.1　西南民族地区特色旅游小城镇内涵的界定

第一，特色旅游小城镇是旅游城镇化的产物。一方面西南民族地区的城市化进程为西南民族地区带来了巨大的城市需求[179]，为西南民族地区过剩的产能找到了一个巨大的出口。另一方面西南民族地区原有的生态环境不堪重负，民俗文化遭到严重的破坏，乡土气息也渐行渐远，农村居民在快速发展的城市化进程中失去了话语权。在西南民族地区城镇化的过程中，市场对原有的美好的生态环境，淳朴独特的民族文化，喀斯特地貌岩洞景观以及西南民族地区居民生活文脉有了新的需求[180]。正是在这样的背景下，作为西南民族地区旅游业的快速发展与城镇化结合的产物，西南民族地区特色旅游小城镇应运而生，成为西南民族地区一种非常重要的城镇类型。

受西南民族地区快速的城市化进程的影响，特色旅游小城镇的消费人群大幅度的增长，西南民族地区典型的喀斯特地貌、独特的民俗文化、差异化的旅游产品、人性化的旅游活动空间都给特色旅游小城镇的发展提供了内在动力和深厚的基础。旅游小城镇的出现顺应了西南民族地区旅游市场变化的需要和城镇化发展模式的趋势，作为一种新兴的旅游发展模式呈现出蓬勃的发展势头和巨大的发展潜力。与此同时，作为拉动城镇化的重要力量，特色旅游小城镇的出现和不断发展也为西南民族地区单向的城市化进程提供反思，为更具可持续的经济社会发展创造出一种新的模式，具有较高的存在价值和探索研究价值。

第二，特色旅游小城镇的分类。西南民族特色旅游小城镇作为一种重要的城镇规划类型，是一种以旅游业发展为主导，围绕旅游发展来布局的全镇域服务业的小城镇发展模式。根据现阶段西南民族地区特色旅游小城镇的发展和规划，可以将西南民族地区特色旅游小城镇进行类别划分，分类见表2.5。

表2.5　西南民族地区特色旅游小城镇的分类

分类标准	城镇类型
旅游开发	资源型、接待型和复合型
旅游资源	民族文化建设型、历史遗存保护型、生态环境营造型、特色经济培育型、复合型
产业标准	资源主导型、旅游接待型、生态人居型
功能	观光游览型、休闲度假型、文化体验型、旅游服务型
主体资源	自然型、人文型
区位	卫星型、城郊型、乡村型
游客吸引力	独立吸引型、依托发展型
客源市场距离	周边近郊型、边远地区型

从表2.5可以看出，从不同的角度可以对西南民族地区的特色旅游小城镇进行不同的分类，总的来看，西南民族地区特色旅游小城镇是拥有较丰富的自然、人文旅游资源，能提供观光、休闲或者商务服务的小城镇。

第三，特色旅游小城镇的构建标准。根据国家旅游局出台的《中国优秀旅游城市检查标准》，结合西南民族地区特色旅游小城镇的发展现状和评价标准，本书总结出10条构建西南民族地区特色旅游小城镇的条件，包括具有良好的生态环境和独特的旅游资源，主要分为自然资源和人文资源；具有一定的经济发展水平，基础供应设施齐全；通达的交通，小城镇具有可进入性；有足够的可供开发的土地、良好的旅游经济基础和稳定的或可供开发的客源市场；完善的旅游经济管理制度、专业的旅游管理人才、及时有效的信息渠道、健全的旅游设施服务；安全的旅游环境、轻松友好的旅游氛围；差异化的旅游产品和具有一定规模的人力资源团队。

2.2.2 西南民族地区特色旅游小城镇的特征

第一，旅游资源的核心地位。特色旅游小城镇以旅游业发展为主导的特征和自然属性决定了小镇的旅游产业的核心和重要地位，而在旅游产业发展的过程当中，旅游资源的开发和利用水平对于整个旅游产业链的发展和延伸都有着至关重要的作用[181]，所以说旅游资源是特色旅游小城镇发展的首要的不可忽视的影响因素。其中旅游资源的影响主要表现在小镇的景点数量和质量、特色民族文化、民居建筑和旅游项目的开发和规划等方面。具体来说，小镇旅游景点的数量对于旅游规模的大小有着直接的影响作用，而单单有丰富的旅游景点是远远不够的，景点的质量直接决定着游客的旅游期望是否得到满足，从长远来说，旅游景点质量的高低对于特色旅游小城镇的长远发展有着显著的正向作用，而旅游资源的数量就决定了旅游景点的数量，旅游资源的好坏直接决定了西南民族地区特色旅游小城镇的旅游发展质量。只有通过对具有高质量的旅游资源进行深度开发来建设旅游景区，再通过赋予一定数量旅游景区以当地民族旅游特色和地方文化使旅游景区的质量得到提高，也使得西南民族地区特色旅游小城镇的旅游资源优势得到充分的发挥和利用。

旅游项目的开发一方面是对现有的旅游资源的合理利用，使旅游小城镇的旅游资源更好的呈现在大众的面前。另一方面旅游项目的开发需要对原生态的旅游资源进行加工处理，这就促进旅游资源改变其本来的形态而呈现出多样性特征，有利于旅游资源深层次的旅游吸引力和功能的开发，提高了特色旅游小城镇的旅游吸引力，进一步增加了旅游客流量和扩大了消费市场，促进了旅游经济的发展和进步。总的来说，旅游资源作为一项重要的影响因子，其主要通过增加旅游景点数量和打造高质量的旅游景区，突出西南民族地区民族旅游特色，保护特色民居和建筑来吸引游客，以及进行旅游项目的合理规划和开发来增加西南民族地区特色旅游小城镇的自身优势。从这个层面上来说，旅游资源在旅游小城镇的发展过程中是首要的不可忽视的影响要素。

第二，相比其他地区西南民族地区所具有的特色。西南民族地区的特色旅游小城镇相对于东部地区的特色旅游小城镇而言，其自然资源、人文资源和民族风情都更为丰富和独特，因此城镇类型更为多样。西南民族地区独特的地质地貌景观、优美的自然环境和少数民族风情在全中国甚至全世界都具有唯一性，旅游资源开发和建设极具空间和前景，这是西南民族地区相比东部地区的优势资源所在。但同时，由于所处地区的特殊的地理位置和地质地貌条件，旅游开发难度较大，旅游开发意识不够强烈，相关的旅游专业人才严重缺乏，总的来说西南民族地区的整体旅游资源还处在待开发的旅游发展时期，其旅游资源优势还未完全凸显出来。对于西部地区的特色旅游小城镇而言，东部地区的经济发展水平较高，旅游经济基础良好，良好的区位优势为取得发展旅游经济的综合优势奠定了基础条件。

西南民族地区特色旅游小城镇在全国范围内来看，根据住房城乡建设部公布的《关于公布第一批中国特色小镇名单的通知》第一批中国特色小城镇在全国分布共有 127 个，东部地区占 40%，中部地区占 25%，西部地区占 35%，仅次于东部发达地区五个百分点，由此可见西南民族地区特色小城镇的总体数量具有一定规模。按照特色小城镇的类型进行划分，文化类的小城镇占 77%，产业类的小镇占 32%，旅游类的小城镇占 18%。西部地区与东部和中部地区的分布情况大体趋于一致，文化类型的小城镇占据了大部分名额，文化的绝对优势决定了西南民族地区在进行城镇规划时[182]，要以文化为主要依托，充分发挥民族特色，对文化旅游资源进行深度挖掘和有效整合。在西部地区 32 个特色小镇中，其主要的文化类型和构成主要包括历史文化、三民文化、酒文化、红色文化、影视文化、观光度假文化以及农业文化等文化类型。其中，历史文化占主要的优势，这与西部地区悠久的文化历史和名人志士相关，具有浓厚的历史色彩和传奇。在西南民族地区其主要表现为众多的少数民族在悠长的历史传承和积淀中所形成的历史文化[183]，其与西南民族地区少数民族地区当地居民的生产和生活方式具有不可分割性，独具特色的少数民族文化形成了丰富的文化特性，经久不衰。

第三，特色民族文化的突出地位。西南民族地区是少数民族的聚居地，其少数民族分布十分的广泛（见表2.6）。特色民族文化对于旅游资源的开发和利用具有不可替代的作用，西南民族地区的特色旅游文化本身就作为一种旅游资源具有强大的旅游吸引力，其自身的开发和旅游景区的打造也是发展旅游产业的基础条件和关键因素。民居建筑也是产业发展支撑的一环，一方面是当地居民生活了几百年甚至更久的历史象征，另一方面也是最能够突出旅游小城镇特色的物质依托，西南民族地区政府对于当地古民居和特色建筑的修筑和保护投入了大量的资金，吸引了众多的旅游者前来观看和领略建筑的历史感和文化艺术，进一步促进了西南民族地区特色旅游小城镇的发展。

表2.6　　西南民族地区的少数民族分布情况

西南民族地区	主要少数民族分布	人口情况
广西	壮族	占广西人口的33%
	瑶族	占广西人口的3%
	苗族	占广西人口1%
	侗族	占广西人口0.66%
	仫佬族	占广西人口0.34%
	毛南族	占广西人口0.15%
云南	阿昌族	2.67万人
	德昂族	1.53万人
	基诺族	1.8万人
	蒙古族	1.3万人
	布依族	3.4万多人
	独龙族	5 500人
	水族	7 000多人
	满族	7 000多人
	布朗族	8.1万多人
	佤族	34.7万人
	纳西族	26.5万人
	瑶族	17.3万人
	藏族	11.1万人
	回族	52.2万多人

续表

西南民族地区	主要少数民族分布	人口情况
云南	傈僳族	55.71 万人
	苗族	89.6 万人
	傣族	101.4 万人
	壮族	100 万人
	哈尼族	124.8 万多人
	白族	134 万人
	彝族	405 万多人
贵州	苗族	397 万人
	布依族	251 万人
	土家族	144 万人
	侗族	143 万人
	彝族	83 万人

资料来源：广西人民政府门户网站、贵州百科信息网、云南省政府门户网站。

在中国辽阔的国土上生活着众多不同的民族，各民族在长期的历史选择和自我发展中逐渐形成了自身独有的文化特性，这种文化特性是一个民族区别于另一个民族的最土要的标志，也是影响西南民族地区特色旅游小城镇建设的重要因素。这种文化特性不仅体现在物质方面，也体现在精神上。西南民族地区有着多样化的民族文化和民族特色，风格迥异的少数民族文化在长期的历史发展中形成了自身不可替代的独具特色的特征，其民族文化已经成了当地居民的精神力量，融入了少数民族人民的精神血脉，成为拉动少数民族地区经济发展和进步的重要驱动力量，具有神秘感和历史感。民族文化通过外在的特征表达出来，包括西南民族地区各少数民族的服饰、饮食、民俗风情等多方面，体现在少数民族人民生活的方方面面。总的来说，西南民族地区拥有着鲜明的民族特色，包括少数民族经济和少数民族文化，这种民族特色是西南民族地区特殊的地理位置和文化基础在漫长的演变中逐渐形成的，成为西南民族地区人民最具有代表性的特征，也是各民族在长期的历史发展中不断取得进步的重要精神力量。

第四，政府政策是西南民族地区特色旅游小城镇重要的影响因素之一。“十二五”期间，旅游经济规模得到进一步的扩大，对其他相关产业的影响作用和拉动力量在不断地扩大，已经成为国民经济战略性支柱产业。“十二五”期间，旅游业对社会就业综合贡献度为10.2%，包括对文化的传播、弘扬社会主义核心价值观、保护生态环境等方面的重要贡献[184]，并且旅游精准扶贫的实施使得旅游业成为拉动贫困地区经济发展的支柱性力量，使得更多的贫困人口和贫困地区改变其原有的贫困面貌，在兼顾保护生态环境中发展自身特色，促进区域的综合效益的提高。政府的“十二五”旅游规划使得旅游产业已经基本形成了战略性的支柱产业，为进一步扩大力度支撑旅游产业的发展奠定了良好的基础。

“十三五”期间的旅游规划政府将出台一系列政策加大对旅游产业发展的支持力度，现代旅游治理体系已经基本形成[7]。“十三五”旅游业发展的重点任务[4]：一是进一步开拓旅游市场，推动旅游总量有质量地扩张。重点在于围绕高质量的国际入境市场环境完善国际旅游目的地的营销体系的建立，包括改善服务环境、重视品牌建设、树立旅游目的地的良好形象；二是推进旅游信息化发展，围绕互联网技术进行旅游创业创新，加大科研院所的旅游技术研究投入，重视大数据对现有的旅游市场监管体系的影响，对原有的制度和规章进行评估和检讨；三是优化旅游产业的结构，打破旅游业集团化、连锁化发展的制度与政策堡垒，重点放在乡村的旅游建设和利用旅游脱贫建设，构建科学合理的旅游体系；四是加快区域合作和边境旅游，围绕“一带一路”国家战略注重开发开放，将“走出去”和“引进来”相结合，重构对外旅游投资模式，储备具有高层次的国际性旅游知识储备的旅游专业管理人才，构建与中国国际市场相适应的国际旅游发展协调和管制能力体系。

同时，慢旅游的发展趋势一个重要的表现就是自驾游的兴起和不断发展，为了进一步规范自驾游，政府提出了“加快发展自驾车旅居车旅游”的建设目标，根据旅游目的地特征规范旅游自驾游线路和自行车车道，建立完善的自行车管理系统。同时，国家旅游局、国家发展改革委等相关部门都要积极地为实现“十三五”旅游发展目标做出贡献，“十三五”旅游规划提出在现有的特色旅游小城镇的发展基础上积极地进行旅游资源的开发，不断地完善城市公共服务体系和公共服务基础设施建设[185]，树立旅游目的地的良好形象[186]，提出了“旅游+城镇”的旅游模式，在政府的规范和引导下打造一批具有特色民族风情的特色旅游小城镇。

2.2.3 西南民族地区特色旅游小城镇的构成维度

第一，慢旅游的界定。慢旅游指以慢性、慢品的旅游方式达到身心愉悦的深度休闲游，它强调游客置身其中而不是简单地进行游览活动。慢旅游放大了旅游过程中那些有意义的细节，有助于深化体验和捕捉游客体验的主要特征，如个性化、重复化、不平衡化及滞后化等[187]。与传统的游览观光旅游不同，慢旅游强调的是对旅游时间的深度利用而非对旅游效率的极致追求，游客在进行游览时主动放慢旅行和游览的速度，争取在有限的目的地增长停留时间以更好地融入当地的文化和风俗，感受当地的饮食、娱乐活动乐趣，注重游客的身心在休闲游览的过程中得到愉悦和轻松体验，使游客在享受优美风景和领略民俗风情时也让自己的身心得到放松，是一种带着心灵的旅行，在旅游中寻找自然的本真和真实的自己。慢旅游这种深度的体验旅游形式在西南民族地区兴起并得到快速发展，并在城镇化进程的影响下呈现出新的特征，包括[188]：一是回归平衡之慢。西南民族地区的特色小城镇旅游经济在工业社会和技术主导的大时代背景下倡导数量上的扩张，快速消费和眼花缭乱的旅游产品慢慢消磨着人们的思想和个性，人们在众多的旅游消费品中盲目的追求时尚和个性，忽略了自身的旅游期望和旅游效果，是一种身体在旅游而精神却在停滞的生活状态。这种走马观花的快节奏的旅游方式打破了西南民族地区小城镇旅游的快慢平衡，相比体验旅游，人们更偏向于快速的观光旅游，具体表现为：在旅游动机方面，只是一味地追求大众旅游热点，没有从自身的感受出发明确自身的旅游需求和真正旅游动机是什么；在旅游范围上，团队出游的人数远远大于散客的出游人数，忽略与同行者的精神沟通和交流，更倾向于一种热闹的大众化的出游范围；在旅游期望上，更多地关注的是旅游数量和路途的期望，没有从自身的精神需求出发树立正确的旅游期望；在旅游效果上，仅仅以游览数量的多少来评价旅游效果而不是以旅游质量来衡量，体现出一种快餐式的旅游，缺乏心灵上的收获。这种旅游方式使得西南民族地区的旅游经济、旅游文化和社会发展出现失衡的状态，用快速的空间移动在有限的时间内欣赏更多的旅游景点，忽略了旅游的本质是旅游主体获得体验价值的精神性选择，是一种有益于旅游目的地文化传承和旅游主体获得某种成长的活动，不仅仅是基于经济利益的让体验价值边缘化的快节奏方式。慢旅游方式的兴起打破了原有的快节奏的旅行方式，更多的关注西南民族地区的悠闲舒适的人性化活动空间，关注细节，把自己的全身心都融入西南民族地区的生活状态，进一步弱化流于形式的旅游目的。总的来说，慢旅游方式的兴起和逐渐发展不是抛弃原有的快节奏，而是把快和慢有机地结合起来，使二者保持一种有效的平衡，获得更好的旅游体验。二是旅行生活之慢。在西南民族地区特色旅游小城镇的发展过程中来看，大致可以分为旅游普及和旅游生活两个阶段，每个阶段都具有自身的特色和范围。在最开始的普及阶段时，城镇旅游作为新兴产物和新的旅游形式出现在大众视野中时引起了人们的狂热追捧和获得了极具前景的旅游市场，解决了旅游从无到有的问题。随着旅游资源的进一步开发和旅游主体可支配收入与时间的增多，人们由旅游普及发展到了旅游生活的新阶段，在这个阶段中，旅游成了人们生活的必不可少的一部分，旅游主体也由以前的要不要旅游转变为去哪里旅游，如何旅游，逐渐把旅游的重心转变到如何提高旅游生活质量而不是数量上去。从吃、住、行、游、购、娱的旅游六要素出发，旅游普及阶段人们主要解决的是吃、住、行三个方面的内容，旅游生活阶段则是偏向于解决人们游、购、娱的问题。前者属于一种物质性的满足，旅游体验评价的标准也往往是从是否满足于旅游主体的身体生理的基本需求，后者则是旅游者在厌倦了大众观光旅游的奔波和劳碌之后开始思考如何使出行朝着舒适、休闲与深刻的旅游体验方向发展。这种市场的需求引导着慢旅游的旅游体验方式的应运而生，它是与旅游生活相适应的旅游体验方式，使得西南民族地区的旅游不仅仅是一种出行活动，更多的是作为一种生活方式来对待，这种生活方式改变了传统对旅游的评价基础标准和游客认知，在这种旅行活动中处处充满了生活的气息，加入了人们日常生活的感情色彩，更具有休闲和审美的意味，延长了游客的体验时值，游客旅游期待也由旅游普及阶段的有限物质享受逐步向无限的精神性体验，为享受西南民族地区精神性体验提供了选择。

第二，居民受益的界定。同全国性的旅游行业一样，西南民族地区的旅游业也是一项产业关联度极强的产业，对整个西南民族地区的各个行业都具有直接或者间接的带动或者辐射作用，旅游经济的不断发展和繁荣带动了西南民族地区基础设施的建设和服务业的进步，同时因旅游可持续发展的需要而更加注重西南民族自然生态环境的保护。种种实施方法都将增加当地居民共享经济社会发展所带来的成果的概率，居民除了维护良好的生态自然环境以外，更多的就业机会和社会基础设施的共享都将增加居民对外部环境和社会的感知和所得。除此以外，居民以往的落后观念将逐渐被抛弃，旅游服务意识和从业素质将得到进一步提高，区域内旅游的文明状况将从根本上得到改善，有利于营造和谐发展的旅游大环境。

第三，旅游功能开发的界定。旅游的三大要素包括：旅游者、旅游资源、旅游服务业，其中，作为贯穿整个旅游活动的主体，旅游者在“旅游三要素”中起着不可替代的作用，旅游资源是旅游者的物质基础，作为景区的基本物质条件，决定了旅游目的地是否具有吸引力，旅游服务业则是联结旅游者和旅游资源的纽带，其功能是以服务的形式来增加旅游目的地的知名度、可达性和可参与性。对西南民族地区的地理环境和民俗文化进行旅游功能的开发需要从旅游资源和旅游服务业两个角度来进行。对于旅游资源来说则是对其进行深度有效地开发，整合原有旅游资源并结合西南民族地区的实际情况进行旅游产品的创新，使得其独特的地理环境和民俗文化具有原来不具备的功能，增加旅游吸引物的设计和创新从根本上提高西南民族地区地理环境和民俗文化的旅游吸引力。对旅游服务业进行开发则可以从旅游的六要素“吃、住、行、游、购、娱”出发，通过不断的完善与西南民族地区地理环境和民俗文化开发相关的相关配套服务设施，其中重点对西南民族地区的民族性、特色旅游资源、旅游交通、酒店、购物等核心旅游要素进行结合建设，对旅游项目的相关策划进行宣传，提高景区的旅游人才素质和打造高品质的管理团队，运用现代景区管理方式对西南民族地区的地理环境和民俗文化的管理方式进行改造，通过从旅游服务的整体水平提高来驱动旅游者和旅游目的地的密切联系，达到提升旅游功能开发的目的。

2.2.4 西南民族地区特色旅游小城镇构成维度的划分依据

西南民族地区特色旅游小城镇的构成维度的合理科学划分，一方面要反映西南民族地区特色旅游小城镇的内涵界定和特征，另一方面要突出西南民族地区的民族特殊性和独特性，结合前文对西南民族地区高速公路维度划分的相关内容，结合西南民族地区自身的特殊性和民族性，研究认为西南民族地区特色旅游小城镇划分具有以下几个依据。

第一，慢旅游。慢旅游是指在旅游出行动机上以满足自身的精神需求为出行动机，以旅游质量来作为旅游效果评价，旅游范围较小且旅游节奏较为缓慢的一种新型休闲旅游方式[189]。这种旅游方式为旅游主体把生活和旅游的关系进行反思和思考提供了一个有价值的切入视角，对西南民族地区特色旅游小城镇的发展和繁荣提供了一个新的路径。

第二，居民受益。西南民族地区的旅游经济主体主要包括参与经济活动的企业、政府和个人[190]，其中特色旅游小城镇居民是否共享区域旅游经济所带来的好处是西南民族地区特色旅游小城镇发展旅游经济的最终目的和主要目标，即居民的受益情况。西南民族地区的特色旅游小城镇的特征决定了城镇旅游发展必然需要社区群众的参与，当地群众经过社群参与的方式参与到特色旅游小城镇的建设和规划发展以获得从旅游业中回报的机会，随着参与的程度越来越深，其与旅游经济的发展联系也越来越紧密，居民受益情况也愈发的显著。

第三，旅游功能开发。旅游资源是构成旅游吸引力不可或缺的重要因素，旅游功能开发的一个重要的方法就是促进西南民族地区旅游资源的深度开发，在原有的旅游产品的基础上进一步进行改造和升级，对于西南民族地区而言，开发则主要集中在特殊的自然地理环境和独特的民俗文化上。只有从根本上对西南民族地区的旅游吸引力的提高和再次开发，旅游景区才会有持续的吸引力和创造力。旅游功能的开发一方面指对现有旅游资源进行深层次的开发，对西南民族地区旅游资源进行高度整合，延伸游客体验空间，关注游客在旅游过程中的主观情感的变化[191]；另一方面则是运用创新思维开发符合市场需要的西南民族地区尚没有出现的旅游产品，开发具有代表性的精品旅游路线，从“食、住、行、游、购、娱”的旅游六要素出发进行旅游功能的开发。

2.2.5 西南民族地区特色旅游小城镇构成维度的解析

通过对西南民族地区特色旅游小城镇建设构成维度的划分依据的阐述，从西南民族地区特色旅游小城镇的旅游发展模式、发展目的和发展手段出发，认为可以将西南民族地区特色旅游小城镇建设划分为以下几个维度。

第一，深度旅游形式——慢旅游。西南民族地区的旅游业发展具有悠长的历史，其良好的旅游经济基础、独特的自然地理环境和多样化的少数民族风情刺激了西南民族地区观赏型旅游的繁荣。在全国旅游对快旅游所带来的高效与便利感到疲惫的同时，西南民族地区开始了对旅游理念和旅游形式的思考和探索，慢旅游这种深度的旅游形式满足了人们回归原始、顺应生态、低碳旅游的休闲自然旅游追求。同时，慢旅游的旅游方式也是一种尊重传统、体现文化、保护生态环境、注重精神享受、综合创造效益的旅游模式，是西南民族地区旅游空间结构完善和发展旅游经济的必然趋势。

第二，旅游目的——居民受益。旅游经济的一个重大的特征就是其具有巨大的带动作用，其为旅游地创造的综合效益受到各方的认可和重视。任何一种经济发展最终是为了使居民共享经济社会发展的成果，增加就业，提高收入和生活水平。西南民族地区特色旅游小城镇旅游业的发展带动了现代化交通运输体系的完善，区域内交通的便捷性和通达性增加，公路景观设计被提上日程，公路资源与旅游资源的逐渐完美融合使得旅游高速公路的运营收益日益上涨，社会效益显著，居民受益情况明朗。

第三，旅游资源——旅游功能开发。西南民族地区的特色旅游小城镇想要获得长期持续的发展，就需要不断地为旅游经济的发展注入新的活力和血液，开发旅游资源是对其旅游吸引力的再塑造，加强相关旅游辅助机制的功能作用，为旅游综合能力的提高创造条件。同时进行旅游功能的开发是从自身内部出发进行旅游资源的整合和重组，只有从根本上对旅游功能进行开发和再创造，西南民族地区特色旅游小城镇的旅游竞争力和资源集聚力才能得到根本性地提高。

2.3　西南民族地区高速公路与特色旅游小城镇协同的分析框架

2.3.1　分析框架的构建依据

构建西南民族地区高速公路与特色旅游小城镇作用机制的分析框架，可以将西南民族地区高速公路的功能建设、设计建设和服务建设与特色旅游小城镇的旅游形式、开发目的和功能开发维度相结合。

从经济社会环境角度构建高速公路对区域发展影响的综合评价指标体系[62]，构建 DAEF 评价模型评估高速公路对区域经济社会所具有的带动作用，以高速公路的功能、设计和服务作为战略维度。在科学界定旅游小城镇的基础上，根据基于核心吸引物（A）—小镇（T）—乡村环境（R）的新分类方法[36]和结合西南民族地区特色旅游小城镇发展的实际现状，以旅游形式、居民受益状况以及民族性和特殊性的旅游功能开发为构成要素，各自的维度及相互关系构建了一个全新的分析框架。

协同理论指出一个稳定的系统中，要使得整体的效益最大化，各子系统必须以自己的方式和方法进行活动，发挥出自身的功能和价值[23]。高速公路与特色旅游小城镇实现双赢的效果需要各子系统在各自的作用基础上加强与其他子系统的合作和协同，彼此之间相互制约和影响，并最终构成一个全新的有序的主体。实现协同发展对交通和城镇化在接入过程中所遇到的障碍和机遇提供不同的对策[192]，其中构建旅游业自身的协同作用机制是促进交通与旅游协同关系发展的重要实现路径。

从区域旅游经济理论出发，影响地区旅游规模的因素是多元化、复杂的[193]，采用标准差、变异系数、地理集中数、相对发展率等方法研究得出交通条件是造成区域旅游规模差异的重要因素之一。在利用熵值法测算整个区域旅游经济综合发展水平之上，构建旅游产业与交通发展耦合协调度模型评估区域交通优势度大小[194]，进而测度交通对区域发展的支撑能力。

“交替推拉理论[61]”中重点指出交通运输和经济发展有着天然而紧密的联系，协调机制模式的建立有利于交通和经济朝着比较稳定的互动状态发展，在西南民族地区，交通等公共基础设施的适时跟进是促进区域经济快速成长的一个重要因素，也是使投资和产业结构得以持续进行的重要保障[59]，有利于克服西南民族地区由于地理地质环境对交通建设所带来的困难和障碍，进而促进区域平衡和追赶东部地区。

区域旅游发展理论中基于经济发展与旅游交通协调的视角，通过构建民族文化旅游经济产业可持续发展的综合评价指标体系研究高速公路对民族文化[56]扩散的传播作用。旅游城镇化作为城市化的重要一环，旅游产业与城市化的协同关系日趋显著，旅游产业系统与城市化系统之间协调发展的作用机制[195]对促进特色旅游小城镇的城市化水平起着举足轻重的作用[196]。

2.3.2 分析框架的构建

本书是西南民族地区高速公路与特色旅游小城镇协同的研究，在综合考虑西南民族地区城镇规划学、旅游学以及民族学等相关经典成熟理论的基础之上，从正向推导机制上采用协同理论的相关思想。本书按照“西南民族地区高速公路可接入性扩大——西南民族地区旅游流的管理和完善——高速公路资源与旅游资源的高度整合——特色旅游小城镇的可持续发展”的协同理论的观点和方法。结合西南民族地区高速公路的三个构成维度的具体作用和西南民族地区特色旅游小城镇的三个重要构成维度的评价标准，可以构建出西南民族地区高速公路与特色旅游小城镇协同机制的分析框架（见图 2.2）。

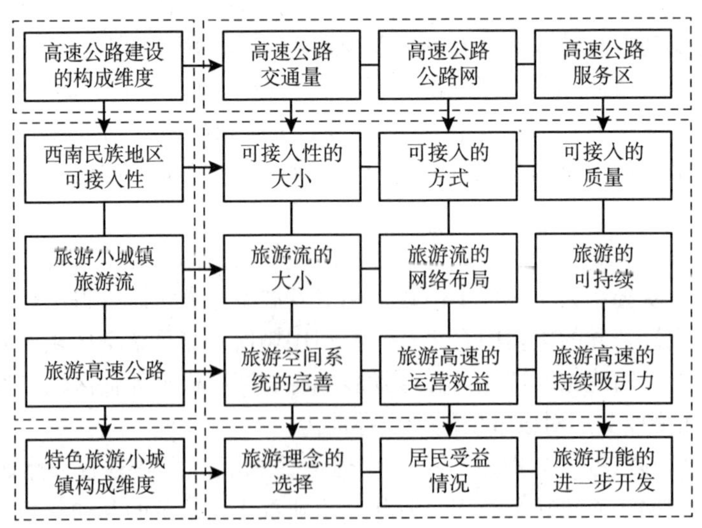

图 2.2 西南民族地区高速公路与特色旅游小城镇协同关系的分析框架

从图2.2中可以看到，西南民族地区高速公路与特色旅游小城镇协同的作用机制框架主要是由高速公路的三个重要维度构成，包括高速公路的交通量、高速公路的公路网布局以及高速公路服务区，分别研究这三个重要维度对西南民族地区的可接入性、旅游流和旅游高速公路的融合所产生的影响，再结合影响西南民族地区高速公路与特色旅游小城镇协同作用机制的内外部影响因素，研究西南民族地区高速公路是如何与特色旅游小城镇相结合的路径的研究。

基于对西南民族地区高速公路和特色旅游小城镇的维度划分，结合西南民族地区高速公路与特色旅游小城镇协同关系的分析框架的相关内容，基于西南民族地区高速公路与特色旅游小城镇协同现状进行二者内部维度接入性研究，划分出西南民族地区高速公路交通量与慢旅游的协同、高速公路网布局与居民受益的协同、高速公路服务区与旅游功能开发的协同三种协同关系。其中，在对西南民族地区高速公路交通量与慢旅游协同关系的分析中，根据西南民族地区交通量与慢旅游的接入现状引入民族主题酒店、交通流和旅游流三个中间变量，从高速公路交通量、民族主题酒店、交通流、旅游流和慢旅游这五个变量的内部协同作用机制出发，探讨变量之间的直接和间接的作用关系。结合西南民族地区以少数民族经济和少数民族文化为特征的民族特色，以发展民族经济为手段，以维护和促进民族团结为目的，构建出西南民族地区高速公路交通量与特色旅游小城镇慢旅游协同关系的分析框架，见图2.3。

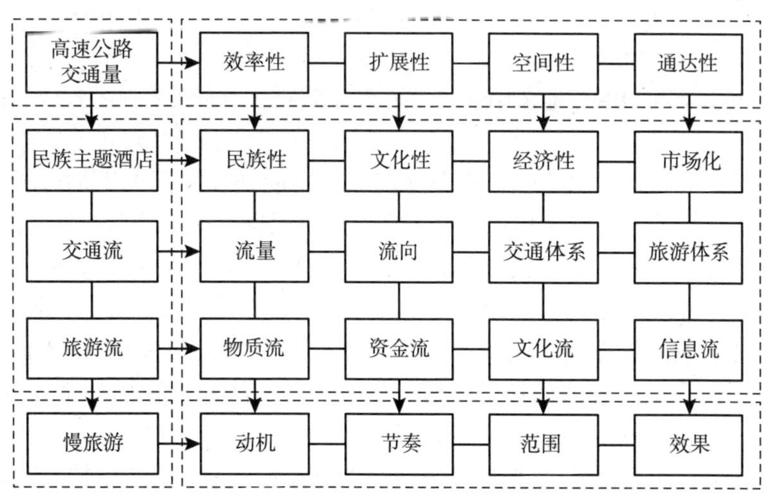

图2.3　西南民族地区高速公路交通量与慢旅游协同关系的分析框架

在对西南民族地区高速公路网布局与居民受益协同关系的分析中，根据西南民族地区高速公路网布局与居民受益的接入现状引入旅游购物、旅游经济和景区可进入性三个中间变量，从高速公路网布局、旅游购物、旅游经济、景区可进入性和居民受益这五个变量的内部协同作用机制出发，探讨变量之间的直接和间接的作用关系。结合西南民族地区以少数民族经济和少数民族文化为特征的民族特色，以发展民族经济为手段，以维护和促进民族团结为目的，构建出西南民族地区高速公路网布局与特色旅游小城镇居民受益协同关系的分析框架，见图 2. 4。

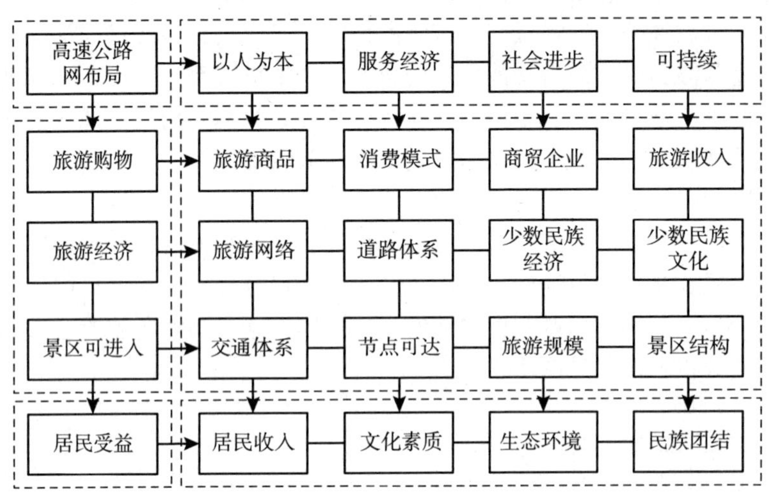

图 2. 4　西南民族地区高速公路网布局与居民受益协同关系的分析框架

在对西南民族地区高速公路服务区与旅游功能开发协同关系的分析框架中，结合各个子系统的分析框架构成和维度划分，再根据高速公路服务区与旅游功能开发的接入现状引入旅游吸引物系统、旅游功能布局和现代化交通体系三个中间变量，从高速公路服务区、旅游吸引物系统、旅游功能布局、现代化交通体系和旅游功能开发这五个变量的内部协同作用机制出发，探讨变量之间的直接和间接的作用关系。结合西南民族地区以少数民族经济和少数民族文化为特征的民族特色，以发展民族经济为手段，以维护和促进民族团结为目的，构建出西南民族地区高速公路服务区与特色旅游小城镇旅游功能开发协同关系的分析框架，见图 2. 5。

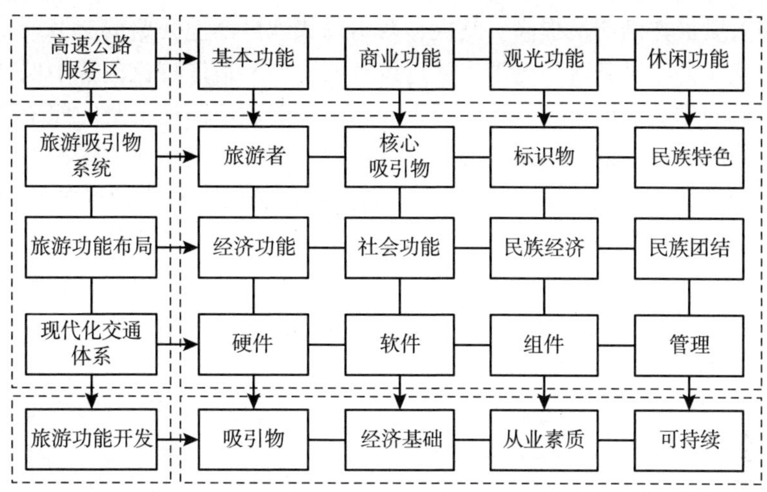

图 2.5　西南民族地区高速公路服务区与旅游功能开发协同的分析框架

2.3.3　分析框架的解释

西南民族地区高速公路的交通量、公路网布局和高速公路服务站三个维度主要分别是从西南民族地区高速公路的功能建设、设计建设和服务建设三个方面对西南民族地区特色旅游小城镇的旅游发展的作用机制的影响进行说明。其中，西南民族地区的特色旅游小城镇根据其旅游发展理念和形式、旅游发展的最终目的以及旅游功能开发三个主要方面分为慢旅游、居民受益以及旅游功能开发三个维度，分别与高速公路的交通量、公路网布局和高速公路服务区建设三个维度相互影响、相互协同促进。

从西南民族地区高速公路与特色旅游小城镇协同的分析框架来看，西南民族地区高速公路交通量、高速公路网布局和高速公路服务区分别与特色旅游小城镇的慢旅游、居民受益和旅游功能开发有着协同作用。首先，西南民族地区高速公路的交通量、高速公路网和高速公路服务区三个维度分别决定了西南民族地区可接入性的大小、方式以及接入的质量三个方面。西南民族地区通过提高高速公路交通量、合理的对高速公路网进行布局以及建设高速公路服务区来提高西南民族地区的可进入性，包括扩大可进入的范围、完善可接入的方式和提高接入的质量。通过政策规划、资金统筹来提高高速公路的最大交通承载量，交通规划等因素影响西南民族地区的高速公路网的公路布局以增多可进入的方式和路径，同时从高速公路的经营管理体系出发提高高速公路服务区的管理水平和创新管理模式，在接入质量方面有所提高。其次，西南民族地区高速公路的交通量、公路网布局以及高速公路服务区三个维度的建设对西南民族地区特色旅游小城镇的旅游流有着明显的作用。西南民族地区接入性的提高要适应高速公路的四个构成维度必须从西南民族地区的内部影响因素着手考虑。高速公路交通量的提高对特色旅游小城镇的旅游流的增大有着明显的影响作用，从西南民族地区的路网建设出发，公路网的布局影响着旅游流的网络布局结构，从外来游客的访问和旅游动机心理出发。高速公路服务区服务质量对旅游小城镇的旅游形象建设和游客偏好选择都有着非常显著的影响。再次，西南民族地区高速公路建设的三个维度对西南民族地区旅游高速公路的旅游空间系统的完善、旅游高速的运营效益以及旅游高速的持续旅游吸引力都产生举足轻重的作用。高速公路的交通能力的增大能带动公路资源与公路沿线的泛旅游资源的高度整合，旅游空间结构进一步趋近完善。同时，高速公路网的科学合理布局包括了对沿线公路资源和公路景观的合理规划，能够创造出一定的经济效益来弥补占用社会资源的消耗，提高旅游高速的运营受益。最后，服务区的建设关乎整个旅游业和高速公路融合的深度和呈现方式，高水平的服务和管理能够吸引和培养大批的旅游骨干人才，打造高素质的管理团队，从软实力的提高来获得旅游持续的吸引力，促进西南民族地区特色旅游小城镇长远发展能力的建设。

从西南民族地区高速公路交通量与特色旅游小城镇慢旅游协同的分析框架来看，高速公路交通量与慢旅游有着协同作用关系。西南民族地区高速公路交通量具有效率性、扩展性、空间性和通达性，以民族主题酒店、交通流和旅游流三个变量为中间桥梁对慢旅游产生协同效应。首先，高速公路交通量的绝对大小对于西南民族地区的交通流的流量和流向都具有基础性作用，交通流的走向和大小对西南民族地区特色旅游小城镇的旅游流网络的形成和发展有着重要的影响作用，包括物质流、资金流、信息流和文化流在空间上的变化流动方向和速度。其次，高速公路交通量与路幅的匹配程度决定着高速公路交通网络在空间上的通达性和流畅性，交通量与路幅的匹配程度越高，其交通通达性和扩展性越高，交通体系越发完善；反之，交通量与路幅的匹配程度越低，高速公路在运营中所出现的交通堵塞状况会越加频繁，交通流的流畅程度受到一定的阻碍，而交通作为旅游流的重要影响因素，这就在很大程度上影响着西南民族地区特色旅游小城镇慢旅游的旅游效果。最后，西南民族地区的民族特色包括少数民族经济和少数民族文化，民族主题酒店既是旅游网络体系的重要一环，也是少数民族文化的重要依托，集中体现在民族主题酒店的文化性和民族性当中，在很大程度上影响着游客的旅游动机和出行范围，对西南民族地区发展慢旅游经济的步伐具有加快或者延缓的作用。

从西南民族地区高速公路网布局与特色旅游小城镇居民受益协同的分析框架来看，高速公路网布局与居民受益有着协同作用关系。高速公路网布局坚持以人为本、服务经济、社会进步和可持续的原则，通过旅游购物、旅游经济发展和景区可进入性三项中间变量来实现对居民受益的影响。首先，旅游购物作为拉动旅游经济增长的主要力量，引导旅游者进行旅游购物主要通过三个途径：一是增加旅游商品本身的吸引力，西南民族地区具有自身的民族特色，包括在长期的历史发展中所形成的少数民族经济和少数民族文化，将民族特色融合到旅游商品中来提高旅游商品的文化内涵是增加旅游购物的有效途径之一；二是针对西南民族地区的消费目标群体进行消费模式的转变，根据不同的客源市场进行消费模式的差异化对待，注重旅游收入在消费模式中选择中的影响作用；三是商贸企业加强自身的管理和营销，企业自身水平的进步和管理模式对旅游购物有着最深刻的影响。其次，高速公路网布局的合理性和科学性影响西南民族地区的道路体系的完善程度和旅游节点的可达性。一方面高速公路网布局决定着交通通达度的大小，通达度越高的特色旅游小城镇对游客的旅游吸引力越大，最终对景区的收入和游客评价产生影响。另一方面评价高速公路网布局的合理性不仅仅是从交通的通达度来进行，还要考虑到交通对生态环境的影响，路网布局和规划既要满足当前小镇居民对于发展旅游经济和增加旅游收入的需要，也要从长远的角度出发满足小镇未来的旅游规划和城镇持续发展的需要。最后，西南民族地区是少数民族聚居地，高速公路网在布局中要充分考虑到少数民族经济的发展，增加不同分布区域的少数民族居民的联系和交流，在不同的文化构成中不断地促进自身发展，将少数民族文化贯穿到西南民族地区的高速公路布局当中，促进民族团结，实现不同民族的共同进步。

从西南民族地区高速公路服务区与特色旅游小城镇旅游功能开发协同的分析框架来看，高速公路服务区与旅游功能开发有着协同作用关系。西南民族地区高速公路与特色旅游小城镇实现协同的一项重要表现就是高速公路服务区逐渐打破原有单一的交通功能，随着旅游经济的发展逐渐形成自身的商业功能、观光功能和休闲功能，同时通过对旅游吸引物系统、旅游功能布局和现代化交通体系的交互作用对特色旅游小城镇的旅游功能开发产生协同作用。首先，高速公路服务区的基本功能是建立现代化交通体系的基础性功能，包括为游客提供硬件设施、软件和组件，其中，现代化交通体系的管理方式和手段对高速公路服务区的商业功能的开发起着不可忽视的作用。其次，对西南民族地区高速公路服务区的商业功能进行延伸时，重点在于挖掘高速公路服务区的观光功能和休闲功能，核心在于在高速公路服务区建立旅游吸引物系统，以突出核心旅游吸引物来获得旅游者的注意，设立旅游标识物彰显西南民族地区少数民族特色，将服务区打造成集交通、休闲、观光功能为一体的旅游休闲区，同时注重在社会经济发展中生态环境的保护[197]。最后，在西南民族地区特色旅游小城镇的旅游功能开发中，以完善旅游功能布局来促进特色旅游小城镇经济功能和社会功能的合理发展，注重核心旅游吸引物的中心作用，以发展服务区的商业功能来促进特色旅游小城镇经济基础的建设，同时在进行现代化交通体系的管理中注重人才的培养，将旅游和交通进行有机地结合，促进西南民族地区少数民族经济发展的同时注重社会效益的提升，让高速公路服务区和特色旅游小城镇的协同作用关系呈现出可持续发展的状态，最终维护和促进西南民族地区的民族团结。

从纵向来看，高速公路的交通量、公路网、服务区的三个构成维度对西南民族地区高速公路提高了可接入的可能性和必然性，高速公路交通量影响着西南民族地区可接入性的大小，道路可通行的数量越大，其可接入性就越大；高速公路网布局的规划和整体路线安排对可接入方式产生重要的影响[198]，公路网的布局包括对高速公路的进入口、出站口以及相关道路的联系的安排和规划，这就意味着西南民族地区可进入方式的多样化和选择的基数较大；在西南民族地区可接入性得到扩大并且方式趋于多样化的同时，高速公路服务区建设的质量高低与可接入性的质量是相互关联的，服务区的服务和质量提高了，相关服务设施的补充机制加强，人员的素质在逐渐上升中，高速公路与特色旅游小城镇的接入模式和接入过程的相关细节和服务在人员等相关软实力上得到很大空间的提升，可接入的质量便得到了提高。再者，西南民族地区可接入性的提高大大影响着西南民族地区特色旅游小城镇的旅游流，接入性的提高、接入方式的多样化以及接入质量的提高分别影响着旅游流的大小、旅游流的网络布局以及旅游流的可持续流动，接入性为外来人员和内部流动带来了人员基数和基本的客流，在此基础上小镇的一切旅游活动才能发展和繁荣起来，旅游流网络作为一切旅游活动和一切旅游关系的总和，其与西南民族地区的可接入性是分不开的[178]。再次，旅游流的快速平稳的流动使西南民族地区的旅游经济得到进一步的发展，旅游资源与公路资源也趋向于进一步整合和高度的相互补偿，高速公路逐渐沾染上旅游的浓厚色彩，旅游的各个构成维度也与高速公路的各个部分相互融合并逐渐趋于产业的融合，原本的高速公路成为了新时期下的旅游高速公路，其沿线旅游公路景观的设计和构成都体现着西南民族地区的特殊性和民族性，最后对于当地的小城镇打造成为特色旅游小城镇有着巨大的助力作用。

从特色旅游小城镇的横向构成维度来看，西南民族地区因其独特的自然地理环境，如喀斯特地貌、横断山系，发达多样化的少数民族民俗文化，典型的多民族文化包括古滇文化、大理文化、彝族多样化的服饰文化以及纳西族东巴文化等，以及西南民族地区纯天然的自然生态环境等造就了西南民族地区旅游资源的独特性和民族性。快节奏的旅游方式让城市居民对旅游的感知越来越少，一味地追求旅游数目使得越来越多的城市居民厌倦现代的旅游方式从而更加热衷于追求西南民族地区民族文化和良好的生态自然环境，这就让西南民族地区的旅游理念逐渐由快节奏的旅游方式转为慢旅游的生活方式，由对旅游数目的追求转向对旅游理念的追求。在高速公路体系逐渐趋向完善和特色旅游小城镇的旅游经济逐渐发达的背景下，西南民族地区的居民也越来越多地参与到城镇旅游经济的建设和发展中去，居民从城镇旅游和高速公路发展的协同机制中受益情况越来越明显。于是，高速公路建设越来越受到人们的关注，西南民族地区特色旅游小城镇的旅游可持续发展也被广大学者和政府部门所关注，如何在与西南民族地区高速公路的接入中不断注入新的旅游发展力量和注入新鲜的血液以维持西南民族地区旅游经济的健康、持续和协调发展成为了发展特色旅游小城镇的题中之义和不可避免的问题。在这种内外部环境的要求下，西南民族地区发展特色旅游小城镇就在新的时代下有了新的要求、评价标准更严峻的挑战，于是对旅游资源的重新高速整合和旅游功能的开发成为了发展旅游经济的需要。

综上所述，西南民族地区高速公路建设的交通量、公路网和服务区三个维度走“接入性的扩大——旅游流的持续——旅游高速公路的运营和完善——特色旅游小城镇的协同发展”的路线。交通量的延伸提高了西南民族地区的可接入性，促进了旅游流的扩大，公路资源和旅游资源的高度整合有利于旅游空间系统的完善，引导了人们开始对西南民族地区旅游理念的思考和选择；合理科学的对西南民族地区的高速公路网进行布局有利于增加西南民族地区与外界的接入方式和选择，接入方式的多样化和重点路线在形成旅游流网络布局中发挥着重要的作用，从旅游交通受益的层面来看，符合西南民族地区旅游特色和交通体系的旅游高速公路的修建必然将提高旅游高速的运营收入，为当地居民增加了就业机会，完善了相关基础设施，带动了相关产业的兴起和发展，促进了居民共享当地旅游发展所带来的优惠好处；高速公路服务区作为现代交通运输体系的重要一环，服务质量的高度和人员素质的高度对高速公路可接入性的质量、旅游流的可持续流动和增长和保持旅游高速的持续吸引力都将有正向的带动作用，为了保持旅游高速的持续吸引力和特色旅游小城镇的旅游业的大发展，除了必要的高服务水平，必然从西南民族地区特殊的地理环境和民俗文化出发，进一步开发旅游资源，促进旅游功能的增强。

2.4 西南民族地区高速公路与特色旅游小城镇协同的演化过程

2.4.1 主动的演化形态

西南民族地区高速公路建设是一个动态变化的演化过程，其与特色旅游小城镇的协同作用机制也是一个动态变化的过程，在这个动态的变化过程中，内外部因素都将对其发展状态和趋势产生一定程度的影响。作为一个动态变化的过程，西南民族地区高速公路建设涉及来自各方的研究。主要研究的方面包括“中国高速公路网的规划规模与空间体系[161]”，重点揭示了中国高速公路规划网引致的空间效应以及高速公路规划与城镇体系、经济发展、人口分布以及地理环境的协同效应与机制。从国外的研究重点来看，以 Rokhshad Hejazi[199] 为代表的研究学者们从高速公路沿线景观出发，研究高速公路沿线的自然资源在高速公路建设中所具有的经济价值，认为在高速公路的开发中，自然资源等于货币，在发展高速公路的过程中促进旅游资源的开发，进一步开发旅游功能，以应对环境和发展之间的挑战。在高速公路交通量方面，Hong-diHe[200] 为代表的研究学者通过自相关函数对高速公路交通量进行预测和分析，对影响高速公路交通量的各个因素进行分析，其中高速公路交通量和区域旅游形式和人员组成是研究的重点方向。综合国内外研究重点，将西南民族地区与特色旅游小城镇的协同作用机制定义为：西南民族地区高速公路通过对高速公路交通量的预测和控制来对高速公路进行功能扩大建设，在通行能力大幅度提高的基础上，从整体上运用科学的方法对高速公路的公路网布局进行规划，充分考虑沿线公路资源与旅游资源的融合和相互补充机制，在公路网布局完善和交通量扩大的基础上对高速公路服务区进行开发和建设，提高服务水平和标准，维持高速公路的持续竞争力。

主动的西南民族地区高速公路与特色旅游小城镇的协同机制演化开始于西南民族地区主动的协同作用行为，西南民族地区的政府在主动的追求科学的高速公路交通量与特色旅游小城镇的旅游理念和形式协同发展之后，在一个较长的时间内追求高速公路网科学合理的布局结构以发展良好的社会效益，并最终惠及西南民族地区特色旅游小城镇的居民，当道路网和通行条件等硬件设施都得到规划和布局以后，西南民族地区的地方政府开始着手于从高速公路的服务建设来进行软实力的扩张，提高高速公路服务区的服务质量和增加旅游吸引力，通过进一步增加旅游功能来维持西南民族地区旅游目的地的持续旅游吸引力和行业竞争力。

2.4.2 被动的演化形态

被动的西南民族地区高速公路与特色旅游小城镇的协同机制演化始于西南民族地区内外部环境变化的压力，包括国家或地方政策、产业发展状况、小城镇的发展的资源限制以及具体政策的实施状况，西南民族地区政府在感受到来自内外部的由于环境变化而引起的巨大压力时，根据本地高速公路与特色旅游小城镇的协同状况和发展机制，运用科学的评估方法对自身所处的环境和阶段进行评估看是否能够适应内外部环境的变化。当西南民族地区的政府评估自身条件不能适应新的内外部变化环境时，就需要对高速公路建设的重点和特色旅游小城镇发展的新旅游节点的选择和重新定义，并对原来的高速公路的维度和特色旅游小城镇的构成要素进行柔性的调整和匹配，最终形成新的协同方式和接入视角，从而实现对高速公路构成维度和特色旅游小城镇的重要因素协同作用机制的战略性创造，实现二者在西南民族地区的大视角下更好地进行接入和协同。

根据演化观点，本书认为西南民族地区高速公路与特色旅游小城镇的协同作用机制是一个动态的不断变化的生态过程，为了进一步说明西南民族地区高速公路与特色旅游小城镇的协同作用机制的动态演化过程，本书构建出了西南民族地区高速公路与特色旅游小城镇协同作用机制的演化过程的理论模型（见图2.6）。

从图2.6可以看出，西南民族地区高速公路对特色旅游小城镇的协同作用的演化过程由主动和被动的高速公路对特色旅游小城镇的协同作用的演化过程构成，主动和被动的两个过程是同时发展并且互为补充的，在西南民族地区高速公路对特色旅游小城镇协同作用的不同阶段，两者的作用点和作用类型是不一样的。虽然过程中有不同，但是两者都统一于高速公路对特色旅游小城镇的作用机制的演化过程，都在这一个过程中起着举足轻重的作用。

在T时期，高速公路对特色旅游小城镇的协同作用受内部的西南民族地区领导人、西南民族地区内部发展战略以及西南民族地区高速公路建设和特色旅游小城镇的管理水平等诸多内部要素等内部因素的影响，同时还受到国家和西南民族地区相关政策、高速公路建设和特色旅游小城镇发展的客观技术水平以及行业发展的水平等诸多来自外部的因素和条件的总和影响，在主动和被动的高速公路对特色旅游小城镇的协同作用演化过程的共同作用下，逐渐演化发展成了新时期的高速公路对特色旅游小城镇的协同作用，即（T+1）时期。

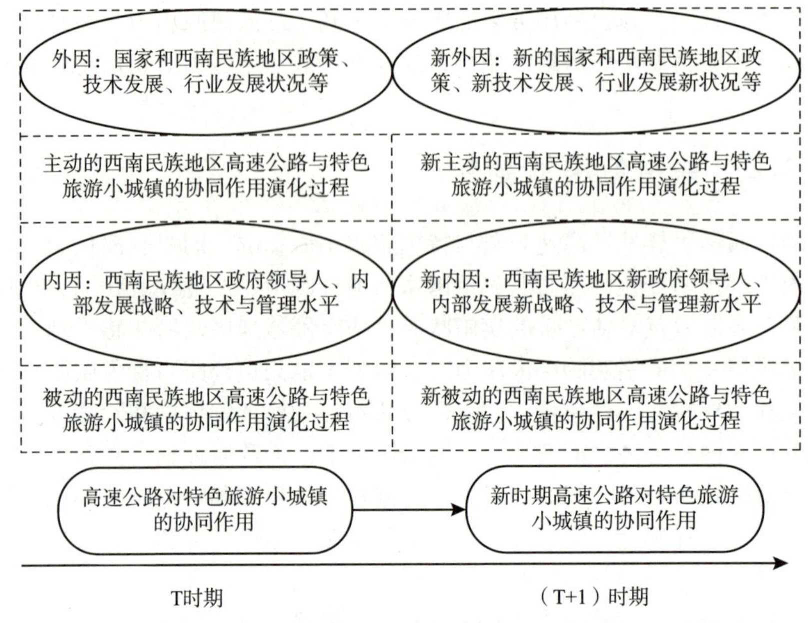

图 2.6　高速公路对特色旅游小城镇协同作用的演化过程理论模型

在（T+1）时期，伴随着新时期条件下主动和被动的高速公路对特色旅游小城镇协同作用，西南民族地区在新的内外因的驱动下高速公路对特色旅游小城镇协同作用也进入新的演化过程和阶段。在整个西南民族地区高速公路对特色旅游小城镇协同作用机制下，其演化过程是从开始到结束贯穿到整个发生作用的过程，这个过程由主动和被动两个层面的演化过程共同构成，二者在不同的阶段扮演者不同的角色但同时作用于西南民族地区高速公路对特色旅游小城镇协同作用机制演化过程。

2.5　西南民族地区高速公路与特色旅游小城镇协同的影响因素

2.5.1　西南民族地区高速公路与特色旅游小城镇协同的内部影响因素

在西南民族地区高速公路对特色旅游小城镇的众多影响因素中，西南民族地区的政府领导人的位置格外突出。我国的基本经济制度是以公有制为主体的多种所有制经济共同发展，发展市场经济的同时政府的宏观调控手段显得格外重要，西南民族地区政府对于高速公路的规划和特色旅游小城镇的发展制订长期和短期的发展计划和相关对策。从高速公路的交通量上来看，对高速公路交通量的预测的普遍四阶段法中一个非常重要的依据就是政府的发展规划的制定；从高速公路的公路网布局来看，高速公路网布局与旅游景点的可达性的一个关键因素就是政府交通部门对高速公路布局的政策影响，地方政府的项目规划意见作用与高速公路的交通网的通达性和可延展性，进而影响旅游的空间格局；从高速公路的服务区建设维度来看，政策上的支持是影响高速公路服务站修建的重要筹资途径和重要来源，除此以外，当西南民族地区的高速公路服务区建设已初具规模有待于进一步发展的时候，当地政府的政策文件对其延伸范围和利润的控制也有着非常显著的影响。高速公路服务区在很大程度上能够对修建高速公路消耗的社会资源有所弥补，是维持高速公路健康持续运营和进行高速公路管理的一个重要的节点，这个节点是由政府引导和管理，对政策的敏感程度很大。

西南民族地区的内部发展战略是影响西南民族地区高速公路与特色旅游小城镇协同的重要内部要素。西南民族地区的高速公路建设是发展西南民族经济和进行城镇化建设的一个重要的组成部分，高速公路建设以及高速公路与特色旅游小城镇的接入和协同必须在西南民族地区的发展战略内进行。从这个层面上来说，西南民族地区的高速公路对特色旅游小城镇协同机制作用的演化过程是随着西南民族地区的内部战略变化而变化的。不管是对于高速公路的交通量、公路网布局和服务区建设还是特色旅游小城镇的慢旅游的深度旅游理念和方式、居民受益情况以及旅游功能的开发，西南民族地区的内部区域战略的高度和方向都起着决定作用。在主动的西南民族地区高速公路对特色旅游小城镇的协同作用机制中，内部发展战略影响着高速公路与特色旅游小城镇的构成维度的变化和选择，进而影响到高速公路与特色旅游小城镇的协同方式；在被动的西南民族地区高速公路与特色旅游小城镇的协同作用机制中，内部发展战略也同样地影响着高速公路的维度选择和特色旅游小城镇的要素构成，进而也同样影响着西南民族地区高速公路与特色旅游小城镇协同方式的变化和选择。因此，高速公路建设和特色旅游小城镇的发展都必须在西南民族地区内部发展战略的框架中进行，也只有符合内部发展战略，西南民族地区的内部资源的合理分布和技术支持才能够跟上节奏和步伐，调动更多的资源来促进高速公路与特色旅游小城镇的接入性布局，实现高速公路与特色旅游小城镇协同机制的演化。

西南民族地区的高速公路与特色旅游小城镇技术与管理水平也是一个不可忽

视的重要内部要素。西南民族地区在考虑实现高速公路与特色旅游小城镇的接入时，技术与管理水平是必须要纳入考虑范围的因素。当西南民族地区的技术与管理水平发生变化时，高速公路与特色旅游的协同作用机制的演化过程就会受到相应的影响。从高速公路的交通量来看，西南民族地区的高速公路建设的技术与管理水平同样决定高速公路对特色旅游小城镇的技术种类和管理高度的选择；从高速公路的公路网布局来看，西南民族地区的技术的高低决定了西南民族高速功能公路网设计的科学性和合理性，管理水平则决定了公路建设的后期管理模式的选择和重点，进而影响着特色旅游小城镇的布局与整体规划以及后期管理水平和建设力度；最后从高速公路的服务区来看，西南民族地区的技术水平决定着高速公路服务站的硬件设施的建设程度，现代化技术为高速公路服务区的建设提供了强有力的技术支持，而管理水平则决定了高速公路服务区建设是否合理科学、是否具有营利功能以及是否具有可持续发展前景，西南民族地区的服务区应该把西南民族地区的客观实际要求和环境与国际高速公路服务区的管理模式和管理体制的具有时代特色的相关要素相结合起来，打造具有西南民族地区特色的现代化高速公路服务站管理模式。在主动的西南民族地区对特色旅游小城镇协同作用演化过程当中，西南民族地区在技术与管理的支持下会产生主动的协同方式的演化，进而影响到西南民族地区高速公路对特色旅游小城镇的协同作用机制；而在被动的高速公路建设对特色旅游小城镇的协同作用机制的演化过程之中，来自于中央政府的政策、产业发展状况、技术发展水平以及管理模式选择等内外部因素的压力都是通过在协同高速公路与特色旅游小城镇的技术力量短缺以及管理水平低下的状态下被西南民族地区政府所感知的，进而影响到对特色旅游小城镇的协同接入方式的选择和转变。

民族特色、特色旅游资源、交通条件、酒店住宿和旅游购物是西南民族地区高速公路与特色旅游小城镇协同的内部核心影响要素。民族特色是西南民族地区高速公路与特色旅游小城镇协同的首要核心影响要素。民族经济和文化在漫长的历史过程中得到沉淀，缓慢地进行发展，形成西南民族地区的灵魂。民族文化既是西南民族地区的自然属性，也是发展旅游经济的重要基石。在西南民族地区进行旅游产业的开发和建设一项重点工程就在于充分地将民族旅游特色和文化资源进行有效地开发、利用和进行保护[201]，将西南民族地区旅游产业经济的发展与民族文化的传承和保护运用科学的手段进行有效的协同，在借鉴国内外特色旅游小城镇的民族特色发展模式的基础上，结合西南民族地区的发展现状将其民族特色划分为在长期历史演进中所形成的少数民族文化和少数民族经济两个部分。西南民族地区少数民族经济突出表现为经济结构的特色化和民族文化的系统化[202]，并且随着西南民族地区经济的发展和不同类型经济联系的加强，少数民族经济结构在不断的优化、升级[24]，推进西南民族地区少数民族经济发展有利于推进区域间的横向和纵向的联系，在不断的联系中逐步构建开发式的经济合作体系。西南民族地区少数民族文化是西南地区人民在长期的生产生活中所形成的积淀，反映着当地人民的文化取向和民族特色。西南民族地区的文化特色与当地的生态环境和社会发展息息相关，考虑到西南民族地区的特殊性和独特性，其文化集中表现为兼具开放性和封闭性、原生性和创造性、多元性和单一性的融合[203]。随着民族融合和文化创新脚步的加快，少数民族地区的文化扶贫和主体构造成为文化建设的新内容[204]，传统的文化特色与现代性相结合对于促进西南民族地区的旅游城镇化进程具有重要的意义[205]。特色旅游资源是西南民族地区高速公路与特色旅游小城镇协同的内部核心影响要素。西南民族地区特色旅游资源主要包括自然景观和人文景观两大类。自然景观主要指西南民族地区别具一格的自然风光，因为受到太平洋、印度洋和亚欧三大板块长期的地质作用，整个西南民族地区总体来看地形崎岖不平，高山环绕、峡谷陡峭，山地、丘陵、高原、河谷、冰川等多种地貌形态并存。广西的桂林山水甲天下、路南石林以及云南西双版纳、苍山洱海、贵州双河溶洞、保存最完好的三叠纪地质地貌——板庚滩等典型的地质地貌景观，其不仅对自然旅游观光具有重要作用，对于地质文化科学研究也具有极高的价值。西南民族地区正是积极地以这种独具特色又地域鲜明的旅游资源为依托，在推进西南民族地区特色旅游小城镇的建设中拥有了强有力的基础。西南民族地区特色旅游资源的另一个重要组成部分指独具魅力的民族风情，这也是拉动西南民族地区旅游业发展的重要精神力量。由于地域、气候的不同，西南民族地区的少数民族们之间的生产和生活方式也存在着较大的差异性，从服饰到饮食，从语言到习俗，多样化的民族构成了西南民族地区丰富的人文资源，人文景观具有鲜明的地域特征，浓烈的民族风情是促进西南民族地区特色民族旅游发展的不竭动力[206]。

交通条件是西南民族地区高速公路与特色旅游小城镇协同的内部核心影响要素。西南民族地区的诸多少数民族在这样的地势环境中生活了百年，从整体来看交通的不便成为了使各民族相互隔离的主要因素，旅游业作为一项外向型经济，其强有力的关联作用和“造血”功能使得发展旅游产业成为拉动整个西南民族地区经济发展和促进城镇化的支柱和中心产业，旅游交通作为构成旅游业的三大要素之一，其交通条件和设施的建设决定着整个西南民族的对外连接性和内部区域的沟通，对旅游业的发展更是占据着举足轻重的地位。事实证明，在西南民族地区，交通通达度越高的地区，其旅游经济发展越快越好；旅游景区可进入性越强的地区，其旅游发展形成的规模体系更加的完善，旅游潜力得到较好的挖掘。对西南民族地区交通进行有效地规划，需要在交通地理学、旅游地理学、区域交通规划以及旅游交通等多学科上进行综合考量，拓宽西南民族地区交通运输融资渠道、建设智慧型交通运输体系、实施一体化规划以及优化交通运输体系等多方面的手段和措施来促进西南民族地区交通运输与旅游经济的持续互动发展。酒店住宿也是影响西南民族地区高速公路与特色旅游小城镇协同的内部核心要素。在西南民族地区慢旅游的方式逐渐兴起，传统的单一的观光旅游逐渐向休闲体验旅游发展，酒店作为旅游休闲系统的重要一环，其不仅仅满足传统的旅游主体的住宿的需要，更是要向外来旅游者展示西南民族地区的民俗文化和民族特色，提高旅游者的参与度，让旅游者积极参与到体验民族旅游特色的服务中[207]。在西南民族地区酒店的开发和管理中，文化是酒店体系的灵魂，而这种文化是建立在西南民族地区地域文化和民族文化的基础之上的。既是对传统民族文化的展示，更是对西南民族地区的少数民族文化进行总结和升华，酒店以一种近似于游客生活方式的方式展现给参观的旅游者们，将富有历史文化积淀的文化转化为活态的文化展示，这也使得酒店有着“会说话的建筑”的评价。自然景观是进行酒店建设和布局的基础性因素，在充分考虑自然因素的基础上将自然因素与地域文化因素相结合。从这个层面上来讲，酒店一方面开拓了一种全新的旅游方式，另一方面对西南民族地区民族文化的传承和保护起到了重要的作用。从西南民族地区现有酒店建设和规划情况来看，如广西桂林市的漓江大瀑布饭店，以桂林的水景文化为背景，与大瀑布底层的音乐喷泉一起构成雄伟壮丽的九天银河景观。位于贵州省的贵阳市的贵州情主题酒店，整个酒店以贵州的民族特色为主题，以民族蓝为主色调，酒店地板采用贵州特产——环保砂岩石为材料，酒店内的门窗和陈设、酒店家具、一幅幅贵州特色的蜡染画、苗族银饰、贵州奇石都体现着贵州的民族工艺之美，极具民族特色。云南省的香格里拉大酒店首先映入眼帘的就是身着康巴特色服饰的礼宾员，所有的客房装饰都以富有民族风情的蓝色、绿色和红色为主，并且大量采用最富滇藏特色的手工艺编织品，餐厅的设计灵感来自藏式建筑，酒店开放的广场上的藏式楼阁里有一面长明藏鼓。最后，旅游购物也是西南民族地区高速公路与特色旅游小城镇协同的不可忽视的内部核心影响要素。西南民族地区旅游业发展一个重要的收入拉动力量就是进行旅游购物品的开发和市场销售，旅游购物品在某种程度上成为构成西南民族地区特色旅游文化的一部分，经过长期的历史变迁和民族交往，旅游购物品已经融入了本民族独特的历史文化内涵，成为少数民族文化的典型有形载体。旅游购物品的开发和营销不仅仅能够增加旅游收入，也能够有效地将旅游购物品的功能价值和文化价值转化为旅游经济价值，成为旅游产品中可挖掘经济效益最大的构成要素。西南民族地区的自然景观、民族风情、地域文化为旅游购物品的开发和设计提供了源源不断的设计灵感和销售卖点，一般来说，旅游购物商品的种类繁多，按其用途的不同可以划分为旅游纪念品、旅游用品和旅游消耗品三大类。据统计数据显示，随着西南民族地区旅游经济的逐年发展，旅游规模的逐渐扩大，旅游购物总收入在旅游总收入中所占的比重也在逐渐的上升，虽然与欧洲发达国家相比，旅游购物品的比重还远远不够，但上升趋势显著。如从贵州省官方统计的旅游购物收入数据来看，2007 年最低为 10%，2010 年上升到 17.2%，2012 年达到 24%；2014 年云南省全省旅游购物收入为 20.4%；2015 年，云南旅游购物占旅游收入的比重为 24.68%，呈逐年上升的趋势。

2.5.2 西南民族地区高速公路与特色旅游小城镇协同的外部影响因素

国家和西南民族地区的政策是影响西南民族地区高速公路建设与特色旅游小城镇系统关系的一个重要的外部要素。国家和西南民族地区政策泛指国家和区域对于西南民族地区的高速公路与特色旅游小城镇协同作用机制中所涉及的所有法规、政策和指导方针。来自外部的国家和西南民族地区的政策方针对高速公路的建设对特色旅游小城镇协同机制的演化具有指导性的作用和意义，受国家和地区政策法规支持的高速公路对特色旅游小城镇的接入方式在实施的过程中必然会得到政策的鼓励和支持，减轻阻力。相反，从哲学的角度来看，不在国家和西南民族地区政策法规所允许的范围内的接入协同模式必然很快成为旧事物，缺乏远大前途和政治目光，不符合事物的发展规律必然在一定时间后会面临消亡。从高速公路的构成维度和特色旅游小城镇的构成维度的角度出发，交通量、公路网布局、高速公路服务区和慢旅游理念、居民受益、旅游功能开发的各个方面都必然要在法律的范围内进行。

行业发展状况的好坏直接决定着西南民族地区高速公路对特色旅游小城镇协同作用的演化，对行业发展状况的准确认知能够帮助西南民族地区高速公路与特色旅游小城镇的协同建设在激烈或相对平稳的市场中寻找自己的竞争优势和潜在市场。从管理学的角度来看，运用差异化策略来找对自己与竞争对手的差异化产品，并集中优势力量打造差异化品牌，开辟新的旅游市场和差异化路径，寻找自己与竞争对手们不一样且具有远大前途和旺盛生命力的市场空间，获得潜在的利润。因此，在西南民族地区的高速公路与特色旅游小城镇的协同接入机制中，高速公路的交通量、公路网布局、高速公路服务区以及特色旅游小城镇的慢旅游方式理念、居民受益、旅游功能开发等构成要素都必须参照当前行业发展状况和竞争优势状况。只有准确地对行业状况进行评估和把握，西南民族地区高速公路对特色旅游小城镇协同作用机制才能实现演化。

技术发展状况也是影响西南民族地区高速公路与特色旅游小城镇接入机制的重要外部要素。对于西南民族地区高速公路与特色旅游小城镇的协同接入机制而言，高速公路的交通量、公路网布局、高速公路服务区以及特色旅游小城镇的慢旅游方式理念、居民受益、旅游功能开发等构成要素都是在当前技术的框架内进行并且受到当前技术的支持或制约，其演化历程也受到技术发展状况的推进或延缓。技术发展状况包括技术进步和技术创新[208]，技术进步是技术创新的结果，区域内的技术得到大幅度的上升有利于提高行业发展水平，带动整体的技术发展。在劳动力自由流动的状态下，技术发展水平的高低影响着地方吸纳高新技术产业的能力，进一步影响着地方消费主义，技术水平较高的地方往往更容易引导技术投资和企业选址[209]，助推城市进行经济社会结构的调整和升级。

核心利益相关者的关系和利益分配状况也是影响西南民族地区高速公路与特色旅游小城镇接入机制的重要外部要素。西南民族地区特色旅游小城镇规划设计的重点内容之一就是对小镇的利益相关者进行分析，结合西南民族地区特色旅游小城镇的经营发展现状和经营流程，本书将西南民族地区特色旅游小城镇的核心利益相关者分析划分为小城镇旅游开发经营中的核心利益相关者关系分析和小城镇旅游经营利益分配中的核心利益相关者分析。一方面，西南民族地区特色旅游小城镇的开发和经营是政府、企业和居民三者之间利益相关的结果，具体选择的合作方式则需要根据旅游小城镇的发展状况和经济条件的差异来进行选择，特色旅游小城镇的发展经营模式具有多样化特征，并且不同的特色旅游小城镇的发展模式将对居民的社区参与程度产生不一样的影响[210]。根据西南民族地区的特色旅游小城镇经营现状和特点可以看出，由于旅游发展后劲不足，西南民族地区的特色旅游小城镇常常是实行政府主导的经营模式，小城镇的开发和经营管理的主导权都掌握在政府的手中。在政府的管理中更多地采取一种强制性的命令形式，居民更多地服从，具有较少的参与性和表达自己的想法，在长期的经营管理中，居民因为没有充分地表达自身的期望而逐渐对政府管理产生不满情绪[211]。逐渐地，当地居民把旅游小城镇在开发和经营中所出现的发展缓慢、节奏混乱的局面归因于政府拥有管理权力但是却没有充分的履行其管理的职责，导致了旅游小城镇的发展混乱。同时，政府授权给旅游企业公司进行旅游小城镇的经营和管理，在西南民族地区，许多的旅游小城镇都存在着旅游公司一家独大的局面，这种经营模式带来了很多弊端，也是造成利益者冲突局面的主要因素。从事旅游经营的大部分居民并没有参与到旅游业的发展规划和利益分配中，他们只是单方面服从和接受政府和企业的决策结果，加之企业和居民之间存在着固有的矛盾并没有得到很好的解决，政府、企业和居民三者之间的矛盾就逐渐地深化和日渐突出，影响到居民从事旅游产业的积极性，降低了旅游生产效率和旅游经济的发展，更严重的会影响到西南民族地区特色旅游小城镇。另一方面，西南民族地区特色旅游小城镇的开发和经营是政府、企业、旅游开发商和居民三者之间利益相关的结果，在西南民族地区的特色旅游小城镇的经营过程中，政府授权给旅游开发商进行旅游景区的开发和规划，旅游开发商往往为了攫取高额的利润和提高旅游公司的经济效益而缩减旅游开支，除了必要的景区管理费用以外，更多的是采取缩减对当地居民的补偿和租金，这就使得居民的收入减少，形成了心理上的不平衡，为了获得更多的财产性经营收入和提高生活水平，当地居民开始走“捷径”来赚取旅游外快，如充当私人导游，这就增加了小镇管理的混乱，增加了政府的管理负担。加上西南民族地区的历史、地理等相关因素使得当地居民的小农意识比较强烈，很多居民只是单纯地看到眼前的短期利益的诱惑，并没有通过旅游小镇的长远发展从而使自己获得长远利益的意识，保护旅游小镇的民族文化意识不够强烈。另外，对于旅游主体来说，小镇管理体系的混乱和当地居民的服务意识短缺使得旅游体验效果大打折扣，旅游者的旅游期望并未得到充分的满足，旅游者的不满因素就直接减少了西南民族地区特色旅游小城镇的经济收益，进而造成旅游开发商和旅游企业的经营效益低下，进一步加剧了居民的收入低下的状况，形成恶性的经营循环，不利于西南民族地区特色旅游小城镇的旅游经济的平衡持续和健康发展。

第3章

西南民族地区高速公路与特色旅游小城镇协同的研究假设和演化模型

3.1 西南民族地区高速公路交通量与慢旅游协同的研究假设和演化模型

3.1.1 西南民族地区高速公路交通量与慢旅游协同的研究假设

1. 高速公路交通量的作用

西南民族地区高速公路交通量的大小对于西南民族地区区域高速公路的技术等级、工程规模和区域经济的控制都有着重要的作用。区域经济的发展与高速公路交通量有着显著的影响作用[152]，随着旅游经济对外性的日益突出，交通量与交通流的正向作用机制逐渐凸显，高速公路交通量信息对于城市的可达性具有增进效应[212]，旅游交通路网的改进、完善都是以交通量预测为基础，从而来确定道路规模[213]。交通量作为描述交通流的一个重要的参数，表示交通流在单位时间内通过道路指定的断面的车辆数量，交通量的指标参数高低影响着交通流的速度和交通流的密度大小，交通量安全性[214]、空间性、通达性、效率性以及扩展性对整个西南民族地区交通流的流量和流向具有显著的正向作用。从高速公路网系统优化的角度来看，交通流的最佳分配状况即交通流均匀分布在所有路网的最短路径上，这与最短路径的交通量大小是紧密相关的，对于整个高速公路减缓路段阻塞的增长速度，进而降低后续时刻路段拥堵的可能性具有正向的作用[215]。总体来说，高速公路交通量对西南民族地区交通流产生了显著的正向作用，因此，提出如下假设：

HA1：高速公路交通量对交通流有显著的正向作用。

慢旅游的旅游理念在西南民族地区兴起并得到迅速发展，高速公路交通量的不断提高和进行科学交通量布局在根本上能够接纳更多外来游客，从而不断提高西南民族特色旅游小城镇的旅游接待能力。西南民族地区慢旅游系统建立，包括交通流、旅游流和慢旅游的有效融合和横向延伸，与高速公路交通量的空间性和效率性的提高存在着协同关系。慢旅游系统也称为“非机动化旅游系统”，其强调的是在旅游目的地建立供人们进行慢节奏、多样化游览的旅游体系，民族主题酒店就是慢旅游体系的重要一环，民族文化是民族主题酒店得以生存和发展的基础来源[216]。高速公路交通量的增大使得旅游规模和旅游人数都得到增长，这对酒店这一具有基本住宿功能的旅游设施便产生了需求，民族主题酒店一项最基本的特征在于它具有经济性，酒店通过为旅游者提供基本的服务实现旅游收入的增加，包括住宿、餐饮、休闲、娱乐等多种功能，具体提供服务的项目根据当地酒店的标准和建设状况来进行确定，相比一般性的酒店经营，民族主题酒店更具有鲜明的营销风格[217]。酒店行业的中心要素就是游客数量和规模，高速公路交通量的增长为民族主题酒店带来了更多的旅游客流量，增加了潜在的旅游消费概率，对于酒店的收入增加和自我发展具有重要的意义。总的来说，高速公路交通量对民族主题酒店产生了显著的正向作用，因此，提出如下假设：

HA2：高速公路交通量对民族主题酒店有显著的正向作用。

慢旅游在西南民族地区作为一种新型的游览方式，既强调了旅游目的地提供更大的空间为游客创造深度体验，也强调了在旅游过程中旅游交通路线和交通方式的选择具有更多的灵活性和舒适性[218]。西方学者将慢旅游理解为一种新的假期模式，这种模式推进游客重新获得能量和旅游享受假期，具有“高水平福利”[219]，它既是一种深度的旅游方式，更多的包含了一种深度的旅游理念，交通量的增大促进了西南民族地区旅游经济的发展和旅游业发展规模的扩大，高速公路日交通量、月交通量以及年交通量的大小都对慢旅游发展的规模和速度以及西南民族各特色旅游小城镇所能接纳的外来游客人数产生了深刻的影响。交通量为慢旅游的进一步发展提供了客观的物质保障，交通作为慢旅游系统中满足游客游览需求的功能性、景观性、服务性的重要一环，交通量作为影响高速公路网络体系的重要节点，为交通硬件设施的完善和功能延伸提供了基础[189]，其与慢旅游的扩大化和体系化建设所依赖的交通硬件设施是密不可分的。慢旅游的节奏、动机和范围决定了西南民族地区旅游规模和形式的规模性和空间性，这与高速公路交通量的扩展性和通达性存在着显著的相关性，因此，提出如下假设：

HA3：高速公路交通量对慢旅游具有显著的正向作用。

2. 交通流的作用

高速公路交通流指在一定时间内，在不受横向交叉影响的路段上，车流和人流所形成的连续的状态，交通流指标表明的区域城市道路通行能力大小和主要流向，即交通流的流量和流向，与城市的对外交通联系能力评估紧密相连[220]。由于旅游流属于旅游学和地理学相结合的交叉学科[221]，交通流可以划分为城市交通规划和地理空间的结合，在依托地理学理论和城市经济发展的背景下，交通流与旅游流形成相互交叉的状态。交通流的流量大小影响着区域旅游流的客流量的大小、资金流的规模、物质流的大小以及文化流和信息流传输的通达性和扩展性大小，交通流流向对区域旅游流的客流方向、物质流、资金流、信息流和文化流流向都产生直接的正向作用。旅游流是旅游需求、旅游供给共同作用推动形成[222]，旅游流的重要驱动机制在于将旅游需要转化为有效的旅游需求，在这过程中必须具备一定的经济支付能力，城市交通规划建设属于经济支付能力的重要组成部分，交通流所形成的城市交通体系对旅游网络体系的形成和合理规划具有客观推动作用[223]。交通流与旅游流作为城市经济发展中重要两部分，两者相互交叉、相互促进，从这个层次上看，西南民族地区高速公路交通流对旅游流具有显著的正向作用，因此，提出如下假设：

HA4：交通流对旅游流具有显著的正向作用。

在旅游城镇化的大背景下，流动空间和城市网络与旅游发展的接入性逐渐成为探索城市区域经济发展的重要视角[224]，其中，流动空间指通过流动运作的社会构架推动不相邻的节点的物质流动而形成一定的网络组织。在经济全球化的背景下，交通和旅游整合过程越来越趋于同步性[225]。交通流属于流动空间的架构范围，在西南民族地区特殊的资源环境和民俗文化特色中，交通流与旅游发展的接入性的一个重要的层面体现在交通流对慢旅游显著的正向作用。交通流的流量大小决定着慢旅游层次中旅游效果和旅游节奏，交通流在不同路径上所形成的流量的差异化一方面使得交通网络体系具有差异化特征，这种差异化主要体现在交通网络的内部之中，另一方面与旅游流的正向相关性使得旅游流网络也相应地出现差异化特征，旅游功能组织建设具有层次效应。反过来旅游动机是游客出游的最直接的影响因素，与其他内外部一起决定旅游的性质和期望，游客的范围决定了交通通行量的统计数据。交通流的流向反映着游客偏好以及西南民族地区旅游景区的布局格局和突出资源，具有典型的方向效应，对慢旅游节点的选择和旅游规划布局有着显著的正向作用，因此，提出如下假设：

HA5：交通流对慢旅游具有显著的正向作用。

3. 旅游流的作用

旅游流指在特定的区域范围内，由于旅游需求的近似性而引起的旅游者集体性空间移动的现象，旅游流的方向和大小的任一改变都会引起旅游区域网络旅游体系和旅游空间结构的改变[221]。慢旅游是在西南民族地区特定的历史社会文化旅游中所兴起来的一种深度旅游形式，慢旅游系统的组成中旅游流是不可或缺的要素。旅游流中物质流、资金流、客流、信息流、文化流由一个地点流动到目的地，沿着一定的方向和路线呈现出规则或是不规则的旅游活动轨迹，在完成一次完整的旅游运动的过程中旅游流系统便开始形成[226]。民族主题酒店具有文化性、民族性，旅游流的文化流与民族主题酒店的文化性在西南民族地区的大范围下总体来说应该趋于一致，核心是体现民族旅游特色。旅游流的物质流为民族酒店的运营和发展提供基本物质保障，酒店的多功能性决定了酒店的发展必须依赖相当的客观物质条件才能在正常的轨道上运行，旅游流的资金流既是民族主题酒店的资金管理的体现，也能在一定程度上反映西南民族地区民族主题酒店的收入和方向。除此以外，旅游流的客流量与高速公路交通量对于民族主题酒店的积极促进作用具有一致性，客流的增大为民族主题酒店提供了丰富的客源，客流的流向为酒店进行消费市场的定位和选择提供重要的依据[227]。旅游流的信息流对于酒店的发展也具有非凡的意义，在现代信息社会，有效信息数据的收集和掌握对于进一步把握市场动向和进行目标人群定位具有基础性作用，相比其他行业而言，酒店行业对客源市场更具有敏感性，其运营的好坏在很大程度上受到市场波动的影响，掌握充分的有效信息对于酒店生存和发展都具有现实指导作用。从这个层面上来讲，旅游流的各个构成要素都对西南民族地区的民族主题酒店发展具有深刻的不可忽视的作用，旅游流对民族主题酒店具有显著的正向作用，因此，提出如下假设：

HA6：旅游流对民族主题酒店具有显著的正向作用。

旅游流始于起点，讫与原起点，在区域旅游经济的大范围下形成闭合的不规则曲线运动轨迹，实现旅游流与区域经济、环境和社会的协调是区域旅游开发的重要内容[228]，慢旅游属于慢动作的一个分类，提倡放慢旅游脚步，在一个旅游目的地待上较长的时间以深层品析当地的文化。慢旅游酒店和乡村旅游设施的协同在区域内有利于实现旅游运营的协作[229]，旅游流所决定的旅游轨迹对慢旅游生活的范围和强度形成了一个闭合的曲线限制，旅游流的客流、物质流、文化流、信息流和资金流在空间上的流动方向和流动速度对于慢旅游形式的发展和扩大都产生着不可磨灭的作用，客流量的增大和移动方向的定向化使得慢旅游理念深入人心，资金流来源的增多意味着筹资渠道和投资主体的多样化，文化流的流动路径反映了西南民族地区慢旅游文化传播的范围和程度，信息流的扩大和延伸对于进一步促进特色旅游小城镇的慢旅游业的发展和消费方式的转变具有重要的意义，西南民族地区旅游网络的空间结构影响着旅游流中的要素活动方向和强度[230]，特色旅游小城镇的慢旅游业的发展又受到一般经济要素的推动，以不断扩大旅游流的流量而获得旅游经济规模的扩展，物质流作为旅游经济中的隐形流，对于慢旅游发展所需要的旅游供给和物质产品资源就有不容忽视的作用和影响。总而言之，从旅游流的分类构成对慢旅游所产生的作用机制来看，旅游流对于慢旅游的发展具有显著的正向作用，由此，提出如下假设：

HA7：旅游流对慢旅游具有显著的正向作用。

4. 民族主题酒店的作用

主题酒店作为近年来旅游行业所兴起的一种新的酒店发展形态，其兴起和发展不仅仅是旅游酒店行业的一个重大的形式突破，更是旅游市场自然选择的产物[231]。主题酒店根据需求导向、区域文化、区域经济发展水平、社区居民的思想观念以及酒店决策者的个人偏好等多重原因选择自身的主题定位[232]，对于西南民族地区，其民族风情呈现出多样化的趋势，自然风光具有鲜明的地域特征，民族性受到自然景观和人文景观的双重影响，其主题酒店的定位也趋向于具有自然性和文化性的民族特色。商业化背景下的本地居民对民族性和文化性具有依恋性特征，适度的商业化特征与民族主题酒店相结合有利于增强居民的依恋强度[233]。同时西南民族地区民族主题酒店的自身定位与区域的慢旅游发展态势具有一致性，慢旅游是旅游主体对于西南民族文化传承和自然景观的追求，民族主题酒店恰恰为慢旅游提供了旅游要素。民族主题酒店一方面具有民族性和文化性，另一方面更具有经济性。这就使民族主题酒店一方面满足了旅游者追求民族性和文化性的旅游需求，另一方面，为了全方位多层次地展示地方文化色彩和提供良好的旅游服务，酒店运用国际化的管理体制和方式，积极引进旅游设施设备，作为现代化管理服务实施，让旅游者在充分感受传统的具有鲜明浓厚少数民族特色的同时，能够享受到高级周到的酒店服务，为旅游者追求慢旅游提供硬件和软件的二重服务，积极促进慢旅游的发展。同时，民族主题酒店作为区域民族性与国际现代化管理体制的结合体，其发展对于旅游业的发展和民族文化的传承的创新都具有不可替代的重要作用。从这个层面上来讲，西南民族地区民族主题酒店对于慢旅游的发展具有显著的正向作用，因此，做出如下假设：

HA8：民族主题酒店对慢旅游具有显著的正向作用。

3.1.2 西南民族地区高速公路交通量与慢旅游协同的演化模型

根据西南民族地区高速公路与特色旅游小城镇协同的分析框架，结合西南民族地区高速公路交通量与慢旅游的研究假设，可以较好地识别出高速公路交通量对西南民族地区慢旅游演化的作用路径。由此可以得出西南民族地区高速公路交通量与慢旅游演化的理论模型，见图3.1。

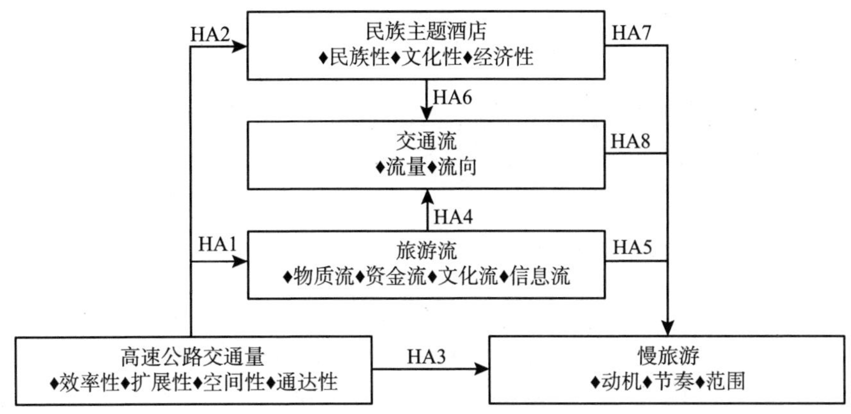

图3.1 交通量对慢旅游的演化模型

在西南民族地区高速公路交通量与特色旅游小城镇慢旅游的演化模型中，主要存在着五个主要的变量：高速公路交通量、慢旅游、交通流、旅游流和民族主题酒店。其中，高速公路交通量主要包括效率性、扩展性、空间性和通达性四个相关特性，慢旅游的三个主要层次包括旅游动机、旅游节奏和旅游范围，交通流主要从流量和流向两个维度来进行划分，旅游流由物质流、资金流、文化流以及信息流组成，民族主题酒店的特征主要指酒店的民族性、文化性和经济性。这五个主要变量之间的主要关系可以反映出西南民族地区高速公路交通量如何与慢旅游实现协同的。具体来说，高速公路交通量与慢旅游实现协同的路径主要有两条：一条是直接产生作用的路径，即交通量与慢旅游直接产生相互作用并实现协同。另一条是间接产生作用的路径，这样的路径有四条：交通量通过交通流作用于慢旅游演化；交通量通过作用于民族主题酒店协同于慢旅游；交通量通过交通流，交通流通过作用于旅游流，旅游流通过作用于民族主题酒店，再通过民族主题酒店作用于慢旅游；交通量通过作用于交通流，再通过交通流作用于旅游流，最后实现旅游流对慢旅游的作用。在图 3.1 中，每条路径上的字母数字代表的是之前所作出的研究假设，针对提出的研究假设，还需要作进一步的实证检验来加以验证。

3.2 西南民族地区高速公路网布局与居民受益协同的研究假设和演化模型

3.2.1 西南民族地区高速公路网布局与居民受益协同的研究假设

1. 高速公路网布局的作用

现代化交通体系的不断完善是现代化旅游业发展的一个基础条件，旅游主体在空间异地转移的过程中，路线和工具的选择都会影响旅游期望和旅游目的的实现情况。合理的高速公路网布局不仅仅关系到旅游者能否到达旅游目的地进行游览活动，更关系到旅游者能否安全、舒适、快速地到达旅游吸引地，也是旅游景区可进入性的一项重要内容。高速公路网布局一个非常重要的原则在于促进区域社会经济的综合发展，提高高速公路的运输能力和质量，促进旅游城镇化进程，加快信息化，服务现代化。高速公路网布局与旅游干线规划紧密相关，在路网布局的基础上进行旅游景区定位和布局可以促进旅游公路体系的建设，信息的完善和硬件交通条件的改善才能扩大旅游景区的对外接入性，优质化的运输布局和服务有利于增强旅游经济发展的可靠性和安全性[234]，路网布局的可持续原则有利于改善运输效益和效率，完善旅游交通运输，在降低能源消耗的同时加强对旅游景区生态环境的保护[70]。由此可见，高速公路网布局对于增加旅游景区的可进入性具有显著的正向作用，因此，提出以下假设：

HB1：高速公路网布局对于提高景区的可进入性有着显著的正向作用。

区域旅游交通规划的一项重要理论依据就是对旅游交通可达性的分析[235]，高速公路网的布局规划作为旅游交通系统的核心要素，其决定了区域旅游发展的基础，对区域旅游经济发展的各项组成要素都具有重要的意义。西南民族地区喀斯特地貌广泛分布，其高速公路修建的工程难度较大，还存在着一些交通未通达的特色旅游小城镇，由于少数民族文化与传统文化浓厚、经济贫困、民众居住相对分散、地势崎岖、交通闭塞等特点，其旅游交通的可达性还较差[236]。合理地进行高速公路网布局能够在很大程度上改善西南民族地区特色旅游小城镇的可进入性，包括景物内部的信息条件、硬件设施、服务环境、人文环境舒适性以及卫生状况[237]，使小镇的旅游资源能够被外界所感知，成为拉动经济增长的依赖要素。旅游购物作为旅游经济发展的重要组成部分，与景区旅游产品的销售具有不可分割的关系，也是进行旅游文化扩散的重要手段，满足游客的购物体验需求的同时为旅游景区创造出商业价值，成为了现代旅游景区不可缺少的一环。高速公路网布局的合理性和便利性对于游客的消费心理和购物欲望有着直接的影响，路网布局在资源整合中的不同作用强化了游客消费模式的差异[238]。旅游商品是旅游购物资源的核心，也是吸引旅游购物的根源。从客流的流量和流向两个方面进行考虑，高速公路网的布局与西南民族地区特色旅游小城镇的景区可进入性和旅游业的兴起和发展都具有前提作用，景区的可通达性提升了，游客数量和规模也会相应地呈上涨趋势，这就为旅游购物提供了前提和基础。在西南民族地区旅游发展中，交通条件一直是发展旅游业的限制性因素，而进行旅游购物是增加旅游收入、传播旅游文化的有效途径之一，从这个层面上来说，高速公路网布局与旅游购物有着密切的联系，高速公路公路网布局对于旅游购物的发展有着显著的正向作用，因此，提出以下假设：

HB2：高速公路网布局对于增加旅游购物有着显著的正向作用。

高速公路网布局中一个突出的原则就是以人为本，在布局中充分体现以人为本的原理，最大限度地满足出行者的要求，创造出安全、舒适、便捷的交通条件，使当地居民能够直观地感觉到高速公路给生产和生活所带来的便利和快捷。同时，高速公路网布局坚持以发展服务经济为手段，以促进社会进步为目标，实现区域经济社会的可持续发展。以服务经济为手段强调强化高速公路网布局对土地资源的利用和实现区域经济的全面协调发展，以经济的发展带动居民就业，增加居民工资收入和财产性收入。以促进社会进步为目标就是要贯彻实施全面推动居民享受到高速公路所带来的便捷和优势，共享外部资源和就业机会。区域内旅游景点之间联系的增强有利于居民信息的传播和区域通达性的提高，公路景观设计和布局有利于在实现旅游经济发展的同时保护区域内的生态环境，生态环境的改善一方面将有利于当地居民的生存环境和工作环境，另一方面将促进区域内经济的循环绿色健康发展。从这个层面来看，高速公路网布局对于增加居民受益有着显著的正向作用，因此，提出以下假设：

HB3：高速公路网布局对增加居民受益有着显著的正向作用。

2. 旅游景区可进入性的作用

旅游产业与传统一般工业或资源产业不同点的一个重要特征在于旅游资源以及依附于旅游资源发展起来的旅游消费品具有空间固定性，在旅游核心要素中，流动的是人而不是一般工业产品。因此，地理区位和景区的可进入性对于旅游目的地的发展具有重要的影响[239]。景区可进入性的增加一个典型的表现在于旅游节点可达性的增加，旅游节点是旅游线路的主要吸引物，不同性质的节点连接和组合会带给旅游者不一样的旅游体验，对于旅游经济的发展也会产生不同的影响。旅游景区的可进入性的增加的另一项重要表现在于区域旅游交通体系的完善，完善城市旅游交通体系[240]，在全域旅游思维下加快城市旅游交通建设步伐，逐步建成规模合理、网络完善、结构优化的现代旅游交通网络体系，交通发展是区域城市经济发展的基础条件，对于进一步推动旅游城市化和实现区域旅游经济发展具有重要的意义。对景区内部的交通工具数量和使用强度的调整都将对旅游景区的管理有优化作用，从这个层面来看，旅游景区可进入性对于旅游经济发展有着显著的正向作用，因此，提出以下假设：

HB4：旅游景区可进入性对于旅游经济发展有着显著的正向作用。

旅游景区可进入性一个重要的价值在于将景区的游览价值有效地转化为市场价值，旅游市场的开发和进一步开拓意味着将吸引更多的流动人口，旅游规模和人数得到扩大化，最直接的影响在于增加了居民的工资收入和财产性收入[241]。同时，景区可进入性的提高为西南民族地区较为封闭的特色旅游小城镇提供了对外的接口和通道，少数民族文化与现代化文化传承得到交汇和融合[242]，旅游经济属于服务经济，要求从业人员具有一定的服务意识和接待能力，这就大大有利于西南民族地区少数民族改变其传统的落后的生产方式和文化习俗，提高居民认识水平，提升当地居民的文化素质[243]。可进入性对于居民受益的影响还体现在影响区域的生态环境水平，随着景区可进入性的提高，旅游规模的扩大对小镇的旅游接待能力和环境容量提出了新的要求，要想实现景区长久健康持续的发展，就必须保护当地脆弱生态环境系统[244]。政府必然出台一系列相关政策来实现对生态环境的保护，居民树立合理规划和开发利用资源的意识，这对于环境的保护和生态平衡的实现将提供助力，并最终得益于当地的居民。从这个层面上看，利用景区的可进入性对于居民受益有着显著的正向作用，因此，提出以下假设：

HB5：旅游景区可进入性对于居民受益有着显著的正向作用。

3. 旅游经济发展的作用

在旅游经济发展的浪潮中，西南民族地区的旅游经济凭借独特的自然风光、多样化的民族风情以及当地政府对于发展旅游经济的政策支持，旅游规模在不断的扩大，旅游结构不断趋于完善[172]，旅游购物作为旅游结构中的重要的组成部分，其依靠西南民族地区旅游经济发展的大趋势不断完善自身。旅游业由于自身与工业、农业、服务业、交通运输业等多种行业具有连接性，其发展在带来直接的旅游收入以外，更能够促进当地社会文化、经济、其他领域以及旅游政策朝着相对应的好的趋势发展开来，这就为旅游购物的发展创造了一个良好的客观环境和发展基础。尤其是旅游政策的出台，旅游经济对西南民族地区整体经济具有拉动作用，这就促进了当地政府制定相关旅游政策进一步规范旅游市场，为旅游产业的蓬勃发展保驾护航，旅游购物作为一种将特产店、景区门票、农家乐、酒店住宿融合在一起的旅游行为，其在旅游产业结构中还处于较为薄弱的地位，存在的矛盾和问题还有很多，如购物场所简陋、购物品的质量问题、诚信问题、回扣问题、假货问题以及以次充好等诸多问题[245]，旅游法规的进一步完善有利于改善旅游购物现状，为保证旅游购物市场长期健康持续的发展具有重要的意义。从这个层面上来说，旅游经济发展对于旅游购物有着显著的正向作用，因此，提出以下假设：

HB6：旅游经济发展对于旅游购物有着显著的正向作用。

在西南民族地区的特色旅游小城镇民族旅游开发中，旅游资源往往是当地的居民特别是少数民族人民在长期的历史实践中不断进行生产生活的创造从而保存下来的那一部分，这些旅游资源与当地的居民生产生活和旅游吸引力[246]都有着紧密的联系和内在关联。旅游经济的发展一个重要的模式就是社区参与[210]，即当地的居民以促进当地的旅游业发展和共享旅游资源开发的好处为目的来参与旅游开发活动，为发展旅游经济贡献自己的一份力。总体来说，旅游经济的发展为当地居民找到新的突破口和打开了对外联系的通道[247]，在西南民族地区，由于特殊的地质地貌和民族风情使得交通建设条件成为旅游经济发展的“瓶颈”。旅游经济的发展为当地居民创造了和带来了各种机遇，包括农家的地理位置、拥有的土地资本、掌握的传统技艺等都会成为新的资本要素参与到旅游经济的发展中，并随着旅游规模的不断扩大化和精品路线的打造为自己创收，同时提高合作参与意识，构建社会关系网络。从这个层面上来看，旅游经济的发展对于居民受益有着显著的正向作用，因此，提出以下假设：

HB7：旅游经济发展对于居民受益有着显著的正向作用。

4. 旅游购物的作用

旅游购物是旅游过程的一个重要环节，也是旅游体验的组成部分[248]，当旅游者在设定的旅游购物场所进行旅游购物时一方面能够增加旅游的经济收入，另一方面旅游购物品所呈现的是西南民族地区的地域特色和文化内涵，能够促进西南民族地区地域民族文化的扩散和传播。对于西南民族地区的居民而言，旅游购物一个非常显著的特征就是增加了景区的旅游收入，这就为当地居民增加旅游收入、改善生活水平、增加财产性收入创造了条件[249]。同时，旅游购物作为一项综合性的旅游活动，其包括旅游购物场所的选取、旅游购物品的进货或制作以及后期服务等多方工作，这就为西南民族地区创造了就业机会，让更多的居民投入到旅游产业当中[250]。旅游购物品中包括旅游纪念品、旅游用品和旅游消耗品，这就为西南民族地区当地居民将传统的民族工艺运用到旅游商品中创造了机会，使传统工艺与现代化商品相结合。除此以外，旅游购物是将旅游产品的欣赏价值转化为商业价值的重要一环，集中体现了现代旅游的商业化特征和经济性，是旅游景区收入组成中的重要一部分，有利于提高当地居民的财产性收入和生活水平。尤其是在西南民族地区，其原有的经济基础十分薄弱，旅游发展效益低下，只有增大旅游销售力度和提高旅游产品销售量才能获得更多的旅游收入，实现西南民族地区人民的旅游脱贫。从这个层面上来讲，旅游购物对于居民受益具有显著的正向作用，因此，提出以下假设：

HB8：旅游购物对于居民受益有着显著的正向作用。

3.2.2 西南民族地区高速公路网布局与居民受益协同的演化模型

根据西南民族地区高速公路与特色旅游小城镇协同的分析框架，结合西南民族地区高速公路网布局与居民受益的研究假设，可以较好地识别出高速公路网布局对西南民族地区居民受益演化的作用路径。由此可以得出西南民族地区高速公路网布局与居民受益演化的理论模型，见图3.2。

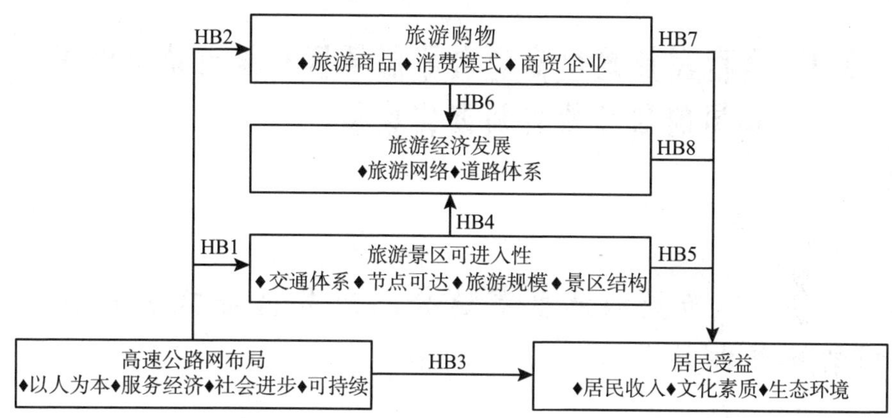

图3.2　高速公路网布局与居民受益演化分析

在西南民族地区高速公路网布局与特色旅游小城镇当地居民受益的演化模型中，主要存在着五个主要的变量：高速公路网布局、居民受益、旅游景区可进入性、旅游经济发展、旅游购物。其中，高速公路网布局遵循包括以人为本、发展服务经济、推动社会进步以及实现可持续发展的建设原则和目标，居民受益主要是指居民的个人和家庭收入有所增长、居民的文化素质有所提升以及居民所在的生态环境得到改善，旅游景区可进入性一是指现代化交通体系得到不断完善，二是指区域内旅游节点可达性增大，旅游经济发展的衡量指标主要包括旅游网络体系得到优化、交通道路体系有所完善、社会综合效益实现增长，旅游购物的主要内容包括旅游商品、消费模式和商贸企业。这五个主要变量之间的主要关系可以反映出西南民族地区高速公路网络布局如何与居民受益实现协同的。具体来说，高速公路网布局与居民受益实现协同的路径主要有两条：一条是直接产生作用的路径，即公路网布局与居民受益直接产生相互作用并实现协同。另一条是间接产生作用的路径。这样的路径有四条：公路网布局通过增加旅游景区的可进入性作用于居民受益演化；公路网布局通过增加旅游购物实现居民受益的增长；公路网布局通过增加旅游景区的可进入性，旅游景区可进入性的增长带动旅游经济的增长，经济的增长实现旅游购物的增加，再通过旅游购物作用于居民受益；高速公路网布局通过作用于旅游景区可进入性，再通过景区可进入性作用于旅游经济，最后依靠旅游经济的发展实现居民受益的增加。在图 3.2 中，每条路径上的字母数字代表的是之前所作出的研究假设，针对提出的研究假设，还需要作进一步的实证检验来加以验证。

3.3 西南民族地区高速公路服务区与旅游功能开发协同的研究假设和演化模型

3.3.1 西南民族地区高速公路服务区与旅游功能开发协同的研究假设

1. 高速公路服务区的作用

随着西南民族地区高速公路里程的不断增加，高速公路的交通量和客流量不断地增多，服务区的建设越来越成为高速公路不可缺少的一环，高速公路服务区也是旅游服务必不可少的设施[251]。作为公路服务的枢纽，高速公路除了能够为使用者提供便利和服务以外，作为现代化交通运输体系的组成部分，对于构建我国现代化综合运输交通体系更具有重要的意义。现代化交通指标体系的总体目标包括实现交通运营管理的现代化和交通可持续和意识的现代化，高速公路服务区除了提供最基本的餐饮、住宿、超市、停车、加油、汽车修理以及休闲娱乐以外，还具有商业功能，这就为现代化交通体系实现管理和可持续的现代化目标提供了基础。现代化交通体系包括硬件、软件以及组件三大部分，硬件主要指交通设施的构成，包括道路、停车场和枢纽站等要素，软件部分主要指交通的主要运行方式，包括公共交通、个体交通、货运交通等，组件部分指对交通体系的综合管理手段，包括规划、投资、建设、运营、收费、定价、体制和法制等相关内容。高速公路的服务区属于交通体系硬件中的枢纽站、软件中的运行方式、组件中综合管理手段的集中运用，与现代化交通体系的各个组成部分息息相关，既是现代化交通体系的重要子系统，其运营和建设情况对现代化交通体系的构成和未来发展更是有着千丝万缕的联系，二者相互影响、相互促进。从这个层面上来讲，高速公路服务区对现代化交通体系有着显著的正向作用，因此，提出如下假设：

HC1：高速公路服务区对现代化交通体系有着显著的正向作用。

高速公路服务区的突出的作用在于为高速公路的使用者提供服务，对于保障使用者的行车安全、提高运输效率、缓解驾驶员在生理上的过度疲劳和车辆使用上的极限状况具有十分重要的意义。从高速公路服务区的旅游功能出发，服务区的建设对于旅游者缓解旅途的疲劳和保障旅游交通的畅行具有促进作用。旅游者既是旅游核心要素中的中心和主体，更是构成旅游吸引物系统的子系统部分，旅游吸引物系统不仅仅包括传统的旅游吸引物本身，更是一个建构的系统[252]，旅游者作为其组成部分表示吸引物的建构必须放在一个与旅游者相对的位置上，这就使得高速公路服务区对于旅游吸引物系统通过旅游者的作用得到有效的联结。同时，旅游吸引物系统还包括旅游标识物，即人为地构建的信息和符号，随着西南民族地区综合交通运输体系的完善，高速公路的功能不再是仅仅局限于连接两地的通道，而是不断地在进行公路附加值的探寻，其中主要的手段便在于开发高速公路服务区的商业化功能，高速公路经营策略的多元化趋势将进一步强化旅游吸引物系统的功能建设。根据通行和旅游需要进行更多旅游信息和符号的构建，转变旅游发展思路，在高速公路上搭建一个新的旅游平台，实现高速公路服务区与旅游吸引物系统的融合发展，在二者的协同作用关系中寻找新的经济增长点。从这个层面上来看，高速公路服务区对旅游吸引物系统有着显著的正向作用，因此，做出以下假设：

HC2：高速公路服务区对旅游吸引物系统有着显著的正向作用。

旅游业的发展需要客源和人气的聚集，高速公路作为一个重要的人流汇集区，重要的游客集散地，对于发展旅游经济具有支撑作用。随着西南民族地区高速公路交通体系的逐渐成熟和现代化旅游流网络的构建，高速公路逐渐成为旅游交通的重要选择方式，高速公路和旅游的深度融合的一个突出的现象和切入点就是把传统的高速公路服务区打造成开放式的旅游休闲区。将高速公路服务区打造成开放式的休闲吧重点在于将高速公路资源按照旅游功能分区发展进行定位，实施供给侧改革，充分发挥高速公路的资源优势，一方面更好地进行高速公路体系建设，另一方面在于激活高速公路服务区周边的旅游经济，促进西南民族地区特色旅游小城镇旅游功能的开发。高速公路作为旅游发展的生命线，在旅游者进行评估直至最后选择旅游目的地的过程中，可进入性和服务性是两个重要的要素。伴随着自驾游时代的到来，搭建一个旅游平台以实现游客、景区和路网的信息对称成为未来新的旅游经济增长点，这个旅游平台就是高速公路的服务区，以盈利为目的的高速公路服务区建设将确定最佳规模的决策支持系统[253]，为旅游功能开发提供助力。跨界营销的方式将极大地促进西南民族地区民族旅游在旅游资源开发、文化传播、生态环境的保护、经济发展、文明状况的改善，有利于当地员工和居民素质朝着更为积极的方向延伸，深度挖掘旅游资源和进行旅游功能开发以与全新的高速公路服务区商业功能和旅游功能建设进行合理的匹配和实现协同。从这个层面上来看，高速公路服务区对旅游功能开发有着显著的正向作用，因此，提出以下假设：

HC3：高速公路服务区对旅游功能开发有着显著的正向作用。

2. 现代化交通体系的作用

现代化交通体系由区域交通系统、公共交通系统、道路设施以及运行系统、停车设施及管理系统、交通需求管理系统、绿色交通系统以及平安交通系统等相关系统构成[254]，这些子系统相互独立又彼此协同，致力于建设综合、绿色、经济、便捷、安全以及高效的现代化交通体系。旅游功能布局主要按照功能的不同对旅游区域进行空间布局划分，在进行背景分析的过程中最主要的参照指标就是现代化交通系统的各子系统分布和协作状况，以现代化交通系统的构成和发展现状作为现实交通条件进行考虑，将旅游六要素按照整体优化的原则在未来不同规划时段的状态落实到相应的旅游功能区域，考虑旅游具有经济效益的同时综合考虑旅游经济的社会效益[255]，实现经济与社会均衡发展，在实现旅游经济功能的基础上重点转向社会系统的安全性、高效性和衔接性。在全面建设现代化交通网络的同时，注重交通运输的技术等级与构成，优化量和质，这就为沿线的旅游开发和空间功能布局提供了良好的区域交通网络走向，有利于建立层次分明的旅游网络和进行旅游结构的优化，完善旅游功能布局。从这个层面上来看，现代化交通体系对旅游功能布局有着显著的正向作用，因此，做出以下假设：

HC4：现代化交通体系对旅游功能布局有着显著的正向作用。

现代化交通体系以交通设施建设为重点，以科技创新、技术进步助推交通管理水平提升，以绿色出行的交通方式为主导理念，为区域旅游经济的兴起和逐渐繁荣提供了基础和先导条件。其中，现代化交通体系的硬件建设包括对道路的修建和规划、对停车场规模和运营的管理以及对高速公路服务区进行现代化建设和管理，这将为旅游功能在旅游资源和经济基础建设方面提供助力[256]。现代化交通体系的软件建设主要指对运行方式的管理，通过进行运行方式的划分来对旅游交通进行分类，为进一步进行旅游交通设施和旅游路线开发和规划创造了条件。现代化交通体系的组件主要指为进一步规范交通市场而采取的综合管理手段，对道路运营和体制进行法制管理有利于旅游功能的文明状况开发，对高速公路的定价和收费管理有利于旅游经济增加创收，对高速公路进行现代化管理有利于吸引和培养更多的管理人才，为发展旅游经济引进了先进的管理人才，有利于打造高素质的管理团队，从整体上提高旅游团队的文化水平，为进一步传承和弘扬西南民族多样化的少数民族文化和进行旅游功能在文化上的开发提供了保障[257]。同时，现代化交通体系建设中一项重要的内容就是对绿色和可持续的关注，对西南民族地区进行旅游功能开发不能以牺牲环境为代价来进行经济建设，保护西南民族地区脆弱的生态环境[258]，特别是许多的特色旅游小城镇的生态环境还具有浓厚的原始性色彩[259]，这就有利于旅游进行生态环境的保护和功能开发。从这个层面上来看，现代化交通体系对旅游功能开发有着显著的正向作用，因此，提出以下假设：

HC5：现代化交通体系对旅游功能开发有着显著的正向作用。

3. 旅游吸引物系统的作用

旅游吸引物系统是不同层次的旅游节点和节庆活动构成的一个复杂的多层次系统，其作为旅游目的地系统的核心要素[260]，在地理区域上表现为景区系统，这就对旅游功能划分和布局产生了重要的作用。旅游功能布局一方面以西南民族地区现有的交通条件和地理环境为依据，另一方面也以旅游资源的分布和集聚为主要参照，旅游吸引物系统的核心构成要素便是旅游资源本身，除此以外还包括旅游者以及认为构建的信息和符号等要素。旅游吸引物本身具有强大的旅游吸引力和号召力，旅游中旅游者对旅游符号的正确解读和理解会大大增加旅游体验效果，这就使得旅游吸引物的构建和布局通常是从旅游者入手，把旅游者的体验和感受作为检验旅游吸引物符号的标准[261]，这就使得旅游功能布局有了新的切入点。只有旅游功能布局贯彻以游客体验效果为主要衡量标准，符合旅游者求新求异的旅游期望，旅游吸引物系统的构成符号才能得到系统的检验，其展示出来的真实旅游元素才能得到旅游主体的认可，最终实现在旅游者心中构建起旅游神圣化的旅游吸引物系统。从这个层面上看，旅游吸引物系统对旅游功能布局有着显著的正向作用，因此，提出以下假设：

HC6：旅游吸引物系统对旅游功能布局有着显著的正向作用。

西南民族地区旅游业的发展必须要以适应旅游市场发展的旅游产品为基础[262]，而旅游产品的核心依托就是旅游吸引物，为了实现旅游产品供给的有效性和连续性，不断地进行旅游产品的深层次开发便成了保持旅游经济增长活力的重要手段[263]。旅游吸引物系统的根本功能和基本属性在于对游客的吸引力，激发旅游主体的旅游动机，表现为将游客吸引到旅游目的地，这是旅游发展的首要条件。当旅游人数规模到达一定程度以后，最原始的单纯地依靠旅游吸引物来实现旅游经济的发展具有限制性，人们对旅游产品的要求和求新求异的心理日益强烈[264]，要实现旅游目的地的持续增长，就必然要对原有的旅游资源进行整合，在重新排列旅游结构的基础上对旅游功能进行更深层次地划分。在进行旅游功能开发的过程中，一方面要保持生态环境的原始性，另一方面要致力于旅游产品的创新性，顺应自然发展规律的同时坚持适度超前的原则，在进行整体优化的同时要进行统筹兼顾，坚持旅游可持续发展原则[265]。要实现西南民族地区民族旅游开发和发展的顺利推进，重要的路径在于依靠旅游吸引物系统的核心吸引力建立旅游目标市场，当最初的旅游吸引物不再满足于游客游览观光的旅游需要时，旅游功能的开发进程提上了日程，不仅仅是对旅游资源的深层次开发，在进行旅游资源有效整合和创新的基础上，对民族地区的文化进行弘扬和传播，同时将传统的少数民族文化特性适当地以现代化手段展现出来。对西南民族地区的生态环境进行环境承载力和容量范围的科学评估，对西南民族地区的文明状况进行行之有效地改善，并积极引进专业的旅游管理人才，打造高素质的旅游经营队伍，提高从业员工的素质。全方位、深层次的进行旅游功能的开发，促进旅游产业的健康持续均衡发展。从这个角度来看，旅游吸引物系统对于旅游功能开发有着显著的正向作用，因此，提出以下假设：

HC7：旅游吸引物系统对旅游功能开发有着显著的正向作用。

4. 旅游功能布局的作用

西南民族地区旅游产业在进行功能布局时，除了依靠现有的旅游资源和旅游设施，还应该重点考虑旅游经济功能和社会功能的合理划分和结合。旅游的经济功能是旅游的基础功能[266]，主要指旅游业的发展能够带动、拓宽、深化当地的旅游市场，从本质上促进经济的发展，增加居民就业和提高收入水平。旅游的社会功能主要是指旅游业在促进经济发展的同时，旅游作为一种在现代社会中蓬勃发展的社会行为和社会现象，其对现代化社会的发展也起到了突出的贡献，突出的表现在于旅游还具有社会文化功能，旅游已经成为从生活质量角度衡量社会发展水平的重要指标，对社会发展水平的影响随着自身的发展在不断的凸显。尤其是在西南民族地区，其经济较为落后，社会整体发展水平不高，发展旅游业成为将西南民族地区丰富的民族资源转化为经济收益的一条重要的途径，通过发展旅游业可以有效地增加西南民族地区的就业岗位，提高当地的就业水平和居民的工资收入，有益于缩小我国民族地区与发达地区的经济社会发展差异，维护民族团结的同时促进各民族共同发展，维护地区的稳定和促进民族融合。除此以外，旅游的社会功能还包括对生态环保和交通运输体系的促进作用等多方综合作用。对旅游功能的布局将有利于旅游区域进行功能定位，对于不同空间布局和不同时间阶段的旅游发展需要进行功能判断并进行相应的旅游功能的开发，从这个层面上来讲，旅游的功能布局对于旅游功能开发有着导向作用，正确的旅游功能开发必然是建立在合理的旅游功能布局的基础之上的。由此可见，旅游功能布局对旅游功能开发有着显著的正向作用，因此，做出以下假设：

HC8：旅游功能布局对旅游功能开发有着显著的正向作用。

3.3.2　西南民族地区高速公路服务区与旅游功能开发协同的演化模型

根据西南民族地区高速公路与特色旅游小城镇协同的分析框架，结合西南民族地区高速公路服务区与旅游功能开发的研究假设，可以较好地识别出高速公路服务区对西南民族地区旅游功能开发演化的作用路径。由此可以得出西南民族地区高速公路服务区与旅游功能开发演化的理论模型，见图 3. 3。

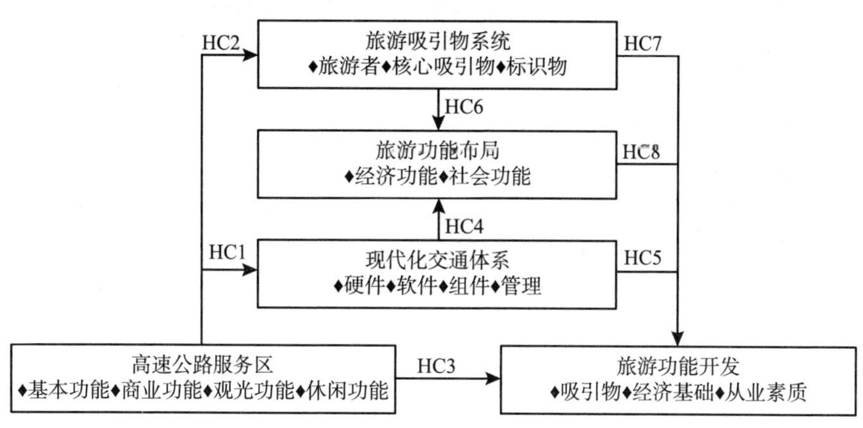

图 3. 3　高速公路服务区与旅游功能开发演化分析

在西南民族地区高速公路服务区与特色旅游小城镇旅游功能开发的演化模型中，主要存在着五个主要的变量：高速公路服务区、旅游功能开发、现代化交通体系、旅游功能布局和旅游吸引物系统。其中，高速公路服务区的主要功能划分包括其最基本的功能、商业功能以及旅游功能，旅游功能开发主要从旅游的“新六要素”来进行划分，包括旅游资源、文化底蕴、生态环境、经济基础、文明状况以及员工素质，可以将这六个部分归结为吸引物、经济基础和从业素质三个方面，现代化交通体系主要包括交通硬件、交通软件、管理以及重要的交通组件，旅游功能布局的主要依据包括实现其经济功能和社会功能的最大化，旅游吸引物系统则包括旅游者、旅游吸引物和标识物。这五个主要变量之间的主要关系可以反映出西南民族地区高速公路服务区如何与旅游功能开发实现协同的。具体来说，高速公路服务区与旅游功能开发实现协同的路径主要有两条，一条是直接产生作用的路径，即高速公路服务区与旅游功能开发直接产生相互作用并实现协同。另一条是间接产生作用的路径。这样的路径有四条：高速公路服务区通过现代化交通体系作用于西南民族地区特色旅游小城镇的旅游功能开发演化；高速公路服务区通过构建旅游吸引物系统实现对旅游功能开发的作用演化；高速公路服务区通过作用于现代化交通体系实现演化，现代化交通体系通过作用于旅游功能布局实现作用演化，再通过旅游功能布局的完善实现旅游吸引物系统的演化，最后通过旅游吸引物系统实现对西南民族地区旅游功能开发的演化作用；高速公路服务区通过作用于现代化交通体系实现演化，现代化交通体系通过作用于旅游功能布局实现作用演化，最后通过对旅游功能布局对旅游功能开发的演化实现影响作用。在图 3. 3 中，每条路径上的字母数字代表的是之前所做出的研究假设，针对提出的研究假设，还需要作进一步的实证检验来加以验证。

第 4 章

西南民族地区高速公路与特色旅游小城镇协同的结构方程实证研究

4.1 问卷设计和数据来源

4.1.1 问卷设计

在进行数据收集和整理的过程中不仅要考虑到当地居民对于高速公路与特色旅游小城镇协同作用实现的主观感受和参与性影响问题，也要从旅游者的角度出发，充分地考虑高速公路建设对特色旅游小城镇旅游经济发展的积极促进作用以及由于特色旅游小城镇的发展而带动周围旅游公路建设的游客感知，从根本上保证科学研究的完整性和科学性。本章对旅游主体的满意度和当地居民的参与性影响因素进行研究，对西南民族地区特色旅游小城镇的科学规划和建设以及高速公路在修建和规划的过程中更多地融入旅游因素有着深刻的影响，为进一步找到西南民族地区高速公路与特色旅游小城镇实现完美的协同起到积极的促进作用。

本章对于西南民族地区高速公路交通量对特色旅游小城镇慢旅游协同作用、

高速公路网布局对居民受益的协同作用、高速公路服务区对旅游功能开发的协同作用实证研究中所需要的大量的实地实时数据的获得主要是通过调查问卷的发放和收集的形式来获得的[267]，并在获得初始数据的基础上进行进一步的数据筛选和整理。因此，问卷调查的数据作为重要数据的来源，为了保证所获取的相关数据的有效性、可靠性和科学性，在设计“西南民族地区高速公路交通量与特色旅游小城镇慢旅游协同分析调查问卷”“西南民族地区高速公路网布局与特色旅游小城镇居民受益协同分析调查问卷”“西南民族地区高速公路服务区与特色旅游小城镇旅游功能开发协同分析调查问卷”（以下简称“调查问卷”）时必须要保证问卷结构和内容的合理性和严谨性。

从调查问卷设计的目的出发，本章设计问卷时必须要重点把握高速公路交通量、慢旅游、民族主题酒店、旅游流以及交通流五个方面的内容，充分地了解这五个方面各自的发展现状以及相互作用关系，并通过对这五个方面的情况进行具体化、规模化、条理化和操作化的处理来形成一系列能够被科学观测和量化的指标或者变量。这些经过条理化和系统化处理的数据就是构成研究分析西南民族地区高速公路交通量与特色旅游小城镇协同作用机制以及相互协同程度的第一手分析数据，用于最终的实证分析。从调查问卷设计的结构出发，依据调查问卷设计的目的和重点内容，为了进一步突出重点研究内容，调查问卷的设计主要是从五个方面出发，有针对性地设计为五个部分的内容。这五个部分分别是：第一部分“高速公路交通量状况的调查”；第二部分“慢旅游发展状况调查”；第三部分“民族主题酒店的发展状况”；第四部分“旅游流的分布状况”；第五部分“交通流的分布状况”。

同理，在进行西南民族地区高速公路网布局对居民受益的协同作用的问卷设计时，从调查问卷设计的目的出发，本章设计问卷时必须要重点把握高速公路网布局、旅游购物、旅游经济发展、旅游景区可进入性以及居民受益五个方面的内容，充分地了解这五个方面各自的发展现状以及相互作用关系，并通过对这五个方面的情况进行具体化、规模化、条理化和操作化的处理来形成一系列能够被科学观测和量化的指标或者变量。这些经过条理化和系统化处理的数据就是构成研究分析西南民族地区高速公路网布局对当地特色旅游小城镇的居民受益的协同作用机制以及相互协同程度的第一手分析数据，用于最终的实证分析。从调查问卷设计的结构出发，依据调查问卷设计的目的和重点内容，为了进一步突出重点研究内容，调查问卷的设计主要是从五个方面出发，有针对性地设计为五个部分的内容。这五个部分分别是：第一部分“高速公路网布局状况的调查”；第二部分“旅游购物状况调查”；第三部分“旅游经济发展水平状况”；第四部分“旅游景区可进入性状况”；第五部分“居民受益状况”。

在进行西南民族地区高速公路服务区对特色旅游小城镇的旅游功能开发协同作用进行问卷设计时，从调查问卷设计的目的出发，本章设计问卷时必须要重点把握高速公路服务区、旅游吸引物系统、现代化交通体系、旅游功能布局以及旅游功能开发五个方面的内容，充分的了解这五个方面各自的发展现状以及相互作用关系，并通过对这五个方面的情况的进行具体化、规模化、条理化和操作化的处理来形成一系列能够被科学观测和量化的指标或者变量。这些经过条理化和系统化处理的数据就是构成研究分析西南民族地区高速公路服务区对特色旅游小城镇的旅游功能开发协同作用机制以及相互协同程度的第一手分析数据，用于最终的实证分析。

从调查问卷设计的结构出发，依据调查问卷设计的目的和重点内容，为了进一步突出重点研究内容，调查问卷的设计主要是从五个方面出发，有针对性地设计为五个部分的内容。这五个部分分别是：第一部分“高速公路服务区状况的调查”；第二部分“旅游吸引物系统状况调查”；第三部分“现代化交通体系的建设状况”；第四部分“旅游功能布局状况”；第五部分“旅游功能开发利用状况”。

从调查问卷设计的题设出发，为保证调查问卷问题设计的科学性、合理性和可操作性，遵循以下三项原则对调查问卷的问题进行设计：一是在问题设计过程中采用国内外学者之前在调查类似问题过程中采用并被证实科学有效，在学科领域内被广泛采纳使用的问题设计；二是在成熟的问卷设计量表的基础上，针对现有调查目的和面临的实际情况，在请教咨询领域内权威专家后，认为能够符合科学性、合理性和可操作性原则的问题设计；三是在没有成熟的问卷设计量表的情况下，通过对国内外相关领域文献和相关理论进行梳理甄别，结合现有调查目的和面临的实际情况，请教咨询领域内权威专家后，认为能够符合科学性、合理性和可操作性原则的问题设计。

从调查问卷设计的度量出发，本章采用主观感知的方法来测度受访对象对题设中问题的感知结果，获取相关数据[268]，为进行相关实证评估分析进行数据准备。在此过程中，运用 Likert-scaleditem 五星量表这一相对成熟的形式，这种量表由一组陈述组成，每一陈述有“非常同意”“同意”“不一定”“不同意”“非常不同意”五种回答，分别记为5、4、3、2、1，总分的多少可说明他的态度强弱或他在这一量表上的不同状态[269]。要求受访对象在接受问卷调查的过程中，遵循自我的真实感知情况，对相关问题进行打分。

从调查问卷设计的反馈率出发，为保证调查问卷能够既保证问卷内容的丰富性，又保证成功反馈，必须做好以下两个方面：一是必须保证调查问卷问题的涵盖面，达到研究所需的基本题设项目；二是为保证反馈率，不能够将调查问卷设计得过于冗长，这样会降低受访者的积极性。因此，考虑以上两个方面的问题和基于本领域内成熟的调研问卷设计经验，采用在调查问卷的五个部分中，每个部分设计 2 ~3 项题设，整个调查问卷的题设数量共有 42 个（调查问卷详见附录一）。

本书主要采用的调查方式是通过走访和随机发布问卷，在填写的过程中积极对问卷的内容进行解说，当被访问者完成问卷时及时收回问卷，整个过程做到研究小组成员的亲自参与和及时解说。

4.1.2 数据来源

本章研究的目的和重点在于分析西南民族地区高速公路与特色旅游小城镇协同关系和相关程度，对西南民族地区高速公路交通量与特色旅游小城镇慢旅游、高速公路网和居民受益、高速公路服务区和旅游功能开发之间的相互关系以及相互关系程度的分析可以为进一步分析西南民族地区高速公路与特色旅游小城镇之间的协同关系提供可靠的数据基础。其中高速公路交通量的状况、慢旅游的发展状况、民族主题酒店的发展状况、旅游流的分布现状、交通流的分布状况、高速公路网布局、居民受益、现代化交通体系、旅游景区可进入性、高速公路服务区、旅游功能开发、旅游经济发展等既与交通规划学相关，也与旅游城镇化、民族学以及区域经济学的相关范畴相互交叉，为了保证所获得数据的严谨性和科学性，本书主要的数据来源都是建立在实地考察的基础上所进行的问卷调查。

研究所采用的数据主要来源包括：一是第一手数据资料来源——问卷调查。数据收集是通过收集受访者填写后调查问卷并获取数据的过程。在数据收集的过程中，必须把握两个方面，分别是选取合适的调查对象和选择恰当的调查形式。合适的调查对象是指，在挑选合适的调查对象方面，本次研究的地域范围主要分布在西南民族地区，其中选择广西、云南和贵州三省区具有特色和代表性的特色旅游小城镇作为调查目的地。为了进一步保证数据来源的真实性和范围的准确性，充分地表现出调查对象的真实意愿，主要选择调查目的地游览的游客和当地居住的居民。选择调查目的地游览游客和当地居民的原因是因为在对调查高速公路交通量、慢旅游、高速公路网布局、居民受益状况、高速公路服务区以及旅游功能开发等感知方面，他们具有更直观和深刻的认识和感受。恰当的调查形式是指，在调查的过程中，采取面向调查目的地游览的游客和当地居民进行的调查问卷随机发放形式，并在回收调查问卷后进行一定的访谈，通过访谈修正因调查对象理解偏差或调查问卷不够全面所带来的相关问题。在发放调查问卷给调查对象填写后收回，保证调查问卷在填写之后的回收率。二是进行案例地的实地考察，包括本文所涉及的贵州的镇远古镇，广西扬美古镇以及云南省的勐仑小镇三个西南民族地区的特色旅游小城镇，在实地考察的过程中获得相关的数据和资料。三是西南民族地区的各级政府网站所公开的权威数据资料。

运用结构方程模型进行估计和检验时，为了保证参数估计的稳定性和准确性，在进行样本选择时一般最少的需求为200位以上，若是以待估计参数的个数来进行验核，则样本大小视待估计参数的总数而有所不同，每个待估计参数最后介于5～10，而多数学者认为样本大小应该至少为待估计参数的10倍以上[270]。此次调查在每一个案例地发放调查问卷300份，贵族镇远古镇回收289份，回收率为96.3%，回收调查问卷中的有效问卷数量为265份，占回收调查问卷总数的91.7%。广西扬美古镇回收278份，回收率为92.6%，其中有效问卷为259份，有效率为93.1%。云南勐仑小镇回收290份，回收率为96.6%，有效问卷为245份，有效率为84.4%。调查问卷数量在样本容量上符合结构方程模型要求的数量。回收过程中产生的无效问卷主要产生于游客因时间原因导致的填写不认真或填写不完整。但在排除无效问卷干扰后，剩余的265份调查问卷在数量上仍符合要求，为进一步进行实证分析研究做好了数据准备。

调研时间为2017年3月，主要的调研地点包括贵州省镇远古镇、广西壮族自治区的扬美古镇以及云南省的勐仑小镇。由6人组成的调研小组于3月1～4日在贵州镇远古镇进行调研，3月5～8日在云南的勐仑小镇进行调研，3月9～11日在广西扬美古镇进行调研，详细的调研情况见表4.1。

表4.1　　调研地点和问卷情况

地点	时间	发放数量	有效问卷	有效率
贵州镇远古镇	3月1日～4日	300	265	91.7%
云南勐仑小镇	3月5日～8日	300	245	84.4%
广西扬美古镇	3月8日～11日	300	259	93.1%

4.2 西南民族地区高速公路交通量与慢旅游协同作用的实证研究

4.2.1 变量的度量

在西南民族地区高速公路交通量对特色旅游小城镇慢旅游的协同作用当中，高速公路交通量是作为解释变量而存在的。本章在进行高速公路交通量解释时设计了9项指标，分别从效率性、扩展性、空间性以及通达性四个方面对高速公路交通量进行测度（见表4.2）。

表4.2 高速公路交通量（ETV）指标量表

效率性（ETV1）	ETV11	高速公路交通量的效率性与景区发展状况结合符合慢旅游发展的要求程度
	ETV12	高速公路交通量的效率性与旅游资源状况结合符合慢旅游发展的要求程度
扩展性（ETV2）	ETV21	高速公路交通量的扩展性对旅游流的形成符合慢旅游发展的要求程度
	ETV22	高速公路交通量的扩展性与景区通达度结合符合慢旅游发展的要求程度
	ETV23	高速公路交通量的扩展性与旅游规模大小符合慢旅游发展的要求程度
空间性（ETV3）	ETV31	高速公路交通量空间性的扩展符合慢旅游发展的要求程度
	ETV32	高速公路交通量空间性与旅游流的流向结合符合慢旅游发展的要求程度
通达性（ETV4）	ETV41	高速公路交通量的通达性与景区效率的结合符合慢旅游发展的要求程度
	ETV42	高速公路交通量的通达性与旅游资源要素结合符合慢旅游发展的要求程度

在本书的高速公路交通量对特色旅游小城镇慢旅游协同作用当中，被解释变量包括四个：慢旅游、民族主题酒店、旅游流和交通流。这四个被解释变量涉及西南民族地区的旅游方式、旅游住宿以及旅游交通网络体系的表现特征，对于研究西南民族地区高速公路交通量对于特色旅游小城镇慢旅游的影响路径和连接关系具有重要的意义。

其中，本书对于慢旅游这一被解释变量设计了9项指标，分别从慢旅游的动机、节奏和范围三个重要维度对慢旅游进行测度，见表4.3。

表 4.3　慢旅游（ST）指标量表

动机（ST1）	ST11	西南民族地区旅游主体的出游动机的选择符合慢旅游发展的要求程度
	ST12	西南民族地区旅游主体的出游动机的强度符合慢旅游发展的要求程度
	ST13	西南民族地区旅游主体的出游动机的实施符合慢旅游发展的要求程度
节奏（ST3）	ST31	西南民族地区旅游主体的旅游灵活性选择符合慢旅游发展的要求程度
	ST32	西南民族地区旅游主体的旅游速度控制符合慢旅游发展的要求程度
	ST33	西南民族地区旅游主体的旅游项目选择符合慢旅游发展的要求程度
范围（ST4）	ST41	西南民族地区旅游主体的出行人数符合慢旅游发展的要求程度
	ST42	西南民族地区旅游主体的旅游路线符合慢旅游发展的要求程度
	ST43	西南民族地区旅游主体的旅游规模符合慢旅游发展的要求程度

本书对于民族主题酒店这一被解释变量主要设计了9项指标，主要从民族主题酒店的民族性、文化性和经济性三个方面来进行测度，见表4.4。

表 4.4　民族主题酒店（NTH）指标量表

民族性（NTH1）	NTH11	酒店住宿民族性设计规划符合慢旅游发展的要求程度
	NTH12	酒店经营管理的地域性符合慢旅游发展的要求程度
	NTH13	酒店形象设计的民族特征符合慢旅游发展的要求程度
文化性（NTH2）	NTH21	民族主题酒店的文化元素设计符合慢旅游发展的要求程度
	NTH22	民族主题酒店的文化旅游产品符合慢旅游发展的要求程度
	NTH23	民族主题酒店的文化氛围营造符合慢旅游发展的要求程度
经济性（NTH3）	NTH31	民族主题酒店的商业化运作模式符合慢旅游发展的要求程度
	NTH32	民族主题酒店的旅游产品销售符合慢旅游发展的要求程度
	NTH33	民族主题酒店的利益分配符合慢旅游发展的要求程度

本章对于旅游流这一被解释变量主要设计了11项指标，从以下4个方面对旅游流进行测度：物质流、文化流、资金流和信息流，见表4.5。

表 4.5　旅游流（TMF）指标量表

物质流（TMF1）	TMF11	旅游流的物质产品规模符合慢旅游发展的要求程度
	TMF12	旅游流的能量供应符合慢旅游发展的要求程度
	TMF13	旅游流的货流量运输符合慢旅游发展的要求程度

续表

文化流（TMF2）	TMF21	旅游流的文化传播路径符合慢旅游发展的要求程度
	TMF22	旅游流的文化强度符合慢旅游发展的要求程度
资金流（TMF3）	TMF31	旅游网络中资金链的相互连接符合慢旅游发展的要求程度
	TMF32	旅游流中资金流的流量符合慢旅游发展的要求程度
	TMF33	旅游流的资金管理和利用符合慢旅游发展的要求程度
信息流（TMF4）	TMF41	旅游流中市场信息的流动方向符合慢旅游发展的要求程度
	TMF42	旅游流的旅游产品信息的传播符合慢旅游发展的要求程度
	TMF43	旅游流的信心传播和速度符合慢旅游发展的要求程度

交通流作为本章的被解释变量之一，为了对交通流进行详细的测度和有针对性的突出特征，本书设置了4项指标，从交通流的流量和流向两个方面对西南民族地区高速公路的交通流进行测度，见表4.6。

表4.6　　交通流（TF）指标量表

流量（TF1）	TF11	交通流的可通行大小符合慢旅游发展的要求程度
	TF12	交通流的流量速度符合慢旅游发展的要求程度
流向（TF2）	TF21	交通流的流动倾向符合慢旅游发展的要求程度
	TF22	交通流在方向上的密集度符合慢旅游发展的要求程度

4.2.2 数据信度和效度检验

本书在运用结构方程模型对问卷数据进行实证分析之前，首先考虑的是原始数据量表是否具有可行性和可靠性，而数据的可行性和可靠性往往是以信度作为衡量标准，只有信度在被接受时，量表的数据分析才是可靠的[271]。信度测量对问卷数据的可靠性和可操作性具有相当重要的作用，信度测量不仅仅是效度检验的基础，其本身也具有非常重要的意义。本书在进行数据的信度和效度分析时，主要运用的SPSS进行数据管理和统计分析，本书涉及的具体的统计分析过程包括描述性统计、均值比较以及方差分析等相关的统计分析，致力于对所运用的数据进行信度和效度的检验，增强数据的可靠性和可操作性。

SPSS（Statistical Productand Service Solutions）的应用范围涉及自然科学、技

术科学、社会科学的各个领域，被研究者们广泛地用作数据分析，作为世界上最早的统计分析软件，具有完整的数据输入、编辑、统计分析、报表、图形制作等功能。随着社会各个领域问题的层出不穷，SPSS 软件为适应不同的操作系统也不间断地发展出各种版本，本书所运用的主要是 SPSS 19 版。相较于其他的统计软件，SPSS 的操作更加的简单化，便于初学者应用，在硬件上兼容性较强，避免了很多因软件不兼容而出现的诸多问题。这样的优势特征使得 SPSS 在各大高校和研究中心被广泛地应用于数据分析中，成了现代研究者的必备技能之一，除此以外，SPSS 在外观界面的处理上也具有显著的优势特征，尤其是以视窗化 SPSS 搭配微软窗口的强大功能，大幅度地改善了使用者的操作界面，图表的制作更为简单和精美，也使 SPSS 的学习和运用更加的简易，同时又能衔接其他文字处理软件，例如，微软的 Word、Excel 等软件，使得 SPSS 受到广泛的欢迎。

虽然 SPSS 有着多样化的版本，基本的操作方法也有着不同，但是无论是什么版本，在数据处理的功能方面，都主要集中在数据定义、数据转换与数据分析三个方面[272]。数据定义主要是将要进行分析的数据转化为可操作的语言，为下一步及进行数据转换和分析奠定基础，在数据定义的基础上，使用者可以运用数据转换对数据进行修改，除此以外还可以将数据进行重新编码以及基本的四则运算功能也是相当的便利，处理的方式有多种可以供使用者进行选择。数据分析是 SPSS 处理数据的最后一个部分，主要是依照操作者的指令进行各种数据统计或者统计图表的制作。

描述性统计分析是对数据进行基础性的描述，表示这组数据离散程度的一种统计方法[273]。描述性统计是指对研究数据的整体数字性规律进行归纳和描述，不仅对其分布的整体分布情况通过均值等指标进行描述，而且对其分布的离散程度通过标准差等指标进行描述[274]。研究通过运用 SPSS 19 软件对西南民族地区高速公路交通量对特色旅游小城镇慢旅游的协同作用调查获取的数据进行统计性描述，计算各指标的均值和标准差，直观地了解数据分布的整体分布情况和离散情况。

均值的计算能够直观地看出西南民族地区高速公路交通量对特色旅游小城镇慢旅游协同作用研究中各个变量数据分布的平均程度和集中程度，能够很好地反映各指标数据的整体趋势[275]。标准差的计算则是直观观测西南民族地区高速公路交通量对特色旅游小城镇慢旅游协同作用研究中各变量离散程度的指标，通过标准差的计算，变量数据的标准差越大，则表示该变量数据的分布离散程度越强，越发散；反之，若变量数据的标准差越小，则表示该变量数据的分布离散程度越低，越收敛。选择标准差进行数据的描述性统计主要有两个方面的优点：一是标准差源于方差的概念，因此可以与其他以变异面积作为基本原理的统计概念相结合；二是标准差的计算是取均差的平方项，对于极端分数的变动敏感度较大。

因此，运用均值和标准差两个指标对西南民族地区高速公路交通量与特色旅游小城镇慢旅游协同作用中各变量指标进行描述性统计分析，可以很直观地获得高速公路交通量、慢旅游、民族主题酒店、旅游流及交通流相关测量指标的均值和标准差（见表4.7）。

表4.7　　各指标的均值和标准差

指标		均值	标准差	指标		均值	标准差
效率性（ETV1）	ETV11	3.705	0.669	文化性（NTH2）	NTH21	3.011	0.676
	ETV12	3.732	0.700		NTH22	3.317	0.673
扩展性（ETV2）	ETV21	3.612	0.734		NTH23	3.073	0.715
	ETV22	3.658	0.795	经济性（NTH3）	NTH31	3.127	0.724
	ETV23	3.585	0.792		NTH32	3.232	0.695
空间性（EVT3）	EVT31	3.581	0.784		NTH33	3.112	0.726
	EVT32	3.658	0.738	物质流（TMF1）	TMF11	3.189	0.686
通达性（ETV4）	ETV41	3.620	0.806		TMF12	3.364	0.719
	ETV42	3.151	0.764		TMF13	3.375	0.771
动机（ST1）	ST11	3.259	0.685	文化流（TMF2）	TMF21	3.414	0.813
	ST12	3.193	0.708		TMF22	3.302	0.748
	ST13	3.282	0.641	资金流（TMF3）	TMF31	3.620	0.732
节奏（ST2）	ST21	3.201	0.659		TMF32	3.604	0.717
	ST22	3.209	0.735		TMF33	3.585	0.746
	ST23	3.151	0.769	信息流（TMF4）	TMF41	3.624	0.764
范围（ST3）	ST31	3.100	0.734		TMF42	3.631	0.732
	ST32	3.395	0.691		TMF43	3.633	0.767
	ST33	3.182	0.756	流量（TF1）	TF11	3.697	0.732
民族性（NTH1）	NTH11	3.209	0.677		TF12	3.585	0.803
	NTH12	3.267	0.722	流向（TF2）	TF21	3.658	0.736
	NTH13	3.205	0.748		TF22	3.689	0.760

从表4.7中不难看出，反映西南民族地区高速公路交通量的指标均值都大于3.0，说明样本中的居民和旅游者认为西南民族地区高速公路交通量的效率性、空间性、通达性以及扩展性都较好，高速公路的发展趋势与西南民族地区特色旅游的发展具有显著的正向关系，旅游业的发展极大地带动了高速公路的基础设施建设和通达性的扩展。在高速公路交通量的测量指标中，不难看出高速公路交通量的扩展性均值最大，反映出在西南民族地区的居民和旅游者的眼中，当地的高速公路的交通量在流量的提升方面具有较大的进步空间，从侧面反映出西南民族地区的旅游规模在不断的扩大和高速公路建设在不断地取得成果。同时，在以上的描述性统计当中，高速公路交通量对慢旅游协同作用的各个变量指标的标准差均小于1，这就表明本次的调查结果对于西南民族地区高速公路交通量的测量具有相当的可信度，量表具有可靠性和可操作性，说明后面实证研究所依据的数据是具有分析价值和可行性的。

在慢旅游的测量指标当中，旅游动机呈现出均值的最大特征反映出西南民族地区的旅游当中，旅游者本身的旅游理念和方式的转变是促进西南民族地区慢旅游逐渐兴起和发展的最主要的因素，旅游主体的动机产生了相应的旅游市场需求，也启示我们在发展西南民族地区的旅游经济时，要以抓住旅游主体的动机为主要的目标和手段，时刻关注旅游市场动向并在正确的判断基础上提供满足旅游市场需求的旅游产品。

在民族主题酒店的测量指标当中，大部分的指标都小于3.4。数据表明在西南民族地区的旅游业发展中，酒店住宿业的发展潜力还没有得到充分地发挥，其中文化性的均值最小，这就反映出西南民族地区在发展慢旅游的过程中，对本地域的民族特色和地域特色的开发力度还不够，没有充分地将多样化和特色化的民族性元素融入现代酒店业的发展中，酒店的软文化发展程度不够，未来西南民族地区，尤其是特色旅游小城镇的发展可以进一步加快文化建设，比如，进行民俗开发，进一步促进旅游经济的发展。

在对旅游流进行描述性统计的各项指标当中，资金流和信息流的均值相较于其他指标都偏大，尤其是信息流的均值大部分都高于3.6。较高的均值表现出在西南民族地区的旅游经济发展当中，资金和信息的动向具有显著化特征，西南民族地区本身的经济发展基础有所欠缺，政府对于旅游经济的发展给予了相当大的支持力度，转移支付力度逐年加大，尤其是今年来随着旅游扶贫力度的加大，西南民族地区作为重点扶贫对象，旅游精准扶贫在区域内成为重要的建设项目。另外，随着“一带一路”倡议的展开，西南民族地区，尤其是广西作为我国西南部的对外大门，其对于缅甸、泰国、老挝、越南等国家的信息传播和连通占有不可替代的重要位置。随着区域内部的交通基础建设和交通线的完善，西南民族区域内的各省、区、市对于信息的交流有了新的突破，城市间联系的加强和经济文化的合作也逐渐地在增多。

在对交通流进行描述性统计的各项指标当中，各项指标的均值都大于3.5，这就反映了在西南民族地区的高速公路交通流当中，由于高速公路网络体系的建立和完善，高速公路的交通流网络也在不断地趋于完善。在各省、自治区、市以及乡镇的往来中交通都越来越便利，由于路网的完善交通可通行量也在不断地呈上升趋势，交通规模在不断地扩大，这种发展局面与西南民族地区的政府政策和支持是紧密不可分割的，随着旅游经济的发展，政府对西南民族地区的交通建设支持也在逐年不断地呈现出上升趋势。

本书在前面的内容中提到过，在对量表数据进行分析时，首先要考虑的是所运用的量表数据是否具有可靠性，而可靠性的验证就可以用数据的信度来进行说明，只有量表数据的信度在可接受时，量表数据的分析才是有用的，分析的结果才具有可信度和可借鉴性[276]。信度（reliability）用以描述测量结果的一致性或稳定性，在高信度中的测量数据不会由于外部环境的变化而自身也发生相应的变化，数据始终保证了内部一致性和稳定性。因此，在进行实证研究之前进行量表数据的信度检验是十分必要的。在进行信度测量的时候，常用的测量工具包括：内部一致性信度、复本信度、再测信度[277]以及复本再测信度。其中，结构方程模型中所需要的数据量表对内部一致性有所要求[278]，所以，在利用结构方程进行数据分析时，进行数据量表的一致性检验成为了必要的数据处理方式。

目前，常用的内部一致性检验方法主要有Cronbach α（Alpha）系数、折半法和复本信度等，其中Cronbach α（Alpha）系数在专题研究中常用来作为测试信度的标准，但是Cronbach α（Alpha）系数也存在着一些问题。首先，Cronbach α（Alpha）系数是所有信度估计的下限，其并不能够确保单维度同质性。其次，Cronbach α（Alpha）系数的大小受到题目数量、被访者变异特质大小、题目的相关性以及测题难度大小同质性大小。最后，Cronbach α（Alpha）系数并不能够单一观察指标的信度，对于测量指标之间的测量误差要求具有相关性。由于结构方程模型在我国的兴起和运用的时间尚处在起步阶段，为了进一步克服Cronbach α（Alpha）系数所存在的固有缺陷和实现数据的信度检验，本书采取的信度指标成为构建信度或组合信度，能够保证复合值具有较高的精度。具体的公式如下：

$$CR = \frac{(\sum \lambda)^2}{[(\sum \lambda)^2 + \sum \theta]} \tag{4-1}$$

在式（4-1）中，CR（compositionreliability）表示组合信度（构建信度）；

λ 表示的是观测变量在潜在变量上的标准化参数（因子负载量）；θ 表示的是指标变量的误差变异量。

在组合系数信度值的评判方面，虽然没有一定的评判准则，但是相当多的专家学者具有都采用一个判断标准，见表 4.8。

表 4.8　组合信度检验标准

组合信度系数 ρ_c 值	接受程度
$\rho_c \geqslant 0.90$	最佳
$\rho_c \in [0.80,\ 0.90)$	很好
$\rho_c \in [0.60,\ 0.80)$	适中
$\rho_c < 0.50$	不可接受

本章通过运用组合信度系数对西南民族地区高速公路交通量与特色旅游小城镇慢旅游的协同作用所收集到的相关数据进行分析和检验，分别得出高速公路交通量、慢旅游、民族主题酒店、旅游流及交通流的组合信度系数。同时运用表 4.8 所列出的组合信度检验标准对西南民族地区高速公路交通量对特色旅游小城镇慢旅游的潜在变量进行组合信度系数的判断，见表 4.9，得出各个潜在变量都能达到检验的要求，高速公路交通量、慢旅游、民族主题酒店、旅游流和交通流的组合信度系数值都高于0.50，能顺利地通过内部的一致性检验，说明本书所收集的量表和数据在信度检验上具有样本的可靠性。

表 4.9　高速公路交通量对慢旅游协同作用各变量组合信度检验系数

变量名	组合信度系数 CR 值	接受程度
高速公路交通量	0.967	最佳
慢旅游	0.884	很好
民族主题酒店	0.855	很好
旅游流	0.911	最佳
交通流	0.871	很好

效度（validity）与信度一样，是任何测量工具不可或缺的条件，效度是测量的首要条件，信度是效度不可缺少的辅助品，如果测量的信度是可接受的，则效度必然是没有的，反之，如果信度的测量表明数据具有可操作性，是否具有效度还需要进一步的检验才能确定。效度是指测量的有效程度，即获取的样本数据在

反映研究问题的真实性上体现出的程度高低。效度检验是保证样本数据在进行实证研究过程中科学性和有效性的必备环节[279]。效度检验过程中，必须对研究的目的和对象进行明确，对研究内容的特征、性质等重要环节全面考虑，核对实际研究内容与研究目的的匹配性，进而确定研究结果反映研究内容的真实性和准确性程度[300]。所谓效度主要包括两个条件：一是测量工具确实是在测量其所要探讨的观念，而非其他观念；二是能够正确地测量出该观念。在一般的学术研究中，效度包括的不止一个方面的内容，但是由于测量的困难，专家在进行效度检验时通常用其中某些来说明某变量的效度[301]。

本书在进行量表的效度检验时，所涉及的潜在变量具有多项指标，不管选用什么样的指标，都将面临两个不可避免的问题：一是消除指标之间的相关性的问题；二是客观地确定指标的权重。这就需要在进行量表的效度检验之前进行因子的分析和提取，在这种背景下本书将采取因子分析法对多项指标的潜在变量进行结构性效度检验，能够实现将量表的多项综合指标综合为少数的具有实际含义的因子，通过客观地确定指标的权重解决由于指标相关性而产生的信息重叠的问题[302]。在进行测量工具的因子分析之前，也是作为因子分析的首要步骤，即确认待分析的原变量是否适合作因子分析。KMO 检验统计量是比较变量间简单相关系数和偏相关系数的指标，KMO 统计量是取值在 0 ~ 1，当 KMO 检验的值大于 0.7 时，则是通过检验的，当 KMO 检验的值小于 0.7 时，则结果是不通过检验的，只有当通过 KMO 检验时，才能说明原有的变量具有较强的内部关联性，可以用作因子分析，Kaiser 对于 KMO 检验的检验值给出了相应的评价标准，具体见表 4.10。

表 4.10　　KMO 检验标准

KMO 检验数值	程度标准
≥0.90	最佳
[0.80，0.90)	合适
[0.70，0.80)	一般
[0.60，0.70)	不太合适
≤0.50	极不合适

同时，在进行因子分析之前，除了运用 KMO 检验进行因子之间相关性大小的检验，还需要运用 Bartlett 球形检验对各个变量之间的独立性进行检验，通过构建变量的相关系数矩阵，然后根据线性代数的方法对矩阵进行行列式的计算，

如果行列式的值较大，一般认为高于或者等于0.50则构建的相关系数矩阵距离单位矩阵很遥远，即原始变量之间存在着相关性，适合作因子分析；相反，如果所计算出来的行列式的值较小，一般认为低于0.50则构建的相关系数矩阵可能是单位矩阵，彼此行列之间的相关性较小，原始变量不适合做因子分析。

当数据量表通过KMO检验和Bartlett's球形检验后，则按照因子分析法的操作步骤进行因子分析，首先就是构造因子变量，然后运用旋转方法使因子变量具有可解释性，在这里采用的是极大方差法进行因子旋转，最后就是计算因子变量得分[303]。在进行因子提取时，提取标准以特征值大于1作为提取标准。

通过上述的操作流程和方法计算，可以分别计算出高速公路交通量、慢旅游、民族主题酒店、旅游流以及交通流的效度检验值，详细的计算情况见表4.11，可以看出所涉及的每个变量的效度检验值都通过了检验的标准，表明本书所设计的变量具有可靠性，通过了效度检验。

表4.11　　各变量的效度检验值

<table>
<tr><th>变量</th><th>KMO值</th><th>Bartlett
卡方值</th><th colspan="4">因子负载</th><th>累计方差
解释率（%）</th><th>显著性
水平</th></tr>
<tr><td rowspan="5">高速公路
交通量（ETV）</td><td rowspan="5">0.952</td><td rowspan="5">2 510.067</td><td>ETV11</td><td>0.903</td><td>ETV31</td><td>0.879</td><td rowspan="5">79.057</td><td rowspan="5">0.000</td></tr>
<tr><td>ETV12</td><td>0.899</td><td>ETV32</td><td>0.909</td></tr>
<tr><td>ETV21</td><td>0.909</td><td>ETV41</td><td>0.890</td></tr>
<tr><td>ETV22</td><td>0.880</td><td>ETV42</td><td>0.877</td></tr>
<tr><td>ETV23</td><td>0.867</td><td></td><td></td></tr>
<tr><td rowspan="5">慢旅游
（ST）</td><td rowspan="5">0.934</td><td rowspan="5">911.276</td><td>ST11</td><td>0.677</td><td>ST23</td><td>0.682</td><td rowspan="5">52.131</td><td rowspan="5">0.000</td></tr>
<tr><td>ST12</td><td>0.736</td><td>ST31</td><td>0.774</td></tr>
<tr><td>ST13</td><td>0.709</td><td>ST32</td><td>0.695</td></tr>
<tr><td>ST21</td><td>0.753</td><td>ST33</td><td>0.652</td></tr>
<tr><td>ST22</td><td>0.809</td><td></td><td></td></tr>
<tr><td rowspan="5">民族主题
酒店（NTH）</td><td rowspan="5">0.899</td><td rowspan="5">732.361</td><td>NTH11</td><td>0.582</td><td>NTH23</td><td>0.627</td><td rowspan="5">62.236</td><td rowspan="5">0.000</td></tr>
<tr><td>NTH12</td><td>0.671</td><td>NTH31</td><td>0.676</td></tr>
<tr><td>NTH13</td><td>0.740</td><td>NTH32</td><td>0.689</td></tr>
<tr><td>NTH21</td><td>0.678</td><td>NTH33</td><td>0.727</td></tr>
<tr><td>NTH22</td><td>0.713</td><td></td><td></td></tr>
</table>

续表

变量	KMO 值	Bartlett 卡方值	因子负载				累计方差解释率（%）	显著性水平
旅游流（TMF）	0.916	1 627.181	TMF11	0.477	TMF32	0.787	65.324	0.000
			TMF12	0.556	TMF33	0.836		
			TMF13	0.735	TMF41	0.770		
			TMF21	0.769	TMF42	0.742		
			TMF22	0.749	TMF43	0.810		
			TMF31	0.732				
交通流（TF）	0.831	496.545	TF11	0.608	TF21	0.642	72.262	0.000
			TF12	0.710	TF22	0.621		

4.2.3 结构方程模型分析

结构方程模型（structural equation modeling；SEM），也称为协方差结构分析或者因果模型[304]，是一种用于实证分析的多元统计分析方法[305]。结构方程模型处理多个变量之间的关系的特点大大弥补了传统统计方法的缺陷和不足，在不断的发展中趋于成熟，应用的范围也在逐渐的扩大，得到国内外学者和专家的重视，成为多元数据分析的重要工具。在结构方程模型中，包括三种类型的变量：潜在变量、观察变量和误差变量。结构方程模型在理论原理上存在着一个非常重要的盲点就是通过构建 SEM 模型无法证明一个模型的绝对正确性，它只能反映出该模型的错误之处，在众多的模型中寻找到一个最优的模型[306]。

针对结构方程模型分析的软件有很多，包括 LISERL、AMOS、EQS、Mplus 等，本书采用常用的 AMOS 软件作为结构方程的分析工具[307]。AMOS 非常适合进行协方差结构分析，并在处理变量中有着自身无法比拟的优势特征，是一种处理结构方程模型的常用选择，它可以同时进行多变量的分析，同时 AMOS 自身不仅支持绘图功能，还可以对所建立的模型进行检验，看数据和建立的模型是否匹配，只有当模型和数据量表可以进行匹配时，原有的结构模型才是具有可分析性的，当模型和数据不能实现匹配时，AMOS 可以对不完整的模型进行更优化的探讨[308]。

完整的结构方程模型包含测量模型和结构模型两个部分，测量方程描述潜变量与指标之间的关系，测量模型中的变量往往不能直接被测量，这就需要建立潜在变量对不可测量的变量进行测量。例如，在了解“解决问题时”，我们会用几个变量来了解，这些变量包括：理性思考、直觉思考和理性情绪。

结构方程模型表示的是潜在变量的因果关系，还是以了解“问题解决”为例，变量包括：理性思考、直觉思考和理性情绪。结构方程模型是路径分析的一种形式，所产生的结果是路径图。

结构方程模型作为研究多变量之间关系的统计分析工具，其相对于传统的计量统计来说，具有明显的优势特征，归结起来有以下几点：一是与传统的计量模型相比，结构方程模型可以同时处理多个变量[309]，这样就保证了在处理路径系数和进行分析时充分地考虑到了多个变量之间的相关性；二是结构方程模型允许误差变量的存在，在实际的数据处理当中，由于变量设计过程中存在这一些不可直接观测的变量，要对这种变量进行评估就要求建立相应的测量指标，但是在实际的测量指标中往往不能对观测变量进行全面的描述，这时误差是不可避免的，结构方程模型允许自变量和因变量都具有误差；三是结构方程模型能同时估计因子间的结构和因子间的关系，在传统的方法中，这两个步骤是相互独立的，没有考虑到潜在变量因子的影响和作用；四是结构方程模型允许更大弹性的测量模型，传统的分析建模过程始终处在一种较为静态的状态之中，而结构方程模型则是环环相接的，每一次的路径计算和对结果进行的分析都是为后来的模型调整奠定基础，从整体操作上保证了计算和分析的连贯性特征；五是结构方程模型能够估计整个模型的拟合程度，传统的路径分析往往聚焦于某一条路径分析，结构方程大大地扩大了路径的范围，它不仅能够对路径进行拟合度的分析，也能够对所建立的整个样本模型进行拟合度的分析，在基于多个样本分析的基础上，选择出拟合度最佳的作为分析的模型。

根据结构方程模型的相关内容和旅游学的特点，结构方程模型在旅游学上的应用通常分为以下步骤[310]。

文献梳理。根据本书的研究目的对相关国内外文献的内容进行有目的梳理，为结构变量的选择和理论模型的建立、路径设置和结构变量的观测变量设计做准备。

理论模型构建。根据潜在变量之间的理论联系提出模型假设，假设的模型在结构和内容上要充分地考虑到所依据的理论联系，理论模型就包括观测变量和潜在变量关系、各潜变量间的相互关系、复杂模型中可以限制因子负荷或因子相关系数等参数值或者关系，这些变量之间的关系通常都可以用路径图来进行表示。

模型识别。对模型进行识别的过程就是辨别数据满足参数估计的条件是否充分。

对测量变量进行识别。在对结构方程的结果进行估计和解释的时候，样本大小的选取是个非常重要的因素。虽然目前并没有对样本的规模大小提出明确的要求，但是建议样本大小是在100~200，200是临界值。与估计参数相比，样本数量必须足够的大，一般规则是估计参数的 5 倍。

数据分析和处理。在进行结构方程建模之前，首先要做的就是对样本数据量表进行处理和检验，在本书当中，运用 SPSS 进行描述性数据统计，通过对方差和均值的计算和比较得出量表数据的稳定性和变量的特征。然后在进行描述性统计之后就要对量表数据的信度和效度进行检验，确保基础数据的科学性和可操作性。

模型参数估计。运用收集的样本数据估计模型中的参数大小，模型中参数的大小直接关系到数据和所构建模型的拟合程度，只有模型中隐含的协方差矩阵与样本数据协方差矩阵之间的拟合函数最小时，才能进行下一步适配度的检验。

拟合模型的适配度检验。通过观察所计算出来的路径系数、参数大小等来判断所构建的理论模型和量表数据是否具有一致性特征。

模型修正。由于实际运用中所获取的样本数据分析结果与理论模型总是会存在一些差距，因此在研究中常常要根据修正指数和期望改善值来对模型进行修正。在修正的过程中，要以基础理论为基础，对修正模型能够做出合理的解释，不提倡仅仅为数据而进行模型修正。

结构方程模型中存在显变量和潜变量，显变量是能够直接观察到的变量，而潜变量则无法直接观测。在西南民族地区高速公路交通量对特色旅游小城镇的慢旅游协同作用的研究中，通过调查问卷进行调查获得的样本数据信息即可直接观测的显变量，在结构方程模型图示中，用椭圆形图标来表示；在结构方程模型图示中，用长方形图标来表示潜变量。在西南民族地区高速公路交通量对特色旅游小城镇的慢旅游作用的理论模型中，高速公路交通量、慢旅游、民族主题酒店、旅游流、交通流五个变量均是无法直接观测的潜变量。除了这五个潜变量之外，各项残差值也均为潜变量。同时，显变量和潜变量中均存在内生变量和外生变量。内生变量是“因果”关系中的“因”变量，外生变量是“因果”关系中的“果”变量，还有一种中介变量，是既可做“因”又可做“果”的变量。

根据变量性质的确定标准，可以将西南民族地区高速公路交通量对特色旅游小城镇的慢旅游作用中的各项变量进行归类。其中，高速公路交通量是内生变量，民族主题酒店、旅游流和交通流是中介变量，慢旅游则是外生变量。根据西南民族地区高速公路交通量对特色旅游小城镇慢旅游作用的结构方程模型的因果路径图示（见图 4.1），箭头方向指示了变量之间的因果关系，指向由“因”变量向“果”变量。单向箭头表示前一变量与后一变量存在因果关系，双向箭头则表示前一变量和后一变量之间互相存在因果关系。每一个有箭头指向的线都表示一条因果关系路径，对应存在一个回归权重系数。图 4.1 展示了西南民族地区高速公路交通量对特色旅游小城镇的慢旅游作用的原始结构方程模型。

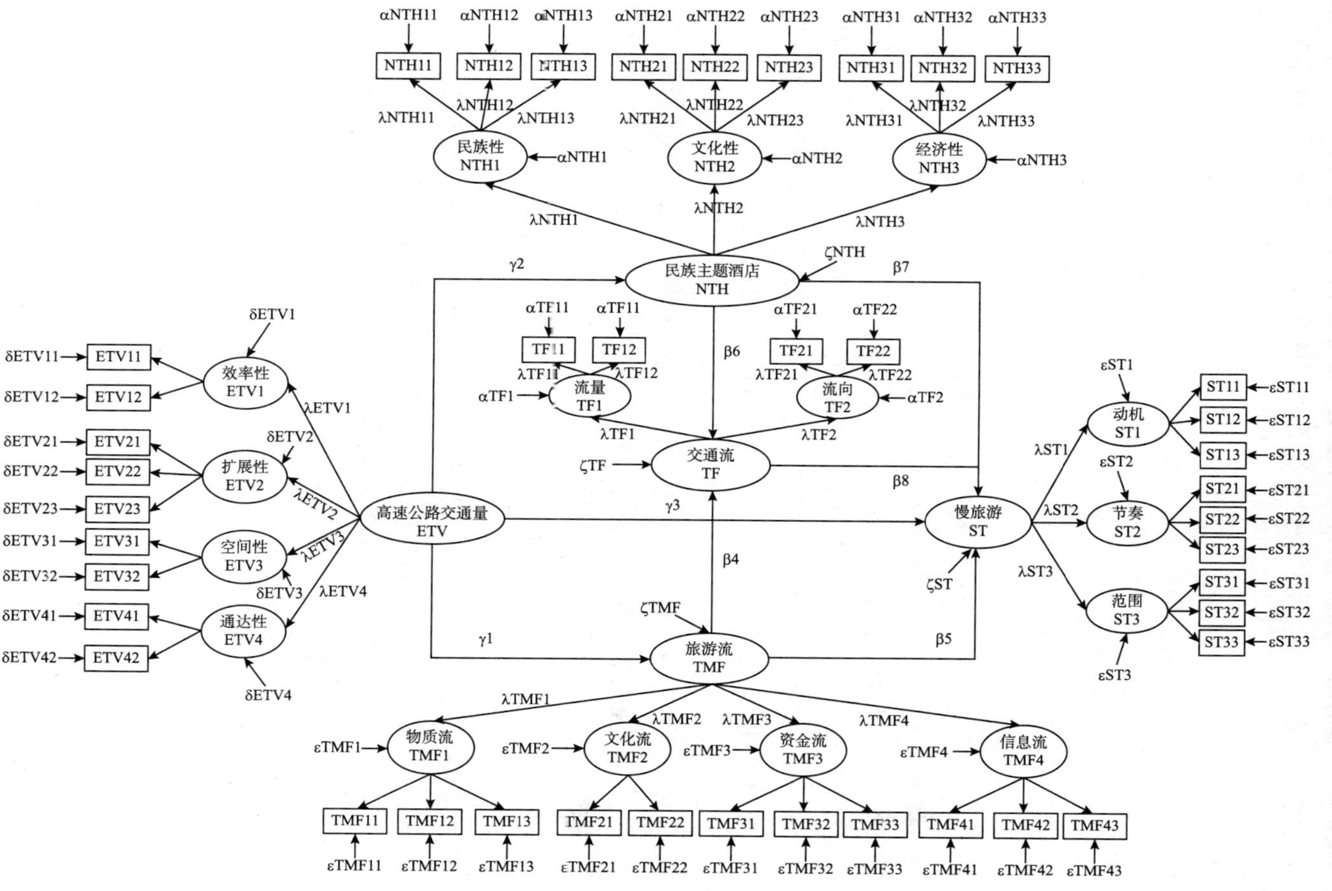

图4.1 高速公路交通量对慢旅游协同作用的初始结构模型

根据图 4.1 西南民族地区高速公路交通量对慢旅游协同作用的初始结构模型显示，内生潜变量有 16 项，外生潜变量有 5 项，外生显变量有 9 项，内生显变量包括 33 项。

外生潜变量包括：高速公路交通量（ETV）、效率性（ETV1）、扩展性（ETV2）、空间性（ETV3）、通达性（ETV4）。

外生显变量（可观测变量）包括：ETV11、ETV12、ETV21、ETV22、ETV23、ETV31、ETV32、ETV41、ETV42。

内生潜变量包括：慢旅游（ST）、民族主题酒店（NTH）、旅游流（TMF）、交通流（TF）、动机（ST1）、节奏（ST2）、范围（ST3）、民族性（NTH1）、文化性（NTH2）、经济性（NTH3）、物质流（TMF1）、文化流（TMF2）、资金流（TMF3）、信息流（TMF4）、流量（TF1）、流向（TF2）。

内生显变量（可观测变量）包括：ST11、ST12、ST13、ST21、ST22、ST23、ST31、ST32、ST33、NTH11、NTH12、NTH13、NTH21、NTH22、NTH23、NTH31、NTH32、NTH33、TMF11、TMF12、TMF13、TMF21、TMF22、TMF31、TMF32、TMF33、TMF41、TMF42、TMF43、TF11、TF12、TF21、TF22。

前文对结构方程的介绍中提到过，完整的结构方程是由测量方程和结构方程两个部分组成，为了进一步对本书的高速公路交通量对慢旅游的协同作用进行实证研究，必须逐一建立结构方程模型的测量方程和结构方程。首先是构建观测模型部分，按照结构方程模型构建的一般模型：

$$\begin{cases} X = \Lambda_x \xi + \delta \\ Y = \Lambda_Y \eta + \varepsilon \end{cases} \tag{4.2}$$

式中，X 是外生显变量；Y 是内生显变量；ξ 是外生潜变量；η 代表内生潜变量。ε 与 δ 均代表显变量的误差项，X 的潜变量 ξ 与自己的误差项 δ 和 Y 的误差项 ε 均无关，Y 的潜变量 η 与自己的误差项 ε 和 X 的误差项 δ 也均无关。Λ_X 是显变量 X 的因子载荷，Λ_Y 是显变量 Y 的因子载荷。

在西南民族地区高速公路交通量对慢旅游的协同作用的测量模型构建中，高速公路交通量（ETV）、效率性（ETV1）、扩展性（ETV2）、空间性（ETV3）、通达性（ETV4）是外生的潜变量，分别用 ξ_{ETV}、ξ_{ETV1}、ξ_{ETV2}、ξ_{ETV3} 和 ξ_{ETV4} 来进行外生的潜变量的表示。慢旅游（ST）、民族主题酒店（NTH）、旅游流（TMF）、交通流（TF）、动机（ST1）、节奏（ST2）、范围（ST3）、民族性（NTH1）、文化性（NTH2）、经济性（NTH3）、物质流（TMF1）、文化流（TMF2）、资金流（TMF3）、信息流（TMF4）、流量（TF1）、流向（TF2）是内生潜变量，分别用 η_{ST}、η_{NTH}、η_{TMF}、η_{TF}、η_{ST1}、η_{ST2}、η_{ST3}、η_{NTH1}、η_{NTH2}、η_{NTH3}、η_{TMF1}、η_{TMF2}、

η_{TMF3}、η_{TMF4}、η_{TF1}、η_{TF2}。根据上述变量的设定，构建观测模型的方程式表达如下：

$$\begin{cases}
X_{ETV1}=\lambda_{ETV1}\xi_{ETV}+\delta_{ETV1} \quad X_{ETV2}=\lambda_{ETV2}\xi_{ETV}+\delta_{ETV2} \\
X_{ETV3}=\lambda_{ETV3}\xi_{ETV}+\delta_{ETV3} \quad X_{ETV4}=\lambda_{ETV4}\xi_{ETV}+\delta_{ETV4} \\
X_{ETV11}=\lambda_{ETV11}\xi_{ETV1}+\delta_{ETV11} \quad X_{ETV12}=\lambda_{ETV12}\xi_{ETV1}+\delta_{ETV12} \\
X_{ETV21}=\lambda_{ETV21}\xi_{ETV2}+\delta_{ETV21} \quad X_{ETV22}=\lambda_{ETV22}\xi_{ETV2}+\delta_{ETV22} \quad X_{ETV23}=\lambda_{ETV23}\xi_{ETV2}+\delta_{ETV23} \\
X_{ETV31}=\lambda_{ETV31}\xi_{ETV3}+\delta_{ETV31} \quad X_{ETV32}=\lambda_{ETV32}\xi_{ETV3}+\delta_{ETV32} \\
X_{ETV41}=\lambda_{ETV41}\xi_{ETV4}+\delta_{ETV41} \quad X_{ETV42}=\lambda_{ETV42}\xi_{ETV4}+\delta_{ETV42} \\
Y_{ST1}=\lambda_{ST1}\eta_{ST}+\varepsilon_{ST1} \quad Y_{ST2}=\lambda_{ST2}\eta_{ST}+\varepsilon_{ST2} \quad Y_{ST3}=\lambda_{ST3}\eta_{ST}+\varepsilon_{ST3} \\
Y_{ST11}=\lambda_{ST11}\eta_{ST1}+\varepsilon_{ST11} \quad Y_{ST12}=\lambda_{ST12}\eta_{ST1}+\varepsilon_{ST12} \quad Y_{ST13}=\lambda_{ST13}\eta_{ST1}+\varepsilon_{ST13} \\
Y_{ST21}=\lambda_{ST21}\eta_{ST2}+\varepsilon_{ST21} \quad Y_{ST22}=\lambda_{ST22}\eta_{ST2}+\varepsilon_{ST22} \quad Y_{ST23}=\lambda_{ST23}\eta_{ST2}+\varepsilon_{ST23} \\
Y_{ST31}=\lambda_{ST31}\eta_{ST3}+\varepsilon_{ST31} \quad Y_{ST32}=\lambda_{ST32}\eta_{ST3}+\varepsilon_{ST32} \quad Y_{ST33}=\lambda_{ST33}\eta_{ST3}+\varepsilon_{ST33} \\
Y_{NTH1}=\lambda_{NTH1}\eta_{NTH}+\varepsilon_{NTH1} \quad Y_{NTH2}=\lambda_{NTH2}\eta_{NTH}+\varepsilon_{NTH2} \quad Y_{NTH3}=\lambda_{NTH3}\eta_{NTH}+\varepsilon_{NTH3} \\
Y_{NTH11}=\lambda_{NTH11}\eta_{NTH1}+\varepsilon_{NTH11} \quad Y_{NTH12}=\lambda_{NTH12}\eta_{NTH1}+\varepsilon_{NTH12} \quad Y_{NTH13}=\lambda_{NTH13}\eta_{NTH1}+\varepsilon_{NTH13} \\
Y_{NTH21}=\lambda_{NTH21}\eta_{NTH2}+\varepsilon_{NTH21} \quad Y_{NTH22}=\lambda_{NTH22}\eta_{NTH2}+\varepsilon_{NTH22} \quad Y_{NTH23}=\lambda_{NTH23}\eta_{NTH2}+\varepsilon_{NTH23} \\
Y_{NTH31}=\lambda_{NTH31}\eta_{NTH3}+\varepsilon_{NTH31} \quad Y_{NTH32}=\lambda_{NTH32}\eta_{NTH3}+\varepsilon_{NTH32} \quad Y_{NTH33}=\lambda_{NTH33}\eta_{NTH3}+\varepsilon_{NTH33} \\
Y_{TMF1}=\lambda_{TMF1}\eta_{TMF}+\varepsilon_{TMF1} \quad Y_{TMF2}=\lambda_{TMF2}\eta_{TMF}+\varepsilon_{TMF2} \\
Y_{TMF3}=\lambda_{TMF3}\eta_{TMF}+\varepsilon_{TMF3} \quad Y_{TMF4}=\lambda_{TMF4}\eta_{TMF}+\varepsilon_{TMF4} \\
Y_{TMF11}=\lambda_{TMF11}\eta_{TMF1}+\varepsilon_{TMF11} \quad Y_{TMF12}=\lambda_{TMF12}\eta_{TMF1}+\varepsilon_{TMF12} \quad Y_{TMF13}=\lambda_{TMF13}\eta_{TMF1}+\varepsilon_{TMF13} \\
Y_{TMF21}=\lambda_{TMF21}\eta_{TMF2}+\varepsilon_{TMF21} \quad Y_{TMF22}=\lambda_{TMF22}\eta_{TMF2}+\varepsilon_{TMF22} \\
Y_{TMF31}=\lambda_{TMF31}\eta_{TMF3}+\varepsilon_{TMF31} \quad Y_{TMF32}=\lambda_{TMF32}\eta_{TMF3}+\varepsilon_{TMF32} \quad Y_{TMF33}=\lambda_{TMF33}\eta_{TMF3}+\varepsilon_{TMF33} \\
Y_{TMF41}=\lambda_{TMF41}\eta_{TMF4}+\varepsilon_{TMF41} \quad Y_{TMF42}=\lambda_{TMF42}\eta_{TMF4}+\varepsilon_{TMF42} \quad Y_{TMF43}=\lambda_{TMF43}\eta_{TMF4}+\varepsilon_{TMF43} \\
Y_{TF1}=\lambda_{TF1}\eta_{TF}+\varepsilon_{TF1} \quad Y_{TF2}=\lambda_{TF2}\eta_{TF}+\varepsilon_{TF2} \\
Y_{TF11}=\lambda_{TF11}\eta_{TF1}+\varepsilon_{TF11} \quad Y_{TF12}=\lambda_{TF12}\eta_{TF1}+\varepsilon_{TF12} \\
Y_{TF21}=\lambda_{TF21}\eta_{TF2}+\varepsilon_{TF21} \quad Y_{TF22}=\lambda_{TF22}\eta_{TF2}+\varepsilon_{TF22}
\end{cases} \tag{4.3}$$

在构建测量模型以后，还需要构建结构模型部分，按照结构方程模型构建的一般规律，对于外生潜变量和内生潜变量之间的关系可以用以下的公式来进行表示和说明：

$$\eta=\beta\eta+\Gamma\xi+\zeta \tag{4.4}$$

式中，η 代表内生潜变量；β 代表内生潜变量之间的关系系数；Γ 代表内生潜变量受外生潜变量的影响系数；ξ 代表外生潜变量；ζ 代表残差项。

本书在研究西南民族地区高速公路交通量对特色旅游小城镇慢旅游的协同作用的过程中，在构建高速公路交通量对慢旅游协同作用的结构模型中，用 γ_1、γ_2 和 γ_3 来分别表示高速公路交通量对旅游流、高速公路交通量对民族主题酒店、高速公路交通量对慢旅游的影响作用；用 β_4 表示旅游流对交通流的影响作用，用 β_5 表示旅游流对慢旅游的影响和作用；用 β_6 和 β_7 来分别表示民族主题酒店对交通流和慢旅游的影响作用；最后，用 β_8 来表示交通流对慢旅游的影响作用。

因此，根据上述变量的设定，可以在上述研究的基础上建立结构模型：

$$
\begin{aligned}
\eta_{TMF} &= \gamma_1 \xi_{ETV} + \zeta_{TMF} \\
\eta_{NTH} &= \gamma_2 \xi_{ETV} + \zeta_{NTH} \\
\eta_{TF} &= \beta_6 \eta_{NTH} + \beta_4 \eta_{TMF} + \zeta_{TF} \\
\eta_{ST} &= \gamma_3 \xi_{ETV} + \beta_5 \eta_{TMF} + \beta_7 \eta_{NTH} + \beta_8 \eta_{TF} + \zeta_{ST}
\end{aligned}
\tag{4.5}
$$

上一步建成初始的结构方程模型以后，西南民族地区高速公路交通量对特色旅游小城镇慢旅游协同作用的测量模型和结构模型都得到建立，这时还需要对初始模型进行估计和检验，主要包括拟合指标的指数、参数以及决定系数三个方面[311]。通过不同评价方法对上述指标进行检验，进而判断构建的西南民族地区高速公路交通量对特色旅游小城镇慢旅游的协同作用的原始模型是否需要进行修正。

拟合指标的检验[312]。判断原始模型是否与现实情况相符，可以通过对拟合指标的测度来加以评判，拟合指标的值高于满足拟合条件的临界值时，说明真实情况与原始模型构建相符，反之则不相符。拟合指标检验的方法有很多种，但最常用的主要是八种拟合指标检验方法，分别为 χ^2/dt、CFI、IFI、TLI、AGFI、PNFI、RMSEA、RMR。

第一种拟合指标是 χ^2/df，即卡方与自由度的比值。χ^2 的主要功能是对实际的样本数据和构建模型设计的因果路径进行拟合度的检验。检验结果的值越小，表示实际的样本数据和构建模型设计的因果路径之间的拟合度越高，反之则越低。然而，样本容量的规模会对 χ^2 产生很强的影响，样本容量与 χ^2 往往呈正向关系，即样本容量越大，χ^2 也越大，模型被拒绝的可能性也越大。为避免这种情况的发生，可以通过引入 df（自由度）来对 χ^2 进行勘偏，获得两者之间的比值，即 χ^2/df，可称为规范卡方。规范卡方值越小，表明实际的样本数据和构建模中的协方差矩阵之间适配度越高。在取值上，经验做法认为规范卡方值小于 2.0 时构建模型的适配度较好，可接受的适配度为规范卡方值小于 3.0。

第二种拟合指标是 CFI，即比较适配指标。CFI 属于相对拟合指数，是对传统的规范适配指标（NFI）的一种改良指数。CFI 的主要功能是测度非集中参数在约束度最高的模型状态到饱和度最高的模型状态变化过程中的改善状况，定义方式采用非集中参数及其卡方分布。CFI 的取值范围在 0 到 1 之间，CFI 取值越靠近 1，表明实际的样本数据和构建模型之间的适配度越高，反之越低。通常认为 CFI 取值高于 0.90 时，适配度较好。

第三种拟合指标是 IFI，即递增拟合指数，又称 Δ2 指标。IFI 的主要功能是测度按照假设构建的模型与虚无的真实模型之间的适配度。IFI 的取值范围在 0 到 1 之间，IFI 取值越接近于 1，表明依假设构建的模型与虚无的真实模型之间的适配度越高，反之则越低。通常情况下，认为 IFI 取值高于 0.90 时，适配度较好。

第四种拟合指标是 TLI，即非规范适配指标，TLI 在整体模型的适配度指标中是增值适配统计量，属于相对拟合指数。TLI 的主要功能是在修正 NFI 的基础上测度依假设构建的模型与虚无的真实模型之间的适配度。TLI 的取值范围在 0 到 1 之间，TLI 取值越接近于 1，表明依假设构建的模型与虚无的真实模型之间的适配度越高，反之则越低。通常情况下，认为 TLI 取值高于 0.90 时，适配度较好。

第五种拟合指标是 AGFI，即调整后的适配度指标。AGFI 的主要功能是比照依假设构建模型的自由度和模型变量项数之间的比值来指导修正适配度指标（GFI），让 AGFI 不会受到单位因素的影响。AGFI 的取值范围在 0 到 1 之间，AGFI 的取值与 GFI 的取值呈正相关关系，即 GFI 取值越高，AGFI 取值也越高，反之越低。AGFI 取值越高，说明依假设构建的模型与虚无的真实模型之间的适配度越高，反之则越低。通常认为当 AGFI 高于 0.80 时，适配度较好。

第六种拟合指标是 PNFI，即简约调整规范适配指标，属于简约调整指数。PNFI 的主要功能是测度依假设构建模型的精简程度，这是由于 PNFI 在考虑预期获取的适配度时加入了自由度的数量。PNFI 适用的领域主要在于对自由度不同的模型进行比较。PNFI 的取值越高，模型的适配度越好。通常认为 PNFI 的取值高于 0.50 是依假设构建模型可以被接受的临界值。

第七种拟合指标是 RMSEA，即近似误差的均方根。RMSEA 的主要功能是通过考察依假设构建模型中每一个自由度之间的差异来测度适配度。RMSEA 的取值越小，说明假设构建模型的适配度越高，越容易被接受。通常来说，RMSEA 的取值低于 0.05 被认为是适配度较好的模型，取值低于 0.08 被认为是模型被接受的临界条件。

第八种拟合指标是 RMR，即误差均方和平方根。要使得依假设构建模型能够被接受，从适配误差值的角度来看，RMR 的取值越低越好。通常来看，RMR 的取值低于 0.05 是保证依假设构建模型被接受的临界条件。

将图4.1高速公路交通量对慢旅游协同作用的初始结构方程模型录入AMOS 17.0中，通过计算和对相关参数进行估计，获得了西南民族地区高速公路交通量对特色旅游小城镇慢旅游协同作用的原始结构方程模型中各项反映拟合关系的拟合指标值（见表4.12）。

表4.12　高速公路交通量对慢旅游协同作用的原始结构方程模型适配度检验结果

拟合指标	χ^2/df	CFI	IFI	TLI	AGFI	PNFI	RMSEA	RMR
观测值	1.560	0.942	0.943	0.938	0.801	0.790	0.047	0.027
拟合标准	<3.00	>0.90	>0.90	>0.90	>0.80	>0.50	<0.08	<0.05

通过表4.12可以看出，在对西南民族地区高速公路交通量对特色旅游小城镇慢旅游协同作用的原始结构方程模型进行估计和检验时，通过将表4.12的各项拟合指标观测值与拟合标准值进行参考和比较，在用于检验适配度的八个指标当中，所有的观测值都在符合标准的范围内，这就说明所构建的西南民族地区高速公路交通量对特色旅游小城镇慢旅游协同作用的原始结构方程模型可以与通过调查问卷所得到的样本数据进行较好的数据拟合。

基于完成西南民族地区高速公路交通量对特色旅游小城镇慢旅游协同作用的初始结构模型拟合度检验，为了进一步估计和检验初始结构方程模型路径的合理性和数据的一致性，在完成拟合度检验的基础上对西南民族地区高速公路交通量对特色旅游小城镇慢旅游协同作用的原始结构方程模型进行路径系数的测定。表4.13为高速公路交通量对慢旅游协同作用的原始模型的路径估计。

表4.13　高速公路交通量对慢旅游协同作用的原始模型的路径估计

路径	结构方程模型路径	标准化路径系数	C. R.	p
γ_1	TMF←ETV	0.790	11.107	***
γ_2	NTH←ETV	0.990	8.803	***
γ_3	ST←ETV	0.270	3.111	0.002
β_4	TF←TMF	0.510	5.687	***
β_5	ST←TMF	0.140	1.405	0.160
β_6	TF←NTH	0.360	3.872	***
β_7	ST←NTH	0.210	2.326	0.020
β_8	ST←TF	0.280	3.150	0.002

注：*** 表示 $p<0.001$。

根据表 4. 13 可以看出，在西南民族地区高速公路交通量对特色旅游小城镇慢旅游协同作用的原始结构方程模型构建过程中，TMF 对 ST($\beta_5 = 0.160 > 0.01$)的这条路径未能通过显著性检验，也就意味着 TMF 对 ST 没有产生显著的作用。尽管如此，由于绝大多数路径均通过了路径显著性检验，所以并不能对之前构造的原始结构方程模型全盘否定。从结果上看，西南民族地区高速公路交通量对特色旅游小城镇慢旅游协同作用的原始结构方程模型的构造思路基本正确，但其中的部分关系需要调整后进行重新测度，才能满足研究的目的。

在表 4. 13 中可以看出，高速公路交通量、民族主题酒店、旅游流和交通流对于西南民族地区慢旅游的路径系数都呈现出较小的状态，因此要能够更好地拟合和测度结构方程模型，就必须对原始的西南民族地区高速公路交通量对特色旅游小城镇的慢旅游协同作用结构方程模型进行适当的调整。通过相关文献查找和进行实地调研的结果分析，在各种关于区域小城镇慢旅游的相关文献研究中，通过有针对性的查找和判断，综合本书的相关研究基础和理论，得出了以下的基本结论，概括为：在西南民族地区特色旅游小城镇慢旅游的形成和发展的过程中，民族主题酒店作为慢旅游的住宿条件概括，其对慢旅游的影响具有直接的正向效应。旅游流对于整个特色旅游小城镇的旅游走向都具有显著的影响作用，慢旅游作为一种新型的旅游形式，与旅游流的构成具有密不可分的关系。交通流作为流量和流向的统一体，交通与酒店住宿一样作为慢旅游发展的内在影响因素，对慢旅游的发展具有显著的影响作用。高速公路交通量作为交通流的内在部分，其对于慢旅游的影响呈现出典型的间接影响作用。因此，在西南民族地区高速公路交通量对特色旅游小城镇慢旅游协同作用的原始结构方程调整过程中，应当保留民族主题酒店、交通流和高速公路交通量对小镇慢旅游的直接作用路径，剔除旅游流对小镇慢旅游的直接作用路径。由此获得西南民族地区高速公路交通量对特色旅游小城镇慢旅游协同作用调整后的结构方程模型（见图 4. 2）。

图 4. 2 表明，与西南民族地区高速公路交通量对慢旅游协同作用的原始结构方程模型相比，调整后的结构方程模型将高速公路交通量对慢旅游的直接路径剔除了。将调整后的结构方程模型再次放入 AMOS 17. 0 软件中进行计算和对作用路径的参数估计，同样包括卡方值在内的八项拟合指标，得到调整后的多项拟合指标值（见表 4. 14）。

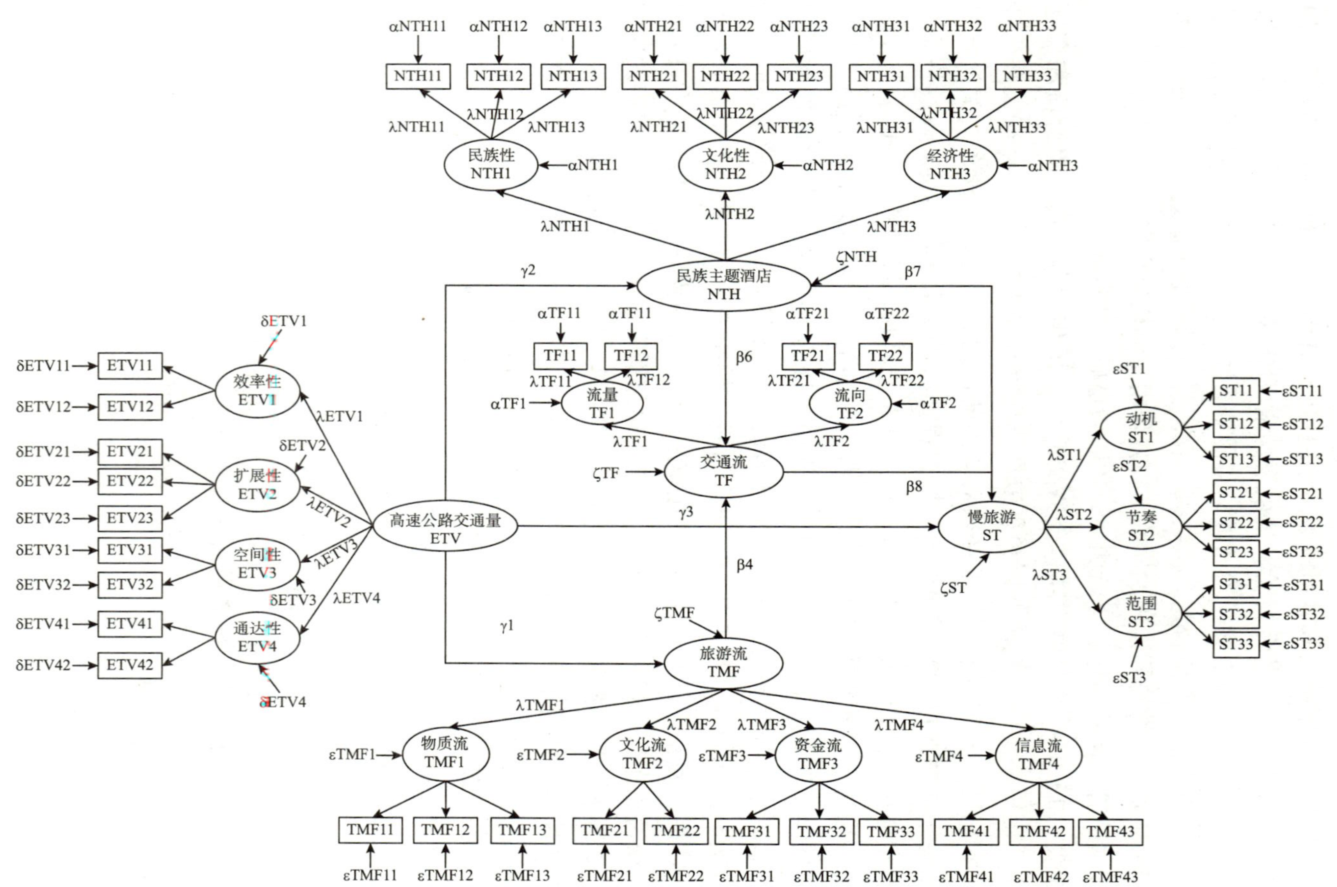

图4.2 调整后的西南民族地区高速公路交通量对慢旅游协同作用的结构方程模型

表 4.14 高速公路交通量对慢旅游协同作用调整后结构方程模型适配度检验结果

拟合指标	χ^2/df	CFI	IFI	TLI	AGFI	PNFI	RMSEA	RMR
观测值	1.561	0.942	0.943	0.938	0.801	0.791	0.047	0.028
拟合标准	<3.00	>0.90	>0.90	>0.90	>0.80	>0.50	<0.08	<0.05

将表4.14中的高速公路交通量对特色旅游小城镇慢旅游协同作用的各项观测值与拟合标准进行对比，发现经过调整后的西南民族地区高速公路交通量对特色旅游小城镇慢旅游协同作用的结构方程模型的各项拟合指标值都在可以接受的范围以内。基于此，可以判断调整后的西南民族地区高速公路交通量对特色旅游小城镇慢旅游协同作用结构方程模型整体通过了拟合度的检验。同时，为了进一步对所建立的结构模型进行最优化选择，在通过拟合指标检验的基础上对结构方程模型的路径系数进行计算，具体见表4.15。

表 4.15 高速公路交通量对慢旅游作用调整后模型的路径估计

路径	结构方程模型路径	标准化路径系数	C. R.	p
γ_1	TMF←ETV	0.800	11.117	***
γ_2	NTH←ETV	0.740	8.800	***
γ_3	ST←ETV	0.340	4.377	***
β_4	TF←TMF	0.530	5.796	***
β_5	TF←NTH	0.350	3.790	***
β_6	ST←NTH	0.220	2.427	0.015
β_7	ST←TF	0.340	4.214	***

注：*** 表示 $p<0.001$。

表4.15显示，高速公路交通量对慢旅游协同作用调整后模型中的各项路径的作用系数都通过了显著性检验，其中绝大多数都达到了0.001的显著性水平，β_7 这条路径通过了显著性水平0.05，总的来说路径系数都达到了显著性水平。同时，根据标准化路径系数的测度标准确定的高于0.50为效果明显、0.10至0.50为效果适中、低于0.10为效果较小，可以确定高速公路交通量对慢旅游协同作用调整后的结构方程模型中所有的路径作用效果都在适中和明显的级别上，由此可以判定调整后的结构方程模型为最终的西南民族地区高速公路交通量对特色旅游小城镇慢旅游协同作用的结构方程模型（见图4.3）。

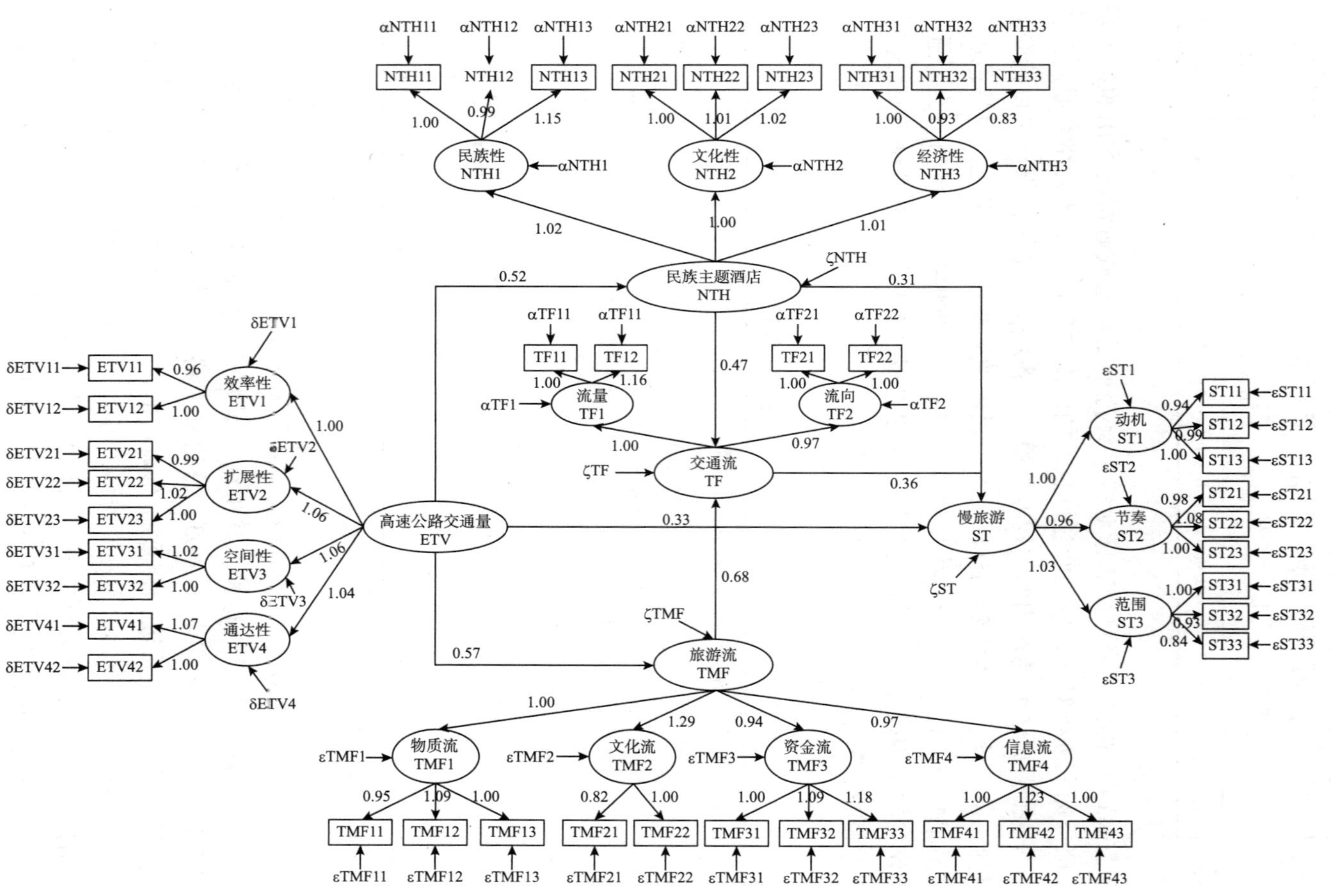

图4.3 最终的西南民族地区高速公路交通量对慢旅游协同作用的结构方程模型

考虑到最终的西南民族地区高速公路交通量对特色旅游小城镇慢旅游协同作用的结构方程模型图形过于复杂，为了研究的直观、简洁和方便，将最终的结构方程模型的主体部分进行归纳和提炼，得到将路径系数标准化后的最终的高速公路交通量对特色旅游小城镇慢旅游协同作用的结构方程模型简化形式，具体见图 4. 4。

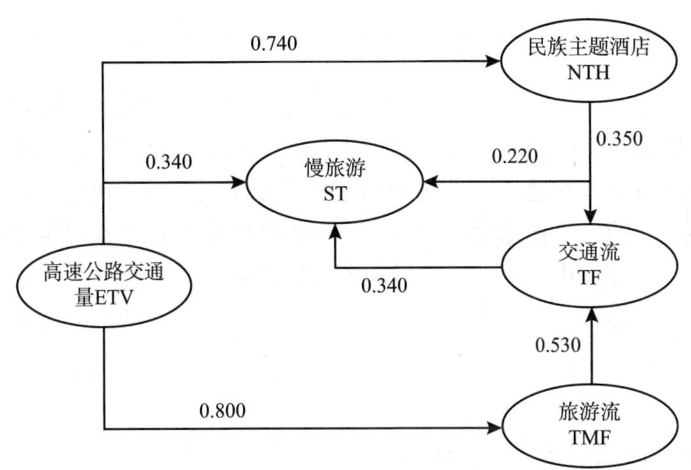

图 4. 4　高速公路交通量对慢旅游协同作用的结构方程模型简化形式

为了进一步探讨各变量与整体模型之间的关系，需要对各个路径的作用效应进行分解，具体来说，效应可以分为直接效应和间接效应两个方面的内容，其中，直接效应表示作为原因的变量直接对作为结果的变量作用而产生的影响，其影响程度的测度依靠直接效应的路径系数来进行衡量；相反地，间接效应表示作为原因的变量不直接作用作为结果的变量，而是通过其他作为中介的变量来间接地对作为结果的变量产生影响。间接效应的作用路径系数值为间接效应发生过程中每一个阶段路径系数之积，两变量之间的作用总效应为其二者间直接效应和间接效应之和。为了使西南民族地区高速公路交通量对特色旅游小城镇慢旅游协同作用的主要变量能够被有效测度，需要对高速公路交通量（ETV）、特色旅游小城镇交通流（TF）、民族主题酒店（NTH）和旅游流（TMF）四个变量作用特色旅游小城镇慢旅游（ST）的效应进行分解（见表 4. 16）。

表 4.16　　高速公路交通量对慢旅游协同作用模型的原因变量效应分解

变量作用关系	直接效应	间接效应	总效应
ETV→ST	0.340		0.340
NTH→ST	0.220		0.220
TF→ST	0.340		0.340
TMF→TF→ST		0.181（0.530×0.340）	0.181

表4.16显示，在西南民族地区高速公路交通量对慢旅游协同作用变量中，高速公路交通量、交通流和民族主题酒店都对慢旅游产生了直接的影响作用，其中高速公路交通量和交通流对慢旅游的直接作用效应最大，均为0.340，民族主题酒店对慢旅游的直接作用效应为0.220。旅游流对慢旅游不产生直接的作用效应，但是可以经过作用于交通流对慢旅游间接产生效应，且其间接效应为0.181。可见，在西南民族地区的慢旅游影响变量当中，高速公路的交通量和民族主题酒店是重点建设的对象。

4.2.4　假设检验与结果讨论

根据统计的显著性分析，运用标准化后的路径系数来对每条作用路径的作用强度进行估计，以此作为对每一条因果路径的评价和进行路径假设的检验，经过标准化处理之后，路径系数的数值都在－1～1的范围内。针对西南民族地区高速公路与特色旅游小城镇接入性调研获取的样本数据支持了理论分析部分提出的大部分假设。表4.17将西南民族地区高速公路交通量对特色旅游小城镇慢旅游的协同作用模型的路径系数和假设验证情况进行了全面的归纳和总结，见表4.17。

表 4.17　　高速公路交通量对慢旅游协同作用结构方程模型的路径系数与假设检验

路径	变量间关系	路径系数	显著性水平	对应假设	检验结果
γ_1	ETV→TMF	0.800	***	假设1	支持
γ_2	ETV→NTH	0.740	***	假设2	支持
γ_3	ETV→ST	0.340	***	假设3	支持
β_4	TMF→TF	0.530	***	假设4	支持

续表

路径	变量间关系	路径系数	显著性水平	对应假设	检验结果
β_5	TMF→ST			假设5	不支持
β_6	NTH→TF	0.350	***	假设6	支持
β_7	NTH→ST	0.220	0.015	假设7	支持
β_8	TF→ST	0.340	***	假设8	支持

注：*** 表示 $p<0.001$。

由表4.17所显示的结构方程模型的路径系数和假设检验的结构分析可以得出，在西南民族地区高速公路交通量对特色旅游小城镇慢旅游协同发展的研究假设和开发路径当中，$\gamma_1=0.800$，$p<0.01$，显著性效果明显。因此，可以得出“高速公路交通量对于旅游流的发展具有显著的正向作用”的结论，这个结论论证了研究假设HA1的合理性。

西南民族地区高速公路交通量到民族主题酒店的路径系数 $\gamma_2=0.740$，显著性水平 $p<0.01$，符合显著性检验的要求和标准。基于此，可以得出“西南民族地区高速公路交通量对民族主题酒店具有显著的正向作用”的结论，从而验证了研究假设HA2的正确性。

西南民族地区高速公路交通量到慢旅游的路径系数 $\gamma_3=0.340$，显著性水平 $p<0.01$，符合显著性检验的要求和标准。因此，可以得出“西南民族地区高速公路交通量对慢旅游具有显著的正向作用”的结论，从而验证了研究假设HA3的正确性。

西南民族地区的旅游流对交通流的路径系数 $\beta_4=0.530$，显著性水平 $p<0.01$，符合显著性检验的要求和标准。因此，可以得出“西南民族地区旅游流对交通流具有显著的正向作用”的结论，验证了研究假设HA4的合理性。

西南民族地区旅游流对慢旅游的路径在结构方程与数据匹配的过程中已经被删除掉了，所以这条路径不能通过显著性检验。因此，可以得出“旅游流对慢旅游没有直接的显著正向作用”的结论，验证了研究假设HA5的不合理性。

西南民族地区民族主题酒店对交通流的路径系数 $\beta_6=0.350$，显著性水平 $p<0.01$，符合显著性检验的要求和标准。因此，可以得出“西南民族地区民族主题酒店对交通流具有显著的正向作用”的结论，这就验证和支持了原研究假设HA6的相关内容。

西南民族地区民族主题酒店对慢旅游的路径系数 $\beta_7=0.220$，显著性水平 $p<0.05$，符合显著性检验的要求和标准。在此基础上，可以得出“西南民族地区民

族主题酒店对慢旅游具有显著的正向作用”的结论，这结论就支持了原研究假设HA7的关于民族主题酒店对慢旅游的相关假设。

西南民族地区交通流对慢旅游的路径系数 $\beta_8 = 0.340$，显著性水平 $p < 0.01$，符合显著性检验的要求和标准。因此，可以得出“西南民族地区交通流对慢旅游具有显著的正向作用”的结论，这结论就在很大程度上给了原研究假设HA8相关内容的支持和验证。

本书通过构建西南民族地区高速公路交通量对特色旅游小城镇慢旅游协同作用的结构方程模型，得出高速公路交通量对特色旅游小城镇慢旅游的路径系数和假设检验，通过显著性水平和路径系数的标准化比较对原假设研究的合理性进行科学的合理的判断。其中，研究发现，民族主题酒店、交通流和高速公路交通量对特色旅游小城镇慢旅游的发展具有显著的正向作用，直接效应依次为0.220、0.340和0.340，这就能够说明在西南民族地区特色旅游小城镇发展慢旅游的过程中，民族主题酒店的开发和经营、交通流的网络体系和交通量的增大都是慢旅游发展的不可或缺的重要因素，也证明了本研究基于高速公路交通量的效率性、扩展性、空间性和通达性四个维度构成对西南民族地区慢旅游协同作用机制进行探究的识别过程是具有合理性的。同时，本书得出在西南民族地区慢旅游的兴起和发展过程中，民族主题酒店、高速公路交通量和交通流三者的直接效应均不相上下，大概的值在0.3左右，具有一致性特征，说明了民族主题酒店、交通量和交通流这三个方面的影响因素都是未来西南民族地区特色旅游小城镇发展慢旅游必须着重考虑的三个因素，从这三个方面出发对特色旅游小城镇发展慢旅游这一新兴的旅游方式和贯穿慢旅游的全新理念进行全方位的布局和开展工作。

本书另外一个非常重要的结论在于：西南民族地区旅游流中的物质流、文化流、资金流、信息流虽然没有直接对西南民族地区的慢旅游发展产生作用效应，但是旅游流通过与交通流的结合对慢旅游产生了系数为0.181的间接效应。这就说明在进行西南民族地区慢旅游的发展模式规划和创新中要注重旅游流的要素，关注物质、文化、资金和信息在交通流中的重要作用。

基于上述的路径系数的说明和结论总结，我们可以得出两个十分重要的启示：一是在对在西南民族地区高速公路与特色旅游小城镇的接入性和协同作用研究中，必须要对高速公路交通量这一重要的影响因素进行深入探究和分析，强化对西南民族地区高速公路交通量的重要性的认识，将高速公路交通量从交通网络战略中分离出来，作为专项规划进行管理和战略思考，同时，更多地将旅游规划和交通规划结合起来，在进行高速公路交通量的规划设计评估的同时注重旅游规模的影响和发展空间的布局，实现旅游和交通的协同和更好的接入。二是要加强对西南民族地区民族主题酒店、旅游流和交通流的重视和规划，通过不断地完善民族主题酒店管理、交通流网络布局和进行旅游流的发展模式创新来不断促进西南民族地区慢旅游的发展。

4.3 西南民族地区高速公路网布局与居民受益协同的实证研究

4.3.1 变量的度量

在西南民族地区高速公路网布局对特色旅游小城镇居民受益的协同作用当中，高速公路网布局是作为解释变量而存在的。本章在进行高速公路交通量解释时设计了9项指标，从高速公路网布局的原则出发，分别从以人为本、服务经济、社会进步以及可持续四个方面对高速公路网布局进行测度（见表4.18）。

表4.18 高速公路网布局（ENL）指标量表

以人为本（ENL1）	ENL11	高速公路网布局所产生的经济效益符合居民受益增加的要求程度
	ENL12	高速公路网布局所产生的社会效益符合居民受益增加的要求程度
服务经济（ENL2）	ENL21	高速公路网布局与旅游景区的结合符合居民受益增加的要求程度
	ENL22	高速公路网布局对于提高景区服务质量符合居民受益增加的要求程度
	ENL23	高速公路网布局对于增强服务意识符合居民受益增加的要求程度
社会进步（ENL3）	ENL31	高速公路网布局与小镇结合增加的社会效益符合居民受益增加的要求程度
	ENL32	高速公路网布局促进社会资源的合理分布符合居民受益增加的要求程度
可持续（ENL4）	ENL41	高速公路网布局对于资源的可持续利用符合居民受益增加的要求程度
	ENL42	高速公路网布局对于综合效益的持续增加符合居民受益增加的要求程度

在本书的西南民族地区高速公路网布局对特色旅游小城镇居民受益协同作用的研究当中，被解释变量包括四个：旅游购物、旅游经济发展、旅游景区可进入

性和居民受益。这四个被解释变量涉及西南民族地区的旅游经济增长方式、旅游经济发展状态、旅游景区的可进入状态以及当地居民受益状况的表现特征，对于研究西南民族地区高速公路网布局对于特色旅游小城镇当地居民受益的影响路径和连接关系具有重要的意义。

其中，本书对于旅游购物这一被解释变量设计了 7 项指标，从旅游购物的核心、模式以及主体方面出发，分别从旅游商品、消费模式以及商贸企业三个维度对旅游购物进行测度，见表 4.19。

表 4.19　　旅游购物（TS）指标量表

旅游商品（TS1）	TS11	旅游商品销售数量的增加符合居民受益增加的要求程度
	TS12	旅游商品的文化内涵传播符合居民受益增加的要求程度
	TS13	旅游商品的环保效应符合居民受益增加的要求程度
消费模式（TS2）	TS21	旅游购物消费模式的创新符合居民受益增加的要求程度
	TS22	旅游消费模式对于增加销售数量符合居民受益增加的要求程度
	TS23	旅游消费模式对行为思想的影响符合居民受益增加的要求程度
商贸企业（TS3）	TS31	商贸企业经营方式转变对创建品牌的促进符合居民受益增加的要求程度
	TS32	商贸企业主体地位的增强对提高竞争力符合居民受益增加的要求程度
	TS33	商贸企业销售额度的增大对增加利润符合居民受益增加的要求程度

本书对于旅游经济发展这一被解释变量主要设计了 6 项指标，从西南民族地区旅游经济和高速公路建设相结合的角度出发，主要从旅游经济发展中旅游网络的建设和高速公路道路体系的建设两个方面来进行测度，见表 4.20。

表 4.20　　旅游经济发展（TED）指标量表

旅游网络（TED1）	TED11	旅游经济发展对于延伸旅游网络符合居民受益增加的要求程度
	TED12	旅游经济发展对于促进资源合理分布符合居民受益增加的要求程度
道路体系（TED2）	TED21	旅游经济发展对于完善道路设施符合居民受益增加的要求程度
	TED22	旅游经济发展对于提高道路利用率符合居民受益增加的要求程度

本章对于旅游景区可进入性这一被解释变量主要设计了 11 项指标，从交通和小镇旅游的结合出发，从以下 4 个方面对旅游景区可进入性进行测度：交通体

系、节点可达性、旅游规模和景区结构，见表4.21。

表4.21　旅游景区可进入性（SAT）指标量表

交通体系（SAT1）	SAT11	景区可进入与交通完善结合符合居民受益增加的要求程度
	SAT12	交通体系的完善促进旅游可持续符合居民受益增加的要求程度
	SAT13	交通体系的规划与环境的融合符合居民受益增加的要求程度
节点可达性（SAT2）	SAT21	节点可达性增强对于信息交流便利性符合居民受益增加的要求程度
	SAT22	节点可达性对于增强旅游网络整体连接性符合居民受益增加的要求程度
旅游规模（SAT3）	SAT31	旅游规模增大促进消费增长符合居民受益增加的要求程度
	SAT32	旅游规模增大对于完善旅游基础设施符合居民受益增加的要求程度
	SAT33	旅游规模增大对与增加居民就业机会符合居民受益增加的要求程度
景区结构（SAT4）	SAT41	景区结构的设计规划与地域特征结合符合居民受益增加的要求程度
	SAT42	景区节点的连接程度与交通结合符合居民受益增加的要求程度
	SAT43	景区结构与旅游规模的结合符合居民受益增加的要求程度

居民受益作为本章的被解释变量之一，为了对居民受益进行详细的测度和有针对性的突出特征，本书设置了9项指标，根据居民受益情况的增加分别从居民收入的增加、文化素质的提高以及生态环境的改善三个方面进行测度，见表4.22。

表4.22　居民受益（RB）指标量表

居民收入（RB1）	RB11	居民财产性收入增加符合居民受益增加的要求程度
	RB12	居民生活水平的提高符合居民受益增加的要求程度
	RB13	居民收入增加对发展经济积极性的提高符合居民受益增加的要求程度
文化素质（RB2）	RB21	旅游发展与文化氛围的结合符合居民受益增加的要求程度
	RB22	居民自身文化素质的提高符合居民受益增加的要求程度
	RB23	居民文化素质的提高结合旅游从业素质符合居民受益增加的要求程度
生态环境（RB3）	RB31	旅游经济发展带动生态环境改善符合居民受益增加的要求程度
	RB32	生态环境对于改善居民生存环境符合居民受益增加的要求程度
	RB33	生态环境评价对于增加旅游吸引力符合居民受益增加的要求程度

4.3.2 数据信度和效度检验

运用均值和标准差两个指标对西南民族地区高速公路网布局对特色旅游小城镇居民受益协同作用中各变量指标进行描述性统计分析，可以很直观地获得高速公路网布局、旅游购物、旅游经济发展、旅游景区可进入性以及居民受益相关测量指标的均值和标准差（见表4.23）。

表4.23　各指标的均值和标准差

指标		均值	标准差	指标		均值	标准差
以人为本（ENL1）	ENL11	3.605	0.668	消费模式（TS2）	TS21	3.011	0.678
	ENL12	3.622	0.721		TS22	3.313	0.680
服务经济（ENL2）	ENL21	3.689	0.751		TS23	3.077	0.710
	ENL22	3.600	0.785	商贸企业（TS3）	TS31	3.127	0.723
	ENL23	3.651	0.789		TS32	3.232	0.677
社会进步（ENL3）	ENL31	3.580	0.766		TS33	3.122	0.712
	ENL32	3.585	0.734	交通体系（SAT1）	SAT11	3.221	0.686
可持续（ENL4）	ENL41	3.655	0.801		SAT12	3.189	0.719
	ENL42	3.624	0.765		SAT13	3.364	0.771
居民收入（RB1）	RB11	3.151	0.680	节点可达性（SAT2）	SAT21	3.375	0.813
	RB12	3.259	0.706		SAT22	3.414	0.748
	RB13	3.193	0.639	旅游规模（SAT3）	SAT31	3.302	0.732
文化素质（RB2）	RB21	3.282	0.645		SAT32	3.520	0.717
	RB22	3.201	0.744		SAT33	3.604	0.746
	RB23	3.209	0.769	景区结构（SAT4）	SAT41	3.481	0.760
生态环境（RB3）	RB31	3.151	0.734		SAT42	3.235	0.728
	RB32	3.395	0.691		SAT43	3.460	0.767
	RB33	3.182	0.756	旅游网络（TED1）	TED11	3.430	0.730
旅游商品（TS1）	TS11	3.209	0.677		TED12	3.498	0.603
	TS12	3.267	0.722	道路体系（TED2）	TED21	3.343	0.746
	TS13	3.205	0.748		TED22	3.467	0.758

从表4.23中不难看出，在反映西南民族地区高速公路网布局的指标均值都大于3.0，说明样本中的居民和旅游者认为西南民族地区高速公路网布局在遵循以人为本、服务经济、社会进步和可持续发展等几方面原则时都较好，高速公路的发展趋势与西南民族地区特色旅游的发展具有显著的正向关系，高速公路网的布局不断趋于完善，这就在很大程度上促进了特色旅游小城镇旅游经济的发展，使居民受益情况增加。在高速公路网布局的各个构成维度和指标中，高速公路网布局中以发展服务经济为原则均值最大，说明在西南民族地区高速公路网布局中，一切的出发点和归宿点着重于给居民提供便利性，使当地的交通和生产生活更加的便利。这样的布局原则和建设原则就使得高速公路与当地居民生活息息相关，与当地旅游流网络的构建和旅游经济的发展有着密不可分的关系，这样的样本数据来自于西南民族地区的居民和游客，从侧面放映出不管是外来游客，还是本地居民，西南民族地区的高速公路建设所带来的便捷性和服务性是不可否认的。同时，在以上的描述性统计当中，高速公路网布局对当地居民受益协同作用的各个变量指标的标准差均小于1，这就表明本次的调查结果对于西南民族地区高速公路网布局的测量具有相当的可信度，量表具有可靠性和可操作性，说明后面实证研究所依据的数据是具有分析价值和可行性的。

在对旅游购物这一潜在变量进行描述性统计时，在旅游商品、消费模式以及商贸企业三项指标当中，旅游商品的均值最大，旅游商品作为旅游购物体系中的核心，其包括旅游纪念品、旅游消耗品以及必备的旅游用品。这就表明在西南民族地区特色旅游小城镇经济发展中，要使当地居民受益不断增长，旅游商品的开发和不断进行深度整合是必经之路。一方面，要不断地对现有的旅游商品进行深度开发，使得旅游商品具有独特性和艺术性；另一方面，要不断地根据旅游市场的需求开发出新的旅游产品，满足游客们对西南民族地区独特性和民族性的旅游心理期望，在旅游核心商品开发的同时，不断进行旅游消费模式的创新，商贸企业不断更新经营管理理念和进行管理模式的创新，为旅游商品的销售和文化内涵的增加创造条件。

在对旅游经济发展进行描述性统计的各项指标当中，旅游网络和道路体系的均值相较于高速公路网布局都偏小，尤其是信息流的均值大部分都低于3.5。这就充分地体现出在现阶段的西南民族地区旅游发展之中，由于西南民族地区天然的地势和地理区位条件，加上整个西南民族地区的经济水平普遍偏低，文化教育资源有限，先天的发展劣势以及后天发展的劲头不足造成了西南民族地区的资金来源匮乏和信息流通的不畅，使交通条件成为特色旅游小城镇发展对外旅游经济的限制性因素，道路体系建设不够完善。道路体系与旅游网络紧密相关，旅游流网络的形成和延伸需要道路体系提供强有力的基础，反过来旅游网络的完善也会促进西南民族地区道路体系的建设。这就启示我们在西南民族地区的特色旅游小城镇建设当中，交通道路条件是一个不容忽视的因素，不仅仅对于交通网络体系具有重要的意义，对于旅游经济的发展也具有十分重要的作用。

在对旅游景区可进入性进行描述性统计的各项指标当中，多数指标小于3.5。数据表明在西南民族地区的旅游业发展中，旅游景区的可进入性不强，未来在西南民族地区特色旅游小城镇建设方面，在完善交通体系、增强节点可达性以及扩大旅游规模方面还有很大的发展和上升空间。旅游景区的可进入性一方面与当地的交通建设现状和未来发展规划具有不可分割的关系，另一方面对于扩大旅游规模具有极大的促进作用，这是未来西南民族地区特色旅游小城镇建设的可以借鉴和加以重视的点。

在对西南民族地区居民受益描述性统计的各项指标中，各项指标的均值都小于3.4，这就表明在西南民族地区，无论在居民的财产性收入，还是文化素质和生态环境方面，居民受益的情况均不是呈现最佳的状态。在现阶段，西南民族地区的旅游经济发展程度有限，一方面旅游经营条件的不善和管理模式的落后使得旅游景区的收入状况不佳，另一方面在收入利益的分配方面，旅游开发商占据了大部分的利益份额，这就使得从事旅游经济的居民实际得到的利益相对较少。同时，由于旅游业从业素质的普遍偏低，当地居民并没有在旅游经济的发展中得到较多的素质提升，旅游管理人才的匮乏使得当地员工的培养和教育存在很大的缺口。另外，西南民族地区的旅游经营管理和模式还处于较为粗放的方式，在资源的开发中对生态环境的保护和未来可持续发展的考虑还有很大的欠缺，生态环境的保护缺乏规范条例和执行力。

本章通过运用组合信度系数对西南民族地区高速公路网布局对特色旅游小城镇居民受益的协同作用所收集到的相关数据进行分析和检验，分别得出高速公路网布局、旅游购物、旅游经济发展、旅游景区可进入性以及居民受益的组合信度系数。同时运用表4.8所列出的组合信度检验标准对西南民族地区高速公路网布局对特色旅游小城镇居民受益的潜在变量进行组合信度系数的判断（见表4.24），得出各个潜在变量都能达到检验的要求，都能顺利地通过内部的一致性检验，本章所收集的量表和数据在信度检验上具有样本的可靠性。

表 4.24　　高速公路交通量对慢旅游协同作用各变量组合信度检验系数

变量名	组合信度系数 CR 值	接受程度
高速公路网布局	0.807	很好
旅游购物	0.901	最佳
旅游经济发展	0.868	很好
旅游景区可进入性	0.910	最佳
居民受益	0.934	最佳

在数据量表通过信度检验的基础上对其进行效度的检验，当数据量表通过 KMO 检验和 Bartlett's 球形检验后，根据西南民族地区高速公路交通量对慢旅游协同作用实证分析的步骤，下一步按照因子分析法的操作步骤进行因子分析，首先就是构造因子变量，然后运用旋转方法使因子变量具有可解释性，在这里采用的是极大方差法进行因子旋转，最后就是计算因子变量得分。在进行因子提取时，提取标准以特征值大于 1 作为提取标准，具体见表 4.25。

表 4.25　　各变量的效度检验值

变量	KMO 值	Bartlett 卡方值	因子负载				累计方差解释率（%）	显著性水平
高速公路网布局（ENL）	0.961	2 540.126	ENL11	0.899	ENL31	0.878	79.069	0.000
			ENL12	0.896	ENL32	0.910		
			ENL21	0.907	ENL41	0.891		
			ENL22	0.884	ENL42	0.875		
			ENL23	0.870				
居民受益（RB）	0.928	937.214	RB11	0.670	RB23	0.678	63.765	0.000
			RB12	0.677	RB31	0.745		
			RB13	0.708	RB32	0.689		
			RB21	0.750	RB33	0.666		
			RB22	0.810				
旅游购物（TS）	0.878	730.491	TS11	0.580	TS23	0.634	67.568	0.000
			TS12	0.666	TS31	0.656		
			TS13	0.778	TS32	0.680		

续表

变量	KMO 值	Bartlett 卡方值	因子负载				累计方差解释率（%）	显著性水平
旅游购物（TS）	0.878	730.491	TS21	0.660	TS33	0.737	67.568	0.000
			TS22	0.713				
景区可进入性（SAT）	0.908	1 634.180	SAT11	0.471	SAT32	0.789	64.167	0.000
			SAT12	0.534	SAT33	0.837		
			SAT13	0.732	SAT41	0.778		
			SAT21	0.778	SAT42	0.743		
			SAT22	0.750	SAT43	0.812		
			SAT31	0.734				
旅游经济发展（TED）	0.843	501.687	TED11	0.601	TED21	0.631	69.145	0.000
			TED12	0.709	TED22	0.600		

通过上述的操作流程和方法计算，可以分别计算出高速公路网布局、旅游购物、旅游经济发展、旅游景区可进入性以及居民受益的效度检验值，详细的计算情况见表 4.25，可以看出所涉及的每个变量的效度检验值都能达到检验的要求，表明本章所设计的变量具有可靠性，通过了效度检验。

4.3.3 结构方程模型分析

根据西南民族地区高速公路网布局与居民受益之间的协同作用关系建立原始结构方程模型。

根据变量性质的确定标准，可以将西南民族地区高速公路网布局对特色旅游小城镇居民受益协同作用中的各项变量进行归类。其中，高速公路网布局是内生变量，旅游购物、旅游经济发展和旅游景区可进入性是中介变量，居民受益则是外生变量。根据西南民族地区高速公路网布局对特色旅游小城镇居民受益状况作用的结构方程模型的因果路径图示（见图 4.5），单向箭头表示前一变量与后一变量存在因果关系，双向箭头则表示前一变量和后一变量之间互相存在因果关系。每一个有箭头指向的线都表示一条因果关系路径，对应存在一个回归权重系数。图 4.5 展示了西南民族地区高速公路网布局对特色旅游小城镇当地居民受益作用的原始结构方程模型。

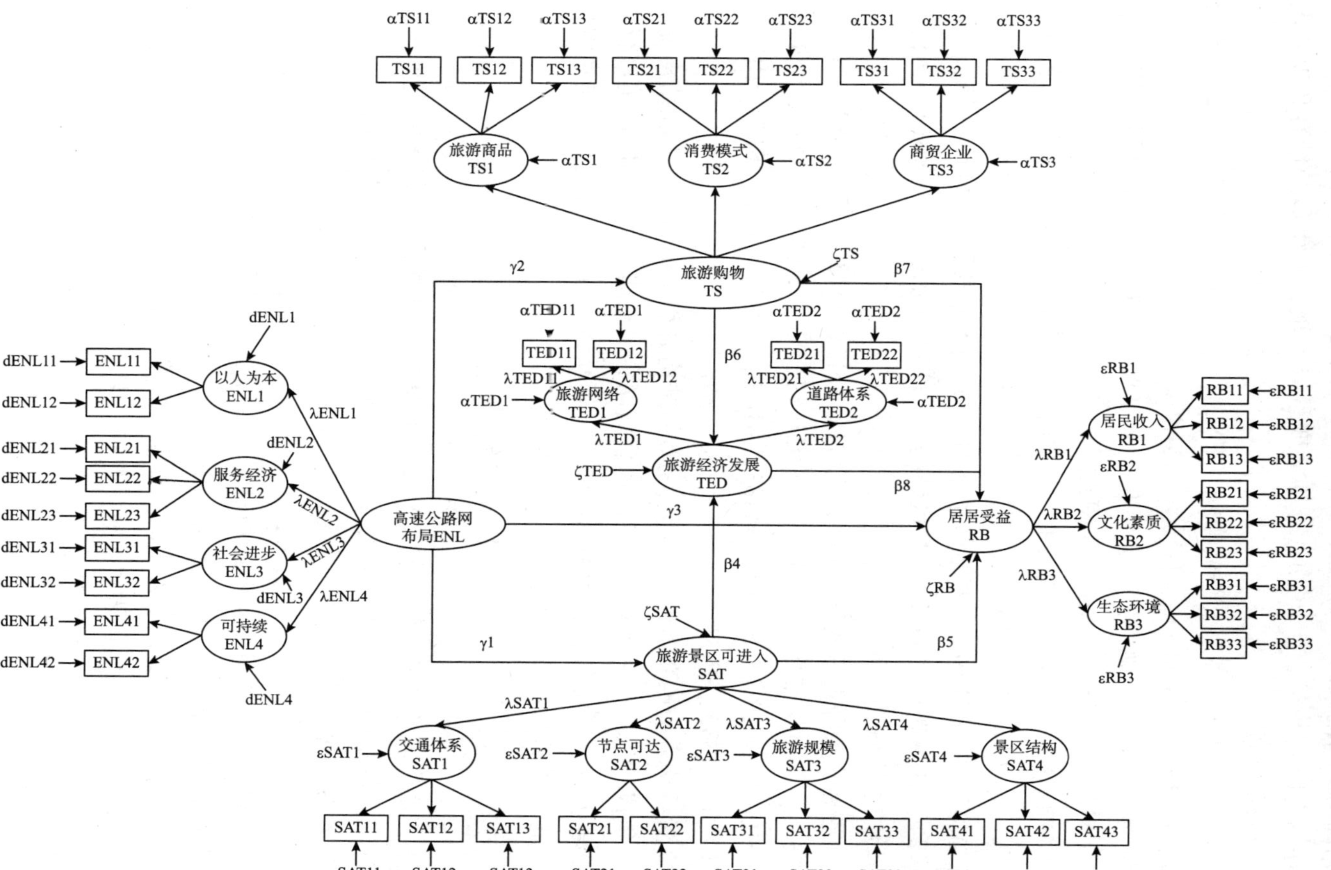

图4.5 高速公路网布局对居民受益的协同作用的原始结构方程模型

根据图 4.5 西南民族地区高速公路网布局对当地居民受益协同作用的初始结构模型显示，内生潜变量有 16 项，外生潜变量有 5 项，外生显变量有 9 项，内生显变量包括 30 项。

外生潜变量包括：高速公路网布局（ENL）、以人为本（ENL1）、服务经济（ENL2）、社会进步（ENL3）、可持续（ENL4）。

外生显变量（可观测变量）包括：ENL11、ENL12、ENL21、ENL22、ENL23、ENL31、ENL32、ENL41、ENL42。

内生潜变量包括：旅游购物（TS）、旅游经济发展（TED）、旅游景区可进入性（SAT）、居民受益（RB）、旅游商品（TS1）、消费模式（TS2）、商贸企业（TS3）、旅游网络（TED1）、道路体系（TED2）、交通体系（SAT1）、节点可达性（SAT2）、旅游规模（SAT3）、景区结构（SAT4）、居民收入（RB1）、文化素质（RB2）、生态环境（RB3）。

内生显变量（可观测变量）包括：TS11、TS12、TS13、TS21、TS22、TS23、TS31、TS32、TS33、TED11、TED12、TED21、TED22、SAT11、SAT12、SAT13、SAT21、SAT22、SAT31、SAT32、SAT33、RB11、RB12、RB13、RB21、RB22、RB23、RB31、RB32、RB33。

前文对结构方程的介绍中提到过，完整的结构方程是由测量方程和结构方程两个部分组成，为了进一步对本书的高速公路网布局对居民受益协同作用进行实证研究，必须逐一建立结构方程模型的测量方程和结构方程。首先是构建观测模型部分，按照结构方程模型构建的一般模型：

$$\begin{cases} X = \Lambda_X \xi + \delta \\ Y = \Lambda_Y \eta + \varepsilon \end{cases} \tag{4.6}$$

式中，X 代表的是外生显变量；Y 表示的是内生显变量；ξ 代表的是外生潜变量；η 代表的是内生潜变量。ε 与 δ 均代表显变量的误差项，X 的潜变量 ξ 与自己的误差项 δ 和 Y 的误差项 ε 均无关，Y 的潜变量 η 与自己的误差项 ε 和 X 的误差项 δ 也均无关。Λ_X 是显变量 X 的因子载荷，Λ_Y 是显变量 Y 的因子载荷。

在西南民族地区高速公路网布局对居民受益的协同作用的测量模型构建中，高速公路网布局（ENL）、以人为本（ENL1）、服务经济（ENL2）、社会进步（ENL3）、可持续（ENL4）是外生的潜变量，分别用 ξ_{ENL}、ξ_{ENL1}、ξ_{ENL2}、ξ_{ENL3} 和 ξ_{ENL4} 来进行外生的潜变量的表示。旅游购物（TS）、旅游经济发展（TED）、旅游景区可进入性（SAT）、居民受益（RB）、旅游商品（TS1）、消费模式（TS2）、商贸企业（TS3）、旅游网络（TED1）、道路体系（TED2）、交通体系（SAT1）、节点可达性（SAT2）、旅游规模（SAT3）、景区结构（SAT4）、居民收入（RB1）、文化素质（RB2）、生态环境（RB3）是内生潜变量，分别用 η_{TS}、η_{TED}、η_{SAT}、η_{RB}、η_{TS1}、η_{TS2}、η_{TS3}、η_{TED1}、η_{TED2}、η_{SAT1}、η_{SAT2}、η_{SAT3}、η_{SAT4}、η_{RB1}、η_{RB2}、η_{RB3}。根据上述变量的设定，构建观测模型的方程式表达如下：

$$
\begin{cases}
X_{ENL1} = \lambda_{ENL1}\xi_{ENL} + \delta_{ENL1} \quad X_{ENL2} = \lambda_{ENL2}\xi_{ENL} + \delta_{ENL2} \\
X_{ENL3} = \lambda_{ENL3}\xi_{ENL} + \delta_{ENL3} \quad X_{ENL4} = \lambda_{ENL4}\xi_{ENL} + \delta_{ENL4} \\
X_{ENL11} = \lambda_{ENL11}\xi_{ENL1} + \delta_{ENL11} \quad X_{ENL12} = \lambda_{ENL12}\xi_{ENL1} + \delta_{ENL12} \\
X_{ENL21} = \lambda_{ENL21}\xi_{ENL2} + \delta_{ENL21} \quad X_{ENL22} = \lambda_{ENL22}\xi_{ENL2} + \delta_{ENL22} \quad X_{ENL23} = \lambda_{ENL23}\xi_{ENL2} + \delta_{ENL23} \\
X_{ENL31} = \lambda_{ENL31}\xi_{ENL3} + \delta_{ENL31} \quad X_{ENL32} = \lambda_{ENL32}\xi_{ENL3} + \delta_{ENL32} \\
X_{ENL41} = \lambda_{ENL41}\xi_{ENL4} + \delta_{ENL41} \quad X_{ENL42} = \lambda_{ENL42}\xi_{ENL4} + \delta_{ENL42} \\
Y_{TS1} = \lambda_{TS1}\eta_{TS} + \varepsilon_{TS1} \quad Y_{TS2} = \lambda_{TS2}\eta_{TS} + \varepsilon_{TS2} \quad Y_{TS3} = \lambda_{TS3}\eta_{TS} + \varepsilon_{TS3} \\
Y_{TS11} = \lambda_{TS11}\eta_{TS1} + \varepsilon_{TS11} \quad Y_{TS12} = \lambda_{TS12}\eta_{TS1} + \varepsilon_{TS12} \quad Y_{TS13} = \lambda_{TS13}\eta_{TS1} + \varepsilon_{TS13} \\
Y_{TS21} = \lambda_{TS21}\eta_{TS2} + \varepsilon_{TS21} \quad Y_{TS22} = \lambda_{TS22}\eta_{TS2} + \varepsilon_{TS22} \quad Y_{TS23} = \lambda_{TS23}\eta_{TS2} + \varepsilon_{TS23} \\
Y_{TS31} = \lambda_{TS31}\eta_{TS3} + \varepsilon_{TS31} \quad Y_{TS32} = \lambda_{TS32}\eta_{TS3} + \varepsilon_{TS32} \quad Y_{TS33} = \lambda_{TS33}\eta_{TS3} + \varepsilon_{TS33} \\
Y_{TED1} = \lambda_{TED1}\eta_{TED} + \varepsilon_{TED1} \quad Y_{TED2} = \lambda_{TED2}\eta_{TED} + \varepsilon_{TED2} \\
Y_{TED11} = \lambda_{TED11}\eta_{TED1} + \varepsilon_{TED11} \quad Y_{TED12} = \lambda_{TED12}\eta_{TED1} + \varepsilon_{TED12} \\
Y_{TED21} = \lambda_{TED21}\eta_{TED2} + \varepsilon_{TED21} \quad Y_{TED22} = \lambda_{TED22}\eta_{TED2} + \varepsilon_{TED22} \\
Y_{SAT1} = \lambda_{SAT1}\eta_{SAT} + \varepsilon_{SAT1} \quad Y_{SAT2} = \lambda_{SAT2}\eta_{SAT} + \varepsilon_{SAT2} \\
Y_{SAT3} = \lambda_{SAT3}\eta_{SAT} + \varepsilon_{SAT3} \quad Y_{SAT4} = \lambda_{SAT4}\eta_{SAT} + \varepsilon_{SAT4} \\
Y_{SAT11} = \lambda_{SAT11}\eta_{SAT1} + \varepsilon_{SAT11} \quad Y_{SAT12} = \lambda_{SAT12}\eta_{SAT1} + \varepsilon_{SAT12} \quad Y_{SAT13} = \lambda_{SAT13}\eta_{SAT1} + \varepsilon_{SAT13} \\
Y_{SAT21} = \lambda_{SAT21}\eta_{SAT2} + \varepsilon_{SAT21} \quad Y_{SAT22} = \lambda_{SAT22}\eta_{SAT2} + \varepsilon_{SAT22} \\
Y_{SAT31} = \lambda_{SAT31}\eta_{SAT3} + \varepsilon_{SAT31} \quad Y_{SAT32} = \lambda_{SAT32}\eta_{SAT3} + \varepsilon_{SAT32} \quad Y_{SAT33} = \lambda_{SAT33}\eta_{SAT3} + \varepsilon_{SAT33} \\
Y_{SAT41} = \lambda_{SAT41}\eta_{SAT4} + \varepsilon_{SAT41} \quad Y_{SAT42} = \lambda_{SAT42}\eta_{SAT4} + \varepsilon_{SAT42} \quad Y_{SAT43} = \lambda_{SAT43}\eta_{SAT4} + \varepsilon_{SAT43} \\
Y_{RB1} = \lambda_{RB1}\eta_{RB} + \varepsilon_{RB1} \quad Y_{RB2} = \lambda_{RB2}\eta_{RB} + \varepsilon_{RB2} \quad Y_{RB3} = \lambda_{RB3}\eta_{RB} + \varepsilon_{RB3} \\
Y_{RB11} = \lambda_{RB11}\eta_{RB1} + \varepsilon_{RB11} \quad Y_{RB12} = \lambda_{RB12}\eta_{RB1} + \varepsilon_{RB12} \quad Y_{RB13} = \lambda_{RB13}\eta_{RB1} + \varepsilon_{RB13} \\
Y_{RB21} = \lambda_{RB21}\eta_{RB2} + \varepsilon_{RB21} \quad Y_{RB22} = \lambda_{RB22}\eta_{RB2} + \varepsilon_{RB22} \quad Y_{RB23} = \lambda_{RB23}\eta_{RB2} + \varepsilon_{RB23} \\
Y_{RB31} = \lambda_{RB31}\eta_{RB3} + \varepsilon_{RB31} \quad Y_{RB32} = \lambda_{RB32}\eta_{RB3} + \varepsilon_{RB32} \quad Y_{RB33} = \lambda_{RB33}\eta_{RB3} + \varepsilon_{RB33}
\end{cases}
\tag{4.7}
$$

在构建测量模型以后，还需要构建结构模型部分，按照结构方程模型构建的一般规律，对于外生潜变量和内生潜变量之间的关系可以用以下的公式来进行表示和说明：

$$\eta = \beta\eta + \Gamma\xi + \zeta \tag{4.8}$$

式中，η 代表内生潜变量；β 代表内生潜变量之间的关系系数；Γ 代表内生潜变量受外生潜变量的影响系数；ξ 代表外生潜变量；ζ 代表残差项。

本书在研究西南民族地区高速公路网布局对特色旅游小城镇当地居民受益的协同作用的过程中，构建高速公路网布局对居民受益的协同作用的结构模型中，用 γ_1、γ_2 和 γ_3 来分别表示高速公路网布局对景区可进入性、高速公路网布局对旅游购物、高速公路网布局对居民受益的影响作用；用 β_4 表示旅游景区可进入性对旅游经济发展的影响作用；用 β_5 表示景区可进入性对居民受益的影响和作用；用 β_6 和 β_7 来分别表示旅游购物对旅游经济发展和居民受益的影响作用；最后，用 β_8 来表示旅游经济发展对居民受益的影响作用。

因此，根据上述变量的设定，可以在上述研究的基础上建立结构模型：

$$\begin{gathered}\eta_{SAT} = \gamma_1\xi_{ENL} + \zeta_{SAT}\\ \eta_{TS} = \gamma_2\xi_{ENL} + \zeta_{TS}\\ \eta_{TED} = \beta_4\eta_{SAT} + \beta_6\eta_{TS} + \zeta_{TED}\\ \eta_{RB} = \gamma_3\xi_{ENL} + \beta_5\eta_{SAT} + \beta_7\eta_{TS} + \beta_8\eta_{TED} + \zeta_{RB}\end{gathered} \tag{4.9}$$

上一步建成初始的结构方程模型以后，西南民族地区高速公路网布局对特色旅游小城镇居民受益的协同作用的测量模型和结构模型都得到建立，这时还需要对初始模型进行估计和检验，具体包括检验拟合指标主要包括指数、参数及决定系数三个方面[311]。通过不同评价方法对上述指标进行检验，进而判断构建的西南民族地区高速公路网布局对特色旅游小城镇居民受益的协同作用的原始模型是否需要进行修正。

拟合指标的检验[312]。判断原始模型是否与现实情况相符，可以通过对拟合指标的测度来加以评判，拟合指标的值高于满足拟合条件的临界值时，说明真实情况与原始模型构建相符，反之则不相符。拟合指标检验的方法有很多种，但最常用的主要是八种拟合指标检验方法，分别为 χ^2/df、CFI、IFI、TLI、AGFI、PNFI、RMSEA、RMR。将图 4.5 高速公路网布局对居民受益协同作用的初始结构方程模型录入 AMOS 17.0 中，通过计算和对相关参数进行估计，获得了西南民族地区高速公路网布局对特色旅游小城镇居民受益协同作用的原始结构方程模型中各项反映拟合关系的拟合指标值（见表4.26）。

表4.26　　高速公路网布局对居民受益协同作用的原始结构方程模型适配度检验结果

拟合指标	χ^2/df	CFI	IFI	TLI	AGFI	PNFI	RMSEA	RMR
观测值	1.830	0.915	0.915	0.908	0.804	0.767	0.057	0.034
拟合标准	<3.00	>0.90	>0.90	>0.90	>0.80	>0.50	<0.08	<0.05

通过表4.26可以看出，在对西南民族地区高速公路网布局对特色旅游小城镇居民受益协同作用的原始结构方程模型进行估计和检验时，通过将表4.26的各项拟合指标观测值与拟合标准值进行参考和比较，在进行拟合度检验的八个标准内，全部的拟合指标观测值均通过了检验的标准，这就说明了所构建的西南民族地区高速公路网布局对特色旅游小城镇居民受益协同作用的原始结构方程模型可以与通过调查问卷所得到的样本数据进行较好的数据拟合。

基于完成西南民族地区高速公路网布局对特色旅游小城镇居民受益协同作用的初始结构模型进行拟合度检验，为了进一步估计和检验初始结构方程模型的路径的合理性和数据的一致性，在完成拟合度检验的基础上对西南民族地区高速公路网布局对特色旅游小城镇居民受益协同作用的原始结构方程模型进行路径系数的测定。表4.27为高速公路网布局对居民受益协同作用的原始模型的路径估计。

表4.27　　高速公路网布局对居民受益协同作用的原始模型的路径估计

路径	结构方程模型路径	标准化路径系数	C. R.	p
γ_1	SAT←ENL	0.750	11.733	***
γ_2	TS←ENL	0.760	9.804	***
γ_3	RB←ENL	0.240	2.941	0.003
β_4	TED←SAT	0.390	4.425	***
β_5	RB←SAT	0.070	0.811	0.417

续表

路径	结构方程模型路径	标准化路径系数	C. R.	p
β_6	TED←TS	0.840	6.386	***
β_7	RB←TS	0.740	3.206	0.001
β_8	RB←TED	0.190	2.093	0.036

注：*** 表示 $p<0.001$。

根据表 4.27 可以看出，在西南民族地区高速公路网布局对特色旅游小城镇居民受益协同作用的原始结构方程模型构建过程中，SAT 对 RB 的这条路径未能通过显著性检验，也就意味着 SAT 对 RB 没有产生显著的作用。尽管如此，由于绝大多数路径均通过了路径显著性检验，所以并不能对之前构造的原始结构方程模型全盘否定。从结果上看，西南民族地区高速公路网布局对特色旅游小城镇居民受益协同作用的原始结构方程模型的构造思路基本正确，但其中的部分关系需要调整后进行重新测度，才能满足研究的目的。

在表 4.27 中可以看出，高速公路网布局、旅游购物、旅游经济发展和旅游景区可进入性对于西南民族地区的居民受益的路径系数都呈现出较小的状态，因此要更好地拟合和测度结构方程模型，就必须对原始的西南民族地区高速公路网布局对特色旅游小城镇的居民受益协同作用结构方程模型进行适当的调整。通过对相关文献查找和进行实地调研的结果分析，在各种关于区域小城镇当地居民受益的相关文献研究中，通过有针对性的查找和判断，综合本书的相关研究基础和理论，得出了以下的基本结论，概括为：在西南民族地区发展旅游经济的过程中，旅游购物和旅游景区的可进入性都对旅游经济的发展具有直接的促进作用，而高速公路网布局作为交通体系的一环，其对于居民受益的作用不具有显著的直观性。由此获得调整后的西南民族地区高速公路网布局对特色旅游小城镇居民受益协同作用结构方程模型（见图 4.6）。

图 4.6 表明，与西南民族地区高速公路网布局对居民受益协同作用的原始结构方程模型相比，调整后的结构方程模型将旅游景区可进入性对居民受益的直接路径剔除了。将调整后的结构方程模型再次放入 AMOS 17.0 软件中进行计算和对作用路径的参数估计，同样包括卡方值在内的八项拟合指标，得到调整后的多项拟合指标值（见表 4.28）。

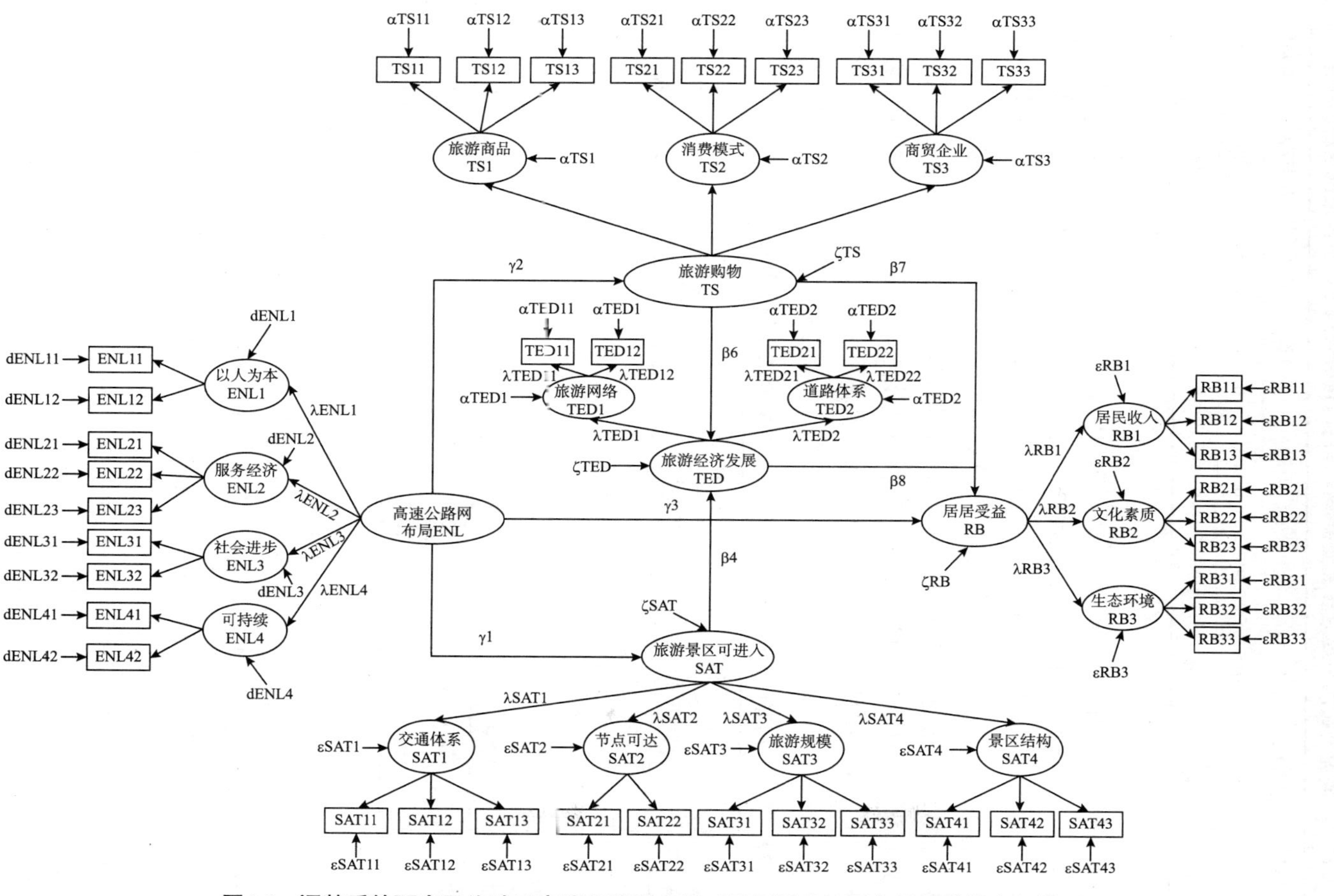

图4.6　调整后的西南民族地区高速公路网布局对居民受益协同作用的结构方程模型

表 4.28　　高速公路网布局对居民受益协同作用调整后结构方程模型适配度检验结果

拟合指标	χ^2/df	CFI	IFI	TLI	AGFI	PNFI	RMSEA	RMR
观测值	1.829	0.915	0.915	0.908	0.804	0.768	0.057	0.035
拟合标准	<3.00	>0.90	>0.90	>0.90	>0.80	>0.50	<0.08	<0.05

将表 4.28 中的高速公路网布局对特色旅游小城镇居民受益的协同作用的各项观测值与拟合标准进行对比，发现经过调整后的西南民族地区高速公路网布局对特色旅游小城镇居民受益协同作用的结构方程模型的各项拟合指标值都在可以接受的范围以内。基于此，可以判断调整后的西南民族地区高速公路网布局对特色旅游小城镇居民受益的协同作用结构方程模型整体通过了拟合度的检验。同时，为了进一步对所建立的结构模型进行最优化选择，在通过拟合指标检验的基础上对结构方程模型的路径系数进行计算，具体见表 4.29。

表 4.29　　高速公路网布局对居民受益作用调整后模型的路径估计

路径	结构方程模型路径	标准化路径系数	C. R.	p
γ_1	SAT←ENL	0.750	11.733	***
γ_2	TS←ENL	0.760	9.803	***
γ_3	RB←ENL	0.250	2.993	0.003
β_4	TED←SAT	0.400	4.585	***
β_6	TED←TS	0.820	6.416	***
β_7	RB←TS	0.750	2.569	0.010
β_8	RB←TED	0.290	2.093	0.036

注：*** 表示 $p < 0.001$。

表 4.29 显示，高速公路网布局对居民受益协同作用调整后模型中的各项路径的作用系数都通过了显著性检验，其中绝大多数都达到了 0.001 的显著性水平。同时，根据标准化路径系数的测度标准确定的高于 0.50 为效果明显、0.10～0.50 为效果适中、低于 0.10 为效果较小，可以确定高速公路网布局对居民受益协同作用调整后的结构方程模型中所有的路径作用效果都在适中和明显的级别上，由此可以判定调整后的结构方程模型为最终的西南民族地区高速公路网布局对特色旅游小城镇居民受益协同作用的结构方程模型，得出路径系数标准化后的结构方程模型（见图 4.7）。

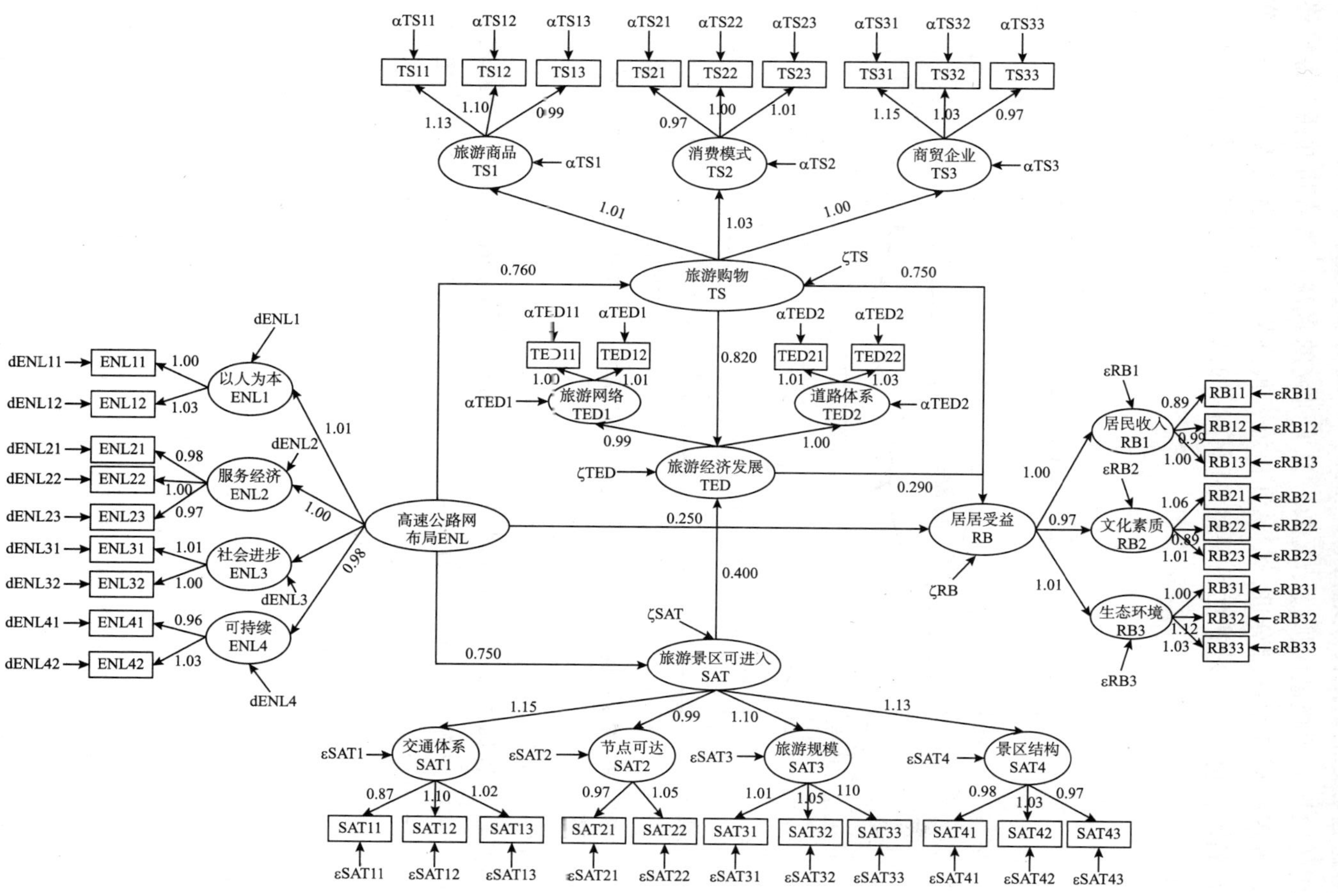

图4.7　最终的西南民族地区高逗公路网布局对居民受益协同作用的结构方程模型

考虑到最终的西南民族地区高速公路网布局对特色旅游小城镇居民受益协同作用的结构方程模型图形过于复杂，为了研究的直观、简洁和方便，将最终的结构方程模型的主体部分进行归纳和提炼，得到最终的西南民族地区高速公路网布局对特色旅游小城镇居民受益协同作用的结构方程模型简化形式，具体见图 4.8。

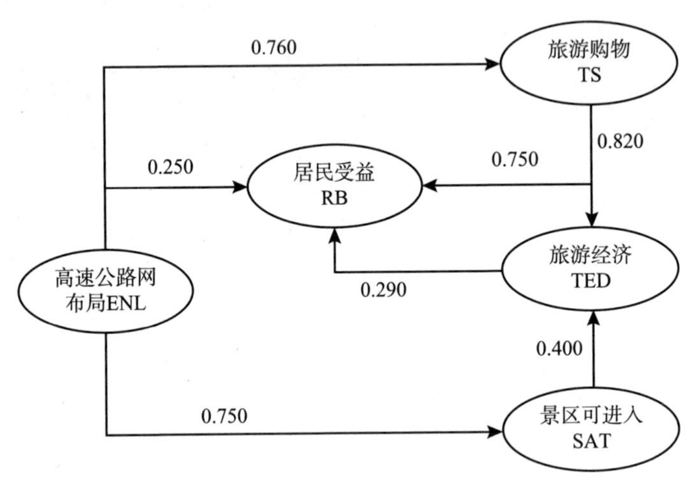

图 4.8　高速公路网布局对居民受益协同作用的结构方程模型简化形式

为了进一步探讨各变量与整体模型之间的关系，需要对各个路径的作用效应进行分解，具体来说，效应可以分为直接效应和间接效应两个方面的内容，其中，直接效应表示作为原因的变量直接对作为结果的变量作用而产生的影响，其影响程度的测度依靠直接效应的路径系数来衡量；相反地，间接效应表示作为原因的变量不直接作用作为结果的变量，而是通过其他作为中介的变量来间接地对作为结果的变量产生影响。间接效应的作用路径系数值为间接效应发生过程中每一个阶段路径系数之积，两变量之间的作用总效应为其二者间直接效应和间接效应之和。为了使西南民族地区高速公路网布局对特色旅游小城镇居民受益协同作用的主要变量能够被有效测度，需要对高速公路网布局（ENL）、特色旅游小城镇旅游购物（TS）、旅游经济发展（TED）和旅游景区可进入性（SAT）四个变量作用特色旅游小城镇居民受益（RB）的效应进行分解（见表 4.30）。

表 4.30　　高速公路网布局对居民受益协同作用模型的原因变量效应分解

变量作用关系	直接效应	间接效应	总效应
ENL→RB	0.250		0.250
TS→RB	0.750		0.750
TED→RB	0.290		0.290
SAT→TED→RB		0.116（0.400×0.290）	0.116

表4.30显示，在西南民族地区高速公路网布局对居民受益的协同作用变量中，高速公路网布局、旅游经济和旅游购物都对居民受益产生了直接的影响作用，其中旅游购物对居民受益的直接作用效应最大，为0.750，高速公路网布局对居民受益的直接作用效应为0.250，旅游经济发展对居民受益的直接作用效果为0.290。景区可进入性对居民受益不产生直接的作用效应，但是可以经过作用于旅游经济的发展对居民受益间接产生效应，且其间接效应为0.116。可见，在西南民族地区的居民受益影响变量当中，旅游购物是重点建设的对象。

4.3.4　假设检验与结构讨论

根据统计的显著性分析，运用标准化后的路径系数来对每条作用路径的作用强度进行估计，以此作为对每一条因果路径的评价，标准化处理后的路径系数的数值都在-1~1。针对西南民族地区高速公路与特色旅游小城镇接入性调研获取的样本数据支持了理论分析部分提出的大部分假设。表4.31将西南民族地区高速公路网布局对特色旅游小城镇居民受益的协同作用模型的路径系数和假设验证情况进行了全面的归纳和总结，见表4.31。

表 4.31　　高速公路网布局对居民受益协同作用结构方程模型的路径系数与假设检验

路径	变量间关系	路径系数	显著性水平	对应假设	检验结果
γ_1	ENL→SAT	0.750	***	假设1	支持
γ_2	ENL→TS	0.760	***	假设2	支持
γ_3	ENL→RB	0.250	0.003	假设3	支持
β_4	SAT→TED	0.400	***	假设4	支持
β_5	SAT→RB			假设5	不支持

续表

路径	变量间关系	路径系数	显著性水平	对应假设	检验结果
β_6	TS→TED	0.820	***	假设6	支持
β_7	TS→RB	0.750	0.010	假设7	支持
β_8	TED→RB	0.290	0.036	假设8	支持

注：*** 表示 $p<0.001$。

由表4.31所显示的结构方程模型的路径系数和假设检验的结构分析可以得出，在西南民族地区高速公路网布局对特色旅游小城镇居民受益协同发展的研究假设和开发路径当中，$\gamma_1=0.750$，$p<0.01$，显著性效果明显。因此，可以得出“高速公路网布局对于景区可进入性的发展具有显著的正向作用”的结论，验证了研究假设HB1的正确性。

西南民族地区高速公路网布局到旅游购物的路径系数 $\gamma_2=0.760$，显著性水平 $p<0.01$，显著性效果明显。基于此，可以推断出“西南民族地区高速公路网布局对旅游购物具有显著的正向作用”的结论，从而验证了研究假设HB2的正确性。

西南民族地区高速公路交通量到慢旅游的路径系数 $\gamma_3=0.250$，显著性水平 $p<0.01$，通过了显著性检验。因此，可以得出“西南民族地区高速公路网布局对居民受益具有显著的正向作用”的结论，从而验证了研究假设HB3的正确性。

西南民族地区的旅游景区可进入性对旅游经济发展的路径系数 $\beta_4=0.400$，显著性水平 $p<0.01$，通过显著性检验。因此，可以得出“西南民族地区旅游景区可进入性对旅游经济发展具有显著的正向作用”的结论，验证了研究假设HB4的合理性和正确性。

西南民族地区旅游景区可进入性对居民受益的路径在进行结构方程模型与数据的匹配过程中被删除掉了，不能通过显著性检验。因此，可以得出“西南民族地区的旅游景区可进入性对居民受益没有直接的显著正向作用”的结论，验证了研究假设HB5的不合理性。

西南民族地区旅游购物对旅游经济发展的路径系数 $\beta_6=0.820$，显著性水平 $p<0.01$，符合显著性检验的标准和要求。基于此，可以推断出“西南民族地区旅游购物对旅游经济发展具有显著的正向作用”的结论，这就验证和支持了原研究假设HB6的相关内容。

西南民族地区旅游购物对小镇居民受益的路径系数 $\beta_7=0.750$，显著性水平 $p<0.01$，通过了显著性检验。因此，可以得出“西南民族地区旅游购物对小镇

居民受益具有显著的正向作用”的结论，这结论就支持了原研究假设 HB7 的关于旅游购物对小镇居民受益的相关假设。

西南民族地区旅游经济发展对居民受益的路径系数 $\beta_8 = 0.290$，显著性水平 $p < 0.01$，通过了显著性水平。因此，可以得出“西南民族地区旅游经济发展对居民受益具有显著的正向作用”的结论，这结论就在很大程度上给了原研究假设 HB8 相关内容的支持和验证。

本书通过构建西南民族地区高速公路网布局对特色旅游小城镇居民受益协同作用的结构方程模型，得出高速公路网布局对特色旅游小城镇居民受益的路径系数和假设检验，通过显著性水平和路径系数的标准化比较对原假设研究的合理性进行科学的合理的判断。其中，研究发现，旅游购物、旅游经济发展和高速公路网布局对特色旅游小城镇居民受益的发展具有显著的正向作用，直接效应依次为 0.750、0.290 和 0.250，这就能够说明在西南民族地区特色旅游小城镇的居民受益中，旅游购物的规模扩大和产品种类增多、旅游经济发展基础提高和高速公路网布局优化都是促进当地居民受益增加的不可或缺的重要因素，也证明了本研究基于高速公路网布局所遵循的以人为本、服务经济、社会进步和可持续发展四个维度构成对西南民族地区小镇居民受益协同作用机制进行探究的识别过程是具有合理性的。同时，本书得出的在西南民族地区小镇居民受益情况的增多和发展的过程中，旅游经济发展和高速公路网布局的直接效应均不相上下，大概的值在 0.3 左右，具有一致性特征，说明了旅游经济发展和高速公路网布局的影响因素都是未来西南民族地区特色旅游小城镇增加居民受益状况和改善居民受益条件必须着重考虑的两个因素，从这两个方面出发对增加特色旅游小城镇居民受益这一新兴的旅游方式和贯穿居民受益的全新理念进行全方位的布局和开展工作。

本研究另外一个非常重要的结论在于：西南民族地区的景区可进入性对于当地居民受益的增加并没有直接的影响作用，但是可以通过旅游经济的发展对居民受益产生效益为 0.116 的间接效应结果，说明要改善西南民族地区居民受益情况，扩大旅游景区的可进入性将会对旅游经济的发展产生直接的作用效应，旅游经济的发展又会对小镇居民的受益情况产生一定的影响，所以归根结底旅游景区的可进入性对居民受益所产生的作用不容忽视。要提高西南民族地区小镇的居民受益，提高景区的可进入性是一条正确的发展路径。

基于上述的路径系数的说明和结论总结，我们可以得出两个十分重要的启示：一是在对在西南民族地区高速公路与特色旅游小城镇的接入性和协同作用研究中，必须要对高速公路网布局这一重要的影响因素进行深入探究和分析，强化对西南民族地区高速公路网布局的重要性的认识，将高速公路网布局从交通网络战略中分离出来，作为专项规划进行管理和战略思考，同时，更多地将旅游规划和交通规划结合起来，在进行高速公路网布局的规划设计评估的同时注重旅游规模的影响和发展空间的布局，实现旅游和交通的协同和更好的接入。二是要加强对西南民族地区旅游购物发展模式的规划和创新，旅游购物对居民的直接作用效应达到0.750，具有显著性效应，这说明通过不断地完善旅游购物市场环境，增加旅游产品的创新和拓宽旅游产品的销售渠道将会对于增加居民的财产性收入产生显著的促进作用。

综上所述，西南民族地区高速公路网布局是通过加快建设旅游购物体系、进一步进行旅游经济基础的建设和完善高速公路网布局这三个中介变量来对小城镇居民受益产生正向作用的，并且在这个过程中的成效非常大。根据高速公路网布局的以人为本、服务经济、社会进步和可持续四个构成维度，合理地引入旅游购物、旅游经济发展和旅游景区可进入性三项中介变量，很好地构建起了西南民族地区高速公路网布局对特色旅游小城镇居民受益协同作用的模型，通过实证分析获得的研究结论在高速公路网布局的完善、旅游购物市场的延伸和管理模式的创新、旅游经济基础的不断加强和旅游景区通过合理性建设和规划不断提高景区的可进入性方面对理论和实践都产生了巨大的影响，具有重大的理论意义和实践意义。

4.4 西南民族地区高速公路服务区与旅游功能开发的实证研究

4.4.1 变量的度量

在西南民族地区高速公路服务区对特色旅游小城镇的旅游功能开发的协同作用当中，高速公路服务区是作为解释变量而存在的。本章在进行高速公路服务区解释时设计了9项指标，分别从基本功能、商业功能、观光功能以及休闲功能四个方面对高速公路服务区进行测度（见表4.32）。

表4.32 高速公路服务区（ESA）指标量表

基本功能（ESA1）	ESA11	高速公路服务区建设环境与旅游资源结合符合旅游功能开发的要求程度
	ESA12	高速公路服务区功能布局符合旅游功能开发的要求程度

续表

商业功能（ESA2）	ESA21	高速公路服务区商业化管理模式符合旅游功能开发的要求程度
	ESA22	高速公路旅游产品开发和设计符合旅游功能开发的要求程度
	ESA23	高速公路服务区的定位符合旅游功能开发的要求程度
观光功能（ESA3）	ESA31	高速公路观光资源开发符合旅游功能开发的要求程度
	ESA32	高速公路观光接待设施建设符合旅游功能开发的要求程度
休闲功能（ESA4）	ESA41	高速公路服务区休闲设施建设符合旅游功能开发的要求程度
	ESA42	高速公路体验设施建设符合旅游功能开发的要求程度

在本书的西南民族地区高速公路网布局对特色旅游小城镇居民受益协同作用的研究当中，被解释的四个变量包括：旅游吸引物系统、现代化交通体系、旅游功能布局和旅游功能开发。这四个被解释变量涉及西南民族地区的特色旅游小城镇的旅游资源、交通条件、现有旅游功能布局网路和旅游功能开发利用相关方面，对于研究西南民族地区高速公路网布局对于特色旅游小城镇居民受益的影响路径和连接关系具有重要的意义。

其中，本书对于旅游吸引物系统这一被解释变量设计了 9 项指标，从旅游吸引物的构成出发，分别从旅游吸引物系统的旅游者、核心吸引物和标识物三个方面对其进行测度，见表 4.33。

表 4.33　　旅游吸引物系统（TAS）指标量表

旅游者（TAS1）	TAS11	旅游者的旅游体验期望类型符合旅游功能开发的要求程度
	TAS12	旅游者的旅游人数规模符合旅游功能开发的要求程度
	TAS13	旅游者的消费模式符合旅游功能开发的要求程度
核心吸引物（TAS2）	TAS21	旅游吸引物系统的资源类型符合旅游功能开发的要求程度
	TAS22	旅游吸引物系统的规划设计手段符合旅游功能开发的要求程度
	TAS23	旅游吸引物系统的市场定位符合旅游功能开发的要求程度
标识物（TAS3）	TAS31	旅游系统标识物与自然资源结合符合旅游功能开发的要求程度
	TAS32	旅游系统标识物与景区文化主题结合符合旅游功能开发的要求程度
	TAS33	旅游系统标识物的设计规划符合旅游功能开发的要求程度

本书对于现代化交通体系这一被解释变量主要设计了 11 项标指，从现代化

交通体系的构成出发，主要从现代化交通体系的硬件、软件、组件和管理四个方面来进行测度，见表4.34。

表4.34　现代化交通体系（MTS）指标量表

硬件（MTS1）	MTS11	现代化交通的硬件设施水平符合旅游功能开发的要求程度
	MTS12	交通设施由于环境资源的协调符合旅游功能开发的要求程度
	MTS13	硬件设施的规划保护符合旅游功能开发的要求程度
软件（MTS2）	MTS21	现代化交通的技术经济水平符合旅游功能开发的要求程度
	MTS22	交通体系的现代化管理手段和管理模式符合旅游功能开发的要求程度
组件（MTS3）	MTS31	综合运输系统的科技含量大小符合旅游功能开发的要求程度
	MTS32	交通组件与旅游技术设施结合符合旅游功能开发的要求程度
	MTS33	交通组件采用设计和规划符合旅游功能开发的要求程度
管理（MTS4）	MTS41	交通体系管理系统方法符合旅游功能开发的要求程度
	MTS42	交通体系管理人才素质符合旅游功能开发的要求程度
	MTS43	交通体系管理手段与旅游运营结合符合旅游功能开发的要求程度

本章对于旅游功能布局这一被解释变量主要设计了4项指标，从以下两个方面对旅游功能布局进行测度：经济功能和社会功能，见表4.35。

表4.35　旅游功能布局（TFL）指标量表

经济功能（TFL1）	TFL11	旅游功能布局与增强旅游地吸引力结合符合旅游功能开发的要求程度
	TFL12	旅游功能布局与增加旅游经济收入结合符合旅游功能开发的要求程度
社会功能（TFL2）	TFL21	旅游功能布局促进资源的合理分布符合旅游功能开发的要求程度
	TFL22	旅游功能布局促进环境状况的改善符合旅游功能开发的要求程度

旅游功能开发作为本章的被解释变量之一，为了对西南民族地区特色旅游小城镇的旅游功能开发进行详细的测度和有针对性的突出特征，本书设置了9项指标，从旅游功能开发的吸引物、经济基础和从业素质三个方面进行测度，见表4.36。

表 4.36　　旅游功能开发（FD）指标量表

吸引物（FD1）	FD11	旅游资源种类开发符合旅游功能开发的要求程度
	FD12	旅游资源开发强度符合旅游功能开发的要求程度
	FD13	旅游资源文化底蕴深度符合旅游功能开发的要求程度
经济基础（FD2）	FD21	经济数量规模大小符合旅游功能开发的要求程度
	FD22	经济基础对基础设施建设的影响符合旅游功能开发的要求程度
	FD23	经济发展对于资金的聚集能力符合旅游功能开发的要求程度
从业素质（FD3）	FD31	员工专业素质的高低符合旅游功能开发的要求程度
	FD32	员工的文明状况符合旅游功能开发的要求程度
	FD33	员工的旅游服务意识符合旅游功能开发的要求程度

4.4.2　数据信度和效度检验

运用均值和标准差两个指标对西南民族地区高速公路服务区对特色旅游小城镇旅游功能开发协同作用中各变量指标进行描述性统计分析，可以很直观地获得高速公路服务区、旅游吸引物系统、现代化交通体系、旅游功能布局以及旅游功能开发相关测量指标的均值和标准差（见表 4.37）。

表 4.37　　各指标的均值和标准差

指标		均值	标准差	指标		均值	标准差
基本功能（ESA1）	ESA11	3.652	0.661	核心吸引物（TFL2）	TAS21	3.320	0.690
	ESA12	3.612	0.720		TAS22	3.312	0.678
商业功能（ESA2）	ESA21	3.608	0.748		TAS23	3.410	0.731
	ESA22	3.567	0.767	标识物（TS3）	TAS31	3.120	0.721
	ESA23	3.601	0.787		TAS32	3.235	0.687
观光功能（ESA3）	ESA31	3.576	0.756		TAS33	3.134	0.731
	ESA32	3.580	0.724	硬件（MTS1）	MTS11	3.232	0.676
休闲功能（ESA4）	ESA41	3.445	0.802		MTS12	3.182	0.710
	ESA42	3.520	0.761		MTS13	3.363	0.787

续表

指标		均值	标准差	指标		均值	标准差
吸引物（FD1）	FD11	3.153	0.682	软件（MTS2）	MTS21	3.371	0.812
	FD12	3.320	0.701		MTS22	3.413	0.745
	FD13	3.192	0.637	组件（MTS3）	MTS31	3.212	0.731
经济基础（FD2）	FD21	3.682	0.642		MTS32	3.123	0.725
	FD22	3.511	0.741		MTS33	3.123	0.734
	FD23	3.621	0.776	管理（MTS4）	MTS41	3.419	0.762
从业素质（FD3）	FD31	3.150	0.732		MTS42	3.243	0.689
	FD32	3.289	0.690		MTS43	3.440	0.870
	FD33	3.213	0.758	经济功能（TFL1）	TFL11	3.521	0.728
旅游者（TAS1）	TAS11	3.200	0.667		TFL12	3.539	0.601
	TAS12	3.256	0.731	社会功能（TFL2）	TFL21	3.476	0.745
	TAS13	3.200	0.745		TFL22	3.461	0.752

从表4.37中不难看出，反映西南民族地区高速公路服务区的指标均值都大于3.0，说明样本中的居民和旅游者认为西南民族地区高速公路服务区在其基本功能建设、商业功能开发以及旅游功能完善方面具有相当的成果和成就，高速公路的发展趋势与西南民族地区特色旅游的发展具有显著的正向关系，旅游业的发展极大地带动了高速公路的基础设施建设和通达性的扩展。在高速公路服务区的测量指标中，相较于其他指标，高速公路服务区的基本功能均值最大，反映了在西南民族地区居民和旅游者的眼中，高速公路的服务区建设在满足基本的道路功能方面已经具有相当的规模。高速公路服务区能够为过往的行人提供基本的住宿、餐饮、停车、休憩等相关的基本服务，从侧面反映出在西南民族地区高速公路体系建设中，服务区的基础设施建设具有了一定规模。同时，在以上的描述性统计当中，高速公路服务区对小镇旅游功能开发协同作用的各个变量指标的标准差均小于1，这就表明本次的调查结果对于西南民族地区高速公路服务区的测量具有相当的可信度，量表具有可靠性和可操作性，说明后面实证研究所依据的数据是具有分析价值和可行性的。

在对旅游吸引物系统进行描述性统计的各项指标当中，核心旅游吸引物的均值最大，这就表明在西南民族地区的旅游当中，旅游者主要的期望是由西南民族地区的原有的自然资源和人文资源所满足的。西南民族地区因其独特的地势地貌和地理环境，其自然旅游资源独具一格，喀斯特地貌广布，石灰岩不仅仅具有较高的观赏价值，还具有较高的科研价值。从人文发展来看，西南民族地区是我国少数民族的聚居地，包括云南、贵州和广西在内的三省区都是少数民族广泛分布的省区，少数民族人民在长期的历史文化和时间演进中逐渐形成了具有自身特色的民族特色，这就为西南民族地区开展旅游经济活动提供了丰富的旅游资源，这些具有相当竞争力的旅游资源就构成了西南民族地区的核心旅游吸引物。

在对现代化交通体系进行描述性统计的各项指标当中，多数指标均小于3.5。数据表明在西南民族地区的现代化交通体系建设中，现代化交通的发展潜力还没有得到充分的发挥，其中组件的均值最小，这就反映出西南民族地区在发展过程中，虽然现代交通设施得到广泛的使用，相对应的管理模式和手段也达到了运营的水准。但是，由于西南民族地区较为落后的经济发展水平，技术人才缺乏，相关的现代化技术手段和组件设施稀少，科技化和信息化水平不高。

在对旅游功能布局进行描述性统计的各项指标当中，经济功能指标大于3.5，这就反映出西南民族地区的旅游经济对当地的经济水平具有相当的拉动力。西南民族地区由于长期以来的落后和交通条件限制，导致西南民族地区不能与同纬度的东部沿海地区形成互补优势。但是西南民族地区民族多样化和独特的地理环境使得其拥有得天独厚的旅游资源，形成了独特的经济拉动力量，旅游功能布局在很大程度上对当地的城镇发展具有支柱性作用。随着近年来中央转移支付力度的加大，中央对旅游精准扶贫工作给予了高度的重视，精准扶贫逐渐与当地的旅游资源和经济环境相结合[313]，西南民族地区的许多村落和小城镇都是依靠旅游业的发展来带动整个产业链的发展和进一步延伸，旅游的经济功能得到很好的体现。

在对旅游功能开发进行描述性统计的各项指标当中，描述旅游吸引物各项指标的均值都大于3.4，这就反映了在西南民族地区城镇旅游功能开发中，资源的原始集聚力占据了很大一部分空间和份额。这也启示我们在进行西南民族地区城镇的旅游功能开发过程中，一定要从旅游资源的深度开发和组合入手，在进行旅游资源开发的同时注重生态环境的原始性保护，保护西南民族地区生态的原始性和纯真性。同时，在各项指标当中，反映从业素质的指标均值小于3.3，这反映了在西南民族地区的城镇旅游功能开发中，人才资源一直是需要关注的点，西南民族地区的教育资源稀少，教育水平低下，加之专业的旅游管理人才较少，这就导致西南民族地区的旅游从业人员的专业化素质普遍较为低下，从侧面反映出需要加快对专业的管理人才进行培养。

本章通过运用组合信度系数对西南民族地区高速公路服务区对特色旅游小城镇旅游功能开发的协同作用所收集到的相关数据进行分析和检验，分别得出高速公路服务区、旅游吸引物系统、现代化交通体系、旅游功能布局以及旅游功能开发的组合信度系数。同时运用表4.8所列出的组合信度检验标准对西南民族地区高速公路服务区对特色旅游小城镇旅游功能开发的潜在变量进行组合信度系数的判断，见表4.38，得出各个潜在变量都能达到检验的要求，都能顺利地通过内部的一致性检验，本书所收集的量表和数据在信度检验上具有样本的可靠性。

表4.38　高速公路服务区对旅游功能开发协同作用各变量组合信度检验系数

变量名	组合信度系数CR值	接受程度
高速公路服务区	0.912	最佳
旅游吸引物系统	0.901	最佳
现代化交通体系	0.868	很好
旅游功能布局	0.846	很好
旅游功能开发	0.934	最佳

当数据量表通过信度检验时，再进行KMO检验和Bartlett's球形检验并且通过后，按照因子分析法的操作步骤进行因子分析，首先就是构造因子变量，然后运用旋转方法使因子变量具有可解释性，运用极大方差法进行因子旋转，计算因子变量得分，具体见表4.39。

表4.39　各变量的效度检验值

变量	KMO值	Bartlett卡方值	因子负载				累计方差解释率（%）	显著性水平
高速公路服务区（ESA）	0.878	2 134.785	ESA11	0.801	EAL31	0.820	80.061	0.000
			ESA12	0.821	ESA32	0.911		
			ESA21	0.901	ESA41	0.840		
			ESA22	0.878	ESA42	0.867		
			ESA23	0.867				
旅游功能开发（FD）	0.934	945.320	FD11	0.656	FD23	0.665	67.234	0.000
			FD12	0.634	FD31	0.732		
			FD13	0.700	FD32	0.620		
			FD21	0.734	FD33	0.646		
			FD22	0.821				

续表

变量	KMO 值	Bartlett卡方值	因子负载				累计方差解释率（%）	显著性水平
旅游吸引物系统（TAS）	0.874	728.367	TAS11	0.576	TAS23	0.634	65.340	0.000
			TAS12	0.634	TAS31	0.653		
			TAS13	0.780	TAS32	0.679		
			TAS21	0.656	TAS33	0.735		
			TAS22	0.710				
现代化交通体系（MTS）	0.898	1 624.181	MTS11	0.468	MTS32	0.781	65.163	0.000
			MTS12	0.544	MTS33	0.829		
			MTS13	0.780	MTS41	0.765		
			MTS21	0.770	MTS42	0.754		
			MTS22	0.734	MTS43	0.823		
			MTS31	0.734				
旅游功能布局（TFL）	0.956	768.671	TFL11	0.621	TFL21	0.628	71.211	0.000
			TFL12	0.711	TFL22	0.538		

通过上述的操作流程和方法计算，可以分别计算出高速公路服务区、旅游吸引物系统、现代化交通体系、旅游功能布局以及旅游功能开发的效度检验值，详细的计算情况见表4.39，可以看出所涉及的每个变量的效度检验值都能达到检验的要求，表明本书所设计的变量具有可靠性，通过了效度检验。

4.4.3 结构方程模型分析

根据西南民族地区高速公路服务区与旅游功能开发的协同关系建立初始的结构方程模型。

根据变量性质的确定标准，可以将西南民族地区高速公路服务区对小镇旅游功能开发协同作用中的各项变量进行归类。其中，高速公路服务区是内生变量，旅游吸引物系统、现代化交通体系和旅游功能布局可进入性是中介变量，旅游功能开发则是外生变量。根据西南民族地区高速公路服务区对特色旅游小城镇旅游功能开发状况作用的结构方程模型的因果路径图示（见图4.9），单向箭头表示

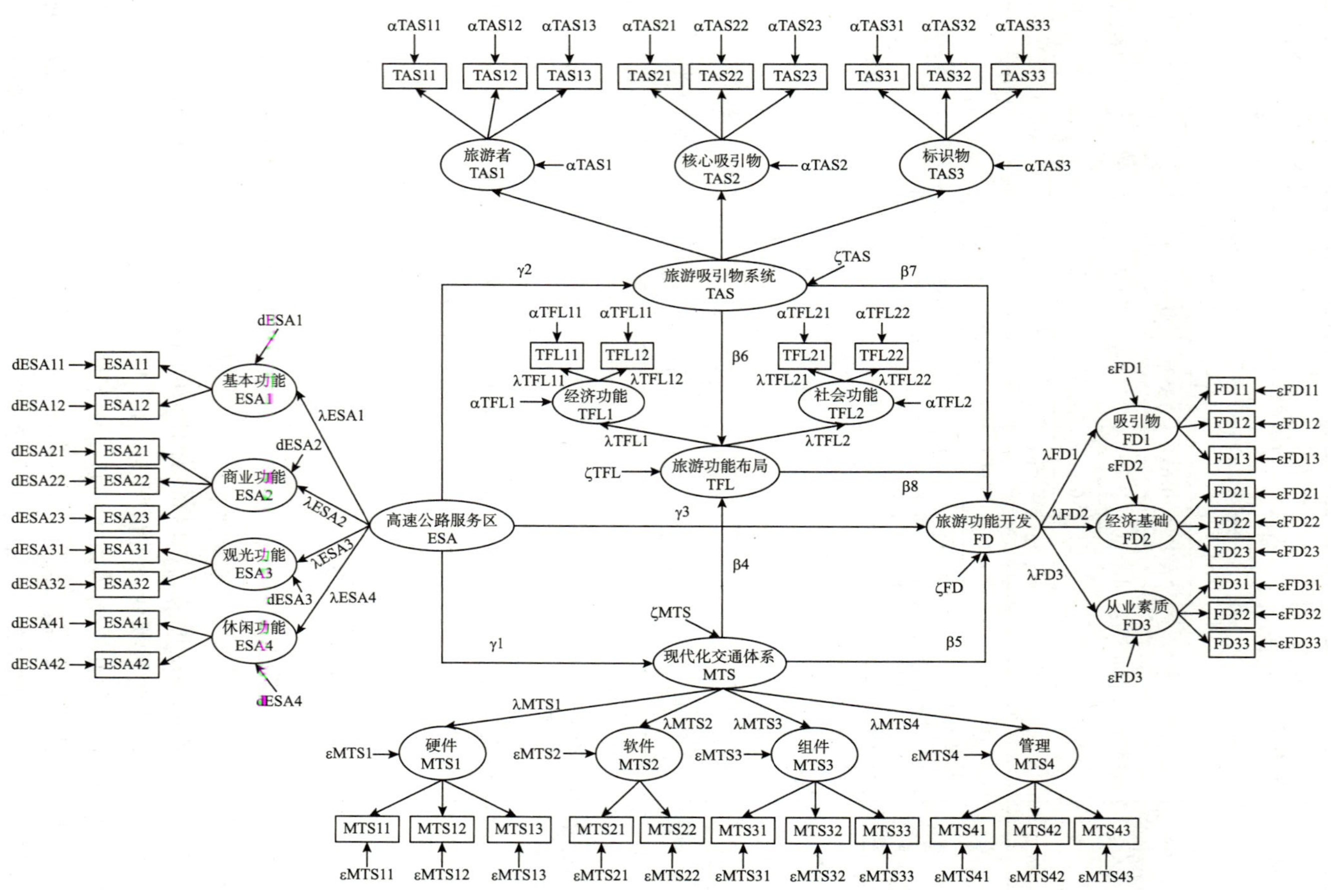

图4.9 高速公路服务区对小镇旅游功能开发的协同作用的原始结构方程模型

前一变量与后一变量存在因果关系，双向箭头则表示前一变量和后一变量之间互相存在因果关系。每一个有箭头指向的线都表示一条因果关系路径，对应存在一个回归权重系数。图 4.9 展示了西南民族地区高速公路服务区对特色旅游小城镇当地旅游功能开发作用的原始结构方程模型。

根据图 4.9 西南民族地区高速公路服务区对小镇旅游功能开发的协同作用的初始结构模型显示，内生潜变量有 16 项，外生潜变量有 5 项，外生显变量有 9 项，内生显变量包括 33 项。

外生潜变量包括：高速公路服务区（ESA）、基本功能（ESA1）、商业功能（ESA2）、观光功能（ESA3）、休闲功能（ESA4）。

外生显变量（可观测变量）包括：ESA11、ESA12、ESA21、ESA22、ESA23、ESA31、ESA32、ESA41、ESA42。

内生潜变量包括：旅游吸引物系统（TAS）、现代化交通体系（MTS）、旅游功能布局（TFL）、旅游功能开发（FD）、旅游者（TAS1）、核心吸引物（TAS2）、标识物（TAS3）、硬件（MTS1）、软件（MTS2）、组件（MTS3）、管理（MTS4）、经济功能（TFL1）、社会功能（TFL2）、吸引物（FD1）、经济基础（FD2）、从业素质（FD3）。

内生显变量（可观测变量）包括：TAS11、TAS12、TAS13、TAS21、TAS22、TAS23、TAS31、TAS32、TAS33、MTS11、MTS12、MTS13、MTS21、MTS22、MTS31、MTS32、MTS33、MTS41、MTS42、MTS43、TFL11、TFL12、TFL21、TFL22、FD11、FD12、FD13、FD21、FD22、FD23、FD31、FD32、FD33。

前文对结构方程的介绍中提到过，完整的结构方程是由测量方程和结构方程两个部分组成，为了进一步对本文的高速公路服务区对小镇旅游功能开发的协同作用进行实证研究，必须逐一建立结构方程模型的测量方程和结构方程。首先是构建观测模型部分，按照结构方程模型构建的一般模型如下：

$$\begin{cases} X = \Lambda_X \xi + \delta \\ Y = \Lambda_Y \eta + \varepsilon \end{cases} \tag{4.10}$$

式中，X 代表的是外生显变量；Y 表示的是内生显变量；ξ 代表的是外生潜变量；η 代表的是内生潜变量。ε 与 δ 均代表显变量的误差项，X 的潜变量 ξ 与自己的误差项 δ 和 Y 的误差项 ε 均无关，Y 的潜变量 η 与自己的误差项 ε 和 X 的误差项 δ 也均无关。Λ_X是显变量 X 的因子载荷，Λ_Y是显变量 Y 的因子载荷。

在西南民族地区高速公路服务区对旅游功能开发的协同作用的测量模型构建中，高速公路服务区（ESA）、基本功能（ESA1）、商业功能（ESA2）、观光功能（ESA3）、休闲功能（ESA4）是外生的潜变量，分别用 ξ_{ESA}、ξ_{ESA1}、ξ_{ESA2}、

ξ_{ESA3}、ξ_{ESA4}来进行外生的潜变量的表示。旅游吸引物系统（TAS）、现代化交通体系（MTS）、旅游功能布局（TFL）、旅游功能开发（FD）、旅游者（TAS1）、核心吸引物（TAS2）、标识物（TAS3）、硬件（MTS1）、软件（MTS2）、组件（MTS3）、管理（MTS4）、经济功能（TFL1）、社会功能（TFL2）、吸引物（FD1）、经济基础（FD2）、从业素质（FD3）是内生潜变量，分别用η_{TAS}、η_{MTS}、η_{TFL}、η_{FD}、η_{TAS1}、η_{TAS2}、η_{TAS3}、η_{MTS1}、η_{MTS2}、η_{MTS3}、η_{MTS4}、η_{TFL1}、η_{TFL2}、η_{FD1}、η_{FD2}、η_{FD3}。根据上述变量的设定，构建观测模型的方程式表达如下：

$$
\begin{cases}
X_{ESA1} = \lambda_{ESA1}\xi_{ESA} + \delta_{ESA1} \quad X_{ESA2} = \lambda_{ESA2}\xi_{ESA} + \delta_{ESA2} \\
X_{ESA3} = \lambda_{ESA3}\xi_{ESA} + \delta_{ESA3} \quad X_{ESA4} = \lambda_{ESA4}\xi_{ESA} + \delta_{ESA4} \\
X_{ESA11} = \lambda_{ESA11}\xi_{ESA1} + \delta_{ESA11} \quad X_{ESA12} = \lambda_{ESA12}\xi_{ESA1} + \delta_{ESA12} \\
X_{ESA21} = \lambda_{ESA21}\xi_{ESA2} + \delta_{ESA21} \quad X_{ESA22} = \lambda_{ESA22}\xi_{ESA2} + \delta_{ESA22} \quad X_{ESA23} = \lambda_{ESA23}\xi_{ESA2} + \delta_{ESA23} \\
X_{ESA31} = \lambda_{ESA31}\xi_{ESA3} + \delta_{ESA31} \quad X_{ESA32} = \lambda_{ESA32}\xi_{ESA3} + \delta_{ESA32} \\
X_{ESA41} = \lambda_{ESA41}\xi_{ESA4} + \delta_{ESA41} \quad X_{ESA42} = \lambda_{ESA42}\xi_{ESA4} + \delta_{ESA42} \\
Y_{TAS1} = \lambda_{TAS1}\eta_{TAS} + \varepsilon_{TAS1} \quad Y_{TAS2} = \lambda_{TAS2}\eta_{TAS} + \varepsilon_{TAS2} \quad Y_{TAS3} = \lambda_{TAS3}\eta_{TAS} + \varepsilon_{TAS3} \\
Y_{TAS11} = \lambda_{TAS11}\eta_{TAS1} + \varepsilon_{TAS11} \quad Y_{TAS12} = \lambda_{TAS12}\eta_{TAS1} + \varepsilon_{TAS12} \quad Y_{TAS13} = \lambda_{TAS13}\eta_{TAS1} + \varepsilon_{TAS13} \\
Y_{TAS21} = \lambda_{TAS21}\eta_{TAS2} + \varepsilon_{TAS21} \quad Y_{TAS22} = \lambda_{TAS22}\eta_{TAS2} + \varepsilon_{TAS22} \quad Y_{TAS23} = \lambda_{TAS23}\eta_{TAS2} + \varepsilon_{TAS23} \\
Y_{TAS31} = \lambda_{TAS31}\eta_{TAS3} + \varepsilon_{TAS31} \quad Y_{TAS32} = \lambda_{TAS32}\eta_{TAS3} + \varepsilon_{TAS32} \quad Y_{TAS33} = \lambda_{TAS33}\eta_{TAS3} + \varepsilon_{TAS33} \\
Y_{TFL1} = \lambda_{TFL1}\eta_{TFL} + \varepsilon_{TFL1} \quad Y_{TFL2} = \lambda_{TFL2}\eta_{TFL} + \varepsilon_{TFL2} \\
Y_{TFL11} = \lambda_{TFL11}\eta_{TFL1} + \varepsilon_{TFL11} \quad Y_{TFL12} = \lambda_{TFL12}\eta_{TFL1} + \varepsilon_{TFL12} \\
Y_{TFL21} = \lambda_{TFL21}\eta_{TFL2} + \varepsilon_{TFL21} \quad Y_{TFL22} = \lambda_{TFL22}\eta_{TFL2} + \varepsilon_{TFL22} \\
Y_{MTS1} = \lambda_{MTS1}\eta_{MTS} + \varepsilon_{MTS1} \quad Y_{MTS2} = \lambda_{MTS2}\eta_{MTS} + \varepsilon_{MTS2} \\
Y_{MTS3} = \lambda_{MTS3}\eta_{MTS} + \varepsilon_{MTS3} \quad Y_{MTS4} = \lambda_{MTS4}\eta_{MTS} + \varepsilon_{MTS4} \\
Y_{MTS11} = \lambda_{MTS11}\eta_{MTS1} + \varepsilon_{MTS11} \quad Y_{MTS12} = \lambda_{MTS12}\eta_{MTS1} + \varepsilon_{MTS12} \quad Y_{MTS13} = \lambda_{MTS13}\eta_{MTS1} + \varepsilon_{MTS13} \\
Y_{MTS21} = \lambda_{MTS21}\eta_{MTS2} + \varepsilon_{MTS21} \quad Y_{MTS22} = \lambda_{MTS22}\eta_{MTS2} + \varepsilon_{MTS22} \\
Y_{MTS31} = \lambda_{MTS31}\eta_{MTS3} + \varepsilon_{MTS31} \quad Y_{MTS32} = \lambda_{MTS32}\eta_{MTS3} + \varepsilon_{MTS32} \quad Y_{MTS33} = \lambda_{MTS33}\eta_{MTS3} + \varepsilon_{MTS33} \\
Y_{MTS41} = \lambda_{MTS41}\eta_{MTS4} + \varepsilon_{MTS41} \quad Y_{MTS42} = \lambda_{MTS42}\eta_{MTS4} + \varepsilon_{MTS42} \quad Y_{MTS43} = \lambda_{MTS43}\eta_{MTS4} + \varepsilon_{MTS43} \\
Y_{FD1} = \lambda_{FD1}\eta_{FD} + \varepsilon_{FD1} \quad Y_{FD2} = \lambda_{FD2}\eta_{FD} + \varepsilon_{FD2} \quad Y_{FD3} = \lambda_{FD3}\eta_{FD} + \varepsilon_{FD3} \\
Y_{FD11} = \lambda_{FD11}\eta_{FD1} + \varepsilon_{FD11} \quad Y_{FD12} = \lambda_{FD12}\eta_{FD1} + \varepsilon_{FD12} \quad Y_{FD13} = \lambda_{FD13}\eta_{FD1} + \varepsilon_{FD13} \\
Y_{FD21} = \lambda_{FD21}\eta_{FD2} + \varepsilon_{FD21} \quad Y_{FD22} = \lambda_{FD22}\eta_{FD2} + \varepsilon_{FD22} \quad Y_{FD23} = \lambda_{FD23}\eta_{FD2} + \varepsilon_{FD23} \\
Y_{FD31} = \lambda_{FD31}\eta_{FD3} + \varepsilon_{FD31} \quad Y_{FD32} = \lambda_{FD32}\eta_{FD3} + \varepsilon_{FD32} \quad Y_{FD33} = \lambda_{FD33}\eta_{FD3} + \varepsilon_{FD33}
\end{cases}
\tag{4.11}
$$

在构建测量模型以后，还需要构建结构模型部分，按照结构方程模型构建的一般规律，对于外生潜变量和内生潜变量之间的关系可以用以下的公式来进行表示和说明：

$$\eta = \beta\eta + \Gamma\xi + \zeta \tag{4.12}$$

式中，η 代表内生潜变量；β 代表内生潜变量之间的关系系数；Γ 代表内生潜变量受外生潜变量的影响系数；ξ 代表外生潜变量；ζ 代表残差项。

本书在研究西南民族地区高速公路服务区对特色旅游小城镇旅游功能开发协同作用的过程中，在构建高速公路服务区对特色旅游小城镇旅游功能开发协同作用的结构模型中，用 γ_1、γ_2 和 γ_3 来分别表示高速公路服务区对现代化交通体系、高速公路服务区对旅游吸引物系统、高速公路服务区对旅游功能开发的影响作用；用 β_4 表示现代化交通体系对旅游功能布局的影响作用；用 β_5 表示现代化交通体系对旅游功能开发的影响和作用；用 β_6 和 β_7 来分别表示旅游吸引物系统对旅游功能布局和旅游功能开发的影响作用；最后，用 β_8 来表示旅游功能布局对旅游功能开发的影响作用。

因此，根据上述变量的设定，可以在上述研究的基础上建立结构模型：

$$\begin{gathered}\eta_{MTS} = \gamma_1\xi_{ESA} + \zeta_{MTS} \\ \eta_{TAS} = \gamma_2\xi_{ESA} + \zeta_{TAS} \\ \eta_{TFL} = \beta_4\eta_{MTS} + \beta_6\eta_{TAS} + \zeta_{TFL} \\ \eta_{FD} = \gamma_3\xi_{ESA} + \beta_5\eta_{MTS} + \beta_7\eta_{TAS} + \beta_8\eta_{TFL} + \zeta_{FD}\end{gathered} \tag{4.13}$$

上一步建成初始的结构方程模型以后，西南民族地区高速公路服务区对特色旅游小城镇旅游功能开发的协同作用的测量模型和结构模型都得到建立，这时还需要对初始模型进行估计和检验，主要包括检验拟合指标的指数、参数、决定系数三个方面[311]。通过不同评价方法对上述指标进行检验，进而判断构建的西南民族地区高速公路服务区对特色旅游小城镇旅游功能开发的协同作用的原始模型是否需要进行修正。

将图 4.9 高速公路网服务区对小镇旅游功能开发协同作用的初始结构方程模型录入 AMOS 17.0 中，通过计算和对相关参数进行估计，获得了西南民族地区高速公路服务区对特色旅游小镇旅游功能开发协同作用的原始结构方程模型中各项反映拟合关系的拟合指标值（见表 4.40）。

表 4.40 高速公路服务区对旅游功能开发协同作用的原始结构方程模型适配度检验结果

拟合指标	χ^2/df	CFI	IFI	TLI	AGFI	PNFI	RMSEA	RMR
观测值	1.840	0.907	0.908	0.907	0.801	0.754	0.046	0.032
拟合标准	<3.00	>0.90	>0.90	>0.90	>0.80	>0.50	<0.08	<0.05

通过表 4.40 可以看出，在对西南民族地区高速公路服务区对特色旅游小城镇旅游功能开发的协同作用的原始结构方程模型进行估计和检验时，通过将表 4.40 的各项拟合指标观测值与拟合标准值进行参考和比较，在用于检验适配度的八个指标当中，所有的观测值都在符合标准的范围内，这就说明了所构建的西南民族地区高速公路服务区对特色旅游小城镇当地旅游功能开发协同作用的原始结构方程模型可以与通过调查问卷所得到的样本数据在整体上达到很好的数据拟合。

在完成西南民族地区高速公路服务区对特色旅游小城镇旅游功能开发协同作用的初始结构模型进行拟合度检验的基础上，为了进一步估计和检验初始结构方程模型的路径的合理性和数据的一致性，在完成拟合度检验的基础上对西南民族地区高速公路服务区对特色旅游小城镇旅游功能开发协同作用的原始结构方程模型进行路径系数的测定。表 4.41 为高速公路服务区对小城镇旅游功能开发协同作用的原始模型的路径估计。

表 4.41 高速公路服务区对小城镇旅游功能开发协同作用的原始模型的路径估计

路径	结构方程模型路径	标准化路径系数	C. R.	p
γ_1	MTS←ESA	0.744	11.233	***
γ_2	TAS←ESA	0.781	8.876	***
γ_3	FD←ESA	0.260	3.221	0.001
β_4	TFL←MTS	0.456	4.986	***
β_5	FD←MTS	0.130	1.210	0.231
β_6	TFL←TAS	0.654	5.767	***
β_7	FD←TAS	0.323	2.320	0.010
β_8	FD←TFL	0.210	3.110	0.001

注：*** 表示 $p<0.001$。

根据表 4. 41 可以看出，在西南民族地区高速公路服务区对特色旅游小城镇旅游功能开发协同作用的原始结构方程模型构建过程中，MTS 对 FD 的这条路径未能通过显著性检验，也就意味着，MTS 对 FD 没有产生显著的作用。尽管如此，由于绝大多数路径均通过了路径显著性检验，所以并不能对之前构造的原始结构方程模型全盘否定。从结果上看，西南民族地区高速公路服务区对特色旅游小城镇旅游功能开发协同作用的原始结构方程模型的构造思路基本正确，但其中的部分关系需要调整后进行重新测度，才能满足研究的目的。

由表 4. 41 可以看出，高速公路服务区、旅游吸引物系统、现代化交通体系和旅游功能布局对于西南民族地区的旅游功能开发的路径系数都呈现出较小的状态，因此要使得能够更好地拟合测度结构方程模型，就必须对原始的西南民族地区高速公路服务区对特色旅游小城镇的旅游功能开发协同作用结构方程模型进行适当的调整。通过对相关的文献查找和进行实地调研的结果分析，在各种关于区域小城镇当地居民受益的相关文献研究中，通过有针对性的查找和判断，综合本书的相关研究基础和理论，得出了以下的基本结论，概括为：在西南民族地区发展旅游经济的过程中，旅游吸引物系统和高速公路服务区都对旅游功能的开发具有直接的促进作用，而现代化交通体系作为小镇旅游体系的一环，其对于小镇旅游功能开发的作用不具有显著的直观性。由此获得西南民族地区高速公路服务区对特色旅游小城镇旅游功能开发协同作用调整后的结构方程模型（见图 4. 10）。

图 4. 10 表明，与西南民族地区高速公路服务区对旅游功能开发协同作用的原始结构方程模型相比，调整后的结构方程模型将高速公路服务区对旅游功能开发的直接路径剔除了。将调整后的结构方程模型再次放入 AMOS 17. 0 软件中进行计算和对作用路径的参数估计，得到调整后的结构方程模型中反映模型拟合程度的多项拟合指标值（见表 4. 42）。

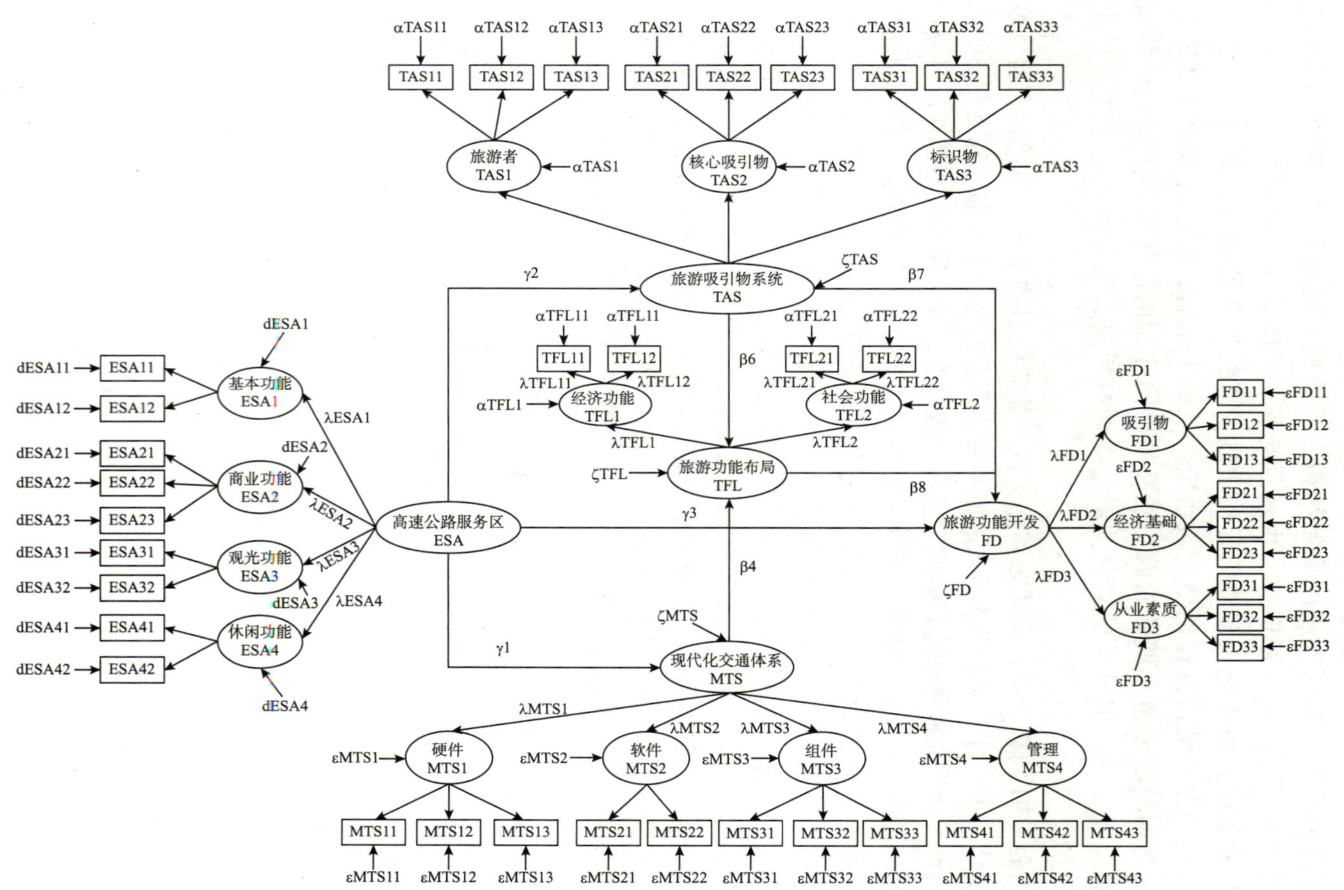

图4.10 调整后的西南民族地区高速公路服务区对旅游功能开发协同的结构方程模型

表 4.42　高速公路服务区对旅游功能开发协同作用调整后结构方程模型适配度检验结果

拟合指标	χ^2/df	CFI	IFI	TLI	AGFI	PNFI	RMSEA	RMR
观测值	1.838	0.907	0.908	0.907	0.805	0.746	0.044	0.031
拟合标准	<3.00	>0.90	>0.90	>0.90	>0.80	>0.50	<0.08	<0.05

将表 4.42 中的高速公路服务区对特色旅游小城镇旅游功能开发协同作用的各项观测值与拟合标准进行对比，发现经过调整后的西南民族地区高速公路服务区对特色旅游小城镇旅游功能开发的协同作用的结构方程模型的各项拟合指标值都在可以接受的范围以内。基于此，可以判断调整后的西南民族地区高速公路服务区对特色旅游小城镇旅游功能开发的协同作用的原始结构方程模型可以与通过调查问卷所得到的样本数据进行较好的数据拟合。同时，为了进一步对所建立的结构模型进行最优化选择，在通过拟合指标检验的基础上对结构方程模型的路径系数进行计算，具体见表 4.43。

表 4.43　　高速公路服务区对旅游功能开发作用调整后模型的路径估计

路径	结构方程模型路径	标准化路径系数	C. R.	p
γ_1	MTS←ESA	0.780	11.640	***
γ_2	TAS←ESA	0.756	8.989	***
γ_3	FD←ESA	0.324	4.003	***
β_4	TFL←MTS	0.510	4.010	***
β_6	TFL←TAS	0.350	3.780	***
β_7	FD←TAS	0.334	3.524	***
β_8	FD←TFL	0.256	2.788	0.007

注：*** 表示 $p<0.001$。

表 4.43 显示，高速公路服务区对小镇旅游功能开发协同作用调整后模型中的各项路径的作用系数都通过了显著性检验，其中绝大多数都达到了 0.001 的显著性水平。同时，根据标准化路径系数的测度标准确定的高于 0.50 为效果明显、0.10～0.50 为效果适中、低于 0.10 为效果较小，可以确定高速公路服务区对小镇旅游功能开发协同作用调整后的结构方程模型中所有的路径作用效果都在适中和明显的级别上，由此可以判定调整后的结构方程模型为最终的西南民族地区高速公路服务区对特色旅游小城镇旅游功能开发协同作用的结构方程模型（见图 4.11）。

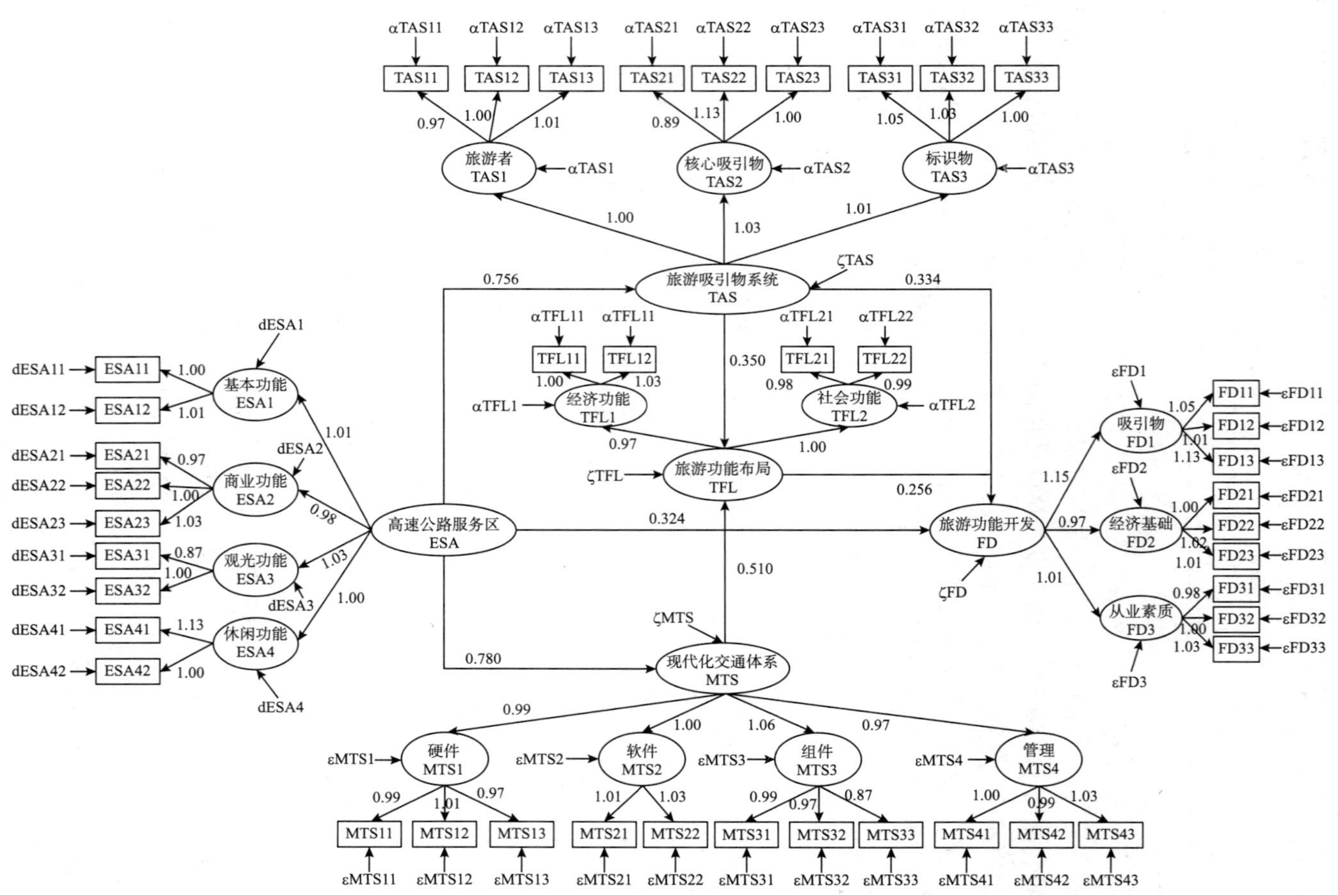

图4.11 最终的西南民族地区高速公路服务区对旅游功能开发协同作用的结构方程模型

考虑到最终的西南民族地区高速公路服务区对特色旅游小城镇旅游功能开发协同作用的结构方程模型图形过于复杂，为了研究的直观、简洁和方便，将最终的结构方程模型的主体部分进行归纳和提炼，得到最终的西南民族地区高速公路服务区对特色旅游小城镇旅游功能开发协同作用的结构方程模型简化形式，具体见图4.12。

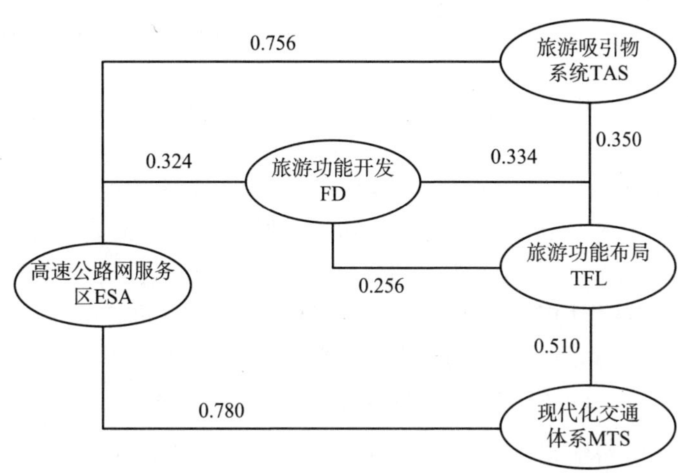

图4.12　高速公路服务区对旅游功能开发协同作用的结构方程模型简化形式

为了进一步探讨各变量与整体模型之间的关系，需要对各个路径的作用效应进行分解，具体来说，效应可以分为直接效应和间接效应两个方面的内容，其中，直接效应表示作为原因的变量直接对作为结果的变量作用而产生的影响，其影响程度的测度依靠直接效应的路径系数来衡量；相反地，间接效应表示作为原因的变量不直接作用作为结果的变量，而是通过其他作为中介的变量来间接地对作为结果的变量产生影响。间接效应的作用路径系数值为间接效应发生过程中每一个阶段路径系数之积，两变量之间的作用总效应为其二者间直接效应和间接效应之和。为了使西南民族地区高速公路服务区对特色旅游小城镇旅游功能开发协同作用的主要变量能够被有效测度，需要对高速公路服务区（ESA）、旅游吸引物系统（TAS）、现代化交通体系（MTS）和旅游功能布局（TFL）四个变量作用特色旅游小城镇旅游功能开发（FD）的效应进行分解（见表4.44）。

表 4.44　高速公路服务区对旅游功能开发协同作用模型的原因变量效应分解

变量作用关系	直接效应	间接效应	总效应
ESA→FD	0.324		0.324
TAS→FD	0.334		0.334
TFL→FD	0.256		0.256
MTS→TFL→FD		0.131（0.510×0.256）	0.131

表4.44显示，在西南民族地区高速公路服务区对旅游功能开发的协同作用变量中，高速公路服务区、旅游吸引物系统和旅游功能布局都对旅游功能开发产生了直接的影响作用，其中旅游吸引物系统对旅游功能开发的直接作用效应最大，为0.334，高速公路服务区对旅游功能布局的直接作用效应为0.324，旅游功能布局对旅游功能开发的直接作用效果为0.256。现代化交通体系对旅游功能开发不产生直接的作用效应，但是可以经过作用于旅游功能布局对旅游功能开发间接产生效应，且其间接效应为0.131。可见，在西南民族地区的旅游功能开发影响变量当中，旅游吸引物系统的构建是重点建设的对象。

4.4.4　假设检验与结果讨论

根据统计的显著性分析，运用标准化后的路径系数来对每条作用路径的作用强度进行估计，以此作为对每一条因果路径的评价，经过标准化处理之后，路径系数的数值都在 -1 ~ 1 的范围内。针对西南民族地区高速公路与特色旅游小城镇接入性调研获取的样本数据支持了理论分析部分提出的大部分假设。表4.45将西南民族地区高速公路服务区对特色旅游小城镇旅游功能开发的协同作用模型的路径系数和假设验证情况进行了全面的归纳和总结。

表 4.45　高速公路服务区对旅游功能开发协同作用结构方程模型的路径系数与假设检验

路径	变量间关系	路径系数	显著性水平	对应假设	检验结果
γ_1	ESA→MTS	0.780	***	假设1	支持
γ_2	ESA→TAS	0.756	***	假设2	支持
γ_3	ESA→FD	0.324	***	假设3	支持
β_4	MTS→TFL	0.510	***	假设4	支持

续表

路径	变量间关系	路径系数	显著性水平	对应假设	检验结果
β_5	MTS→FD			假设5	不支持
β_6	TAS→TFL	0.350	***	假设6	支持
β_7	TAS→FD	0.334	***	假设7	支持
β_8	TFL→FD	0.256	0.007	假设8	支持

注：*** 表示 $p<0.001$。

由表4.45所显示的结构方程模型的路径系数和假设检验的结构分析可以得出，在西南民族地区高速公路服务区对特色旅游小城镇的旅游功能开发协同发展的研究假设和开发路径当中，$\gamma_1=0.780$，$p<0.01$，显著性效果明显。因此，可以得出“高速公路服务区对于现代化交通体系的发展具有显著的正向作用”的结论，这个结论就支持了研究假设HC1。

西南民族地区高速公路服务区到旅游吸引物系统的路径系数 $\gamma_2=0.756$，显著性水平 $p<0.01$，通过了显著性检验。因此，可以得出“西南民族地区高速公路服务区对旅游吸引物系统具有显著的正向作用”的结论，从而验证了研究假设HC2的正确性。

西南民族地区高速公路交通量到慢旅游的路径系数 $\gamma_3=0.324$，显著性水平 $p<0.01$，符合显著性检验的要求和标准。因此，可以得出“西南民族地区高速公路服务区对旅游功能开发具有显著的正向作用”的结论，从而验证了研究假设HC3的正确性。

西南民族地区的现代化交通体系对旅游功能布局的路径系数 $\beta_4=0.510$，显著性水平 $p<0.01$，符合显著性检验的要求和标准。因此，可以得出“西南民族地区旅游功能布局对旅游功能布局具有显著的正向作用”的结论，这个结论很好地验证了研究假设HC4，符合研究假设的相关内容。

西南民族地区现代化交通体系对旅游功能开发的路径由于初始结构方程模型到最终结构方程模型建立的调整过程中被删除掉，不能通过显著性检验。因此，可以得出“西南民族地区现代化交通体系对旅游功能开发没有直接的显著正向作用”的结论，而得出的这个结论不支持研究假设HC5。

西南民族地区旅游吸引物系统对旅游功能布局的路径系数 $\beta_6=0.350$，显著性水平 $p<0.01$，符合显著性检验的要求和标准。因此，可以得出“西南民族地区旅游吸引物系统对旅游功能布局具有显著的正向作用”的结论，这就验证和支持了原研究假设HC6的相关内容。

西南民族地区旅游吸引物系统对小镇旅游功能开发的路径系数 $\beta_7 = 0.334$，显著性水平 $p < 0.01$，符合显著性检验的要求和标准。因此，可以得出“西南民族地区旅游吸引物系统对小镇旅游功能开发具有显著的正向作用”的结论，这结论支持了原研究假设 HC7 的关于旅游吸引物系统对小镇旅游功能开发的相关假设。

西南民族地区旅游功能布局对小镇旅游功能开发的路径系数 $\beta_8 = 0.256$，显著性水平 $p < 0.01$，符合显著性检验的要求和标准。因此，可以得出“西南民族地区旅游功能布局对小镇旅游功能开发具有显著的正向作用”的结论，这结论在很大程度上给了原研究假设 HC8 相关内容的支持和验证。

本书通过构建西南民族地区高速公路服务区对特色旅游小城镇旅游功能开发协同作用的结构方程模型，得出高速公路服务区对特色旅游小城镇旅游功能开发的路径系数和假设检验，通过显著性水平和路径系数的标准化比较对原假设研究的合理性进行科学的合理的判断。其中，研究发现，旅游吸引物系统、旅游功能布局和高速公路服务区对特色旅游小城镇旅游功能开发的发展具有显著的正向作用，直接效应依次为 0.334、0.256 和 0.324，这就能够说明在西南民族地区特色旅游小城镇的旅游功能开发中，旅游核心吸引物的吸引力增加、旅游功能布局的不断完善和高速公路服务区建设和不断与小镇旅游开发接入都是促进当地特色旅游小城镇旅游功能开发的不可或缺的重要因素，也证明了本研究基于高速公路服务区的功能建设所进行的基本功能建设、商业功能建设、观光建设和休闲建设四个维度构成对西南民族地区小镇旅游功能开发协同作用机制进行探究的识别过程是具有合理性的。同时，本书得出的在西南民族地区特色旅游小城镇的旅游功能开发过程中，旅游吸引物系统、旅游功能布局和高速公路服务区三者的直接效应均不相上下，大概的值在 0.3 左右，具有一致性特征，说明了旅游吸引物系统、旅游功能的良好布局、高速公路服务区的建立这三个方面的影响因素都是未来西南民族地区特色旅游小城镇进行旅游功能开发和深度创造时必须着重考虑的三个因素，从这三个方面出发分别对于西南民族地区特色旅游小城镇旅游功能开发的自身吸引力的增加、旅游功能的合理布局以及服务区设施和管理体系的不断完善相关方面进行工作安排和布局。

本研究另外一个非常重要的结论在于：高速公路服务区在建设过程中逐渐与旅游经济不断地趋于融合，其中本书从高速公路服务区的功能类型出发，将高速公路服务区分为基本功能、商业功能、观光功能和休闲四个大板块，研究发现这四项功能以及由这四项所组合构成的整个高速公路服务区对特色旅游小城镇的旅游功能开发存在直接的影响作用机制和影响路径。在三项直接影响西南民族地区旅游功能开发的影响因素里，旅游吸引物系统是影响因子最大的一项，表明在西南民族地区的旅游功能开发中，旅游吸引物系统的完善和构建对于旅游功能的开发建设具有重要的影响。

基于上述的路径系数的说明和结论总结，我们可以得出两个十分重要的启示：一是在对在西南民族地区高速公路与特色旅游小城镇的接入性和协同作用研究中，必须要对高速公路服务区这一重要的影响因素进行深入探究和分析，强化对西南民族地区高速公路服务区的重要性的认识，将高速公路服务区从交通网络战略中分离出来，作为专项规划进行管理和战略思考，同时，更多的将旅游规划和交通规划结合起来，在进行高速公路网布局的规划设计评估的同时注重旅游规模的影响和发展空间的布局，实现旅游和交通的协同和更好的接入。二是要加强对西南民族地区旅游吸引物系统的建设、旅游功能布局的合理性和现代化交通体系的重视和规划，通过对旅游资源和旅游吸引物的重组和资源整合、对现有的旅游功能布局进行改整以及不断进行加强现代化交通体系的建设和与旅游发展的协同作用建设来提高整个西南民族地区特色旅游小城镇的旅游功能开发水平。

综上所述，西南民族地区高速公路服务区是通过加快建设旅游吸引物系统、进一步进行旅游功能布局的建设和现代化交通体系的建设这三个中介变量来对小城镇旅游功能开发产生正向作用的，并且在这个过程中的成效非常大。根据高速公路服务区的基本功能、商业功能、观光功能和休闲功能这四个构成维度，合理地引入旅游吸引物系统、旅游功能布局和现代化交通体系三项中介变量，很好地构建起了西南民族地区高速公路服务区对特色旅游小城镇旅游功能开发协同作用的模型，通过实证分析获得的研究结论在西南民族地区旅游吸引物系统的建设、旅游功能布局完善、现代化交通体系与当地旅游产业发展的良好接入、高速公路服务区功能的完善以及对小镇的旅游功能开发重点和创新点都具有巨大的理论和实践意义，对于实现西南民族地区高速公路与特色旅游小城镇的接入性原理的丰富和延伸具有不可忽视的重要意义。

第5章

西南民族地区高速公路与特色旅游小城镇的SPS案例实证研究

5.1 案例研究设计

5.1.1 协同度及其测算

协同学也叫作协同论或者协和学，是随着系统发展而逐渐形成的。协同度是协同学的核心组成部分，主要用以描述在一个系统当中各子系统相互作用的关系程度[314]。在协同学理论中，序参量的参数对于复合系统的协同度有着重要的影响，主要体现在系统的变化过程当中，影响着变化过程当中重要因素的构成以及因素的未来变化趋势，进而影响整个复合系统的变化趋势。同时，内外部环境的动态性使复合系统在其运动变化中具有不稳定性，在感知外部环境的变化时自身也会受到一定程度的影响[315]。为了在复合系统协同度测量中体现这一运动变化的特征，综合比较下，本书选择基于序参量的复合系统协同度测量模型作为研究方法。

协同论具有普遍适应性，其应用范围也相当地广阔，广泛地应用于各种不同系统的自组织现象的分析、建模、预测中[316]。正是由于协同论具有广泛的适应性，本书在研究中将协同论的相关原理和方法引入西南民族地区高速公路与特色旅游小城镇的协同关系研究中，主要包括序参量和支配原理，再结合西南民族地区公路与特色旅游小城镇现有的协同基础以及内外部影响因素，建立各个子系统间相互作用的模型。根据本书对西南民族地区高速公路与特色旅游小城镇协同的维度划分和分析框架的构建，在进行协同度测算中主要从西南民族地区高速公路交通量与慢旅游的协同、高速公路网布局与居民受益的协同以及高速公路服务区与旅游功能开发的协同三个方面出发，首先确定各个子系统的有序参量，其次对各个子系统的有序度进行计算，最后计算出系统的协同度，对各子系统之间的协同关系进行评价。

5.1.2　SPS 案例研究方法

SPS 案例研究范式较为有效地解决了中国案例研究者常常面对的困境，SPS 案例研究方法通过提供系统化的操作流程，规范完善的研究步骤和设计逻辑，有效的动态和静态建模方式，使案例研究变得更加实用化和规范化。SPS 案例分析方法着眼于开发新的概念和研究的多层次需要，通过案例研究构建理论，其科学内涵的界定包括三个基本的原则：结构化、实用化、情景化；六个案例分析步骤：申请准入——现象概念化——建立并完善理论视角——结构化访谈——理论和数据的模型校对——撰写案例研究报告；SPS 案例研究方法有自己的研究论文的六个标准章节：包括介绍部分、文献回顾、研究方法、案例描述、讨论部分和结论部分，论文的撰写都是按照这六个部分的标准来严格地进行排列以及合理地安排案例的章节内容；六种设计逻辑分别是特征逻辑、类比逻辑、要件逻辑、流程逻辑、生态系统逻辑、赋能逻辑，一个好的案例首先需要的是一个好的视角和切入点，SPS 案例研究方法的六种案例研究的逻辑就能够更好地帮助研究者们针对一个突发或经典案例时间找到一个视角切入点，从这个切入点出发对整个案例的相关理论部分进行系统的阐述和有针对性的说明。在确定切入点是什么以及采用什么步骤和方法来对目标案例进行说明以后，再运用抽象的理论概念来建立理论模型。其中，包括静态和动态的两大方面的理论模型，静态的理论模型包括分类式的建模、流程式建模、转型式建模、路径依赖式建模四种建模方式，动态的建模方式包括分类式建模、布局式建模、对比式建模和多级式建模四个主要的动态建模方式。

西南民族地区的民族特色包括少数民族经济和少数民族文化，从民族特色出发本书选取西南民族地区的贵州、广西、云南的特色旅游小城镇为例，运用 SPS

案例研究范式进行单案例研究。案例研究的方法是对现实情景中的具体事件和现象进行一定深度的考察，在对现象进行丰富细致的描述过程中，对现有理论进行验证，探索并发现出新的规律，以提炼出新的理论框架，运用SPS的模型建立的方法对理论概念进行模型化，并运用相关经典理论和概念模型对所研究的案例进行实证分析和结构讨论，根据研究现象确定案例事件的发展阶段，根据概念化设计确定分析层次，再在描述中对过程中的变量和各个要素进行逻辑安排，运用科学的逻辑论证方法对各阶段或要素之间的方法进行系统的有针对性的阐述。面对现实中西南民族地区不同的地域特征和政策优势、旅游经济的发展基础以及未来发展规划的不同，SPS案例研究范式显然成为了一种非常恰当的研究方法。

从具体的层面来看，本书立足于对西南民族地区高速公路与特色旅游小城镇协同的研究，首先系统扼要的对SPS案例研究方法进行简要的介绍，对研究方法进行介绍以便对接下来案例的开展进行详细的说明。其次对案例选取的情况进行说明。其中，包括案例数据收集部分，在案例选取的部分说明案例选取的合理性和说明研究课题所具有的科学性和合理性，说明选取西南民族地区贵州、广西、云南的特色旅游小城镇与高速公路的接入性研究的合理性和代表性，通过对单个案例的发展实施现状和未来规划方向的详细深入的分析得出其协同接入模式的得出、实施条件、发展情况以及运用科学理论进行结论的分析和讨论，得出在西南民族地区特殊性和民族性的大环境下高速公路和特色旅游小城镇到底是如何接入、如何能够更好地进行二者的接入和协同以带动西南民族地区高速公路与特色旅游小城镇的城镇化步伐。再次是对案例研究所需要的数据进行收集，包括具有时效性和相关性的原始数据的收集和基于对现有资料分析和处理的二手数据的收集，对采集数据的方式和场地进行详细的解说以更好地对案例进行分析，说明本书所用数据的合理性和根据性。最后分别对所涉及的三个分别选取贵州、广西、云南西南民族地区三省区单个案例进行详细而深入的分析，其中包括对案例地的发展状况进行说明，分阶段讨论每个发展阶段的特征和主要着力方向，在对案例地的高速公路与特色旅游小城镇进行了详细深入的分析和阶段划分之后，再分别对各个阶段的特征进行发现与讨论，运用SPS案例研究方法建立理论概念模型，并根据静态的西南民族地区高速公路与特色旅游小城镇的协同作用机制的理论模型结合云南、贵阳、广西三地的特色旅游小城镇与高速公路建设的实际情况对建立的理论概念模型进行案例验证，指出对于概念理论模型三地的实际接入协同发展情况呈现出什么样的状态，对出现的突出问题和取得成就的优势资源进行整合。最后通过对案例的讨论和分析对案例的情况进行延伸说明，明白本案例在研究过程中的不足与优点，以及在相关文献的选取和理论运用方面的心得和不足之处的说明，针对案例验证的结果对本书研究的案例机制提出对策和建议。

5.1.3 案例选取

本书对西南民族地区的高速公路与特色旅游小城镇协同的研究，课题研究的重点在西南民族地区的特色旅游小城镇与高速公路的协同作用机制。自2009年以来，国务院、国家旅游局等国家相关部门在发布的文件中，进一步指出了旅游业作为国计民生的支柱性产业，大力推进旅游业的发展有利于提高区域经济发展的水平，交通运输作为旅游经济发展的重要一环，在全力加快旅游生产中重视现代化交通体系的建设是实现旅游经济均衡发展的必经之路[194]。西南民族地区因其独特的自然地理环境，如喀斯特地貌、横断山系，发达多样化的少数民族民俗文化，典型的多民族文化包括古滇文化、大理文化、彝族多样化的服饰文化以及纳西族东巴文化等，以及西南民族地区纯天然的自然生态环境等造就了西南民族地区旅游资源的独特性和民族性。按照西南民族地区的区域位置划分，本书主要研究包括贵州、广西、云南的高速公路与特色游小城镇的协同接入作用，考虑到案例研究的经典性和普遍标准，在对单个案例进行选择时，分别对贵州的镇远古镇、广西的扬美古镇、云南的勐仑小镇进行案例分析。基于建立的西南民族地区高速公路与特色旅游小城镇的分析框架、研究假设、结构方程模型以及协同度测算的相关内容，在对三个案例地的高速公路和特色旅游小城镇的协同现状进行分析的基础上，从高速公路与特色旅游小城镇的划分维度出发，对贵州镇远古镇进行高速公路交通量与特色旅游小城镇慢旅游的协同作用分析、对扬美古镇进行高速公路网布局与特色旅游小城镇居民受益的协同作用分析、对勐仑小镇进行高速公路服务区与特色旅游小城镇旅游功能开发的协同作用分析。

镇远古镇是贵州省黔东南苗族侗族自治州镇远县名镇，是一座典型的具有悠久历史的苗乡古城。镇远古镇坐落在舞阳河的旁边，四面环山，是一座被群山包围的古镇，除此以外，镇远古镇多山亦多水，镇内的河流呈现“S”的形状，河流的北面是具有历史感的府城，南面是古老的卫城，远远地看去像一幅太极八卦图阵，具有神秘的道教色彩。北面和南面的城池都是在明代建设的，具有历史沧桑感和较高的文化价值。城内外分布着居民住宅和古建筑。贵州的镇远古镇旅游资源丰富异常，有中国山地贴崖建筑文化博物馆之称，青龙洞古建筑群包括民居、街道、商铺等160余处古迹均具有极高的旅游开发价值和科研价值，镇远古镇更是一座完全由众多名胜古迹集成的“传统文化迷宫”，多种文化相互交融，被专家称为“世界文化保护圈”。镇远古镇除了众多的名胜古迹和少数民族风情以外，素有“滇楚锁钥，黔东门户”之称，交通区位优势明显，自古就是兵家必争的场所，湘黔铁路、株六复线、320 国道、沪昆高速公路都经过镇远古镇，其出行条件十分优越，同时，镇远古镇距离铜仁、湖南芷江和贵飞机场分别为 90 千米、170 千米、270 千米，为航空运输提供了交通基础条件。优越的地理区位优势为镇远古镇旅游业的发展和对外连接创造了条件，旅游交通在整个古镇的综合经济中所占有的比例也在逐日上升，为了更好地开展旅游业，古镇居民和政府不断加大对旅游交通条件的改善，尤其是现代高速公路的修建和完善，使高速公路的改建促进整个贵州镇远古镇的旅游经济发展和逐渐繁荣。

广西扬美古镇位于广西壮族自治区首府南宁市的西南部，始于宋代，繁荣于明末清初，至今已有千年的历史，素有“小南宁”之称，是南宁市明清古建筑保存最为完整的地方，明清建筑特色明显，古老的街巷和历史感的宅院都融进了这明清韵味深长的环境里。扬美古镇具有鲜明的历史文化色彩，当地的居民在长期的历史发展中对古镇有着深厚感情，扬美古镇的文化在很大程度上就体现在当地居民的生产生活方式上，或者说当地居民本身就是扬美古镇旅游文化资源的一部分。除了丰富的精神文化，扬美古镇也有着良好的生态环境和天然自然景观，生态植被保护较为完好，吸引着城镇居民前来游览观光，享受体验一种慢旅游的生活方式。去过扬美古镇的游客，多数在惊叹其古韵秀美的同时，也会发出“蜀道难”的感叹，如何改变扬美的交通不畅的状况让扬美古镇与外界更好的接入成为扬美古镇人民和南宁市政府工作的重点，加强古镇周边交通网络的规划和建设也提上南宁市交通局议程，扬美古镇的规划发展是南宁市的重要旅游景区项目，通过改善扬美的交通状况条件达到进一步发展特色旅游扬美古镇的长远规划。目前已建成的包括从南宁至扶绥二级公路接江西镇至扬美古镇景区现状的四级路提级，扬美古镇环村路的修建形成了市区连接扬美古镇景区的快捷顺畅交通干线。

勐仑小镇位于西南民族地区云南省界内，其镇内包括傣族、哈尼族、彝族等十四余种少数民族。贝叶文化、宗教文化、民族文化、歌舞文化、医药文化等神秘的民俗文化和自然生态环境吸引着全国各地的大批游客。同时，在勐仑旅游小镇上，罗梭江畔的葫芦岛上，建有中国科学院云南热带植物研究所，所内有千百种热带植物，风光秀丽，是旅游佳境，自然旅游资源极其丰富。勐仑的自然保护区，以热带雨林风光著称，境内有国有勐醒农场，其环境优美宜人，受到来自世界各国的众多游客的喜爱，是休闲旅游的最佳选择场所。伴随着国际旅游市场的进一步扩展和深入，云南勐仑小镇要实现旅游收入的稳定和持续扩张，就必须要不断地提高自身旅游吸引力，这就对勐仑的旅游资源的进一步开发和深度整合提出了要求，如何能更好地满足游客“食、住、行、游、购、娱”的各方面的需求和进行更好的旅游功能的开发，对勐仑特殊的地理地质环境和多样化的民俗文化进行进一步的旅游功能开发成为勐仑实现旅游可持续发展的必经之路。另外，随着游客的大量涌入，高速公路服务区的接待能力提升，游客的多样化需求对高速公路服务区的多样化功能提出了新的要求，从整个高速公路与特色旅游小城镇的协同接入性来看，高速公路服务区与勐仑小城镇的旅游功能开发步调一致能够促进西南民族地区高速公路与特色旅游小城镇的协同作用机制的运行。同时，勐仑的高速公共服务区与旅游功能开发是如何接入以及如何能够进行更好的接入成为研究西南民族地区高速公路服务区与进行旅游功能开发绕不开的问题和重点话题。

5.1.4　案例数据收集

SPS 案例研究范式，需要通过案例相关资料数据的收集，获取研究的基础材料。在本次案例研究中，采用的案例资料收集方法主要是运用一手资料和二手资料的收集方法。资料的收集过程可以根据时间划分为两个时间段。第一阶段从 2016 年 3 月 28 日开始，这一时间主要是进行网上的信息查询和资料的整合，包括关于西南民族地区关于贵州、广西、云南特色旅游小城镇与高速公路建设协同接入性最新的报道，期刊论文，媒体文章，人物访谈记录以及新闻评论。同时，本书在撰写的过程中主要参考的文献除了来自于中国知网、ScienceDirect、Wiley、Taylor & FrancisOnline、Springer 外，还有众多顶级规划公司的门户网站和其他互联网上的相关文章。其中，2013 年后出版的关于西南民族地区城镇化、高速公路建设、旅游城镇经济以及旅游交通的相关文献和书籍为本书写作提供了很大帮助。第二个阶段从 2016 年 5 月 30 日开始，在这一过程之中，主要收集线下的资料，以桂林理工大学和国家图书馆为主要阵地，集合历年报纸、杂志、会议资料以及关于西南民族地区高速公路建设、特色旅游小城镇的发展规划、高速公路与特色旅游小城镇接入模式和西南民族地区旅游经济的协同作用等相关书籍，图文结合。两个时间段各为时两天，各有侧重，又有重叠部分，在对所收集的案例资料进行分类和信息价值评估的过程中，逐渐向案例研究所确立的主题倾斜，并制订一份案例研究计划书。同时查阅回顾管理学、社会学、交通学、旅游学、生态学和民族学相关知识以加深对案例研究主题的深刻全面理解。

作为案例研究的主要阵地，深入案例地进行实地考察也是完成案例研究中非常重要的一部分内容。本书的案例研究用于验证西南民族地区高速公路与旅游特色小城镇的协同机制，其中以贵州镇远古镇为案例，对西南民族地区高速公路对特色旅游小城镇的协同作用机制进行验证分析，为了收集到第一手贵州的旅游和交通的数据和资料，应课题研究的需要对镇远古镇进行实际调研和考察，结合镇远古镇的小镇发展状况，对贵州镇远古镇的高速公路的布局线路、时间、通行量以及特殊地质情况进行了详细的实地考察。同时，本书以广西扬美古镇特色民族旅游为案例，赴广西南宁进行实地考察以获得最为准确和最具有实时性的数据和资料，对南宁扬美古镇进行案例分析用于验证西南民族地区特色旅游小城镇对高速公路的作用机制，通过对南宁扬美古镇的高速公路网布局与当地居民的受益情况的分析来对二者的协同机制进行优势验证以及说明尚有不足的地方，验证在特色旅游小城镇旅游如火如荼的大发展下，高速公路与旅游的接入性会发生什么大变化，二者又该以何种状态和机制接入以及小镇发展对高速公路网布局和整体的现代化交通体系的影响因子以及影响途径和方式。第三个案例地选择的是云南省的勐仑小镇，云南的勐仑小镇拥有着丰富的旅游资源，自然资源和民族资源都极具地方特色，旅游功能开发潜力巨大。近年来旅游经济的发展带动了勐仑小镇整体的经济收入水平，旅游交通体系得到进一步的完善，高速公路建设成为当地政府和居民实现旅游发展的题中之义。本书通过对云南勐仑小镇的实际考察和调研，重点分析了勐仑小镇旅游功能开发状况和未来旅游功能的开发潜力，对高速公路服务区的建设状况展开调查，验证在全域旅游发展的大背景下，勐仑小镇的高速公路服务区如何与特色旅游小城镇的旅游功能开发实现协同。

数据处理和案例分析作为本书研究的重要手段，收集的一手数据和二手数据都需要经过严密的逻辑分析才能与案例研究的重点进行结合，一方面要注意数据的全面性和覆盖面的广泛，将本书要涉及的西南民族地区所选取的镇远古镇、扬美古镇以及勐仑小镇三个案例地的相关案例验证所涉及的统计数据进行有效的分类和整理，谨防数据的遗漏和出现没有覆盖到的点。另一方面，要结合本书研究的实际情况进行数据的有效整理，有重点地进行数据比对和分析，紧紧根据研究的重点和实效性来对数据进行选择和归类，减少不必要的工作量，提高工作效率和数据筛选的能力。

5.1.5 案例经验借鉴

旅游城镇是指依托较为丰富的旅游资源而发展起来的以旅游观光、旅游接待为主要职能的城镇[305]。在西南民族地区，其主要依托的旅游资源是独特的地理环境和多样化的少数民族风情，对西南民族地区特色旅游小城镇进行规划，在规划的过程中更多地考虑当地的历史文化和民族特色，有利于具有悠久历史的西南民族地区特色旅游小城镇的文化传承和保护，提供优质的旅游接待服务。我国的特色旅游小城镇相比国外的特色旅游小城镇发展还具有一定的差距，集中在规划理念和规划模式上，在现有的分析基础上对西南民族地区特色旅游小城镇进行案例验证分析，可以充分借鉴国外成功的小镇发展案例，通过分析国外开发运营较为成功的旅游小城镇案例可以为西南民族地区的特色划分和维度构造提供思路和方法。本书根据小镇不同的规划重点和内容，通过对法国依云小镇、意大利 Verona（维罗纳）、瑞士达沃斯小镇和法国柠檬之城芒通的特色进行分析，同时结合西南民族地区特色旅游小城镇的发展现状提出具有借鉴性的路径，为后文对旅游特色小城镇规划设计奠定分析基础。

水中诞生的法国小镇——Evian（依云）。依云镇位于法国上萨瓦省北部，背靠阿尔卑斯山脉。依云镇的居民只有 7 500[317]，但是其预算开支相当于一个四万多的城市，当地居民生活悠闲自在，是法国人旅游休闲的不二选择，其旅游业发展迅速且旅游网络体系四通八达。依云镇主要的经济收入来源一是依靠对全世界输出依云矿泉水获得丰厚的收入，从生产瓶子到装水再到包装，由铁路运输直达工厂，再装车后便可以直销世界各地。二则是积极发展小镇旅游产业。除了自然的馈赠和人文历史建筑，依云镇利用依云水建造了世界上最为专业的医疗温泉，这是关于水的第二个传奇。在世界范围来看，法国拥有的温泉数量占欧洲的五分之一，而其中法国人最引以为豪的就是他们的医疗温泉，依云就是其中最具有代表性的温泉。依云的繁荣发展与依云关于水的故事是紧密相关、密不可分的，对于西南民族地区的特色旅游小城镇的定位和经营具有相当多的借鉴之处。经过归纳和总结，大致分为以下几点：第一，围绕中心旅游吸引物展开旅游经营活动。依云小镇的中心旅游吸引物便是具有传奇色彩的依云水，小镇定位和旅游产业链的延伸都紧紧围绕着水的主题来进行，打造属于自己的特色主题，不可复制，极具独特性特征。第二，积极发展相关产业。除了中心旅游吸引物之外，依云小镇也积极地发展着其他的旅游观赏和体验项目，如花卉的培养，这就在很大程度上丰富了依云小镇的旅游资源和增强了旅游吸引物，延伸了旅游产业链。第三，旅游特色产品的传承。对于法国依云小镇而言，最为突出的特色旅游产品就是依云矿泉水，依云小镇始终坚持依云矿泉水的天然性特征，当地政府也被积极地进行泉水的天然性保护，使依云矿泉水几十年如一日，始终坚持自身特色，突出自我。

罗密欧与朱丽叶的故乡——意大利 Verona（维罗纳）。Verona（维罗纳）位于阿尔卑斯山的南麓，维罗纳最大的魅力来源于莎士比亚笔下唯美动人的爱情故事的传说。借用 LonelyPlanet 对维罗纳的描述，莎士比亚使浪漫、戏剧和致命的家族世仇成了维罗纳数百年来的鲜明印记。维罗纳被誉为“爱的圣地”，虽然罗密欧和朱丽叶的爱情传说是虚构的，但这丝毫不影响世界各地的人民来维罗纳小镇进行参观和游览。其中，维罗纳小镇最著名的旅游景点就是朱丽叶的故居，在故居的阳台上有一尊朱丽叶的雕像，传说摸了朱丽叶雕像的胸部就会给人带来爱情的好运和婚姻的幸福，这个传说吸引着那些为情所困的人们会纷至沓来，到这座 14 世纪的房屋中，将蚀骨的相思涂写在庭院的墙壁上，抚摸朱丽叶青铜雕像的右乳。小镇的繁荣和发展紧紧依靠着莎士比亚笔下的罗密欧与朱丽叶的唯美爱情故事，依靠这种故事传说和文化传播，维罗纳大力发展朱丽叶故居等相关故事景点，使往来的游客仿佛进入了莎士比亚所描绘的故事当中。对于西南民族地区的特色旅游小城镇，其可以借鉴之处归纳概括起来可以分为以下几点：一是充分渲染故事情节。以广西壮族自治区桂林市阳朔刘三姐的故事为例，阳朔大榕树承载着刘三姐故事的内涵，体现着传奇故事的经典再现[318]，可以充分借鉴维罗纳小镇的发展模式和旅游营销模式，将大榕树景观打造成爱的栖息地以吸引众多的旅游者。二是发展慢旅游。维罗纳黄昏之后小镇逐渐陷入一片沉寂，商业街和店铺都进入休息中，人们带着自己的爱宠在维罗纳的广场上散步，静静地享受着黄昏的美好和领略维罗纳静谧美好的岁月。这种慢旅游的方式符合现在西南民族地区盛行的慢旅游的旅游方式和理念，不再单一的追求观光和游览数量的多少，而是静下来让心灵和身体同时得到放松。

国际经济论坛会址——瑞士达沃斯小镇。达沃斯小镇气候宜人，作为疗养和旅游胜地被广泛的知晓，最早的达沃斯小镇就是靠着其干净的空气而闻名，被誉为世界旅游健康度假村。38 年前世界经济论坛在达沃斯举行，探讨世界经济领域内存在的大问题和未来发展方向，具有广泛的影响性，这也使达沃斯小镇因为世界经济论坛而享誉世界，也因为举行世界经济论坛而被称为“达沃斯论坛”。美丽的达沃斯小镇是瑞士知名的温泉度假、会议、运动度假胜地。并在不同的历史发展阶段进行自身的定位调整。随着世界经济论坛每年在达沃斯小镇举行，世界经济论坛也因此被冠为“达沃斯论坛”，随着世界经济论坛在世界范围内声名鹊起和影响力范围不断扩大，世界经济论坛逐渐成为研讨世界经济问题最重要的非官方聚会平台之一，达沃斯小镇也逐渐作为国际会址被世界人民所知晓。小镇的经济发展和旅游业在全世界范围内的成功对于西南民族地区而言，可以归纳为以下几个借鉴的点：一是随着“一带一路”[319]的倡议，中国将加强与东盟各国的合作，中国与东盟的国际会址在西南民族地区落户选址，西南民族特色旅游小城镇大可以借鉴达沃斯小镇的发展之道，通过国际会议的召开积聚人气，同时不断提高自身的经营水平和管理水平，进行有效的市场运作。二是借鉴达沃斯小镇能够在不同的发展阶段对自身定位进行有效及时的调整，树立好小镇旅游形象最大限度的突出自身特色，促进自身相关产业的发展。三是开发丰富多彩的旅游活动，增加游客的亲身体验，根据不同的时间安排举行各项旅游赛事和观赏活动。

特色旅游作物——法国柠檬之城。法国 Menton（芒通）因为生产柠檬而被誉为法国“柠檬之城”。法国芒通小镇不仅是著名的柠檬生长的地方，也因其温和宜人的气候条件使芒通小镇成为著名的疗养胜地，盛产鲜花和各色水果。芒通因特产柠檬而闻名世界，每年 2 月芒通举办盛大的芒通柠檬节，根据法国芒通柠檬节官网统计，每年吸引来自世界各地的游客超过 23 万，举办这一节日需要 300 多家业内机构的合作并且需要 145 吨柑橘类水果。除了柑橘类水果展览，游客还可以尽情地欣赏灯光璀璨的花园并且参加白天和夜晚举办的彩车巡游，它们将芒通置于节日氛围当中。除了欣赏到壮观的柠檬景观以外，芒通的其他领域景点也是独具特色。小镇发展和定位避开旅游资源并不突出的劣势，结合自然状况和社会经济发展的情况，把经济的主要增长点放在柠檬的生产和销售上，通过专注于发展当地的旅游特色产品来吸引来自世界各地的游客。对于西南民族地区而言可借鉴之处在于：广西通贤柚、贵州特色七彩土豆、云南野生纸皮核桃等都具有地方特色，可以借鉴法国芒通小镇发展柠檬的立体特色产品思路和理念，对西南民族省区内的特色产品进行系统和深度开发，根据旅游目标市场结合自身特色，进行特色产品的深加工和系列化操作。以特色旅游产品的开发聚集旅游人气，拉动相关产业的发展和升级，以特色产品作为开发点和立足点[320]，促进旅游产业经济的发展。一方面，对农产品进行加工延伸特色农产品产业链，提高旅游产品的销量和增加旅游收入；另一方面，大力开发农产品文化，例如，举行芒通柠檬节，把柠檬打造成芒通特有的文化产品，通过差异化和专业化的旅游景观设计来增加西南民族地区特色旅游产品的旅游吸引力，树立西南民族地区旅游小镇特色形象。

5.2　西南民族地区高速公路与特色旅游小城镇的协同度测算

5.2.1　西南民族地区高速公路交通量与慢旅游的协同度测算

西南民族地区高速公路交通量与慢旅游的协同作用和影响效果可以通过评价

西南民族地区高速公路与特色旅游小城镇的协同性来反映[321]。对西南民族地区高速公路交通量与慢旅游的协同性进行评价需要构建相应的指标体系，在高速公路交通量与慢旅游协同的实证研究当中，所构建的各因变量和自变量都是前文在进行实证分析时所用到的度量指标[322]，所以本书在进行西南民族地区高速公路交通量与特色旅游小城镇慢旅游的协同度测算时直接采用原来使用的调查数据进行分析。在前文对西南民族地区高速公路交通量对慢旅游的实证研究中，得出民族主题酒店、交通流两个子系统对慢旅游都具有显著的直接影响作用，旅游流这一子系统虽然没有直接对慢旅游产生影响效应，但是其通过对交通流的影响也对慢旅游产生了间接的影响作用，且作用效果显著的结论。可以认为只有民族主题酒店、交通流和旅游流三个子系统协同发展，才能较好地促进特色旅游小城镇慢旅游模式的发展。同时，从西南民族地区高速公路交通量的效率性、扩展性、空间性、通达性的度量指标来看，高速公路交通量对于民族主题酒店子系统、交通流子系统和旅游流子系统都有着一定的影响作用，这种影响作用可以是直接的，也可以间接的。基于这种研究现状，本书提出在进行西南民族地区高速公路交通量与特色旅游小城镇的慢旅游协同性评价，可以通过评价民族主题酒店子系统、旅游流子系统、交通流子系统、高速公路交通量子系统和慢旅游子系统之间的相互关系、相互影响作用关系来进一步找出具有制约效应的子系统，同时根据每个子系统的特征以及作用提出相应的改进策略。

根据协同学的相关原理和理论，研究建立高速公路交通量、民族主题酒店、交通流、旅游流和慢旅游五个子系统间协同度模型。首先，确定高速公路交通量、民族主题酒店、交通流、旅游流和慢旅游五个子系统的序参量，见表5.1。

表5.1　　子系统序参量

子系统	测量指标	序参量
高速公路交通量	效率性、扩展性、空间性、通达性	ETV11、ETV12、ETV21、ETV22、ETV23、ETV31、ETV32、ETV41、ETV42
民族主题酒店	民族性、文化性、经济性	NTH11、NTH12、NTH13、NTH21、NTH22、NTH23、NTH31、NTH32、NTH33
旅游流	物质流、文化流、资金流、信息流	TMF11、TMF12、TMF13、TMF21、TMF22、TMF31、TMF32、TMF33、TMF41、TMF42、TMF43

续表

子系统	测量指标	序参量
交通流	流量、流向	TF11、TF12、TF21、TF22
慢旅游	动机、节奏、范围	ST11、ST12、ST13、ST21、ST22、ST23、ST31、ST32、ST33

在确定各个子系统的序参量基础上对各个子系统进行有序度的计算[323]。设各个子系统为 S_i，$i\in[1,5]$，复合系统发展过程中的序参量为 $e_i=(e_{i1}, e_{i2}, \cdots, e_{in})$，其中 $n\geqslant1$，$\beta_{ij}\leqslant e_{ij}\leqslant\partial_{ij}$，$j=1, 2, \cdots, n$，$\beta_{ij}$ 和 ∂_{ij} 为系统稳定临界点上序参量分量 e_{ij} 的下限和上限。假设 e_{i1}，e_{i2}，…，e_{in} 为正向指标，其取值的大小和系统有序度成正比关系，假设 e_{i1+1}，e_{i2+1}，…，e_{in+1} 为负向指标，则其取值的大小和系统有序度成反比关系。其中，高速公路交通量序参量为 $e_{ETV}=(e_{ETV1}, e_{ETV2}, \cdots, e_{ETVn})$，则序参量分量 e_{ETVj} 的有序度为（见公式 5.1）。

$$u_{ETV}(e_{ETVj})=\begin{cases}\dfrac{e_{ETVj}-\beta_{ETVj}}{\partial_{ETVj}-\beta_{ETVj}} & (j=1, 2, \cdots, n)\\ \dfrac{\partial_{ETVj}-e_{ETVj}}{\partial_{ETVj}-\beta_{ETVj}} & (j=n+1, n+2, \cdots, n+n)\end{cases} \tag{5.1}$$

由定义可知，$u_{ETV}(e_{ETVj})\in[0, 1]$，表示序参量对系统有序程度的贡献，取值越大，表示 e_{ETVj} 对系统有序度的贡献程度越大，取值越小，表示对系统的贡献程度越小。序参量对高速公路交通量子系统有序度的总贡献可通过加权平均法和几何平均法对 $u_{ETV}(e_{ETVj})$ 的集成来实现[324]（见公式 5.2），本书选用几何平均法进行集成。

$$u_{ETV}(e_{ETV}) = \sum_{j=1}^{n} u_j u_{ETV}(e_{ETVj}) \quad u_j\geqslant0, \sum_{j=1}^{n} u_j = 1$$

$$u_{ETV}(e_{ETV}) = \sqrt[n]{\prod_{j=1}^{n} u_{ETV}(e_{ETVj})} \tag{5.2}$$

根据以上原理和方法可以得出其他子系统的序参量以及有序度。

最后要进行系统协同度的计算，总系统协同度的计算是将子系统的有序度从动态视角予以重新测量[325]。设在高速公路交通量子系统取均值时，系统的有序度为 $u^0_{ETV}(e_{ETV})$，当民族主题酒店子系统取均值时，可以得出系统的有序度为 $u^0_{NTH}(e_{NTH})$，同样的原理，当样本为 n 时，高速公路交通量子系统的有序度为 $u^n_{ETV}(e_{ETV})$，民族主题酒店子系统有序度为 $u^n_{NTH}(e_{NTH})$，如果 $u^n_{ETV}(e_{ETV})\geqslant u^0_{ETV}(e_{ETV})$ 和 $u^n_{NTH}(e_{NTH})\geqslant u^0_{NTH}(e_{NTH})$ 同时成立，则称高速公路交通量子系统

与民族主题酒店子系统具有协同发展的特性，具体的协同模型为

$$T(t)=\sqrt[\theta]{\left|\left[u_{ETV}^{n}(e_{ETV})-u_{ETV}^{0}(e_{ETV})\right]\left[u_{NTH}^{n}(e_{NTH})-u_{NTH}^{0}(e_{NTH})\right]\right|} \quad (5.3)$$

其中，调节系数 θ 的表达公式如下所示，值得注意的是，当且仅当 $u_{ETV}^{n}(e_{ETV})\geqslant u_{ETV}^{0}(e_{ETV})$ 和 $u_{NTH}^{n}(e_{NTH})\geqslant u_{NTH}^{0}(e_{NTH})$ 两者同时成立时，高速公路交通量子系统和民族主题酒店子系统的协同度才会出现正向值。

$$\theta=\frac{\min\left[u_{i}^{n}(e_{i})-u_{i}^{0}(e_{i})\neq 0\right]}{\left|\min\left[u_{i}^{n}(e_{i})-u_{i}(e_{i})\neq 0\right]\right|}(i=1,2) \quad (5.4)$$

根据相同的计算方法，本书在基于现有系统协同度计算的基础上可以得出其他子系统之间的协同度，见表 5.2。

表 5.2　各个子系统间的系统协同度

子系统	ETV	NTH	TF	TMF	ST
高速公路交通量（ETV）	—				
民族主题酒店（NTH）	0.65	—			
交通流（TF）	0.45	0.52	—		
旅游流（TMF）	0.67	0.47	0.51	—	
慢旅游（ST）	0.52	0.50	0.49	0.53	—

本书在充分参考相关协同学的文献的同时将已有的协同学理论在现实中的应用情况进行综合考量，把协同度值和协同度大小划分为四个区间[326]，见表 5.3。由表 5.3 的协同度的区间划分情况，结合表 5.2 中所计算出来的各个子系统的协同度大小，可以看出在西南民族地区高速公路交通量与慢旅游的协同中，民族主题酒店、慢旅游、旅游流、交通流和高速公路交通量这五个子系统的协同度大都属于中度协同和高度协同的范围，各子系统的较好的协同状态可以得出西南民族地区高速公路交通量与慢旅游具有良好的协同性的结论。

表 5.3　协同度区间划分

协同度大小	协同程度
(0, 0.3]	低度协同
(0.3, 0.5]	中度协同

续表

协同度大小	协同程度
(0.5, 0.8]	高度协同
(0.8, 1.0)	极度协同

5.2.2　西南民族地区高速公路网布局与居民受益的协同度测算

西南民族地区高速公路网布局与居民受益的协同作用和影响效果可以通过评价西南民族地区高速公路与特色旅游小城镇协同性来反映。对西南民族地区高速公路网布局与居民受益的协同性进行评价需要构建相应的指标体系，所构建的各因变量和自变量都是前文在进行实证分析时所用到的度量指标，所以本书在进行西南民族地区高速公路网布局与特色旅游小城镇的居民受益的协同度测算时直接采用原来使用的调查数据进行分析。在前文对西南民族地区高速公路网布局对居民受益的实证研究中，得出旅游经济发展、旅游购物两个子系统对居民受益都具有显著的直接影响作用，旅游景区可进入性这一子系统虽然没有直接对居民受益产生影响效应，但是其通过对旅游经济发展的影响也对居民受益产生了间接的影响作用，且作用效果显著的结论。可以认为只有旅游购物、旅游经济发展和旅游景区可进入性三个子系统协同发展，才能较好地促进特色旅游小城镇居民受益情况的改善。同时，从西南民族地区高速公路网布局所坚持的以人为本、服务经济、社会进步、可持续的度量指标来看，高速公路网布局子系统对于旅游购物子系统、旅游经济发展子系统和旅游景区子系统都有着一定的影响作用，这种影响作用可以是直接的，也可以间接的。基于这种研究现状，本书提出西南民族地区高速公路网布局与特色旅游小城镇的居民受益协同性评价当中，可以通过评价旅游购物子系统、旅游景区可进入性子系统、旅游经济发展子系统、高速公路网布局子系统和居民受益子系统之间的协同性来进行反映它们之间的相互关系、相互影响作用关系，进一步找出具有制约效应的子系统，同时根据每个子系统的特征以及作用提出相应的改进策略。

根据协同学的相关原理和理论，研究建立高速公路网布局、旅游购物、旅游经济发展、旅游景区可进入性和居民受益五个子系统间协同度模型。首先，确定高速公路网布局、旅游购物、旅游经济发展、旅游景区可进入性和居民受益五个子系统的序参量，见表5.4。

表 5.4　　子系统序参量

子系统	测量指标	序参量
高速公路网布局	以人为本、服务经济、社会进步、可持续	ENL11、ENL12、ENL21、ENL22、ENL23、ENL31、ENL32、ENL41、ENL42
旅游购物	旅游商品、消费模式、商贸企业	TS11、TS12、TS13、TS21、TS22、TS23、TS31、TS32、TS33
旅游景区可进入性	交通体系、节点可达、旅游规模、景区规模	SAT11、SAT12、SAT13、SAT21、SAT22、SAT31、SAT32、SAT33、SAT41、SAT42、SAT43
旅游经济发展	旅游网络、道路体系	TED11、TED12、TED21、TED22
居民受益	居民收入、文化素质、生态环境	RB11、RB12、RB13、RB21、RB22、RB23、RB31、RB32、RB33

在确定各个子系统的序参量基础上对各个子系统进行有序度的计算，根据公式5.1，同时根据高速公路交通量和慢旅游协同的相关原理和方法可以得出其他子系统的序参量以及有序度。最后要进行系统协同度的计算，总系统协同度的计算是将子系统的有序度从动态视角予以重新测量。根据相同的原理和计算方法，可以得出高速公路网布局与居民受益协同中的其他子系统之间的系统协同度，具体的计算结果见表5.5。

表 5.5　　各个子系统间的系统协同度

子系统	ENL	TS	TED	SAT	RB
高速公路网布局（ENL）	—				
旅游购物（TS）	0.61	—			
旅游经济发展（TED）	0.50	0.51	—		
旅游景区可进入性（SAT）	0.62	0.46	0.61	—	
居民受益（RB）	0.49	0.53	0.60	0.57	—

由表5.3的协同度的区间划分情况，结合表5.5中所计算出来的各个子系统的协同度大小，可以看出在西南民族地区高速公路网布局与居民受益的协同中，旅游购物、居民受益、旅游景区可进入性、旅游经济发展和高速公路网布局这五个子系统的协同度大都属于中度协同和高度协同的范围，各子系统的较

好的协同状态可以得出西南民族地区高速公路网布局与居民受益具有良好的协同性的结论。

5.2.3　西南民族地区高速公路服务区与旅游功能开发的协同度测算

西南民族地区高速公路服务区与旅游功能开发的协同作用和影响效果可以通过评价西南民族地区高速公路与特色旅游小城镇协同性来反映。对西南民族地区高速公路服务区与旅游功能开发的协同性进行评价需要构建相应的指标体系，所构建的各因变量和自变量都是前文在进行实证分析时所用到的度量指标，因此本书在进行西南民族地区高速公路服务区与特色旅游小城镇的旅游功能开发的协同度测算时直接采用原来使用的调查数据进行分析。在前文对西南民族地区高速公路服务区对旅游功能开发的实证研究中，得出旅游功能布局、旅游吸引物系统两个子系统对旅游功能开发都具有显著的直接影响作用，现代化交通体系这一子系统虽然没有直接对旅游功能开发产生影响效应，但是其通过对旅游功能布局的影响也对旅游功能开发产生了间接的影响作用，且作用效果显著的结论。可以认为只有旅游吸引物系统、旅游功能布局和现代化交通体系三个子系统协同发展，才能较好地促进特色旅游小城镇旅游功能开发情况的改善。同时，从西南民族地区高速公路服务区所坚持的基本功能、商业功能、观光功能、休闲功能的度量指标来看，高速公路服务区子系统对于旅游吸引物系统子系统、旅游功能布局子系统和现代化交通体系子系统都有着一定的影响作用，这种影响作用可以是直接的，也可以间接的。基于这种研究现状，本书认为在进行西南民族地区高速公路服务区与特色旅游小城镇的旅游功能开发协同性评价当中，可以通过评价旅游吸引物系统子系统、现代化交通体系子系统、旅游功能布局子系统、高速公路服务区子系统和旅游功能开发子系统之间的协同性来进行反映它们之间的相互关系、相互影响作用关系，进一步找出具有制约效应的子系统，同时根据每个子系统的特征以及作用提出相应的改进策略。

根据协同学的相关原理和理论，研究建立高速公路服务区、旅游吸引物系统、旅游功能布局、现代化交通体系和旅游功能开发五个子系统间协同度模型。首先，确定高速公路服务区、旅游吸引物系统、旅游功能布局、现代化交通体系和旅游功能开发五个子系统的序参量，见表5.6。

表 5.6　　子系统序参量

子系统	测量指标	序参量
高速公路服务区	基本功能、商业功能、观光功能、休闲功能	ESA11、ESA12、ESA21、ESA22、ESA23、ESA31、ESA32、ESA41、ESA42
旅游吸引物系统	旅游者、核心吸引力、标识物	TAS11、TAS12、TAS13、TAS21、TAS22、TAS23、TAS31、TAS32、TAS33
现代化交通体系	硬件、软件、组件、管理	MTS11、MTS12、MTS13、MTS21、MTS22、MTS31、MTS32、MTS33、MTS41、MTS42、MTS43
旅游功能布局	经济功能、社会功能	TFL11、TFL12、TFL21、TFL22
旅游功能开发	吸引物、经济基础、从业素质	FD11、FD12、FD13、FD21、FD22、FD23、FD31、FD32、FD33

在确定各个子系统的序参量基础上对各个子系统进行有序度的计算，根据公式5.1，同时根据高速公路交通量和慢旅游协同的相关原理和方法可以得出其他子系统的序参量以及有序度。最后要进行系统协同度的计算，总系统协同度的计算是将子系统的有序度从动态视角予以重新测量。根据相同的原理和计算方法，可以得出高速公路服务区与旅游功能开发协同中的其他子系统之间的系统协同度，具体的协同情况见表5.7。

表 5.7　　各个子系统间的系统协同度

子系统	ESA	TAS	TFL	MTS	FD
高速公路服务区（ESA）	—				
旅游吸引物系统（TAS）	0.67	—			
旅游功能布局（TFL）	0.53	0.52	—		
现代化交通体系（MTS）	0.64	0.45	0.58	—	
旅游功能开发（FD）	0.43	0.51	0.61	0.62	—

由表5.7的协同度的区间划分情况，结合表5.5中所计算出来的各个子系统的协同度大小，可以看出在西南民族地区高速公路服务区与旅游功能开发的协同中，旅游吸引物系统、旅游功能开发、现代化交通体系、旅游功能布局和高速公

路服务区这五个子系统的协同度大都属于中度协同和高度协同的范围，各子系统的较好的协同状态可以得出西南民族地区高速公路服务区与旅游功能开发具有良好的协同性的结论。

5.3　西南民族地区高速公路交通量与慢旅游的协同：以贵州镇远古镇为案例

5.3.1　案例地发展状况

贵州省作为少数民族聚居地，其自然环境优美宜人，少数民族风情浓厚，古镇众多且韵味独特别具一格。其中，贵州最突出的是贵州的四大古镇，分别是黔东南镇远古镇、贵阳青岩古镇、赤水丙安古镇、锦屏隆里古镇，镇远古镇作为贵州四大古镇之首，其小镇历史发展悠久，民族风独特而浓郁，1986 年被国务院列为国家级的历史文化名城。镇远与山西平遥古城、云南丽江等一起被列入第二批历史文化名城名单。

镇远古镇距今已有 2200 多年的历史，一直是黔东的政治、经济、文化交流中心，镇远古镇的行政区划具有悠久的历史，远在西汉时，镇远古镇在行政上属于武陵县，汉高祖时期将镇远古镇设置为县，在隋朝和唐朝均是作为县来进行行政管理，直到宋朝时将镇远古镇设置为镇远州，元朝时设置总管府，明朝时将镇远划分为湖广，永乐十一年将镇远古镇划分为贵州省，随后镇远古镇一直属于贵州的管辖范围。1986 年被国务院列为国家历史文化名城，两年之后镇远舞阳河风景区被列为国家级风景名胜区，镇远古镇被当地居民称为“传统文化迷宫”，因为在长期的历史发展中不同类型的文化相互交融和渗透，在发挥自身文化特色的基础上积极地吸收着外来文化，既有传统的中原文化，也具有独具特色的地方民族特色，现代性和民族性相碰撞，民族性和异域性相包容，形成了镇远古镇丰富异常的文化特色。镇远古镇自然和人文旅游资源都极为丰富，人文古迹众多，少数民族文化多样性特征显著，生态环境保护良好。其良好的交通区位条件使镇远古镇一直以来成为兵家必争之地，不可忽视的交通要塞，对外接入性良好。除此以外，镇远的古建筑被誉为中国建筑史上的奇观，民俗文化和传统节庆多样性突出，这就使镇远古镇成为享誉中外的特色旅游小镇，来镇远的中外游客络绎不绝，其中不乏因陶醉于镇远的自然人文风光而长期居住在镇远小镇的外来游人，大大推动了小镇的旅游经济的发展。

镇远古镇的旅游发展已初具规模，特色旅游小城镇集历史文化、自然风光、民族风情为一体，旅游资源享赋独特。现已形成国家级旅游品牌包括中国历史文化名城镇远古镇、国家级风景名胜区舞阳河、国家级重点文物保护单位青龙洞古建筑群和日本在华反战同盟“和平村”旧址、全国农业旅游示范点——铁溪，还有省级风景名胜区高过河，省级文物保护单位 8 处，县级文物保护单位 160 余处，旅游资源可谓品类齐全、资源丰富，是一块旅游资源的富集地。镇远小镇的主要风景名胜点包括：鲜为人知而又充满野趣神韵的旅游处女地——高过河自然风景区、以喀斯特地貌自然山色水韵著称的舞阳河、依山因地，与悬崖、古木、藤萝、岩畔、溶洞天然合成的青龙洞自然风景区、重岩叠嶂、雄伟险峻的石屏山、早在五百年前就凭着名山胜水吸引无数名人雅士的铁溪景区、中国北侗族最大寨——报京侗寨、江南与山地完美结合的古民居建筑以及错综复杂、狭长幽深的古巷道等都是镇远古镇极具旅游吸引力的旅游景点，构成了整个古镇旅游吸引物系统的核心要素。镇远古镇的旅游经济的发展按其发展主体的形式和内容来划分，主要可以分为三个主要的阶段。

第一阶段——旅游经济的初步发展。镇远古镇旅游经济的萌芽可以追溯到 1978 年，改革开放的而伟大创举打开了中国旅游经济的大门，外资的引入和国门的开放使旅游资源开发和建设得到前所未有的重视，其中中国众多独具特色的旅游小镇的旅游发展潜力得到重视和开发，文化建筑所承载的历史感逐渐引起了政府和人民的注意。1986 年，镇远古镇被选入“第二批国家级历史文化名城”，这一举动给镇远这个边陲小镇发展自身旅游经济提供了强大的动力，镇远开始审视自身的旅游资源和产业结构，1987 年，该县成立了旅游局，这就为旅游业的发展提供了体制和政策依靠，也是镇远政府和人民对旅游业发展规划重视的体现。在这样的大趋势下，镇远政府开始为自身旅游经济的长远发展谋求出路，同时不断对镇远潜在的旅游资源进行开发，形成独特的资源优势，并对本地的旅游发展进行科学的规划，加强对文化古迹的保护，初步确立了以大力推进旅游产业来实现综合经济的全面发展的共同意识。

第二阶段——旅游经济的进一步发展。在这一阶段镇远古镇相比同一批国家历史文化名城还具有很大的差异性，如平遥古城、周庄、丽江等，2001 年才被选入国家历史文化名城的凤凰古城的经济发展也都赶超了镇远古镇。于是，镇远政府和人民开始反思自身的经营模式和旅游发展模式，并开始着力于如何把资源优势转化为经济优势的发展点，古镇政府开始进行一系列的政策改变和方向转变。主要的措施包括三个方面：一是科学规划，战略定位。镇远小镇发展的一个非常重要的问题在于镇远的形象定位问题，二是镇远有着优美的自然风光和良好的生态环境，三是镇远小城镇更有着优质的民族文化和历史沉淀，自然景观和人文景观相互结合，如何用一个准确的定位概括全镇的旅游共性，在突出特色的同时又能很好地进行文化宣传。科学的旅游规划应该在充分考量镇远的旅游资源特色的基础上寻求新的品牌定位来作为旅游开发和规划的突破口，确立了“文化旅游兴城”战略口号，以文化发展来带动整个小镇的经济发展，为了进一步加快实施以发展文化产业来带动整体经济社会发展的战略目标，促进镇远文化旅游产业的发展和不断升级，镇远政府在2006年提出《关于加快实施文化旅游兴县战略的意见》，对旅游资源进行合理配置以使优质资源得到最大化利用，以科学的规划促进各项旅游项目的展开和进一步实施。二是加大政府的资金投入。区域经济的发展与政府的财政支持是不可分割的，镇远古镇在旅游经济发展的初期，各种交通设施和旅游基础设施均还没有建立起来，旅游网络体系还未完善，而小镇本身的经济发展水平有限，在这种背景下政府的财政投入对特色旅游小城镇的建设和当地文化民俗旅游资源的保护是不可或缺的。根据镇远网的统计，2003年到2006年，镇远政府累计投入资金3 000多万元用于镇远景区的基础设施建设和旅游配套设施服务上，用于景区文物的修复资金1 200万元，对居民建筑和古文物进行修缮。2009年镇远政府以古城文化为核心，加大对交通设施的建设和投入，加强对古城区和沿河风貌的资金投入和人力投入，共计投资4 000多万元，改造河滨步行街道原有的布局结构，同时加大对小镇绿化改造力度，古城区的灯饰亮化工作等也包含在其中。三是延伸旅游产业链。旅游产业的发展能带动区域旅游农业、工业、交通运输业、餐饮服务等其他行业的大发展，同样为了促进区域旅游经济的发展，旅游经济必须要依靠相关产业的支持，形成整个旅游产业链的完整并随着旅游业的发展实现不断的延伸。为了促进相关产业发展，在镇远古镇，苗侗族精美的刺绣、银饰品、道菜、贡茶以及民族工艺品作为古镇特色旅游纪念品和旅游商品得到引进和重视。与之相关的还有位于贵州镇远青溪的贵州清酒集团大力开发的清酒系列旅游特色产品，典型的是对清酒“洞藏”系列旅游产品进行了完整开发并逐步投入旅游市场。镇远古城在发展的过程中扩大相关旅游产业范围甚至延伸形成区域旅游产业，一方面带动镇远古镇周边地区旅游经济的发展，另一方面对于古镇居民来说，旅游业的发展大大增加了对外界的交流度，创造了更多的就业机会，提高了当地居民的收入，给居民带来了最直观的经济利益，提高了生活水平。

第三阶段——旅游经济的成熟。从改革开发的开端到镇远政府对自身旅游产业链延伸认识的不断深化，镇远古镇的进一步发展和逐渐繁荣成为镇远居民和政府的共同意识和话题，如何在旅游国际化的背景下和同类型文化小镇日益崛起的挑战中独善其身，寻找具有代表性的旅游发展路径和打造旅游国际品牌成为镇远在旅游发展的成熟阶段的核心问题。具体包括：一是加强古镇旅游的宣传力度。对外宣传是旅游产业发展的重要一环，镇远在对旅游产品宣传时充分考虑到镇远现有资源和生态环境的承载力，引进专业的旅游营销公司百龙公司委托营销，将古镇的经营开发与目标市场需求进行有效的结合，全方位有重点地对镇远古镇进行宣传和推介，旨在提高镇远的知名度和树立良好的古镇形象，同时增加对外接入性，不断地推进古镇旅游业的发展。同时，镇远分别在贵阳、长沙等一级客源市场地召开了旅游宣传促销座谈会，并借助相关节庆假日活动对镇远的特色旅游资源进行有效的宣传，在引导游客参与的同时，巧妙地将古镇的旅游资源特色融合到节庆活动之中，增加了文化历史底蕴和游客的参与性。二是实现古镇旅游的综合开发。在镇远现有的旅游资源分析的基础上，围绕“打造全国知名休闲度假旅游目的地”的战略定位，在进行镇远古镇的历史文化开发的同时注重生态环境的保护和生态旅游资源的开发，积极地开发古镇所具有的丰富的民族风情，增加镇远古镇的旅游资源类型，打造多重旅游特色。对重要的风景名胜区进行基础设施的改造，扩建旅游相关产业的工程，扩大景区的旅游接待能力，将自然风景区打造成为休闲娱乐为一体的综合产业。同时，镇远铁溪景区的全国农业示范景区也在加快建设，对景区内农家乐实施星级挂牌规范管理。报京侗寨以讨葱文化节为吸引点，吸引着世界范围内的旅游者们前来参观游览，在树立自身旅游形象的同时其旅游影响力不断的扩大，并逐渐形成“南有肇兴北有报京”的旅游品牌。各乡镇业积极响应“文化旅游兴县”的号召，采取政府引导、群众开发的方式旅游富民工程。加快建设镇远的星级酒店建设，提高酒店的管理和服务水平，把古城独特的文化韵味与现代酒店管理的相关内容相结合，切实提高古镇的服务水平和旅游接待能力。三是推动文化旅游的成功转型。推动镇远文化旅游的成功转型在根本上就是要把镇远丰富的文化旅游资源开发成优质的旅游市场，争取把镇远建造成为国家级 AAAAA 景区，对传统的产业结构进行优化，加大镇远古镇的生态环境力度，同时以文化发展为核心，将镇远古镇打造成国际化的文化名城，实现旅游的成功转型。一方面，加大对镇远古镇的信息建设投入，将景区进行数字化全面管理覆盖，建立信息管理的专业服务平台；另一方面，改变传统的旅游发展模式，因地制宜地进行旅游资源的开发，扩大旅游发展规模，进行旅游方式的创新。

镇远古镇的交通发展具有很长的历史。自古以来镇远古镇就有着“滇楚锁钥、黔东门户”的称号，被称为贵州省的东大门，由此可见镇远古镇重要战略地位。早在公元前200多年，春秋战国时期的楚襄王最早开辟了连接镇远的驿道，而镇远古镇开始公路修建是在中国的内战时期，湘黔公路的通车拉开了镇远古镇近现代化公路建设的序幕，公路建设步伐也逐渐的在加快，包括株六复线、内玉三高速公路等。伴随着现代化步伐的不断加快，镇远古镇也在不断的经济建设中累计了较为坚实的经济基础，尤其旅游业的发展大大地推动了镇远古镇经济的进步，为交通建设提供了良好的动力和基础，根据镇远县交通局发布的数据，到2015年末，镇远古镇全县通车里程已经达到1 770多千米，基本已经实现了公路的全覆盖，尤其是建立了以镇远古城为交通中心枢纽的二横二纵交通体系，标志着镇远古镇进入了大交通、大发展的全新时代。现代化公路体系的建设带动了相关的公路配套设施的完善，其中特别突出“以人为本”的基础设施布局原则，以发展小镇经济为目标，以实现居民受益为最终目的，大力发展城区的同时兼顾偏远山区的交通建设，做到现代化交通体系的平衡发展和综合建设。值得一提的是，贵州的高速在建设时进行了西南民族地区建设模式的创新。高速公路功能性的延伸使得高速公路原有的事业型管理模式被逐渐抛弃，取之而来的是事业型的管理发展模式，其中最主要的包括管理模式和融资模式。贵州省在长期的高速公路建设和经营中逐渐总结出适合自身发展的“贵州模式”[327]，即BOT（建设、经营、移交的全过程）、EPC（企业对于施工项目设计、采购和施工进行总承包）和政府补贴三者的结合。

沪昆高速玉三段的通车打破了镇远古镇高速公路零修建的现状，高速公路的建成一方面对于镇远形成现代化交通体系具有重要的促进作用，另一方面区域内部联系得到前所未有的加强，与此同时镇远古镇的旅游业也拥有了对外连接的新桥梁，旅游客源市场范围进一步扩大，促进了镇远经济的飞速发展。同时，贵州省为了加大全省的高速公路建设力度，开启“县县通高速重点建设项目”策划活动，其中，思剑高速也被列为活动项目之一。思剑高速的竣工和通车就使镇远古镇的高速乡镇达到9个，创造了75%高速公路普及率，具体来说包括大地、羊场、镇远县城、金堡在内的五个匝道口被开启，区域内的交通通达性得到进一步的增强，旅游景区的可进入性得到加大，为镇远古镇积极发展旅游经济创造了良好的交通条件，旅游市场得到进一步地扩大，根据镇远古城网公布的旅游经济数据，截至2015年，镇远古镇的累计旅游接待次数达到近600万，实现同比增长95%，旅游规模不断扩大，带动了旅游产品销售数量的提升，旅游综合总收入超过40亿元。高速公路建设力度和规模得到前所未有的扩大，与此同时，本着可持续发展的理念，镇远当地政府在公路的养护和维修中也予以了充分的重视，包括成立专门的高速公路县道养护队，鼓励居民的社区参与，将高速公路的养护责任落到实处，依法实施奖励或惩处，将高速公路的新建与养护维修同时进行[328]，注重高速公路运营过程中的管理，积极地调整高速公路内部的结构，改善其不够完善的地方，进一步优化结构，将现代的管理技术和制度积极地运用到镇远高速公路的运营当中，以市场为导向，进一步提高高速公路的经济效益。同时当地政府还制定了一系列关于高速公路修建和运营管理的政策措施，强化公共政策的执行，严格依照相关法律法规对高速公路进行治理，保证高速公路的基本畅通，实现可持续性发展。

为了进一步推进镇远高速公路体系的建设和推动旅游经济的发展，政府在“十三五”期间做了详细的交通规划和城镇建设规划，进一步加大交通建设的资金投入，提高农村公路的畅通率，加强高速公路基础设施的建设，做到惠及于民，同时减少安全隐患，保证人身安全。牢固树立和贯彻落实创新、协调、绿色、开放、共享的发展理念，以发展的眼光去看待镇远的高速公路建设，坚持开发与保护并重，注重高速公路沿线的生态环境的保护，积极地发展以高速公路为主要通道的旅游产业，将高速公路与旅游业进行深度的融合，实现产业结构的优化和积极培育新的经济增长点，使整个高速公路体系与镇远的旅游经济呈现良性的互动状态，为进一步实现镇远古镇的脱贫致富创造良好的产业环境。

5.3.2 案例发现与讨论

第一，镇远古镇高速公路交通量对慢旅游的协同作用。镇远古镇位于湘黔两省的怀化、铜仁和黔东南三地区五县接壤交汇之处，根据上一部分对案例地发展的相关内容，可以看出镇远古镇的交通区位优势极其良好，高速公路体系逐渐趋于完善。再由西南民族地区高速公路交通量与慢旅游的协同作用机制，结合镇远古镇实际高速公路交通量状况和慢旅游发展情况，结合区域经济学理论和旅游系统空间结构理论的相关内容，总结归纳出镇远古镇高速公路交通量对慢旅游的协同作用机制模型，见图 5.1。

镇远高速公路交通体系四通八达，便捷的交通为镇远古镇的快速崛起提供了良好的交通基础。镇远高速公路交通量的扩大使镇远的交通流加大了在规模上的扩展性，横向延伸使得交通流的空间性突出，便捷的交通和管理使交通通行状况大大转好，为镇远的交通流在实现通达性的同时更具有效率性。镇远交通流的流动方向和速度促进了镇远旅游流的流通，包括镇远客流、资金流、物质流、信息流、文化流，不断扩大旅游流的流量以获得镇远旅游经济规模的增长。旅游流的综合密度和结构以及旅游节点之间的连通度对交通可达性、区位特性、客源市场、旅游人数、客货运量和节点规模都产生了影响，并促进了旅游交通可达性的提高。高速公路交通量的流量的扩大能够大大地提高镇远古镇旅游交通可达性的提高，自驾游的旅游方式逐渐在旅游地区兴起并以很快的速度在西南民族地区蔓延开来，旅游主体不单单是对旅游目的地体验的追求，对旅游过程的愉悦性和舒适性也提出了新的要求，这就要求旅游者们放慢旅游步伐，以休闲的姿态去更好地体验古镇所带来的历史文化感，这就促进了慢旅游的深度旅游方式的兴起。镇远古镇发展慢旅游的两个核心的旅游吸引物一是独特的包容性文化特色，二是原生性的生态景观，浓厚的文化气息与优美宁静的自然风光相得益彰[329]，现代化交通体系为镇远这座旅游小城镇与外界的接入性提供了连接保障，促进了现代化交通与小镇旅游发展的可持续协同，并最终促进镇远旅游小镇的发展。

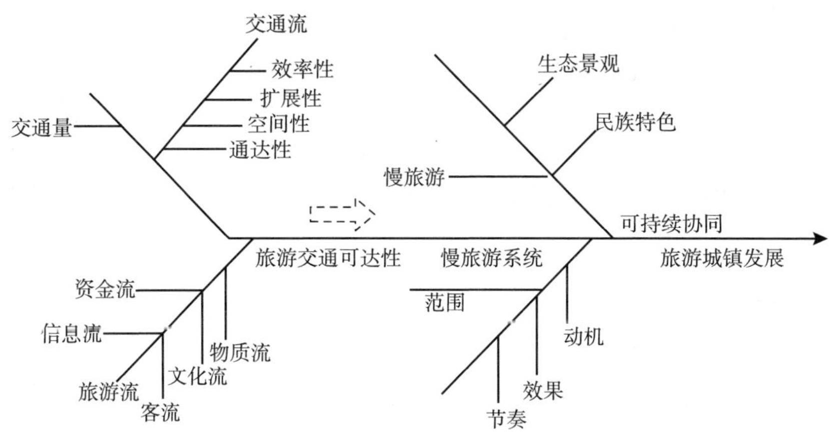

图 5.1　镇远古镇高速公路交通量对慢旅游的协同作用机制

在对镇远古镇的案例实地分析当中，交通量和旅游流的结合和综合考量对旅游交通可达性的大小分析具有非常重要的影响作用，交通量作为高速公路交通流的流量测度大小评价指标，其交通量的大小与镇远古镇的旅游客流量紧密相关。在镇远古镇高速公路交通量大小分析的基础之上对镇远古镇的慢旅游方式和发展情况进行结合，慢旅游的特征决定了镇远古镇的高速公路的交通量和旅游流的流量和流向的发展方向，二者的联合考虑对于贵州镇远古镇的高速公路交通量对慢旅游的接入模式和协同程度都产生了深刻的影响，对于高速公路交通量和慢旅游的协同发展以及在未来很长一段时间内的可持续协同发展都将产生着重要的作用。从镇远古镇发展的长期性来看，高速公路交通量与慢旅游这种新型深度旅游方式的协同关系的递进和融合将极大地促进特色旅游小城镇的发展，旅游和交通的协同具有长远性和前瞻性，伴随着镇远古镇旅游经济的不断发展，民族旅游经济和民族旅游开发的连接作用得到强化[330]，镇远古镇的高速公路交通量和特色旅游小城镇慢旅游在初步实现协同的基础上会越来越实现紧密地连接，从而促进着整个西南民族地区高速公路交通量与特色旅游小城镇慢旅游的协同实现，也恰当地验证了西南民族地区高速公路的发展和进步对于西南民族地区特色旅游小城镇慢旅游的发展具有积极的协同作用。

第二，镇远古镇慢旅游对高速公路交通量的协同作用。在综合考虑镇远古镇现成的高速公路与旅游资源的基础上，结合整个西南民族地区高速公路与特色旅游小城镇协同发展模式，从高速公路的交通量与慢旅游发展模式和理念出发，从慢旅游的动机、效果、节奏、范围四个层面出发，分别探讨基于四个层面的高速公路交通流与镇远古镇地区旅游流的变化趋势和如何影响旅游流的文化流、物质流、客流、资金流以及信息流的作用机制模型，从镇远古镇地区慢旅游产品的特殊性和民族性出发，经过高速公路交通量对慢旅游的层层影响，最后作用于慢旅游产品，促进镇远古镇满路产品的创新和升值。结合镇远古镇实际高速公路交通量状况和慢旅游发展情况，结合区域经济学理论和旅游系统空间结构理论的相关内容，总结归纳出镇远古镇慢旅游对高速公路交通量的协同作用机制模型，见图 5. 2。

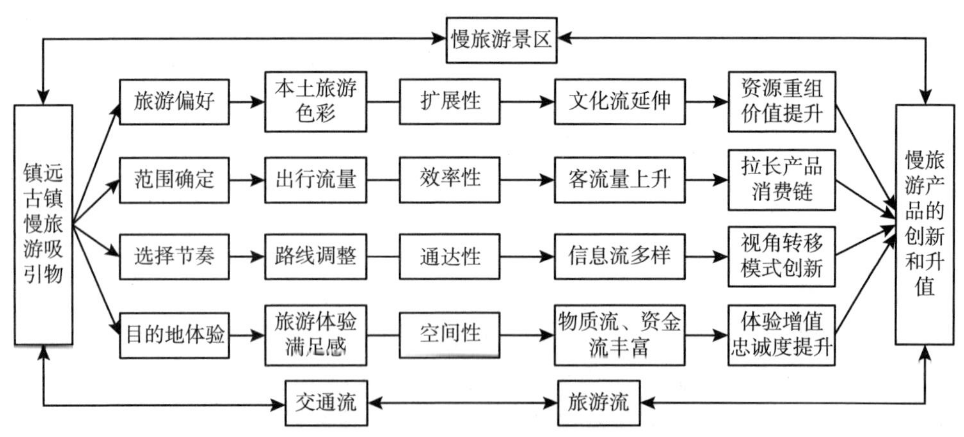

图 5. 2　镇远古镇慢旅游对高速公路交通量的协同机制

镇远古镇优良的自然生态环境和多样的民俗文化影响着慢旅游出行者们的旅游偏好和旅游动机，这种旅游偏好表现为旅游者对镇远古镇的当地的旅游资源的追求和期望，追求具有镇远古镇本土色彩的旅游体验。游客们把镇远古镇的独具特色的旅游资源和人文环境与自身的旅游需求、现代都市的需求以及慢旅游发展的客观需要紧密地结合在一起[331]，使镇远古镇的本土旅游资源更具有针对性和前瞻性，在对旅游资源进行进一步的开发和市场定位的过程中就会赋予镇远古镇旅游资源一定的扩展性，在潜在资源的开发和现有资源的整合过程中具有延伸性[332]。本土文化与外来文化的逐渐融合就使镇远古镇的旅游流中的文化流得到延伸和扩展，外来文化源源不断地进入镇远古镇旅游目的地，异国与本土相结合又构成了新的旅游文化氛围，市场结构发生相应的改变，在这种大背景和趋势下，镇远古镇就有必要对旅游资源进行重组和结合。从哲学的角度上来看，事物内部的结构的变化和重组也将会导致整个事物在结构和功能上的变化，是发生质变的重要的途径和条件，镇远古镇旅游地资源的内部重组和改造使得事物的排列方式发生了变化，镇远古镇的旅游资源和旅游地的吸引力将会在新的市场要求下有新的价值突破和延伸，从而带动镇远古镇慢旅游产品的创新和价值提升。

为了更好地欣赏和领略镇远慢旅游吸引物的独特魅力和风光，出行者们需要对旅游出行的范围进行确定，根据慢旅游的条件和一般规律，出游的人数一般是家人或者朋友一同旅游，旅游出行人数较少。较少的出行人数就直接影响到镇远古镇高速公路的交通量的减少，单位高速公路通行的人数较少就使得高速公路的出行效率有所提高，对镇远古镇的旅游流网络来说，道路的通畅性增加就使高速公路的通行功能增加，游客的旅游交通耗时较少，从长远发展来看，有利于镇远古镇的旅游客流量的增大，游客在欣赏镇远古镇美丽自然风光和多样化民俗风情的同时也极大地延长了镇远古镇旅游产业链条，拓展了镇远古镇旅游产业发展空间。产业链条的拉长会促使镇远古镇旅游产品迈向多元化、休闲化和个性化，在不断产品更新换代中镇远古镇慢旅游的产品开发会更倾向于创新和实现产品升值。

从慢旅游的节奏出发，其主要是实行一种减速运动，放慢生活步调和旅游行程，在镇远古镇旅游的过程中，出行者们可以随时根据自身的主观需要和客观条件改变既定的路线，加之高速公路交通流的全面发展和基础设施的不断完善，镇远古镇高速公路的通达性大幅度提高，这就为游客的路线调整和路线选择提供了客观的多样化条件。镇远古镇高速公路交通通达性的提升使得信息流也呈多样化的发展趋势，旅游信息渠道更为广泛和直接，镇远古镇与外界信息的相互连通更为顺畅，这种大趋势就要求对镇远古镇的特色旅游小城镇和高速公路二者的协同作用关系进行新一轮的审视，转移旅游开发和高速公路建设的视角，对西南民族地区镇远古镇的特色旅游小城镇与高速公路更好的接入创造条件和进行模式创新，带动镇远古镇慢旅游产品的不断创新和增加旅游产品的附加值，进一步促进镇远古镇高速公路与慢旅游的协同发展。

从慢旅游的第四个组成要素来看，游客选择镇远古镇作为慢旅游的旅游目的地，一个非常重要的因素在于游客对镇远古镇的旅游吸引点有强烈的旅游体验效果的期待，这也是衡量旅游者出游效果的最主要的目标和出发视角。在镇远古镇高速公路交通量的不断建设中游客对特色旅游小城镇的民族性和特殊性领略的程度也更加的深化突出，旅游主体更容易获得在镇远古镇体验旅游的满足感，这也就促使旅游出行者能够更加领略到镇远古镇高速公路的结构和组成的空间性的美和其重要的作用。当高速公路交通量的建设和镇远古镇旅游小城镇二者的完美融合极大地满足了游客的旅游体验和旅游期望时，整个镇远古镇现成的旅游流网络就会不断扩展和完善，其中一项非常重要的表现就是物质流和资金流的丰富程度不断加深，具体表现为镇远古镇地区旅游公共物品的供给和旅游产品规模在不断地扩大，这就引导着物质流的快速流动，与此同时，融资渠道的增多和旅游消耗的扩张使镇远古镇的旅游资金流进行横向上的流动。资金的进一步扩展和物质的极大丰富为镇远古镇地区旅游公共服务设施和高速公路交通体系向着更好的方向发展提供了条件，旅游目的地的吸引力得到提升，游客的旅游空间体验也得到一定程度的增值，这就为游客对镇远古镇旅游目的地的再选择和探索提供了机会，旅游期望的极大满足使游客对镇远古镇的旅游忠诚度得到提升，其旅游期望也在现有满足的基础上得到进一步的提升，这就对镇远古镇旅游产品的创新度和升值不断提出了新的市场要求。

从镇远古镇的整个旅游系统和高速公路交通体系来看，镇远古镇地区的慢旅游吸引点与高速公路的交通量建设二者相互作用、相互促进和协调，交通量的大小对镇远古镇地区旅游流的大小和方向有着广泛而深刻的影响，具体表现为交通量的大小影响着镇远古镇地区旅游流网络的客流、物质流、资金流、文化流和信息流等多个角度和构成要素，对旅游流的大小、方向以及整个旅游流网络的构成和指向都有着至关重要的影响。旅游流的大小和指向是整个镇远古镇旅游流网络构建的关键因素和风向标，影响着镇远古镇地区的旅游流的发展和未来指向，对镇远古镇地区的慢旅游产品的创新和升值有着积极的促进作用。

第三，镇远古镇慢旅游与高速公路交通量的协同机制。根据西南民族地区高速公路与特色旅游小城镇协同作用关系的分析框架、研究假设和作用机制的建立，结合镇远的高速公路状况与旅游业的发展现状，在基于区域经济理论、循环经济理论以及旅游系统空间结构等相关理论和内容，构建出镇远的慢旅游与高速公路交通量的协同作用机制，见图 5. 3。

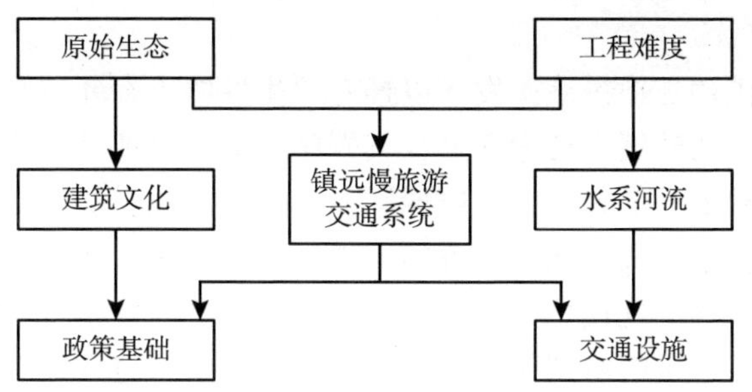

图 5.3 镇远慢旅游与交通量的协同作用机制

西南民族地区慢旅游的兴起和快速发展是建立在旅游主体的旅游期望的转变和旅游交通设施不断趋于完善的基础上，具体结合贵州镇远小镇的实际发展情况，综合实地考察和相关文献的借鉴与归纳，本书提出镇远的慢旅游的构成要素主要从三个方面出发：一是镇远具有最原始的生态环境，蓝天白云，生态状况极其良好，未受到现代工业社会的污染和破坏；二是镇远古镇是中国山地贴崖建筑的博物馆，古镇的建筑和传统民居都极具文化特色，被誉为国家的历史文化名城和中国最美的十大古城之一；三是贵州省地方政府对镇远发展慢旅游提供了强有力的政策支持，从旅游发展模式到当地居民思想意识的转变，镇远的地方政府对镇远发展旅游业起到了中流砥柱的作用。在慢旅游的旅游理念下，镇远开始进行旅游设施的建造和旅游路线的完善，综合人力和物力的改造，促进了镇远的慢性旅游系统的构建。

另一方面，根据案例背景中对镇远高速公路现状的详细分析，镇远的现代化交通体系已经达到应有的规模，高速公路交通流形成完整的体系，伴随而来的是交通量的大幅度增加和交通流与旅游流逐渐重合。结合镇远交通状况的建设和交通量现状，本书在实地考察的基础上提出三个主要的原因和要素：一是贵州镇远古镇克服了山地地形和脆弱的地质状况，现代工程技术解决了贵州历史遗留的石漠化问题[333]，使修建高速公路的工程难度得以降低，加之当地交通工程水平的逐渐提升，镇远逐渐形成因地制宜的在不破坏镇远的原始性和整体性的前提下进行现代化公路的建设格局；二是镇远的水系河流发达，地处长江水系的上游位置使镇远古镇具有天然发达的水系特征，河流的形态和周边的景物构造独具一格，自然性与创造性融为一体；三是镇远的现代交通设施的逐渐增多，通往镇远的路径逐渐多样化，公路已经实现了完全通行，火车、高铁以及飞机等现代化交通工具也在镇远的现代化交通体系中占据了一定的地位，为了进一步促进旅游的发展，镇远地方政府不断地加大镇远交通设施的建设力度，实现镇远交通建设的大提速。

综合来看，镇远古镇慢旅游发展以拥有原生性的生态环境、深厚的建筑文化以及镇远地方政府的政策支持为保障，其慢旅游的发展极具前瞻性。同时镇远的交通量不断地呈现上升的趋势，主要原因在于镇远古镇在进行交通建设的过程中有效地克服了工程难度大、水系河流的天然屏障的难题，加之不断地加大交通设施的建设力度使镇远的现代化交通设施和体系建设已经处于较为完善的阶段。在镇远的慢旅游与交通量的协同作用机制当中，镇远慢旅游系统的建立和完善是连接慢旅游与交通量的中间桥梁，镇远的旅游资源独特并具有原始性特征，这就为慢旅游交通系统的形成确定了基本的资源构成。另外，镇远在现有的慢旅游交通系统的旅游资源基础上，其高速公路建设力度也在不断地加大，高速公路路基和基础设施建设实现了大跨步，古镇内的很多地方都基本实现了高速公路的直接到达，所以镇远的高速公路交通量与慢旅游能够进行恰当的协同和相互作用，镇远的慢旅游交通系统也能得到构建和继续发展。因此，从高速公路交通量和慢旅游两个方面出发，其各自的发展为实现协同奠定了坚实的基础，最终为实现镇远的慢旅游与交通量的有效协同提供了连接通道，使西南民族地区高速公路交通量与特色旅游小城镇的慢旅游的协同得以实现，验证了西南民族地区高速公路与特色旅游小城镇的协同关系。

5.3.3 案例验证分析

本书选取镇远古镇作为案例地是对镇远古镇的小镇旅游发展和高速公路之间关系进行实地考察的结果，先对镇远古镇的发展历史进行分析，在此基础上着重选取镇远的近年来高速公路的发展进步作为高速公路发展主要状况来进行分析，最后对镇远的旅游业的发展进行案例背景探讨，得出镇远的特色旅游小城镇发展带动了高速公路的建设的重要背景，并在获得相关一手资料的基础上根据相关成熟经典理论建立作用机制模型，对各自维度下小城镇与高速公路的协同作用进行详细深入的全面分析。其中，通过构建理论模型说明镇远的慢旅游经济的繁荣和发展与高速公路交通量是分不开的，再在此基础上说明镇远慢旅游经济的大发展会进一步带动当地高速公路交通量的合理化和科学化，进而说明镇远古镇的慢旅游经济的发展会带动镇远古镇当地政府对当地高速公路建设的重新考虑和衡量，以镇远古镇旅游经济发展的实际情况对高速公路交通量预测和设计做出重新规划，改变现在高速公路交通量与路幅所存在的一些突出问题和不合理的成分，促进镇远古镇旅游经济的新一轮大发展。

运用SPS案例研究方法进行单案例研究，在基于对镇远古镇的历史背景、高速公路发展状况以及镇远旅游业的发展三阶段进行全面深入的分析上，对镇远进行案例发现与讨论。根据西南民族地区高速公路与特色旅游小城镇的协同关系的构成维度、分析框架、研究假设以及作用机制的相关内容，结合镇远优越的交通区位优势带动了镇远古镇旅游经济的发展，分别从西南民族地区高速公路与特色旅游小城镇的构成维度出发，案例验证镇远高速公路交通量对慢旅游的协同作用、镇远特色旅游小城镇慢旅游对高速公路交通量的协同作用以及高速公路慢旅游与特色旅游小城镇慢旅游的协同作用，案例研究的过程中始终把握住西南民族地区特色旅游小城镇的特殊性和民族性特征，以突出西南民族地区以少数民族经济和少数民族文化为内容的民族特色，以维护和促进民族团结为目的，在民族地区旅游发展的大背景下对特色旅游小城镇发展的驱动要素进行探讨，重点集中在高速公路对特色旅游小城镇的协同作用，同时对协同的具体路径进行一定的探索，为下一步全面针对高速公路如何更好地对特色旅游小城镇进行协同构建了静态的理论模型。本书从镇远高速公路与旅游城镇的各自维度相互作用来验证镇远的高速公路发展带动了特色旅游小城镇的旅游业的兴起和逐渐繁荣，特色旅游小城镇的发展又在一定的基础上促进了高速公路的建设，最终实现镇远特色旅游小城镇的经济和社会的协同进步。

5.4　西南民族地区高速公路网布局与居民受益的协同：以广西扬美古镇为案例

5.4.1　案例地发展状况

扬美古镇作为广西四大名镇之一，坐落在西南民族地区广西首府南宁市江南区，距离南宁36千米左右，位于左江、右江和邕江的交汇地区，三面环江，形如半岛，风光无限[334]。据记载扬美古镇始建于宋代，距今已有上千年的历史，左右江河谷的大开发成就了扬美古镇，一度成为典型的繁荣商业中心，至民国年间都是典型的商埠，素有“小南宁”之称。扬美古镇原名“白花村”，后改为“扬美村”，1922年改为南宁市直辖镇。1999年开展旅游时，为了提高扬美的知名度和塑造历史文化形象，以吸引游客的眼光，沿用了1952年建镇时的名称“扬美古镇”。扬美古镇现今还保存着较为完整的明清建筑，由于特殊的地理环境和历史条件，扬美古镇建筑呈现出文化交融的特点，一方面有着中原传统文化的特色，建筑风格平稳端庄，肃穆典雅，另一方面也具有岭南特色，建筑细腻而不失格调，温婉柔美，这样的扬美古镇建筑呈现出自身不可替代的特色，吸引着外来者前来观光游览。优美的自然环境和独具特色的建筑风格使外来人不断迁居到扬美古镇并在这里安顿下来开始生活，这就形成了在扬美古镇现有的 5 300 多人口中人名姓氏超过了 30 个，集中体现了扬美古镇当地居民大杂居的特点。扬美古镇的自然风光秀丽，最著名的有扬美八景[335]，人文景观和自然景观都相当丰富，在扬美古镇的历史发展过程中涌现不少的文人墨客和豪贾巨商，在促进扬美经济发展的同时更是给扬美古镇的文化底蕴添上了浓墨重彩的一笔，坊间流传着文人雅士的传说，成为扬美古镇宝贵的精神财富之一。除了丰富的人文资源和自然景观以外，扬美古镇位于岭南，优越的地理位置使扬美古镇的农作物和经济作物享有盛名，其中具有“扬美三宝”之称的梅菜、沙糕、豆豉美味异常，受到广大游客的青睐，销售市场十分广阔。

本书对扬美古镇高速公路建设状况的介绍说明主要选取南扶二级公路的建设，南宁到扶绥的二级路的建成试通车使扬美古镇景区的外部交通得到极大改善。在这之前，南宁市区主要从江西镇通过县道 X005 石埠—坛洛接县道 X604 智信—扬美至扬美古镇景区，均为四级水泥路，公路标准低，不能满足扬美古镇旅游业发展交通需求。为了进一步促进扬美古镇旅游产业的发展，南宁市政府规划修建从南宁到扬美的直达公路的修建。南扶公路全长 7. 93984 千米，采用二级公路标准，全线采用水泥混凝土路面结构，设计速度 80 千米/时，路基宽 12 米，本工程共占用土地 28. 8 平方公顷，其中永久性占地 21. 01 平方公顷，临时性占地 7. 79 平方公顷，项目总投资 15 167. 51 万元，由南宁市江南区交通运输局建设，建设内容包括路基工程、路面工程、桥涵工程、交叉工程、交通工程及沿线设施工程。南宁市江南区至崇左市扶绥县二级公路江南区间段顺利通车，标志着南扶二级路全线贯通，南扶二级公路的全线贯通为扬美古镇的发展带来了滚滚商机，该路段作为通往扬美古镇的主干道，驾车一路畅行无阻，从市区驾车到古镇景区耗时不到 1 个小时。江南区间段从江南区沙井镇乐贤村至江西镇同良村，共计 21. 55 千米，由原来的单车道扩建为两车道，路面由原来的 5. 5 米宽扩建为 8. 5 米宽，通车后极大地改善了周边群众生产和出行条件。

扬美是一个古风古韵、民风淳朴，散发着浓郁人文气息的西南古镇，其旅游业发展如火如荼，吸引着来自国内外的大量游客。扬美古镇的旅游资源丰富异常，扬美拥有目前广西境内保存最为完好的明清古建筑群，现存的明清建筑大概

700余栋，2010年荣获“国家级历史文化名村”的称号，是南宁市珍贵的历史文化遗产。美食文化突出，传统的手工艺制作传承了上百年，使扬美具有自己独特的沿袭百年的美食文化传统，建筑风格具有扬美古镇典型的青砖、黑瓦的元素，拥有着丰富的人文历史文化资源和特色鲜明的从丰厚的人文环境中滋养出的民俗事象，如扬美古乐，龙舟节、抢花炮等。农业种植园经济初具规模，香蕉、黄皮和龙眼都是扬美古镇农业种植的典型作物，以香蕉最为突出，当地居民建造独具自然气息的香蕉园，成为旅游者观光游览的一道亮丽的风景线。扬美古镇旅游产业的发展在很大程度上与政府的鼓励支持手段是分不开的，南宁政府针对扬美古镇的旅游产业发展展开专题讨论，根据扬美的发展现状和资源特色进行相关产业的定位和实施布局，同时为了进一步提高旅游景区的可进入性，扬美政府加大了对当地的交通建设力度，对公路网布局进行重新梳理，完善相关的基础设施建设，坚持公路建设与养护并重，提高居民社区参与的积极性，增强扬美古镇居民的主人翁意识，真正做到让居民从中受益。扬美古镇的旅游业发展以独特的景观和丰富的旅游资源为依托，旅游产业发展步伐逐步加快，并且旅游人数规模和收入规模也呈上升趋势，旅游目的地的形象得到建立，并逐渐的深入人心，扬美古镇先后被评为南宁“十大景观”之首、南宁“十佳旅游风景区”“全国农业旅游示范点”“南宁市优秀旅游景区”等[334]。2015年8月，《扬美旅游区总体规划》得到江南区旅游局的初步肯定，对扬美古镇及其周边的旅游资源特色及南宁市旅游市场发展趋势进行分析，提出旅游发展要深度挖掘扬美深厚的文化底蕴。2016年第六届全国生态旅游文化发展高峰论坛在深圳召开，论坛上发布了“最美古村落”名单，广西有两个古村落上榜，扬美就是其中一个[336]。2016年扬美古镇中国—东盟博览会文化旅游节在扬美古镇开幕，这次文化旅游节的主要目的就是深入挖掘扬美古镇丰富的文化内涵和人文历史名迹，将扬美古镇打造成为具有丰富文化内涵的旅游景区，同时对现有的旅游资源进行开发和利用，在现有的基础上加大旅游产品的创新力度，开发具有特色的精品旅游线路，提高旅游质量。

5.4.2　案例发现与讨论

第一，扬美古镇高速公路网布局对居民受益的协同作用。从西南民族地区广西扬美古镇特色旅游小城镇的相关利益者分析来看，居民的社区参与成为扬美高速公路网布局与旅游接入的重要节点。居民社区参与一方面为旅游者提供旅游服务和进行民族文化的传播，另一方面居民作为旅游景区的主体构成，尤其是在扬美古镇这个民族旅游大环境下，当地的许多旅游资源往往是当地居民特别是少数民族世居居民在长期的生产生活和实践中不断地进行创造并在时间的沉淀中得以保存下来，旅游资源本身就是当地居民生产生活的资源和现场，这些资源与当地居民的日常生活和节庆假日具有天然的不可分割的联系，同时也与当地居民的切身利益有着紧密的天然的联系[337]，从这个角度来分析，居民参与旅游开发、分享旅游资源开发和建设所取得的效益是合情合理的。扬美古镇的旅游业发展与居民收入有着复杂而紧密联系，具体联系过程见图 5.4。

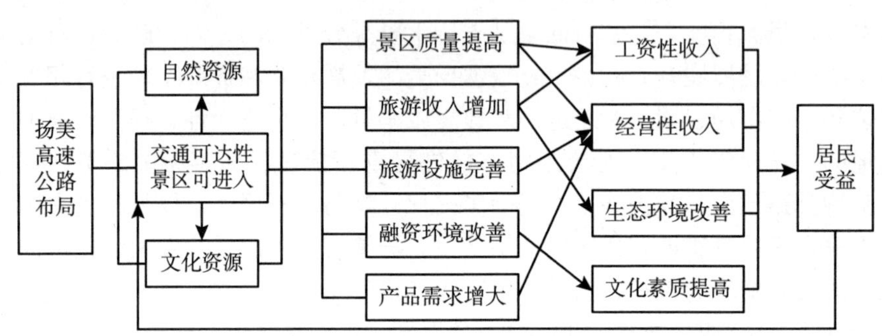

图 5.4　扬美古镇高速公路网布局对居民受益的协同机制

西南民族地区特色旅游小城镇拥有自身的民族特色，主要包括少数民族经济和少数民族文化，通过因地制宜的开发少数民族文化可以促进少数民族经济的发展，最终有利于西南民族地区民族团结的维护和促进。扬美古镇的旅游业的发展中最根本的因素在于旅游资源系统，其中包括原生性的良好的自然旅游资源和具有多个少数民族风情的在长时间的实践中所形成的民族文化，二者各有特色又共同构成了扬美的旅游资源系统。旅游资源一方面可以刺激旅游投资，主要是政府拨款和规划补助，另一方面随着旅游景区的建成和运营，旅游资源作为旅游吸引物的核心要素具有驱动旅游消费的功能。在扬美古镇已有的旅游资源系统得到良好布局的基础上，扬美的高速公路网布局充分考虑整个旅游小城镇的发展和对外的接入性，完善交通设施，科学规划和管理高速公路网的支线和干线，增强扬美的交通可达性和旅游小城镇的景区可进入性，为旅游业的进一步发展提供良好的交通基础和运营保障。在扬美古镇的旅游景区规模达到运营范围时，随着旅游业的发展和不断繁荣，旅游人数大幅度增加，随之而来的是旅游景区收入增多，在不断地增加运营规模和强化监督管理的过程中，景区的管理逐渐趋于完善，传统的管理运营模式逐渐被打破，取而代之的是国际现代化景区运营模式和更为标准化的管理模式，融资环境更为多元化和效率化，旅游基础设施体系在不断地完善和深化，旅游产品的差异化生产带动旅游消费需求的增大，并最终形成旅游产品链的连接。

与此同时，扬美古镇旅游景区质量的提高带动社区居民的工资收入和旅游景区的经营性收入显著增长，旅游收入的增加在横向上使景区的财产性收入和居民工资得到提升，融资渠道的多元化和筹资环境的优化改进增加了居民的转移性收入，在景区运营期，对旅游设施的投入会增加景区的边际收益，从而增进居民的获益。伴随着居民受益不断增加，社区居民参与古镇旅游经济开发和建设的积极性大幅度提高，旅游建设有了充足的劳动力，并在不断地学习和深化过程中旅游人才凸显，为扬美古镇的旅游业的发展积极地贡献出自己的一分力量[338]。同时作为扬美古镇民族文化的传播者和载体，居民素质的提升有利于景区整体文化氛围的改善和树立良好的旅游形象，提升居民的整体文化素质和旅游从业技能，从而拉动旅游消费，并不断地提升自己的旅游吸引力以获得长足发展。通过不断地完善和创新社区参与机制，将社区参与中不同群体的利益进行综合地考虑，倾听不同群体的声音，使不同利益群体的参与者都能共享旅游经济带来的经济效益，注重扬美古镇旅游发展的短期和长期效益，坚决不以牺牲环境为代价来发展旅游经济，旅游资源的开发和利用必须具有可持续性，游客容量和规模必须放置在扬美古镇可容纳的范围以内，维护扬美古镇生态环境的原生性和纯洁性，为当地居民提供更为良好的生态环境系统，使居民保持在积极的方向上促进当地旅游业的可持续发展。

第二，扬美古镇居民受益对高速公路网布局的协同作用。扬美古镇居民受益对旅游经济发展具有协同作用。旅游经济一个突出特点在于区域经济的拉动作用，扬美古镇的民族旅游的兴起和发展一方面会促进旅游经济体系本身的不断完善，另一方面也会带动经济结构的改变和优化[339]，拉动相关产业的发展，从这个层面上来说，扬美古镇的旅游活动实质上是一项集经济、社会、文化为一体的综合反映活动。旅游业的繁荣和发展会给区域经济带来一定的积极影响，社区的居民也会通过直接或者间接地参与从旅游经济的发展中获得自身的利益[340]。旅游作为一个综合性产业，其核心利益相关者之间也存在着一定监护作用和影响机制，从旅游对高速公路网布局的角度来看，扬美古镇相关利益者之间的关系及各自的作用会促进当地旅游经济的发展，旅游经济的进步促进高速公路网布局的完善。

旅游经济的综合性决定了其作用必然是由多边利益者所构成，根据扬美古镇旅游经济发展实际状况和运行体制可以将最主要的核心利益相关者分为政府部门、社区居民、游客以及旅游开发者四类。其中，政府部门是最主要的投资和景区建设方，在景区开发的交通基础设施建设、土地流转与征用以及因占用私人空间而引发补偿问题等多方面都扮演着举足轻重的作用，政府部门通过制定相关旅游规定和执行地方法规以对旅游开发者进行行为约束和引导，使得旅游开发者以合理、合法和公平的方式对扬美古镇的旅游资源进行开发和后期的景区建设，也为外来游客提供政策保障，同时扬美古镇当地政府也是扬美古镇旅游开发和建设最直接的受益者。社区居民不仅是扬美古镇原生性自然环境的拥有者，更是少数民族文化的传承者，通过社区居民的参与，其文化得到传承和延伸，在自然的文化要素中不断增添新的文化元素来保持文化增长，同时在旅游景区的运营中，当地居民参与景区管理和运营[341]，成为社区旅游资源的重要组成部分，为外来游客提供旅游服务。社区居民是整个旅游网络体系中的中心环节和主体部分，是享受旅游经济发展的直接受益者。游客作为旅游要素之一，是旅游产品的需求者，其旅游需求的结构和规模在很大程度上决定了扬美古镇当地的旅游市场的结构和构成，其旅游期望和需求实现程度是评判一个旅游目的地经济效益是否能实现的最关键的指标和要素。从这个角度来说，游客不仅与旅游经营者存在着直接的利益关系，还与当地政府、景区的居民等有着直接或间接的关系，游客对旅游景区的合理工作建议和意见有利于旅游经营者更有针对性的对接旅游客源市场，建立监督管理体制，转变管理模式，并最终推动景区健康有序发展。旅游开发者一方面接受地方政府的引导和支持，另一方面也接受政府的监督和管理，通过对扬美古镇民族地区自然和文化旅游资源的规划开发，提供必要的旅游设施和服务，为当地居民提供更多的就业岗位并进一步提升居民的文化水平。

扬美古镇旅游经济的发展对高速公路网布局具有协同作用。在旅游经济的运行中，旅游者和旅游经营者经常是以旅游景点为中心节点，以某一个旅游目的地为中心向四周展开旅游活动，其中以交通线路为基础将中心节点和四周联系起来，形成一个较为封闭的区域，在这个封闭的区域中，旅游景点和交通线路作为两个主体相互影响、相互促进，只有当区域内的交通线路保持畅通时，相关的旅游经济活动才能向四周发散开来，旅游业才能得到正常的运转，反之，当区域的旅游经济发展到一定程度时，高速公路体系也会因此而受益，高速公路网建设会根据旅游经济的发展格局提出相对应的要求，促进高速公路网的全新优化布局。图5.5为扬美居民受益对高速公路网布局的协同机制。

旅游经济的发展对高速公路网布局一个典型的影响作用在于给高速公路网布局增添了旅游元素，在满足交通传统通行功能的前提下，增加了路网布局的审美功能，公路网布局具有审美性特征，通过对旅游资源要素的空间分布进行有效的连接和组合，实现旅游客流和扬美景区的连接、沟通和流动，使旅游要素实现有效地组合和连接[342]。当扬美的旅游规模到达一定程度以后，扬美的高速公路网布局趋于连接扬美古镇的各个景点或者实现古镇景区与外界的相连，高速公路布局的节点与旅游节点相互重合，并且作为一个重要的组成部分融入整个旅游景区系统当中，成为构筑扬美历史文化氛围的桥梁和展示当地文脉的风景线。除此以外，由于扬美古镇旅游经济的发展受到旅游资源的品质、开发规模、资源规模以及相关配套服务等自有价值的影响，所以相应地扬美的高速公路网布局在不同的旅游节点和旅游线路上也会呈现出不同的特点，表现为具有当地的自然环境和人文环境特色，旅游公路网具有个性化的特点。

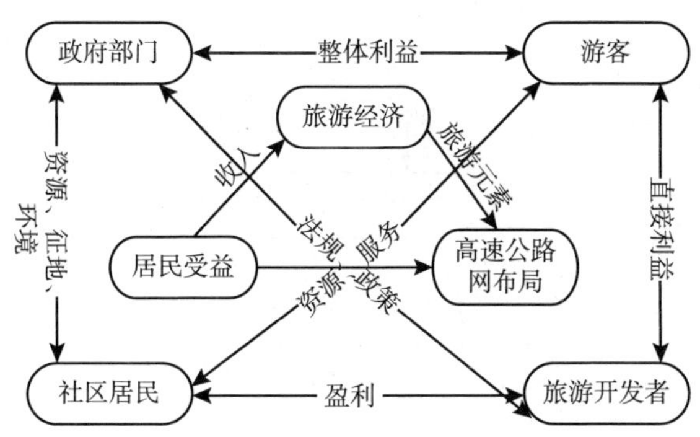

图 5.5　扬美居民受益对高速公路网布局的协同机制

在旅游经济发展的带动下，高速公路网进行规划和布局时不仅要对高速公路网布局的现状进行分析，还对扬美区域内的旅游资源和旅游设施进行分析和评价，综合考虑扬美的社会经济发展状况和旅游经济发展的需要，在发展经济的同时促进旅游资源的开发和旅游景观的塑造。同时，高速公路网布局要与旅游公路沿线和旅游目的地的旅游资源实现连动一体开发，形成高速公路——旅游景区——旅游配套——旅游服务等一体化的旅游综合体模式，高速公路本身除了满足相关技术标准以外，还应该注重其自身的旅游价值，使公路与旅游实现协同、美观和自然。

第三，扬美古镇高速公路网布局与居民受益的协同机制。根据西南民族地区高速公路与特色旅游小城镇的协同作用关系的分析框架、研究假设和作用机制的建立，结合扬美古镇的高速公路状况与旅游业的发展现状，通过对案例地的实地考察得出居民受益的动因与影响。同时在分析扬美古镇高速公路网与居民受益协同机制的过程中旅游经济的发展成为不可避免的考虑因素，通过分析高速公路网布局、旅游经济的发展以及居民受益情况三者之间的关系和相互影响机制模拟出扬美古镇高速公路网布局与居民受益的协同机制，见图 5.6。

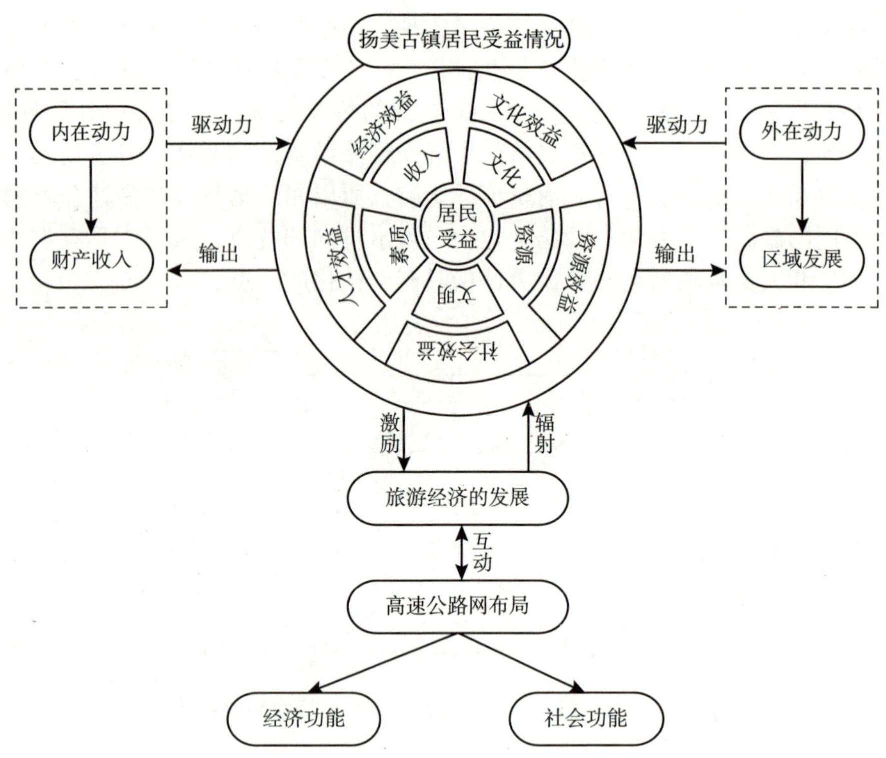

图 5.6　扬美居民受益与高速公路网布局的协同机制

本书在综合研究的基础上对扬美古镇居民受益的动因和主要输出进行了一定的归纳和说明，其中主要从内部和外部两个维度进行说明，内在的动力主要指当地居民对提升生活水平和增加财产收入的需要，外在的动力则是指扬美古镇促进整个民族地区发展的需要。当居民受益增加时，一方面会提高从业者的经营性收入和建设性收入等财产性收入，另一方面放在整个扬美古镇的大环境下来看则会促进区域旅游经济的发展，进而带动农业、工业、服务业等其他产业的发展。

居民受益的方面主要从经济效益、人才效益、社会效益、资源效益以及文化效益五个部分出发。其中，最直观的经济效益即居民获得一定的旅游收入，可支配收入的增加带动当地生活水平的提高，有利于居民改善生活条件。居民受益对于每一个在扬美古镇生活的人来说不仅仅指经济能力的提高，还包括对于个人文化素质和从业素质的提高，这是对居民受益软实力的提高，有利于培养高素质的旅游人才，打造专业的旅游管理团队。居民社会效益是衡量居民受益的另一项重要内容，主要指整个社会的文明状况有所改善，社会和谐性增加，人与人之间的交往更加的文明化。同时，随着居民受益的驱动，为了获得相应的经济效益和社会效益，当地居民会致力于积极的发展旅游行业，结合扬美古镇的旅游发展模式，其旅游经济发展赖以生存的基础在于旅游资源的开发和整合，这就促进了扬美古镇自然资源和人文资源的开发。扬美古镇作为拥有千年文化的传承者和代表者，其民族文化浓厚深重，民族风情多样化，传统节庆特色鲜明，这就形成了扬美古镇居民独有的文化传承，具有鲜明的文化印记，居民受益情况的改善有利于扬美古镇文化与外界的交融和发展，文化效益突出。

扬美古镇旅游经济的发展对于分析居民受益和高速公路布局具有重要的桥梁作用，居民受益的增加会大大促进当地居民改善生活状况和生产条件的愿望，激励作用相当突出，激励着人们以更为积极的姿态去投入到发展旅游经济的大环境中，同时，旅游经济的发展对扬美古镇的旅游资源开发、经营收入、员工素质、社会状况改善以及文化传承都具有辐射作用。当旅游经济发展到一定阶段时，旅游交通作为旅游业主要组成要素之一，旅游目的地与外部市场的连接性和协同性成了发展旅游业应当考虑的首要问题，但是扬美古镇的对外交通条件还极差，交通设施建设规模较小，导致旅游经济的发展不能和高速公路发展形成良性的沟通，更不能使高速公路网布局与沿线的旅游特色和旅游路线相互协同，进而不能进一步发挥高速公路网布局的经济功能和社会功能，不能实现西南民族地区高速公路网布局与特色旅游小城镇的协同。

综上所述，本书根据扬美古镇的实地考察结果和相关理论基础的有关内容对扬美古镇居民受益与高速公路网布局的协同作用关系进行归纳和演绎，最终比较符合实际地构建出西南民族地区扬美古镇高速公路网布局与居民受益的协同机制模型。扬美古镇的居民受益情况的改善以内在和外在的动力为驱动力，其主要表现为当地居民的财产性收入的增加和整个扬美古镇的旅游经济和相关产业得到发展，居民受益情况的增加与扬美古镇旅游经济的发展既是旅游经济发展的表现，也是进一步促进旅游经济发展的重要因素。居民受益的增多会形成强有力的激励机制促进西南民族地区扬美古镇旅游经济的持续增长，因为受益情况的改善会使得居民有更积极的动力和明确的目标追求投身于扬美古镇的旅游城镇建设当中，人力的增加和在居民团结一致中所迸发出的强大推动力。因此，扬美古镇的旅游经济的发展在很大程度上与高速公路与居民受益的协同作用是分不开的，这也验证了扬美古镇高速公路网布局与特色旅游小城镇居民受益的协同关系，进一步为验证西南民族地区高速公路与特色旅游小城镇的协同作用关系提供组成要素。

5.4.3 案例验证分析

本书选取扬美古镇作为案例地是对扬美古镇的小镇旅游发展和高速公路之间关系进行实地考察的结果，先对扬美古镇的发展历史进行分析，在此基础上着重选取扬美的南扶公路的修建作为高速公路发展主要状况来进行分析，最后对扬美的旅游业的发展进行案例背景探讨，得出扬美的旅游小镇的发展带动了南扶公路建设的重要背景，并在获得相关一手资料的基础上根据相关成熟经典理论建立作用机制模型，对各自维度下小城镇对高速公路的促进作用进行详细而深入全面的分析。其中，通过构建理论模型说明扬美的居民受益情况的改善会大大促进当地旅游经济的繁荣和发展，再在此基础上说明扬美旅游经济的大发展会进一步带动当地高速公路网布局的合理化和科学化，进而说明扬美的居民受益情况的改善会带动扬美的当地政府对当地高速公路网的重新考虑和衡量，以扬美旅游经济发展的实际情况对路网做出重新规划和设计，改变现在路网所存在的一些突出问题和不合理的成分，促进扬美古镇旅游经济的新一轮大发展。

运用 SPS 案例研究方法对西南民族地区特色旅游小城镇对高速公路的协同作用进行案例验证，选取西南民族地区广西南宁市扬美古镇作为案例旅游特色小城镇，结合前文对西南民族地区高速与特色旅游小城镇的维度分析框架、研究假设和实证分析，根据扬美古镇高速公路与特色旅游小城镇旅游经济的发展实际情况，从三个视角切入进行案例的验证分析，分别从扬美古镇高速公路网布局对居民受益的协同作用、扬美古镇居民受益对高速公路网布局的协同作用以及扬美古镇高速公路网布局与居民受益的协同作用关系出发，对西南民族地区特色旅游小城镇居民受益与高速公路网布局的协同作用进行案例验证，得出了高速公路网布局对特色旅游小城镇居民受益具有协同作用、特色旅游小城镇居民受益的增加对高速公路网布局的完善具有积极促进作用的结论。其中，在扬美的居民受益对高速公路网布局的协同作用进行验证分析的过程中，先分析了扬美的利益相关者的相互状况，得出扬美的居民受益的增长促进了当地旅游经济的发展，再分析旅游经济的发展对于高速公路布局的协同作用机制，为了进一步详细地阐释扬美古镇居民受益情况的改善对于扬美高速公路网的合理布局和规划的促进作用，本书采用扬美的旅游经济的发展作为过渡的中间变量，以旅游经济发展作为过渡体实现了居民受益对高速公路网布局协同作用的分析，具有一定的创新性。

5.5　西南民族地区高速公路服务区与旅游功能开发的协同：以云南勐仑小镇为案例

5.5.1　案例地发展状况

勐仑小镇位于云南省勐腊县西北部，汇集人流、物流、信息，是西双版纳旅游动环线上一个重要的旅游城镇，是少数既具有异域风采又具有民族风情的特色旅游小城镇。在自然资源的分布上，总体来说，云南勐仑小镇的自然旅游资源十分丰富，可用“江山＋田园＋林”来进行概括，“江山”是指勐仑小镇外围的群山，主要分布有国家热带雨林自然保护区，“田园”是指热带植物园，汇集了热带、亚热带的植物种群，规模种类庞大。勐仑旅游小镇保存着国家级热带雨林自然保护区，既有神秘的热带雨林风貌，又有气势雄伟而又风光秀丽的石灰岩雨林，勐仑特色旅游小镇不仅仅自身拥有丰富的旅游资源，且小镇与自然保护区相邻，与自然保护区存在服务与旅游功能上的互补性，勐仑小镇是云南省勐腊县植被保护最完整的地区之一，其外围分布有勐仑子自然保护区，是西双版纳国家级自然保护区的构成部分之一。在民族文化资源的构成上，傣族、哈尼族、汉族、彝族及其他民族交错分布在勐仑小镇上，民俗文化旅游资源极为丰富。同时有融合东南亚、南亚文化精粹的傣族贝叶文化、特色鲜明的宗教文化[343]、具有地域文化特色的建筑文化、民间民族的风俗文化、歌舞文化、医药文化等神秘的民族文化。

云南省勐仑特色旅游小城镇作为西南地区入境的交通要道，随着“一带一路”与旅游城镇化的不断升温，勐仑在新一轮的旅游浪潮中将不断加强与东南亚的联系和交往，贸易往来趋于更加频繁。G213 国道北起甘肃兰州，经过勐仑小镇中部经济地带。G213 是中国西部地区由北到南的一条国道，这就加强了勐仑与甘肃、四川、贵州等主要沿线省份的经济往来和旅游活动，便利的交通为省域之间通达性和便捷性的提高提供了客观条件和交通基础。同时，从区域内部分布来看，勐仑小镇在勐腊县中占有着重要的地理位置，有勐腊县“北大门”之称，是勐腊县通往外地和内地的交通要道。勐仑小镇内部的交通畅通，除了 312 国道，昆曼国际大通道也贯穿勐仑镇，除此以外，各省道、县道也保持畅通的良好态势，为勐仑小镇内部以及勐仑与外部的交流提供了基础。

勐仑小镇独特的地理位置和地势地貌给小镇的旅游经济发展带来了得天独厚的自然基础，其自然生态环境良好，旅游资源种类齐全，各民族在长期的历史发展中沉淀出独特的民族风情，旅游优势日渐突出。云南省政府为了进一步促进勐仑小镇的发展，始终坚持“保护第一、开发第二，先规划、后建设”原则，坚持开发与保护并重，将相关的旅游开发和经营活动限制在勐仑小镇的环境承载力范围内，坚持在对小镇进行专业的旅游规划的基础上再予以实施，做到有根据、有保障的开发，划定勐仑小镇的核心旅游规划区和旅游功能区，严格按照旅游规划区的相关要求进行小镇开发和建设，同时云南省政府将勐仑小镇列为重点旅游小镇建设之一，将区域内更多的资源和资金投入到勐仑小镇的开发建设中去。勐仑的旅游经济不断得到开发和完善，各级政府加大了旅游基础配套设施的建设和管理，加之相关城镇旅游规划紧密地将勐仑小城镇的旅游发展实际与科学规划结合在一起，勐仑旅游小镇文化资源得到进一步开发和利用，同时在开发中不断进行结构的优化，充分利用文化旅游资源的优势推动休闲旅游产业的发展，提高游客的主观能动性，积极地参与小镇的旅游体验活动，增强旅游效果。总的来说，勐仑旅游小镇建设现已初具雏形，在前期开发建设中取得了一定的成效，利用积累的一些经验来进行后期小镇的旅游开发，将更多的注意力放在小镇的品牌建设和景区形象的塑造上，在创新旅游产品的同时保持民俗文化的纯真性和原始性。

5.5.2 案例发现与讨论

第一，勐仑古镇高速公路服务区对旅游功能开发的协同作用。高速公路服务区作为高速公路体系的重要一环，其在高速公路的发展和建设中扮演着重要的作用，在现代旅游业发展的大趋势下，高速公路服务区的功能也在逐渐的延伸和扩张，除了传统的基本功能以外，其商业功能和旅游功能被进一步的挖掘，高速公路服务区逐渐演变成为现代化旅游特色服务区。这样的大趋势下揭示了西南民族地区高速公路服务区对旅游功能开发的协同作用，其作用原理和运行机制见图 5.7。

现代化交通体系的主要组成部分由硬件、软件和组件三部分组成，涵盖交通设施、运行方式和综合管理手段，高速公路服务区的构成与现代化交通体系的各个部分都息息相关，相互影响又相互制约。在高速公路运营的国家化和精品化的潮流中，高速和旅游开始了新一轮深度融合，把服务区打造成新的开放式的休闲度假区，在充分发挥高速公路的公路资源和聚集人气的功能的基础上，积极探索服务区与旅游相结合的创新性模式，建造特色旅游服务区。现代化交通体系激活了相关的旅游活动，对西南民族地区的旅游产业产生了“吸管效应”[344]，催生了新的旅游供给需求，旅游特色服务区的成功建设将进一步拉动区域旅游经济的发展，促进西南民族地区现代化交通体系的构建和完善。

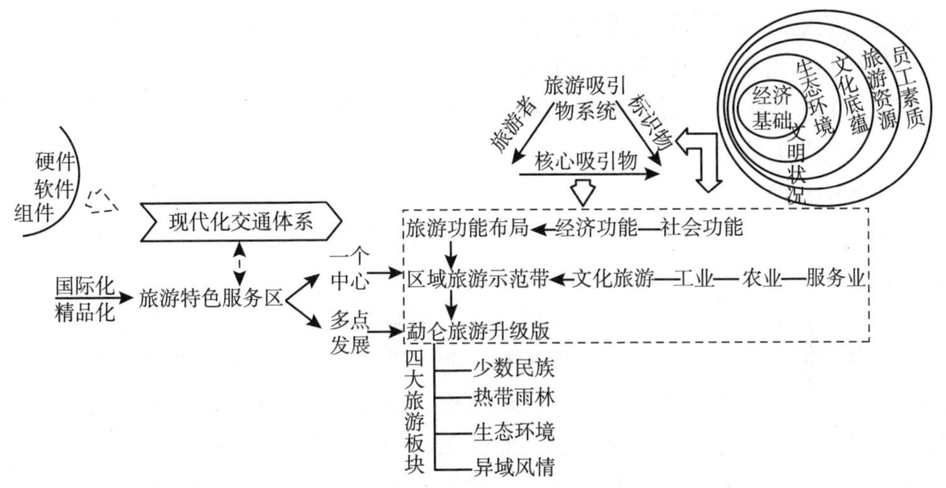

图 5.7　勐仑高速公路服务区对旅游功能开发的协同作用机制

勐仑古镇目前的旅游格局可以简要地概括为“一个中心点，多点共同发展”的格局，一个中心主要指勐仑热带雨林，多点指少数民族风情、生态环境和异域风情等重要的旅游资源，经过多年的运营和不断的发展，勐仑的旅游基础设施不断地完善，旅游接待能力大幅度提高，旅游新形象得到塑造，知名度也大大提高。旅游吸引物系统得到全面提升，包括旅游者的感知、旅游核心吸引物本身以及旅游标识物，基于勐仑本地的立体资源和经济发展状况，重点在于满足游客的旅游需求，基于游客感知的基础上对勐仑的旅游吸引物系统进行全面的升级和改造。同时结合勐仑古镇旅游功能的开发，深度挖掘旅游资源的旅游价值并不断地进行旅游资源整合和进行结构上的重新排列，提升勐仑旅游资源的商业价值，进一步进行旅游功能的开发，包括旅游资源、生态环境、文化底蕴、文明状况、员工素质以及经济基础的升级，从旅游的新六要素来对旅游功能开发进行全新的定义。高速公路服务区的改造和升级加速了与旅游业的深度合作，同时对于旅游功能布局具有重要的现实意义，在重点发挥勐仑旅游功能的同时，更要兼顾社会功能的发挥。经济功能与社会功能的有效融合大大地促进了勐仑实现将自己定位成区域旅游示范带的旅游目标，在全局旅游的目标下[345]，重点实现文化旅游、工业、农业与服务业的有机结合。在今后的几年里，勐仑古镇将在现有旅游经济发展的基础上，围绕建成文化生态旅游古镇的目标任务，重点实施热带雨林、少数民族风情、生态环境和异域风情的四大旅游板块建设，打造勐仑旅游的升级版。

通过对云南勐仑古镇高速公路服务区对旅游小城镇旅游功能开发协同作用进行案例验证，得出在勐仑古镇中，高速公路服务区的建设对于整个勐仑古镇的特色旅游功能的开发具有进一步的积极促进作用。这对于西南民族地区高速公路服务区与特色旅游小城镇的旅游功能开发的协同作用的相关研究假设具有一致性，与西南民族地区高速公路服务区与特色旅游小城镇的旅游功能开发的结构方程构建和实证分析具有相当的一致性特征。案例验证为下一步对西南民族地区高速公路服务区的规划、设计和实施以及高速公路服务区的游客基础设施服务建设具有重要的意义，为进行合理的科学的西南民族地区高速公路与特色旅游小城镇的协同研究奠定了坚实的理论基础和实践依据。

第二，勐仑古镇旅游功能开发对高速公路服务区的协同作用。勐仑古镇旅游业的繁荣引起了云南省政府的高度重视，为了进一步扩大勐仑的旅游接待能力和增加勐仑的景区可进入性，云南省政府积极规划并监督实施勐仑小镇高速公路的修建。另外对勐仑旅游目的地旅游功能的深度开发和资源整合也被勐仑人民提上了日程，致力于将勐仑小镇打造成云南省旅游小城镇乡村旅游示范区，提高小镇的知名度和树立景区形象。从勐仑古镇的旅游资源和高速公路建设的角度出发，勐仑古镇旅游功能的开发对于高速公路服务区的建设具有协同作用，促进了高速公路服务区的转型和功能扩散，详细的协同机制见图 5. 8。

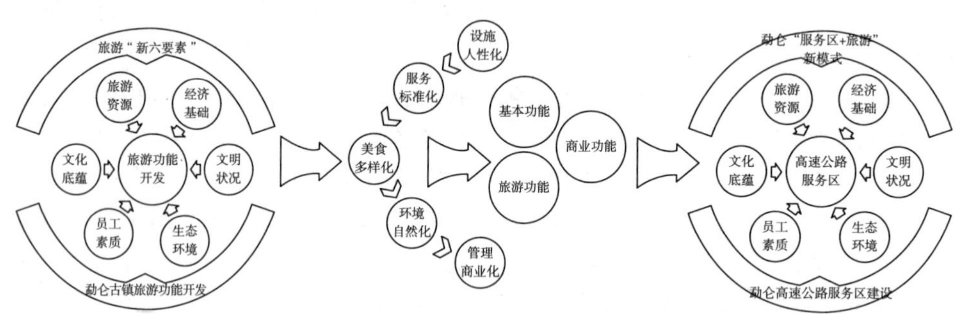

图 5. 8　勐仑旅游功能开发对高速公路服务区的协同机制

传统的旅游六要素包括游客在旅游中的“吃、住、行、游、购、娱”六个方面，涵盖了旅游者的基础活动和旅游要素，随着慢旅游理念的兴起和旅游主体对休闲旅游的全新要求，传统的旅游六要素已经不能完全涵盖旅游主体的活动，反映的是最基本、最低层次的需要，在这个大背景下，本书结合勐仑小镇的旅游活动现状采取了旅游新六要素，即旅游资源、文化底蕴、员工素质、生态环境、文明状况以及经济基础，反映了勐仑小镇的旅游活动的要素随着实际旅游业发展的需要而进行相应的变化。对勐仑小镇的旅游资源进行开发从旅游活动的新六要素着手，在进行旅游资源整合和再开发的过程中注重对传统资源的保护和传承，在对文化遗产资源进行保护和传承的基础上，以旅游发展促进当地经济的发展、提高当地居民的生活水平，进而缩小城乡差距。反映在高速公路服务区建设中集中表现为：高速公路服务区服务标准化、美食多样化、环境自然化、管理商业化以及设施的人性化，以赋予高速公路全新的旅游功能颠覆传统的高速公路单一的功能和设施，在对传统的服务项目进行归纳整理后，结合旅游现状对新项目进行有针对性的探索。

结合高速公路服务区的基本功能设置，在此基础上从旅游功能开发的六要素着手，对勐仑小镇的高速公路服务区进行转型激励，把传统的高速公路服务区打造成“服务区＋旅游”的新模式。主要手段包括：在便民服务方面上搭建全新的电子商务平台；在卖场经营方面导入竞争机制，把服务区当作商场来进行商业化的管理；在经营过程中推行“同城同价、薄利多销”的平价经营理念；在主题特色上以西南民族文化为主体；在场区景观上充分保证实用性能的同时，结合勐仑小镇的地域民族文化，实现走进服务区看到景观的目标等。在促进服务区转型的基础上，进行高速服务区的品牌建造，切实提高经营管理水平，打造电子商务化、主题特色化、经营品牌化的多功能服务区，凝聚往来旅游者和地方居民，助推高速公路服务区的发展，实现勐仑小镇社会效益和经济效益的同步上升。

从本书构建的勐仑小镇旅游功能开发对高速公路服务区的协同作用来看，勐仑小镇的旅游功能开发是对勐仑本身旅游资源的重组和整合，是从本质上和根本上提高云南省勐仑小镇的旅游吸引力和核心竞争力，旅游产业发展潜力的提高和竞争力的提升可以为勐仑小镇迎来广阔的发展空间和更加广阔的客源市场。当勐仑小镇的旅游功能开发在现有基础上又进行新一轮的深度资源整合和再开发，围绕着勐仑小镇经济发展始终的高速公路建设会相应地受到影响，高速公路不再仅仅局限于传统的基本功能，而是在现有的交通功能的基础上增加了旅游功能和商业化功能，使得高速公路的运营和设计更多的增加人性化色彩和商业化因素，为了更好地吸引旅游目标市场的游客人群和进行旅游功能的延伸，勐仑小镇的经营者和旅游开发商不得不寻求新的旅游发展路径和更具潜力的小镇规划和设计。为了使得高速公路建设与勐仑小镇特色旅游小城镇的发展主题和规划具有一致性特征，高速公路在全新的旅游发展理念下也要进行旅游功能的开发和模式的选择，其中最为典型和突出的就是高速公路服务区“服务区＋旅游”的新模式。在这种“服务区＋旅游”的新模式下，勐仑的高速公路服务区的经营模式将打破传统的单一的服务区模式，结合勐仑小镇的旅游资源开发和文化底蕴的挖掘，深化当地文明状况的改善和提高员工素质和促进生态环境的保护，把勐仑的高速公路服务区打造成具有旅游休闲功能的全新休闲场所，让过往的旅游者们除了在满足基本的高速驾车需求以外，还能感受到具有勐仑小镇文化氛围的服务区服务，减轻游客旅游驾车的疲劳，令游客眼前一亮，对勐仑小镇的文化和服务进行深度的旅游体验和感知，使得勐仑小镇的旅游功能开发在很大程度上带动高速公路服务区的转型，促进两者在勐仑小镇发展的大背景下进行完美的结合和相互协调，最终促进西南民族地区高速公路体系的完善和特色旅游小城镇的规划和设计。

第三，勐仑小镇高速公路服务区与旅游功能开发的协同作用机制。勐仑小镇高速公路服务区与旅游功能开发之间存在着密切的相关性，合理地、科学地进行高速公路服务区建设能够提升旅游交通可达性，区域的旅游交通可达性提高能够在很大程度上改善区域经济社会发展的不利的区位因素[346]。一方面通过增加旅游景区的可进入性能够提升旅游目的地的旅游吸引力，另一方面旅游客源市场的扩大能够增加旅游经济收入，并不断优化旅游客源结构，有利于区域旅游经济的长远健康可持续发展。基于相关高速公路服务区和旅游功能开发分析的文献期刊，在综合交通规划和旅游规划、民族经济、少数民族城镇化等相关概念和内容基础上，探索并建立云南勐仑小镇高速公路服务区与旅游功能开发协同关系的作用机理图，见图5.9。

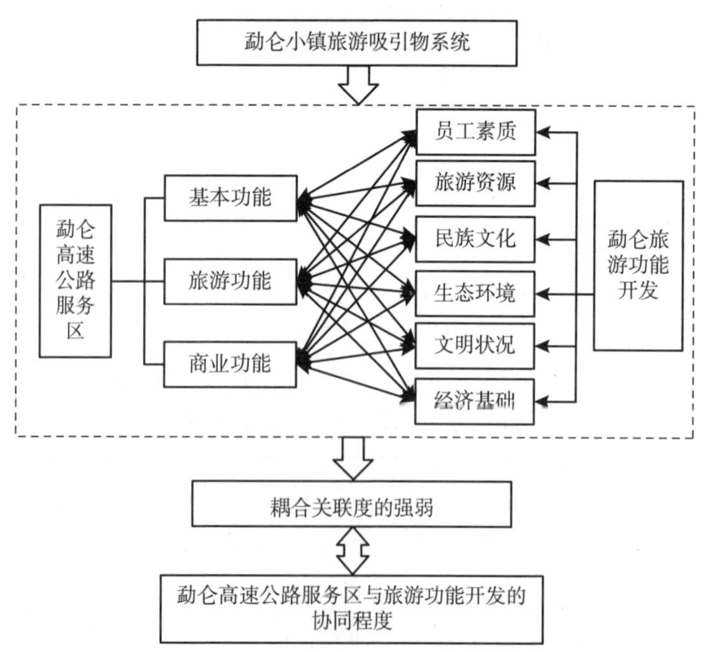

图5.9　勐仑小镇高速公路服务区与旅游功能开发的协同机制

据图 5.9 所示，在勐仑小镇的整个旅游吸引物系统中，高速公路服务区与旅游功能开发相互作用、相互影响。高速公路服务区的功能作用包括其基本的住宿、餐饮以及停车等基本功能、商业功能和旅游功能，高速公路服务区作为现代化交通设施的重要一环，其建筑设施以及经营状况都对景区的旅游经营状况产生重要的影响，是进行商业功能和旅游功能开发的基础功能。勐仑小镇的商业功能和旅游功能是伴随着现代化旅游交通体系的成长而逐渐发展起来的，对于勐仑小镇旅游资源的开发和民族文化的传播和扩散都将产生深刻的影响。同时，高速公路服务区不同的旅游化程度对于勐仑小镇沿线地区的交通设施建设和经济发展水平都将呈现出不同的影响路径和范围，对于勐仑小镇这个佤族文化根深蒂固的原始城镇的文明状况的好坏以及旅游从业人员的素质高低都有着不可估量的作用。只有当勐仑小镇的高速公路服务区与当地旅游功能开发的各自子系统相互影响并在相互渗透中不断实现协同度的上升时，高速公路服务区与旅游功能开发的耦合度才能达到一定的规模和大小，二者的相互协同作用才能越发凸显。

勐仑小镇位于云南省西双版纳傣族自治州勐腊县，旅游接待人数总量逐年增长，旅游总收入占经济总收入的比例也在逐年增加，良好的旅游发展趋势就为勐仑小镇高速公路服务区与旅游功能的开发提供了坚实的经济基础。一方面，天然的自然生态环境大部分还处于尚未开发的阶段，其生态环境具有典型的原生性和原始性特征，自然旅游资源种类繁多且独具特色，兼具少数民族风情和异域风情，使得勐仑小镇的旅游后备资源充足。另一方面，西南民族地区具有自身不可替代的民族特色，云南省勐仑小镇也在长期的历史发展演进中不断形成自身的少数民族经济和少数民族风情，促进民族文化的开发和发展特色民族经济有利于维护和促进我国民族团结，具有重大的现实意义，为进一步实现高速公路服务区与旅游功能开发的协同提供民族基础。除此以外，在勐仑的小镇的旅游业发展过程中，为了不断满足旅游市场多样化的需求，勐仑小镇自身也在不断地发展中不断取得进步，包括积极开展员工培训提高旅游从业素质，引进旅游管理的专业人才，积极进行社会治理改善勐仑小镇整体的文明状况，这就为实现高速公路服务区与旅游功能开发的协同提供了良好的文明状况和较高的员工素质。在基于勐仑小镇的高速公路服务区和旅游功能都得到良好的开发的现状，根据构建的勐仑小镇的高速公路服务区与旅游功能开发协同的作用机制，可以得出勐仑小镇的高速公路服务区与旅游功能开发的耦合关联度较强的结论，验证了勐仑小镇高速公路服务区与旅游功能开发的协同作用关系。

5.5.3 案例验证分析

案例选取云南勐仑小镇为案例地对西南民族地区高速公路服务区与特色旅游小城镇旅游功能开发的协同作用进行案例验证，在基于西南民族地区高速公路对特色旅游小城镇协同的实践基础上对勐仑小镇的案例背景进行深入分析。首先对勐仑小镇的发展历史进行详细的说明，然后在此基础上对勐仑小镇的高速公路建设状况和当地旅游业的发展状况进行详细的案例剖析。其中值得说明的是勐仑小镇作为西南民族地区典型的特色民族小城镇，其民族色彩特别浓厚，旅游资源具有独特性和艺术性，同时高速公路建设力度在逐年加大，现代化交通体系已经形成，交通通达度的增大使得勐仑小镇的旅游景区的可进入性得以提升，高速公路服务区也顺应旅游业发展的大趋势，原有的单一的交通功能逐渐改变，在新的旅游市场要求下其商业功能、观光功能和休闲功能进一步得以提升。

运用 SPS 案例研究方法对西南民族地区特色旅游小城镇对高速公路的协同作用进行案例验证，选取西南民族地区云南省勐腊县勐仑小镇作为案例旅游特色小城镇，结合前文对西南民族地区高速与特色旅游小城镇的构成维度、分析框架、研究假设和实证分析，基于勐仑高速公路服务区的发展现状和特色旅游小城镇的旅游功能开发状况，从三个视角切入进行案例的验证分析，分别从勐仑小镇高速公路服务区对旅游功能开发的协同、勐仑小镇对高速公路服务区的协同以及勐仑小镇高速公路服务区与旅游功能开发的协同三个角度出发，通过分别构建勐仑小镇高速公路服务区对旅游功能开发的协同、勐仑小镇对高速公路服务区的协同以及勐仑小镇高速公路服务区与旅游功能开发的协同的作用机制图，用单案例验证了西南民族地区高速公路服务区与特色旅游小城镇旅游功能开发的协同作用关系，得出了高速公路服务区对特色旅游小城镇旅游功能开发具有协同作用、特色旅游小城镇旅游功能开发对高速公路服务区的建设具有积极的促进作用的案例结论。其中，基于城市规划、区域经济学、民族旅游和少数民族经济发展的相关成熟理论，结合本书在对云南勐仑小镇的实际考察中所获取的资料，较为合理地模拟出云南勐仑小镇高速公路服务区对旅游功能开发的协同作用机制、勐仑小镇旅游功能开发对高速公路服务区的协同作用机制以及勐仑小镇高速公路服务区与旅游功能开发协同的作用机制，对于分析勐仑小镇的高速公路服务区与特色旅游小城镇的旅游功能开发具有重要作用，进一步验证了勐仑小镇高速公路服务区与旅游功能开发的协同作用关系，为下一步对西南民族地区高速公路服务区与特色旅游小城镇旅游功能开发的探讨奠定重要的基础。

5.6 案例延伸

5.6.1 案例验证结果

本书以 SPS 案例研究范式为依托，对西南民族地区高速公路与特色旅游小城镇的协同关系进行案例验证，根据西南民族地区高速公路与特色旅游小城镇的维度划分、分析框架、研究假设和结构方程实证研究，在进行案例验证时也从高速公路与特色旅游小城镇的三个维度出发，验证西南民族地区高速公路交通量与特色旅游小城镇慢旅游的协同作用关系、西南民族地区高速公路网布局与特色旅游小城镇居民受益的协同作用关系、西南民族地区高速公路服务区与特色旅游功能开发的协同作用关系，具体针对每一个协同作用关系的验证分别从高速公路带动特色旅游小城镇发展、特色旅游小城镇带动周边高速公路建设以及高速公路与特色旅游小城镇两者相互协同发展的三条主线来进行验证。其中，以贵州镇远古镇为案例对西南民族地区高速公路交通量与特色旅游小城镇慢旅游的协同作用关系进行验证，从高速公路交通量与特色旅游小城镇慢旅游模式协同发展的主线出发，结合相关原理和方法对高速公路与特色旅游小城镇的协同关系进行深入详细的分析和说明，在对案例进行有针对性选取分析的基础上对案例地的高速公路交通量与特色旅游小城镇慢旅游的协同进行案例讨论和分析。根据西南民族地区高速公路与特色旅游小城镇的构成维度、分析框架、研究假设、实证研究和协同机制模型等相关内容分别从高速公路交通量对慢旅游的协同、慢旅游对高速公路交通量的协同、高速公路交通量与慢旅游的协同三种协同机制出发，结合镇远的高速公路体系建设状况和特色旅游小城镇的发展现状，比较静态的模拟出高速公路交通量对慢旅游的协同、慢旅游对高速公路交通量的协同、高速公路交通量与慢旅游的协同三种协同机制模型，成功的验证了在西南民族地区，高速公路交通量与特色旅游小城镇慢旅游模式的发展具有积极的协同作用。

以广西扬美古镇为案例对西南民族地区高速公路网布局与特色旅游小城镇居民受益的协同作用关系进行验证，从高速公路网布局与特色旅游小城镇居民受益协同发展的主线出发对西南民族地区高速公路与特色旅游小城镇的协同关系进行深入详细的分析和说明，在对案例进行有针对性选取分析的基础上对案例地的高速公路网布局与特色旅游小城镇居民受益的协同进行案例讨论和分析。根据西南民族地区高速公路与特色旅游小城镇的构成维度、分析框架、研究假设、实证研究和协同机制模型等相关内容分别从高速公路网布局对居民受益的协同、居民受益对高速公路网布局的协同、高速公路网布局与居民受益的协同三种协同机制出发，结合扬美古镇的高速公路体系建设状况和特色旅游小城镇的发展现状，比较静态的模拟出高速公路网布局对居民受益的协同、居民受益对高速公路网布局的协同、高速公路网布局与居民受益的协同三种协同机制模型，成功的验证了在西南民族地区，高速公路网布局与特色旅游小城镇居民受益的发展具有积极的协同作用。

以云南勐仑小镇为案例对西南民族地区高速公路服务区与特色旅游小城镇旅游功能开发的协同作用关系进行验证，从高速公路服务区与特色旅游小城镇旅游功能开发协同发展的主线出发对西南民族地区高速公路与特色旅游小城镇的协同关系进行深入详细的分析和说明，在对案例进行有针对性选取分析的基础上对案例地的高速公路服务区与特色旅游小城镇旅游功能开发的协同进行案例讨论和分析。根据西南民族地区高速公路与特色旅游小城镇的构成维度、分析框架、研究假设、实证研究和协同机制模型等相关内容分别从高速公路服务区对旅游功能开发的协同、旅游功能开发对高速公路服务区的协同、高速公路服务区与旅游功能开发的协同三种协同机制出发，结合勐仑小镇的高速公路体系建设状况和特色旅游小城镇的发展现状，比较静态的模拟出高速公路服务区对旅游功能开发的协同、旅游功能开发对高速公路服务区的协同、高速公路服务区与旅游功能开发的协同三种协同机制模型，成功的验证了在西南民族地区，高速公路服务区与特色旅游小城镇旅游功能开发的发展具有积极的协同作用。

5.6.2 理论贡献和现实意义

本书基于现代交通运输体系和特色旅游小城镇的相关基础理论内容，运用SPS案例研究方法，在对案例地区的旅游吸引物包括人文资源、自然景观进行了详细和深入的分析的基础上，结合旅游可持续发展理论、区域经济学理论、生态学原理、民族学原理、民族区域经济理论以及旅游系统空间结构理论等相关成熟理论，对高速公路与特色旅游小城镇的协同接入机制展开详尽的分析，并对分析中的共性因素进行归纳和总结。其中，根据高速公路与特色旅游小城镇的协同模式分别建立西南民族地区高速公路对特色旅游小城镇的协同机制、西南民族地区特色旅游小城镇对高速公路协同的作用机制以及西南民族地区高速公路与特色旅游小城镇的协同作用机制，这对于西南民族地区高速公路与旅游小城镇的结合具有重要的意义，更是从理论上就弥补了我国关于高速公路与特色旅游小城镇的协同接入机制的理论空白，对案例地和整个西南民族地区的高速公路与特色旅游小城镇发展的相关理论进行初步探索和为将来理论的丰富和发展奠定坚实的基础。

从现实的可利用性来看，本书研究课题集中对西南民族地区高速公路与特色旅游小城镇的协同机制进行研究和探索，并在民族学、区域经济学、旅游规划学等相关理论基础上对贵州镇远古镇、广西南宁扬美古镇以及云南勐仑小镇三个典型的案例地的公路与城镇的接入机制进行归纳和总结，研究作用机制假设符合生态学原理、循环经济理念、协同理论和区域旅游经济理论等相关内容。这对研究具有特殊性和民族性的西南民族地区的高速公路与特色旅游小城镇的协同接入机制有着理论指导意义，为实现高速公路交通量与慢旅游的协同、高速公路公路网布局与居民受益的协同、高速公路服务站与旅游功能开发协同提供了技术理论基础和模型借鉴，为突出西南民族地区少数民族经济和少数民族文化提供有力的支撑，在促进特色旅游小城镇发展的同时有利于维护和促进西南民族地区的民族团结。

通过选取西南民族地区具有代表性旅游小城镇作为案例研究对象，经过分析和讨论不断对西南民族地区的特色旅游小城镇的特性进行归纳总结，总的来说，本文提出西南民族地区特色旅游小城镇的突出特色内容，对发展和规划西南民族地区的特色旅游小城镇具有重要的指导意义。把握西南民族地区特色旅游小城镇的独特性一个重要的方法就是要认识到西南民族地区自身具有的不可复制的“文化基因”和得天独厚的资源禀赋，本土民族提供鲜明的特色主题和内容，这就赋予了小城镇文化和灵魂[347]。这种文化和灵魂能够使西南民族地区小城镇充分发挥自身的特色功能，包括聚人和聚资源，人气的聚集才能为文化旅游提供了体验主体，并且在不断的深化发展中有着更大的文化展示空间，资源的聚集就为旅游产业的发展提供了产业要素集聚的平台，使西南民族地区的小城镇成为宜居、宜业、宜游、宜商和宜学的可持续增长经济体。具体来说，本书通过详细深入地分析将西南民族地区的特色小城镇的特色内容可归纳划分为四项特色内容。

第一，特定的产业主题。产业主题的特定化是指西南民族地区小城镇在进行产业定位和发展过程中始终将某个主题贯穿始终，在架构、设计、实施和完善产业的全部过程中始终坚持既定的主题定位。西南民族地区小城镇发展的主要产业以旅游业为主要选择，其产业主题定位始终坚持以民族性导向为主，结合独特的自然景观发展体验旅游，将西南民族地区少数民族地区特性贯穿到旅游业发展的始终和各个层面，打造民族旅游[348]。随着国际市场导向的多元化对旅游产业的多样性要求越来越突出，西南民族地区也积极的应对旅游市场的变化，逐渐打破了传统的以观光旅游为主要旅游产品的发展格局，旅游产品在进行深度开发的过程中始终坚持以体验旅游和突出民族性为产业发展主题。比如贵州省以喀斯特生态和民族文化为重点的产品拥有了一定的知名度，初步形成以旅游发展为中心的旅游路线和交通要道，在进行产业规模扩大化的过程中积极发展民族体验旅游；广西壮族自治区发展了以桂林山水、北海银滩、民族风情、边关风貌为特色的旅游产品。

第二，特有的文化基因。西南民族地区在长期的历史发展和积淀中逐渐形成了自身不可复制的民族文化特色[349]，民族小城镇作为民族聚居地，拥有着深厚的特色鲜明、风情浓郁的特色民族文化旅游资源，这种资源是历史所赋予的，既不可复制，也不可模仿。西南地区早在先秦时代就有古滇文化，中古时期又出现了吐蕃文化、南诏文化、大理文化等丰富多彩的土著文化。到了现代，博大精深的西南地区民族文化在物质文化方面，仅彝族就因支系众多，形成多样化服饰；在精神文化方面，仅宗教文化就有白族本主信仰、纳西族的东巴文化等，体现了独特的民族文化特征，这些独特的民族文化基因表现在西南民族地区的服饰、饮食、节庆、文化、习俗、礼仪等文化形式。文化小镇既是对西南民族地区小城镇的类型划分，也是西南民族地区小城镇的发展模式，具体的发展规划可能会因为区位条件、交通基础、技术条件、人才结构以及资源禀赋等多方面的条件呈现出不同的发展模式，但是民族性的文化基因早已深深埋在西南民族地区的特色小城镇当中。

第三，特别的旅游体验。旅游业作为西南民族地区的朝阳产业，以特有的文化基因为基础，在主题定位的基础上对西南民族地区的旅游产业进行升级管理，打破传统的以单一的观光旅游为主要旅游形式的局面，对现有旅游资源进行综合开发，在慢旅游的大趋势下发展西南民族地区的休闲观光旅游[350]，以满足旅游者的旅游体验为目标。西南民族地区的旅游体验活动多种多样，包括丰富的节庆活动，并在不同的季节和不同的地域环境中所呈现出来的状态也是不相同的，壮族的蚂拐节，苗族的苗年，瑶族的达努节、盘王节等少数民族的传统节日，在形式和内容上都渗透着浓厚的民族文化，能带给人不一样的旅游体验。除此以外，西南民族地区各具特色的服饰、餐饮和居住习俗的多样化也能带给旅游者不一样的旅游体验，西南民族地区服饰式样多异，色彩艳丽注目，对西南民族地区服饰的体验可以满足旅游者对异地迥异风情的期望。同时，餐饮历来被人们赋予审美、艺术、礼仪以及禁忌等多方面的文化内涵，西南民族地区的饮食历来受到外来游客的期待和好评，通过对美食的体验可以感知当地的文化特色和民族氛围。

第四，特制的硬软环境。在过去的“十二五”期间，政府明确提出积极发展旅游业的战略，以科学发展和转变经济发展方式作为战略基础，把扩大消费需求作为扩大内需的战略重点，这就为旅游业的发展营造了一个良好的政策大环境。在正处于的“十三五”期间，政府对旅游业的重视又上了一个新的台阶，将“十三五”旅游发展规划纳入国务院部级协调会议讨论和推进实施，从根本上提高规划法律性和权威性[351]。将各地方政府的旅游业发展规划纳入全国旅游业的发展规划范围内，同时在实施的过程中紧密地结合地方的现实状况和区域经济发展水平，保证规划的有效实施，这就为西南民族地区旅游业在未来几年的发展提出了明确的方向和强有力的政策保障。除此以外，国家旅游局深入推进实施乡村旅游扶贫工程，各级相关部门在资金安排、优惠政策享受、人员培训、品牌建设、宣传推介等方面切实加大对旅游扶贫工作的支持[352]，在中国，旅游+扶贫既是重要的扶贫攻坚支路，也是重要的旅游发展之路。西南民族地区整体的经济水平不高，交通设施落后，旅游业发展的相关体制和建设还尚处在初步发展阶段，属于国家旅游扶贫的重点区域，国家强大的扶贫力度能够在很大程度上促进西南民族地区特色旅游小城镇的旅游业发展。

5.6.3　局限性和未来研究展望

通过对SPS案例研究范式的运用，探讨了贵州镇远古镇高速公路对特色旅游小城镇的协同作用机制、广西南宁扬美古镇特色旅游小城镇对高速公路的协同作用机制、云南勐仑小镇高速公路与特色旅游小城镇的协同作用机制的构建和进行了详细分析。从交通体系建设和特色旅游小城镇构建的双重角度出发，对西南民族地区高速公路交通量与特色旅游小城镇慢旅游发展的协同作用机制进行了案例验证和检验，从旅游交通可达性格局分析和区域旅游经济与高速公路网布局的交互关系实现了高速公路网布局与居民受益的关系连接，从旅游新六要素的六个维度出发分别建立高速公路服务站与旅游功能开发的协同机制验证模型。但研究还存在一定的局限性。首先，本书并没有立足于相关协同学的相关理论视角，单纯地从高速公路建设和特色旅游小城镇的旅游从可持续业发展的角度来研究，视角相对单一，既没有考虑高速公路除了交通量、路网布局、服务站以外的其他因素，也没有从主观动态发展趋势去考虑西南民族地区高速公路与特色旅游小城镇协同作用过程中可能碰到的可变量因素和其他内生性变量的拉动作用。其次，本书在针对西南民族地区高速公路与特色旅游小城镇的协同作用机制案例验证时，采取的是单案例研究，仅仅以贵州镇远高速公路对特色旅游小城镇的协同作用、广西南宁扬美古镇特色旅游小城镇对高速公路的协同作用以及云南勐仑小镇高速公路与特色旅游小城镇的协同作用为案例来进行案例验证，仅仅对单一的案例地进行深度的实地调研和考察，而西南民族地区的其他特色旅游小城镇与高速公路的接入机制存在着一定的差异。最后，写作过程一部分采用的回顾而来的信息资料，通过主观的记忆来创建相关模型和发展理论，可能会造成一定的认知偏差，缺少对系统工程方法的运用，对研究对象内部诸多要素之间的内在联系、完整性和系统性有一定的遗漏和偏颇。

针对上述存在的局限性，对未来的研究做出相应的展望。第一，未来的研究可以从其他视角切入，考量其他因素对研究对象发展的影响，全方位多角度的考量西南民族地区高速公路对特色旅游小城镇的接入机制问题，或运用协同学的相关理论的拓展模型，对相关问题做出规律性探讨，或积极运用系统工程方法没有遗漏地区别地针对主要问题和全过程进行全面的分析和处理，进而更好地研究西南民族地区高速公路对特色旅游小城镇的协同作用。第二，未来的研究可以在本研究的理论基础之上，加入一定量的数据分析，运用实证的对理论进行验证和相应的拓展，将定性的研究方法与定量研究相结合，进一步完善西南民族地区高速公路与特色旅游小城镇协同接入的相关理论，并在此基础上对现实融合中存在的问题提出一定的政策建议。第三，关注本书所选取的西南民族地区三个案例地——贵州镇远镇、广西扬美古镇以及云南勐仑小镇三个案例地后期的发展情况，了解在新经济的大背景下其呈现出来的新色彩和特征，并与本书的理论相对应，修改或补充不足之处。第四，更多地结合案例地区旅游业和高速公路建设发展未来方向，可以从案例地区旅游产品的创意营销切入，更多地融合西南民族地区的少数民族文化，通过创意营销提高西南民族地区旅游产品的知名度，在扩大对旅游者的吸引力的同时加强民族团结。

第 6 章

西南民族地区高速公路与特色旅游小城镇协同的路径规划

6.1 基于西南民族地区高速公路建设的特色旅游小城镇的路径规划

6.1.1 西南民族地区特色旅游小城镇的旅游资源开发

西南民族地区特色旅游小城镇以少数民族文化和少数民族经济为民族特色，资源是民族特色开发的核心和基础，一切的规划活动都是建立在旅游资源的基础之上的，具有根本性和基础性作用，同时旅游资源也是旅游型小城镇规划和设计的起点和基础，只有基于西南民族地区旅游资源规划的全面分析才能保证西南民族地区特色旅游小城镇设计和规划的合理性，其不仅是构成西南民族特色旅游小城镇核心吸引力系统的重要一环，更重要的是在资源开发和深入整合的过程中更加明确小城镇的旅游定位，为旅游小城镇实现长久、健康、全面的可持续发展提供了动力，保证正确的定位和良好的旅游形象塑造，成为振兴特色旅游小城镇产业发展的有效手段和必经之路[353]。西南民族地区特色旅游小城镇进行旅游资源开发和利用的过程就是把自身独特的资源优势转化为经济优势和商业优势的过程，重点在充分开发和挖掘西南民族地区特色旅游小城镇独特的旅游资源的基础上结合旅游市场导向和游客消费倾向实现旅游小城镇景观的旅游资源提升转化，根据客源市场的结构变化和游客心理的转变进行自身功能调整，满足游客的旅游体验需求和出行期待[354]。具体来说，在突出少数民族经济和少数民族文化的要求下，西南民族地区的旅游资源开发可以从以下几个方面入手。

第一，在旅游资源开发中核心是要突出西南民族地区特色旅游小城镇旅游资源的独特性。中心资源和周边要素对西南民族地区特色旅游小城镇的旅游资源类型起着至关重要的决定性作用，资源的原生性和后期开发建设的现代性决定了旅游小城镇的资源既不是单一的乡村旅游资源，也不是纯粹的人工设施所建造的现代化场所，其半自然半人工环境赋予小城镇旅游资源以独特属性。在西南民族地区的旅游开发中突出独特性特征首先要做的就是保持旅游资源的地域性特征，将西南民族地区的特色旅游小城镇打造成为地域性的自然资源和人文资源的集合体，原生性和现代性、多样性和单一性、民族性和异域性的统一体，积极发挥村庄聚落和城镇聚落在西南民族地区特色旅游小城镇的旅游资源的形成过程中聚合资源的强大的能力，将小城镇作为整个旅游吸引力系统的中心来发挥着重要的地区整合效应[355]。同时应该认识到虽然不同小城镇的发展阶段呈现出不同的属性色彩，但是每一阶段的自然属性和人文属性都与小城镇所在的地域息息相关[356]，将中心区域所受到的来自边缘村庄的影响与地域性特征紧密结合，促进边缘地域不断地在发展过程中逐渐向中心地带整合。其次是要在资源的开发中构建民族性特征，西南民族地区的民族特色体现在少数民族经济和少数民族文化中，在民族性的构建中一项重要的内容就是处理好传统性和现代性的关系，立足少数民族经济和少数民族文化，在基于多样性的尊重和理解上对多样性加以主动利用，避免盲目的一味追求现代化而造成对小城镇民族性的抹杀，将少数民族经济和少数民族文化打造成为西南民族地区特色旅游小城镇在旅游城镇化和现代化进程中多样化发展的核心助力[357]。同时在民族性的构建中要充分发挥当地居民的文化传承作用，当地居民在长期的历史演进和不断发展中逐渐形成了自身特有的独特的民族性特征，这种民族性特征根植于西南民族地区的生产生活方式和民族节庆活动，在进行民族性构建时要重视民族习惯和节庆事宜的开发，将西南民族地区广阔的自然环境资源和丰富的人文资源作为重要依托[358]。最后对西南民族地区旅游资源的开发还需要对旅游资源进行可塑性构建，一是建立现代化交通体系和对西南民族地区交通条件进行改善，打破区域内部之间的相对封闭状态和增加西南民族地区与外界的交流，致力于提高交通的通达性和旅游景区的可进入性，改善交通与区位条件使得西南民族地区特色旅游小城镇在旅游资源的开发和挖掘上具有地域上的延伸性，缓解一定程度上由于原生的民族性特征和浓厚的地域性特征所带来的城镇化落后状态[359]。二是坚持以特有地方自然人文资源为核心和原形，最大化地利用资源的原生性特征，同时开发具有吸引力的旅游活动与旅游资源客体本身形成天然互动补充关系，塑造具有空间性和创造性的体验氛围，在基于可行性分析的基础上适当地延展其固有的资源特性[360]。

第二，特色旅游小城镇进行旅游资源开发的过程中必须要坚定不移地坚持相应的原则。西南民族地区旅游资源开发的最终目的是促进西南民族地区旅游业的发展，整个过程就是运用现代化商业模式对原生性的旅游资源进行深度挖掘和重新整合[361]，在旅游资源开发过程中坚持旅游资源的开发原则有利于通过对资源进行开发进一步扩大市场范围，提高特色旅游小城镇的旅游经营效益，使得旅游资源在开发中兼顾经济性和生态性。对西南民族地区的旅游资源进行开发需要根据当地资源的分布特点，在凸显旅游资源优势的基础上结合特色旅游小城镇的分类和定位[362]，对西南民族地区的特色旅游小城镇的旅游资源开发提出开发原则包括以下几点原则：首先要坚持的是独特性原则，坚持独特性原则的首要方法就是坚持西南民族地区的民族特色，包括少数民族经济和少数民族文化两个方面，小城镇在旅游资源的开发中要认识到自身独特的旅游资源类型，并在充分挖掘自身旅游资源的基础上加大与周边旅游要素的融合[363]，通过将不同类型的旅游资源要素进行结合以丰富小镇自身的旅游资源，在融合中开发具有独特性的旅游资源。其次就是坚持旅游资源开发中的游客原则，一是重视旅游资源开发中的游客的感知，一切旅游资源活动开发和深入挖掘的出发点都要以满足旅游者的需要为要求，以游客需要进行特色旅游资源的定位，通过满足旅游者的旅游需求实现自身发展和旅游经济的进步。二是以旅游市场需求为导向来进行旅游活动项目的开发，根据市场的需求进行旅游产品的设计和旅游线路的安排，有针对性的展开旅游活动，进一步增强西南民族地区特色旅游小城镇的旅游吸引力，根据旅游者的偏好和小镇发展的现实条件进行有针对性的领域活动开发和扩展现有的旅游市场。最后必须坚持资源规划中的平衡原则，西南民族地区少数民族经济既是民族特色的重要内容，也是作为区域经济的增长极对区域内部经济的平衡发展和经济规模的控制有着重要的带动作用和基础作用，坚持平衡原则的一项重要内容就是在发展少数民族经济的过程中兼顾经济利益的同时也重视自身资源的可持续利用和环境保护，在进行商业化开发的过程中时看到近期的局部利益的同时更多的应该关注到旅游小城镇的全面发展和长远发展，实现环境和经济的平衡发展、长期资源可再生和近期经济效益的平衡、旅游保护保障设施建设和商业化模式运行的平衡等相关方面的平衡。同时要注重不同旅游资源的特性融合，任何一种单一的旅游资源都具有某种程度上的单一性特征，不能进行综合开发，只有将不同旅游资源进行联合开发，实行优势互补才能达到资源的最优化开发。

第三，西南民族地区特色旅游小城镇的旅游资源开发模式选择是进行旅游资源开发的一条重要的路径。西南民族地区特色旅游小城镇由于旅游资源性质和类型的不同，加上区域间的经济基础发达程度呈现出差异特征，特色旅游小城镇之间的文化背景和管理模式也存在着很大的不同，这就造成旅游资源开发模式也趋于多样化，只有紧紧把握西南民族地区特色旅游小城镇的发展基础和现状分析，才能选择适合西南民族地区特色旅游小城镇发展的正确模式[22]。从西南民族地区特色旅游小城镇的资源种类和经济目标来看，民族文化建设模式是西南民族地区首要选择的开发模式，进行民族文化模式的建设重点在于非物质文化的主动挖掘，少数民族经济和少数民族文化是构成西南民族地区民族特色的主要内容，在小镇的资源开发中重视民族文化的挖掘和妥善保护，以进行民族文化特色旅游产品开发设计为手段，通过将民族文化融入到旅游产品中，突出民族文化魅力，突出西南民族地区的民族特色[364]。同时从西南民族地区的地域特点和地理分布出发，考虑到相较于我国东部地区和中部地区所具有的地域和文化构成不同，重点完善旅游基础设施建设，提高旅游资源的开发程度，将独特的民族文化进行进一步的整合和进行再开发，加快基础设施、服务设施和生态环境保护的建设。生态环境营造模式是西南民族地区特色旅游小城镇进行旅游资源开发的第二种模式选择，旅游资源的开发过程中突出生态旅游环境的保护，将特色旅游小城镇的发展与自然生态资源相结合，在相互融合中充分吸收彼此的优势特征，相互作用、相互受益。一方面，旅游小城镇依靠优美的自然环境来增加自身的旅游吸引力，将良好的自然生态环境与小城镇旅游产业以及相关旅游产业的发展紧密地结合在一起，将西南民族地区生态环境的原生性和原始性特征融入到旅游产品的开发和销售中，维持现代化商业化脚步与大自然环境保护脚步的一致性。另一方面旅游风景区依靠旅游小城镇的发展实现自身的发展，具体表现在基础设施的公共建设和完善，居民文化素质的提高以及景区管理模式和管理体制的现代化等方面，克服西南民族地区区域内由于地形条件的差异和交通区位条件所带来的不便。西南民族地区进行旅游资源开发所选择的第三种模式是特色经济培育模式，少数民族经济是西南民族地区民族特色的重要内容之一，发展特色经济的路径一是充分地利用丰富的绿色生物资源，主要以农副产品为主，充分利用西南民族地区广阔的土地和亚热带自然环境的优势条件，以农副产品为中心，对小镇的特色生物资源进行深加工，延伸农副产品的产业链条，增加就业机会和提高当地居民的生活水平。二是重视在小镇农产品销售过程中的物流条件，加大对物流的建设，并且充分利用公路带来的便利性特征发展小镇的相关产业，实现以市场带动旅游小城镇建设的目的，采取“以市兴镇，以镇促市”的发展手段，提高物流配置水平。

6.1.2 西南民族地区特色旅游小城镇的旅游规划重点

西南民族地区有着少数民族经济和少数民族文化组成的民族特色，特色旅游小城镇的旅游规划除了进行一般旅游规划的考量和工作以外结合西南民族地区的旅游资源特点和旅游发展定位规划，其旅游规划还具有自身的独特性特征。为了合理科学的进行西南民族地区特色旅游小城镇的旅游规划，本书在结合现有的相关文献综述和通过对西南民族地区典型特色旅游小城镇进行实地调研和考察，认为西南民族地区特色旅游小城镇的规划应该将以下几个方面作为应该注意的事项和规划的重点。首先是在特色旅游小城镇中构建慢旅游系统，慢旅游是近年来国际上所盛行的新型旅游方式，其同样在西南民族地区的旅游业发展中得到很好的体现，代表着新的旅游趋势和游客对旅游方式的选择。其次在整个特色旅游小城镇的开发和规划过程中，一定要注意西南民族地区民族性的开发和保护，注重现代性和历史性的平衡，进行旅游项目创新的同时要兼顾小镇特色历史文化的传承。再次是旅游用地的问题，土地占用问题需要在进行小镇规划时合理地正确地处理好政府、居民和旅游开发商三者之间的利益分配问题，充分的利用土地资源，不浪费土地空间。最后是核心利益者之间的问题，核心利益者主要包括当地政府、社区居民、旅游开发商和游客四个方面[365]，只有正确的处理好相关利益者之间的利益分配才能推动整个特色旅游小城镇健康持续的向前发展，进而拉动周边和旅游相关行业的进步。

构建慢旅游系统是西南民族地区特色旅游小城镇规划的首要重点。西南民族地区自然环境优美，人文资源丰富，适合慢旅游这种全新的深度旅游方式，在西南民族地区特色旅游小城镇中构建慢旅游系统既符合西南民族地区特色旅游小城镇的发展趋势和特点，也能更好地将西南民族地区的资源优势和休闲体验功能发挥出来，所以本书将构建慢旅游系统作为特色旅游小城镇开发的第一条路径。在西南民族地区构建慢旅游系统的重点在于处理好物质承载要素和精神文化要素两者之间的关系，首先对特色旅游小城镇的旅游资源进行归类，确定适宜发展慢旅游的旅游资源类别，确立慢旅游路线和建立慢旅游网路，同时加大对慢旅游设施的建设和构造，打造出舒适宜人的慢旅游环境，实现旅游型小城镇慢游系统的物质承载和精神要素的完整性。进行特色旅游资源开发是构建慢旅游系统的首要路径，包括自然资源和人工资源两部分的开发，西南民族地区起伏的地势和突出的山地气候条件要求小城镇在进行慢旅游项目设计和游览设计时应该更多地考虑利用山体的自然走势，利用起伏的高差打造出一种错落有致、立体化的垂直山体景观，让游客在进行小城镇参观游览时能够充分的欣赏到小城镇的地势特点；以自然水体为特色的自然条件在进行特色旅游小城镇的慢旅游路线和项目设计规划时应该尊重水流走势，同时种植多样化的水生植被，在保护自然生态环境的基础上进行水上娱乐和观赏项目的开发，增加游客的旅游体验和趣味性，在合理利用自然水体的同时树立旅游小城镇的特色形象。在精神文明建设当中要注重景观建筑的保护，包括古建筑和历史街区，在对古建筑进行修葺的同时要注重文化的传承，将历史文化性与现代性结合，并在融合的过程中不断创造出新的吸引力，塑造城镇空间联系的道路广场以及体现城镇统一风格的街道景观。在进行旅游资源开发的同时大力促进旅游基础设施的建设和完善，完善西南民族地区特色旅游小城镇的交通区位条件，借助周边资源进行资源的优势互补和经营管理模式的借鉴。进行慢旅游线路的规划是西南民族地区构建慢旅游系统的第二条路径，在慢旅游线路安排时要从线路的起点到终点进行全过程的安排，尤其是途中重要的慢旅游节点，同时要注重慢旅游交通设施和公共服务设施的安排，充分发挥慢旅游对西南民族地区旅游业发展所具有引导和方向性作用，将慢旅游的发展要求与西南民族地区的历史积淀和民族特色进行有机结合。一方面慢旅游路线的设计与西南民族地区特色旅游小城镇的旅游资源开发进行结合，将少数民族文化融合到旅游型小城镇慢游线路的规划设计中来进行少数民族经济的开发，共同促进西南民族地区民族特色开发。另一方面在慢旅游经典的安排上要注重游客的感受，不能过度地安排旅游景点造成旅游者视觉上和身体上的疲劳，妥善的进行旅游资源的安排和布局，同时在旅游服务设施配置时坚持以人为本的理念，以游客出发来进行相关设施的建设，减轻游客旅途中的劳累。在基于满足游客旅游期望的基础上，慢旅游路线的设计充分体现出西南民族地区旅游特色和特色旅游项目的开发，增加小城镇的旅游吸引力和游客体验。营造慢旅游环境是西南民族地区构建西南民族地区慢旅游系统的第三条路径，一是重视自然慢旅游环境和人工慢游环境的结合，自然环境的营造主要通过对自然花草、山水、植被以及其他的非人力因素等相关，也可以通过对人文环境的营造，人为地组织各种活动和进行项目规划，策划一些展览活动和进行节日活动规划。二是将民俗活动作为慢生活旅游开发的重点项目之一，将本土居民的生活方式、民族信仰、风俗习惯融入到民俗文化活动之中，进行特色民俗产品的深度开发和深度加工来提高旅游产品的价值，打造最具特色的文化载体[366]。三是对西南民族地区特色旅游小城镇的慢旅游基础设施进行规划和建设。旅游业是要以游客为中心的行业，在慢旅游线路的设计开发中要注重以人为本的原则，除了在慢旅游线路的选址和旅游节点的注重之外，还应该配套专门的慢旅游设施[367]，在实际运营中旅游型小城镇为游客配备相应的慢旅游交通设施和规划慢行专用道和慢游驿站。

注重民族性的开发和保护是西南民族地区特色旅游小城镇规划的第二项重点内容。西南民族地区以少数民族经济和少数民族文化为主要的民族特色，城镇发展的本质不是政府，不是经济，而是深埋在城镇发展之中的文化因素，大多数小城镇都是以文化为主要功能的小城镇，这是全球化背景下小城镇发展的趋势和重点战略，西南民族地区的中心文化要素集中体现在西南民族地区多样化的民族性当中，民族性是西南民族地区最具有代表性的文化符号，在旅游经济的开发和发展当中，民族性应该得到充分的保护，并在保护的基础上对民族性进行创意性的深度开发，丰富西南民族地区民族旅游产品，树立西南民族地区特色旅游小城镇的旅游发展形象。民族的就是世界的，要将西南民族地区的民族性保护放在全球化的大背景下进行，充分发挥西南民族地区的民族性和进行民族特色传播重点在于打造和培育“人无我有、人有我精”的特色旅游项目，将西南民族地区的民族性特征在其多样化的少数民族风情中表现出来，在其独特的地理环境和地域特色之中积极地体现出来，对西南民族地区的民族性进行有效的开发和保护，既要注重对自然地域特色的开发和保护，也要注重对西南民族地区的民族文化和民俗特征进行保护。对西南民族地区的民族性进行开发和保护的第一条路径就是当地的民族旅游资源进行开发和保护，主要的规划路径包括两个方面：一是将民族资源进行整合和再创造，在自然环境塑造中进行文化的渗透，以西南民族地区的水体资源为例，最著名的包括贵州省的黄果树瀑布和广西壮族自治区的桂林的三江四湖，这些典型的江河风景旅游资源巧妙地与当地的山体、生物、气候以及建筑物相结合，同时在进行规划时添加许多富有创意的、独特雅致的文化背景，完美的实现水体资源与民族文化的优势互补。二是保持西南民族地区现存的具有原始性和纯真性的民族风情，对人文资源和以少数民族文化为中心的民族特色的传承和保护，对民族密度较高的地区进行完整性保护，允许各少数民族之间的相互交流和文化吸收的同时更注重文化差异性的保护，将这种差异性打造成为西南民族地区特色旅游小城镇发展旅游业最主要的吸引力来源和促进西南民族地区特色旅游小城镇长久持续健康发展的重要依托点。对西南民族地区的民族性进行开发和保护的第二条路径就是对地域特色进行开发和保护，主要的规划路径包括两个方面：一是把更多的时间和精力放在喀斯特地貌的开发和经营上，将云南、贵州和广西三省区均具有最典型的喀斯特地貌分布区打造成独特的风景区，包括石林、峰林和溶洞，在突出观赏价值的同时积极开发其较高的地理科研价值。二是在地理环境天然的自然形成状态上加上后天人工的雕琢和粉饰，改变西南民族地区自然资源的特色和存在状态，使品种和功能更加的多样化，运用进步的现代科技和现代景区的质量管理来提高西南民族地区旅游目的地的旅游吸引物质量。对民族性进行开发和保护的第三条路径就是对少数民族特色进行开发和保护，西南民族地区的民族特色主要包括少数民族经济和少数民族文化，主要的规划路径包括两个方面：一是对各民族的文化特色进行合理科学的规划和区分，即使是对同一个少数民族进行联合开发，也要在开发和规划的过程中注意民族文化的地域差异性和民族特殊性[368]，不能对民族旅游特色进行一概而论，应该在充分理解和合理开发的基础之上充分体现各自不同的民族文化特征，在加强顶层设计的同时加强对各部分的规划来突出各部分的民族特色。二是这就需要在对旅游项目进行开发时进行合理的有针对性的规划，在重点把握西南民族地区特色旅游小城镇发展项目的同时结合尚未开发或具有发展潜力的旅游项目，重点把握西南民族地区民族性的开发和发展方向，在现有基础上对民族性的未来发展方面和规划进行科学合理的安排，突出民族性这一具有持久竞争力的要素。

土地占用问题是西南民族地区特色旅游小城镇规划的第三项重点内容。随着西南民族地区旅游经济的发展和城镇化进程的加快，旅游业的不断发展对土地的需求在不断地增加，但西南民族地区的国土资源缺失十分有限，相当一部分土地都是作为农业耕地保持原有功能，这就使有限的土地与无限扩大的旅游需求之间的矛盾在不断的扩大并且日益突出[369]，并且在土地流转中产权问题也日益尖锐[370]。旅游土地征收的合法性、旅游土地征用过程中所存在的一系列问题如居民参与的积极性问题、征地补偿以及对农民的补偿以及土地资源存在浪费现象等都越来越突出并逐渐受到更多人们的关注[371]。本书在基于土地产权理论、地租理论、土地征收的公共利益性理论以及土地征收与补偿理论等相关土地征用的理论的基础上，认为西南民族地区特色旅游小城镇的发展与旅游项目的规划应该对土地流转和征用问题引起高度的重视，具体来说，本书对于土地占用问题主要从旅游征地的合法性、居民的社区参与以及土地资源的节约与浪费问题等相关方面进行阐述。解决西南民族地区的土地占用问题的第一条路径就是保证西南民族地区特色旅游小城镇旅游征地的合法性，主要的路径包括两个方面：一是严格按照我国《土地管理法》及《土地管理法实施条例》来进行旅游征地，进行旅游用地及征地审批[372]，在旅游土地征收方案批准后将相关的信息进行公告，提高当地居民的知情覆盖面，信息公开优先是衡量多方利益主体的基本原则[373]，包括批准机关、土地用途、范围、补偿标准等，进行旅游征地补偿，在征地补偿完成以后再完成旅游土地征收。二是在保证土地征用程序合法性的基础上，西南民族地区特色旅游小城镇旅游项目的规划和土地占用还需要保证土地利用征收对被占用土地居民补偿机制的合法性，推行社会保障制度。货币的补偿方式，这是最为直接的方式之一，但却不是最有效和最有效用性的方式，土地征用补偿标准应以被征地所载安置农民的实际社会成本为准。第二条路径就是提高西南民族地区特色旅游小城镇旅游用地中居民的社区参与的积极性，主要的路径包括两个方面：一是对居民进行旅游开发的宣传，使他们切实理解旅游开发的重点和意义，加强居民的主人翁意识，让他们能够将从思想上解放自我，明白社区参与的重要意义，使当地居民亲自参与旅游土地征收的决策，由被动变为主动[374]。二是提高征地的透明度，让被征地的农民参与到土地的征用程序和补偿协商机制中来，增加农村集体经济组织和农民在土地征收的前期阶段的知情权，避免将征地事件本身和征地补偿标准单方面强加给农民，补偿条款应该以书面形式呈现而不仅仅是以口头形式告知，调动农民的生产积极性、劳动的参与性和农民对土地的热爱，充分利用农民本身作为小城镇文化积淀的一部分具有相当的流动性和传播性特点，打造小镇的文化积淀和文化氛围。第三条路径是注重西南民族地区特色旅游小城镇的旅游用地的节约和浪费，主要的路径包括两个方面：一是对农村土地的合理规划和编制[375]，改变旅游土地的利用方式实现土地利用方式由粗放型向集约型的转变，重视土地利用规划中旅游业发展的用地需求，使旅游用地结构更加的合理化和致力于旅游小镇的规模效益最大化，提高西南民族地区特色旅游小城镇的旅游用地的利用效率[376]，充分地利用土地资源，减少土地的浪费和空闲，在西南民族地区特色旅游小城镇规划和设计的现状和未来方向的考虑条件下，在满足西南民族地区特色旅游小城镇的旅游区功能完善和发展规模适度的基础上，以取得最大的规模效益和集聚效益为旅游业发展的目标，对西南民族地区特色旅游小城镇进行旅游功能分区，同时兼顾旅游用地结构的最优化和土地资源的可持续发展[377]。二是在进行旅游用地的规划和设计时充分考虑旅游用地的合理的用地布局，在合理布局的基础之上促进特色旅游小城镇实现旅游产业的稳定健康可持续增长，通过合理的进行旅游土地投入强度的预算和测量提高西南民族地区特色旅游小城镇的旅游用地的深度和精度，通过增强对现有土地的利用和开发，减少后备土地资源的再开发数量，集约化地进行土地利用，最大限度地提高旅游用地的使用效率。三是提高西南民族地区在旅游用地的效率性和功能性，提高相关旅游设施的功能和旅游价值和土地的集约化程度，改善西南民族地区特色旅游小城镇的景观老化、设备陈旧的突出现象，减少相当一部分旅游闲置用地，对已有的旅游项目进行充分的开发和修葺，避免一味地进行新的旅游项目的规划和开发而不是在现有的基础上进行深度开发和旅游资源的重组，同时提高特色旅游小城镇的后备土地资源存储量，今后特色旅游小城镇对于旅游用地的开发利用重点应该放在对于旅游用地的投入产出水平上，在进行旅游设施修葺和深度利用的同时完善相关基础设施，运用集约化管理的思维减少旅游土地的投入，最大限度地使用西南民族地区的特色旅游小城镇享有的旅游用地。

正确处理好核心利益相关者之间的利益分配问题是西南民族地区特色旅游小城镇重点规划的第四项重点内容。根据前文对西南民族地区核心利益相关者的分析内容，西南民族地区特色旅游小城镇的构建和开放是多方利益相关者参与所构成的结果，正确的理解西南民族地区旅游小城镇开发中的核心利益相关者以及他们之间存在的相互作用关系，对促进西南民族地区特色旅游小城镇的各社区群体之间和谐发展具有重要的意义。西南民族地区特色旅游小城镇是由政府主导、企业经营以及居民参与联合进行开发和经营，在小城镇的利益分配中，政府、企业(旅游开发商)、居民以及旅游者四者之间的关系是构成西南民族地区特色旅游小城镇利益分配的主要主体，基于此，本书主要探索的是西南民族地区特色旅游小城镇在旅游经营中的利益者分配状况和在利益分配中小城镇所面临的矛盾现状。第一条路径是正确处理好西南民族地区特色旅游小城镇在开发经营中的核心利益性相关者关系，包括：政府、企业和居民。明晰小城镇在开发过程中的产权关系。西南民族地区特色旅游小城镇在开发过程中不可避免地产生了很多的矛盾和冲突，从产生的根源出发，利益主体之间产权界限的模糊是造成矛盾和冲突的主要原因，这就需要积极地引入专业的第三方资产评估公司对于小镇旅游资源价值进行评估，并且改变传统的管理企业一家独大的局面，将特色旅游小城镇建设的各方经营管理权力分散开来，吸引有兴趣的公司企业参与到特色旅游小城镇的建设和投资当中来，进一步促进旅游开发。同时在招商引资的过程中要以法律为规范来确定相关的条约和建立合同，真正做到权责与义务的一致性，将特色旅游小城镇的开发经营活动进一步的公开化、合理化，提高居民在小镇利益分配中的比重。第二条路径是正确处理好西南民族地区特色旅游小城镇在利益分配中的核心利益相关者的关系，包括：政府、开发商、居民和旅游者之间的关系。在开发中明确产权关系的基础上构建多主体混合经营管理模式，构建一个包容、平衡各方利益诉求的旅游开发模式来保障西南民族地区特色旅游小城镇的可持续发展，根据西南民族特色旅游小城镇的旅游开发特点和重点，多主体混合经营管理模式在管理主体上的多元化就有效地分散了权力，各方对于旅游小城镇的开发建设都有着自己的管理范围，也就保证在一定程度上的自我利益的保护，对当地的居民而言有利于维护自身的利益，将利益划分在自身的管理范围内加以维护，这样就使参与旅游开发的各项主体在利益分配中更具有均衡化的特征，形成“政府＋公司＋旅游协会”的三方经营模式。能够运用经济手段来缓解居民和政府，以及旅游开发商之间的矛盾和冲突，对于西南民族地区来说，有利于维护少数民族人民的经济利益，为发展少数民族经济和少数民族文化创造了条件，有利于维护民族团结和实现民族共同进步。

6.1.3　西南民族地区特色旅游小城镇的设计规划体系

小城镇的设计与其他所有的城市规划设计一样，按照指导建设的不同层面划分设计的不同部分，根据城市设计经验和旅游小城镇的实际状况的结合现状以及未来发展定位，本书将特色旅游小城镇的设计体系划分为发展层面的设计、总体层面的设计以及详细的设计层面三个部分。根据每个层面的设计内容和重点的不同，构建西南民族地区旅游小城镇的规划体系图，见图6.1。

西南民族地区旅游小城镇的发展层面的设计是对于整个小城镇如何实现发展的全局性谋划，这部分设计的着眼点在于小城镇的未来规划和发展方向，主要以旅游小城镇的远期甚至远景发展的技术经济和社会环境的论证为主，密切地对小城镇内的子系统发展潜力进行关注，同时对各子系统的发展潜力进行评估和设计规划，最终从战略高度谋求全局发展的主动性。小城镇发展设计主要包括镇域设计、支撑系统设计、经济发展设计以及相关实施政策的设计四个方面，四个不同方面设计的结合在很大程度上为旅游小城镇进行设计提供了方向和发展目标。小城镇的发展需要以经济发展作为支撑力和带动力，小镇旅游项目和基础设施的设计和建设要与整个旅游小城镇的未来发展目标相符合，同时要确保所有的经济发展活动与相关的政策保持方向一致，积极利用政策优势为小城镇的发展创造有利的条件，为西南民族地区旅游小城镇的设计和未来发展建立强有力的支撑系统，促进小城镇的经济和社会发展。

西南民族地区旅游小城镇的总体设计层面对小城镇在一定时期内的发展性质、目标、规模、土地利用等各项安排的总和研究和全面部署，其中值得指出的是，本书在对西南民族地区特色旅游小城镇与高速公路公路实现协同的维度划分中就着重提出，促进西南民族地区特色旅游小城镇的发展与当地的旅游核心要素是密不可分的，旅游核心要素包括民族性、酒店住宿、高速公路交通、旅游购物以及独特的旅游资源五个方面的内容，这五个方面涵盖了小镇的道路交通体系、景观设施、旅游接待服务设施以及旅游资源布局等方方面面。旅游小城镇的规

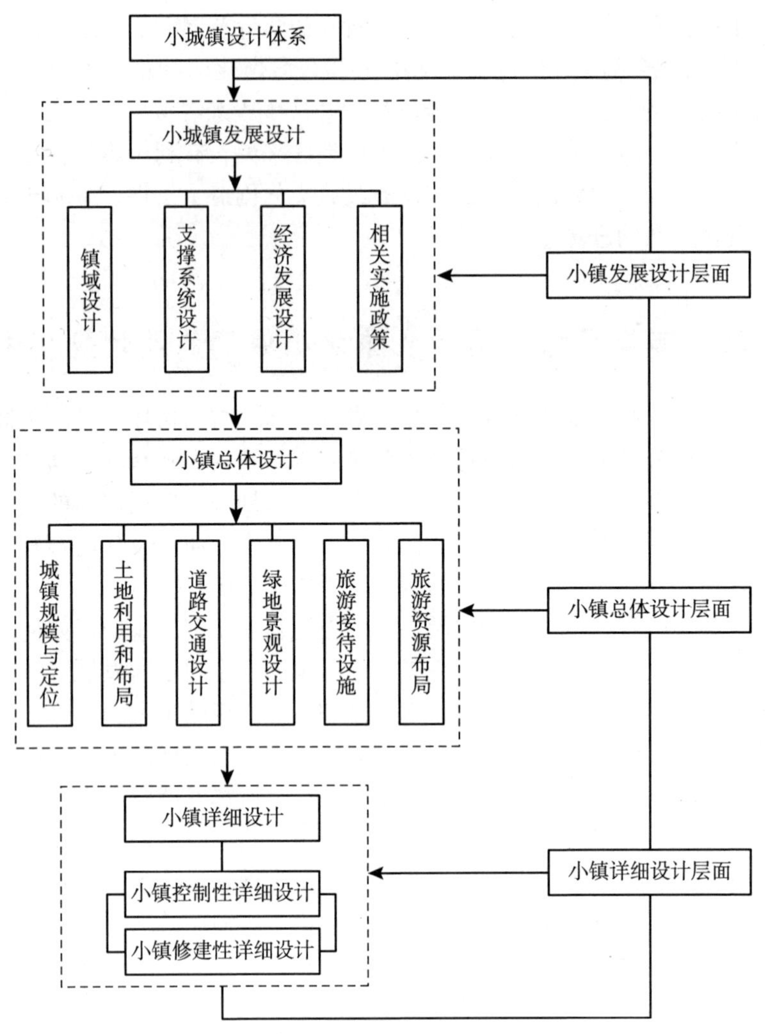

图 6.1　西南民族地区旅游小城镇规划体系

划和发展的总体设计主要从旅游小城镇的总体规模与定位、土地利用和布局、道路交通设计、绿地景观设计、旅游接待设施以及旅游资源的布局六个方面的内容，这就使小城镇的总体旅游设计既将旅游核心要素包括在其中，也充分的考虑到了旅游小城镇的发展规模、发展定位、土地征用和合法化问题[378]、旅游生态建设以及旅游基础设施建设等相关方面的内容。将各项内容和重点纳入到旅游小城镇的总体设计当中对保证小城镇的各项用地和建设项目的实施以及落实小城镇在发展层面的总体战略目标中具有重要的促进作用，同时可以看出，在西南民族地区旅游小城镇的设计体系构建当中，总体设计体系内容全面，能够对建设中的旅游小城镇进行指导，满足旅游小城镇的发展需求。

西南民族地区旅游小城镇的详细设计层面与总体设计层面与发展设计层面一起共同构成了旅游小城镇的设计体系内容，构建出目前西南民族地区特色旅游小城镇设计的体系框架[379]。在发展设计的前提下，小城镇确立了自身的战略目标和经济发展动力，然后进行总体规划层面的设计，通过调动小城镇建设的一切可以利用的积极因素和对现有资源进行开发为实现远期发展目标和经济增长提供拉动力，在这样的背景下，小城镇的详细设计就是在总体设计的指导下，为了满足小城镇的近期各项建设需要为一定区域内的开发建设活动提供的指导。详细设计包括控制性详细设计和修建性详细设计两个方面，包括旅游小城镇内的各区域区段的建设规划类型，具体来说，包括居住小区设计、中心区设计、集贸市场设计、绿地广场设计、工业区设计、历史路段设计以及旧镇改造设计和道路景观设计等方面。

总的来说，旅游小城镇设计是建立在对旅游小城镇进行的详细的分析和规划的基础上的，通过分析西南民族地区的旅游小城镇资源特色、发展模式以及城镇定位的特点来对旅游小城镇的设计重点进行分析和构建设计体系。但是必须指出的是，虽然西南民族地区的设计体系的构建与大多数城市设计体系在分类上具有相似性，但西南民族地区的旅游小城镇发展是一个积极发展的动态过程，在不同的发展阶段会表现出不同的发展特色[380]，如资源发展特色和发展模式具有阶段性特征。这就需要在具体的进行详细的小城镇设计时，除了遵循一般的发展和设计规律，要充分地考虑小城镇发展的独特性和民族性特征，以动态的眼光将小城镇的规划作为一个不断发展变化的动态的过程[381]，一切的顶层设计和理论规划都应当以西南民族地区特色旅游小城镇的资源背景和发展实际状况作为切入点[382]，总结出西南民族地区特色旅游小城镇建设的一般规律。

6.1.4 西南民族地区特色旅游小城镇的规划实施路径

对西南民族地区的特色旅游小城镇进行规划设计采取宏观定位、中观控制、微观设计“三位一体”的特色旅游小城镇规划设计方法，这种设计方法的选用是以西南民族地区特色旅游小城镇的发展现状为基础，结合相关研究文献成果，要求在宏观上必须深入挖掘西南民族地区的地域特色文化，体现出西南民族地区特色旅游小城镇的特殊性和独特性，确定旅游规划主题，将西南民族地区的地域特色紧紧与小城镇规划的主题相结合，形成准确的定位；中观层面必须形成合理的空间布局，对特色旅游小城镇的建筑风格、旅游小城镇的整体色彩设计以及特色旅游小城镇的风貌控制提出控制要求；微观层面主要指西南民族地区特色旅游小城镇的建筑和房屋设置、公路景观设计以及旅游项目景观的配置必须建立在当地特色旅游小城镇的文化和民族风情上，充分地融合本地的地域文化特色和民族元素，从而使旅游者们能够体验到特色旅游小城镇浓厚的民族文化氛围和民族风情。

第一，宏观层面——旅游特色定位。西南民族地区具有自身的特殊性和民族特色，包括少数民族经济和少数民族文化，对西南民族地区特色旅游小城镇进行旅游特色定位要从整体上来进行，不可局限于某一具体的旅游节点，必须在充分了解和分析西南民族地区特色旅游资源特色的基础上归纳总结各种特色旅游要素。只有在宏观层面对西南民族地区特色旅游小城镇进行总体旅游特色定位，才能在主题分析的框架内对特色旅游小城镇的各个方面开展相关建设规划工作，对整个特色旅游小城镇的经营发展和后续发展具有重要的作用。具体的路径包括：一是突出西南民族地区的民族特色和地域特色，西南民族地区的民族特色集中表现为少数民族经济和少数民族文化，对于西南民族地区特色旅游小城镇的建设，西南民族地区最突出的自然特色便是喀斯特地貌广布，最突出的人文特色是多民族风情的地域特色，所以规划重点应该突出西南民族地区的地域特色和民族风情，二者相互作用、相互渗透，使特色旅游小城镇成为既具有自然奇观又具有深厚的民族文化底蕴的旅游目的地。再结合特色定位与旅游业发展的需求，策划出体现主题特色的旅游规划项目，包括地域民族风情展示、喀斯特溶洞观光、民俗接待、少数民俗活动、居民生活服务等相关主题活动，同时积极开展相关的旅游体验项目，增强游客的参与性和主动性，全面提升旅游接待能力和档次，并改善当地居民生活条件。二是进行主题特色定位，在对西南民族地区，主要包括广西、云南、贵州进行主题特色定位时，应该进行创意开发和进行科学的规划，紧紧结合当地的文化和地域特色。以西南民族地区的广西为例，通过对广西的旅游资源进行归纳和定位，可以推出和打造不同的文化主题[383]。以广西的美食文化为主题，推出舌尖上的广西特色小城镇系列；以民间手工艺为主题，推出指尖上的广西特色小城镇系列；以阳朔刘三姐民间歌舞为主题，推出耳尖上的广西特色小城镇系列；以旅游风光为主题，推出眼尖上的广西特色旅游小城镇系列；以生态康乐为主题，推出鼻尖上的广西特色小城镇系列；以户外休闲为主题，推出足尖上的广西特色旅游下城镇系列等等。

第二，中观层面——空间结构与规划控制。在对西南民族地区特色旅游小城镇进行准确的主题特色定位以后，规划深入到中观层面，即对特色旅游小城镇的空间结构进行规划和控制。与单体建设设计规划不同，特色旅游小城镇的空间结构布局和规划必须站在全局的角度，综合考虑整体的旅游网络的布局和延伸，整体的结构布局必然在主题上具有一致性和整体性，同时各部分的布局又必须要兼顾自身的主题特色，在相应整体规划的同时突出自身的旅游资源，形成统一的具有层次特色的城镇风貌。具体的路径包括：一是考虑用地现状和条件，对西南民族地区特色旅游小城镇进行空间结构布局设置时一个重要的考虑因素就是用地现状和条件。根据前文对西南民族地区土地问题的分析和规划路径，西南民族地区相当一部分的特色旅游小城镇的土地属于农地，要进行特色旅游小城镇的空间布局规划意味着必须将农用土地转化为旅游用地。在现实的旅游开发过程中，大部分农用土地在转化为旅游用地的过程中时，由于相关手续的缺失和遗漏，造成了一定程度上土地利用的混乱。同时由于小城镇的农民对于旅游开发的前景和自身受益情况的不明晰，加之文化素质相对较低，导致旅游开发商在于当地农民协商用地的过程中出现了很多的矛盾[384]。这就要求在进行土地征用时要充分协调好相关利益者之间的问题，建立科学合理的补偿机制对征用的农地进行相应的补偿，严格按照旅游土地征用程序，全面按照《土地管理法》《土地管理法实施条例》《建设用地审查报批管理办法》等相关土地征用的法律文件相关要求和内容实施土地征用。合理合法的进行旅游土地的征用，充分的利用有限的土地资源，提高土地的利用效率[385]。二是在最大化的节约和利用土地资源的基础上，对西南民族地区特色旅游小城镇的空间布局进行规划和控制。根据特色旅游小城镇的自然环境、地形走势、现有条件以及未来规划方向等多方因素合理的对旅游小城镇的主要旅游服务区进行旅游分区，包括核心旅游功能区、旅游服务区、地域风情餐饮区、旅游购物区、酒店住宿和民俗区、少数民族风情体验区以及自然景观观赏区等旅游功能区。对特色旅游小城镇进行旅游分区涵盖旅游活动的“吃、住、行、游、购、娱”六要素，同时在慢旅游的大趋势下增强旅游者的立体亲身体验效果。规划构建车行和步行两套相对独立的交通系统，将交通系统与中心区域上的交通运输相结合，加强道路设施的建设，在车行道外设置外围交通环线以分解核心功能轴上的交通压力。旅游小城镇内部的步行街道将商业街区、民俗风情体验区、核心旅游服务区以及自然景观观赏区有机地串联起来，加大道路的绿化设施建设、灯光建设和其他基础设施建设。

第三，微观层面——建筑与景观设计。对西南民族地区特色旅游小城镇进行微观层面的设计主要是指对建筑和景观的设计，特色旅游小城镇的空间形象是旅游主题特色的物质载体，给以旅游者们最为直接的感受，基于特色主题的建筑和景观设计对于提高旅游景区的旅游吸引力和树立良好的旅游形象将产生极大的助力。具体的路径包括：一是为了使西南民族特色旅游小城镇的建筑风貌充分体现出地域特色和民族特色，在对特色旅游小城镇进行规划时应该积极地从西南民族地区特色旅游小城镇的传统民族文化和地域特殊性中挖掘特色元素。将小镇的民族特色与建筑景观完美地融合在一起，其规划和设计寻找能够承载文化特色的“原设计型”，将这种设计原型进行再创造，具体的实践方法就是借助这种原型充分地吸收本地的、民族的建筑符号语汇，将西南民族地区的民族特色和地域特色凸显出来，从整体上形成具有一定地域特色的特定风格。这种建筑和景观的设计不是地方传统建筑的仿古和复旧，而是对传统建筑和景观文化的升华，一方面满足文化传承的需要，另一方面也满足现代旅游的各种要求，适应大旅游的发展趋势。二是通过对现有的较为成功的西南民族地区的特色旅游小城镇的风貌布局特点进行归纳和探索，对整个西南民族地区特色旅游小城镇的风貌和建筑设计提出建设性的建议：一方面，保持特色旅游小城镇的传统色彩，不能一味地对特色旅游小城镇进行现代化的修葺和改造，而是要从小镇的深层次文化内涵中去挖掘新的文化要素和旅游吸引物，加强对古建筑文物和街区的文化保护，运用现代科学技术将原有的文化进行延续，坚持保护和开发并重。重新诠释地域建筑的风格和魅力，在新的发展设计中创造出特色旅游小城镇独有的文化和主题，将艺术性和独特性进行统一。同时文化的传承中要注重当地居民住宅的质量，不能为了发展经济而忽略了建筑原有的文化保护，也不能为了延续文化而忽略了当地居民的生存环境改善和生活质量的提高。另一方面，对特色旅游小城镇进行有效创新。西南民族地区的特色旅游小城镇应该是一个开放的系统，在特色主题的定位之后，其经营和发展不仅仅是一味地去恢复和仿造那些消失的实体，而是应该随着外界的影响不断的进行自我更新和不断的新陈代谢，西南民族地区特色旅游小城镇的风貌设计应该是在继承民族文化的基础上不断地进行创新，增加生命的活力，在对传统的建筑景观进行空间形态的布局时，充分地考虑到当地自然景观的作用和影响，在具体的实施过程中将现代化科技应用到小镇的规划和设计当中，提高科技含量和信息化水平。

6.2 基于西南民族地区特色旅游小城镇建设的高速公路的路径规划

6.2.1 西南民族地区高速公路的地域性规划

本书在对西南民族地区特色旅游小城镇的发展模式、高速公路发展现状以及高速公路与特色旅游小城镇协同发展的现状分析的基础上对西南民族地区的高速公路进行规划建设，要使西南民族地区的高速公路规划结果符合西南民族地区的地域性特征从而带动旅游业的发展，就必须在高速公路的规划过程中考虑西南民族地区的地域性特征。本书对高速公路的地域性路径规划主要从四个方面进行展开。

一是对西南民族地区特色旅游小城镇发展现状和经营模式的未来选择的考虑，基于西南民族特色旅游小城镇的建设对高速公路布局进行选择和规划。充分利用西南民族地区进行精准脱贫的中央政策支持和紧紧抓住“一带一路”建设的机遇，充分依靠中国与有关国家既有的双多边机制，将资源优势转化为商业优势[386]，与“一带一路”国家形成互补优势，积极发展与沿线国家的经济合作关系[387]，在西南民族地区特色旅游小城镇建设中综合利用西南民族地区的多种综合资源，在总体上进行科学合理的发展规划，着重在于将西南民族地区高速公路建设与特色旅游小城镇自身的发展进行有效的接入，在开放式创新下结合自身特色进行发展定位[388]。改变西南民族地区的大部分旅游市场集中在少数的中心城市的现状，使拥有丰富旅游资源的特色旅游小城镇得到充分的市场认可，根据旅游客源市场的实际需要进行特色旅游产品的创新性开发，吸引更多的旅游消费者，提高西南民族地区区域内的旅游发展水平。同时注重整个西南民族地区的城市结构的平衡性，包括经济结构、社会结构和空间结构，改变城市中各组成要素之间的相互关系[389]，使西南民族的城市规划和建设体系在有序的建设当中，积极发挥中心旅游城市的领导和中心作用，注重边缘城市的影响效应。在进行高速公路规划时要尽量地利用西南民族地区丰富的尚未得到开发的自然和人文资源，在当前的旅游投资市场环境中，民俗风情和自然原生态相结合的旅游资源是投资商关注的焦点，以“绿色、原始、淳朴”为核心竞争力的周边原生态民俗小城镇逐渐成为城镇居民减压放松的去处，西南民族地区具有包括少数民族经济和少数民族文化在内的民族特色，在生态建设、文化传承、特色产品方面均有延伸特色旅游小城镇产业链的潜力。

二是在规划的过程中注重西南民族地区典型的喀斯特地貌特征。高速公路建设必须牢牢把握地理地质特点，在高速公路建设和设计中一方面要考虑到自然地理条件的限制性因素，另一方面更要考虑到工程技术和投资规模，寻找最佳的结合点和最满意的解决方案。西南民族地区的高速公路中隧道景观突出，隧道成为西南民族地区高速公路的重要组成部分，在高速公路的工程设计中主要包括洞口的设计和洞身的设计，西南民族地区总体的隧道洞门设计采用化整为零、画直为曲、化硬为软的手法。高速公路服务区的在设计时选取较为平坦开阔、施工便利的地段，既要便于工程建设，也便于造景，考虑到西南民族地区山石林立，驾驶人员在沿途欣赏沿途景观时多半采用仰视的观赏方法，考虑到这一点，高速公路服务区在进行景观建设时应该尽量考虑用平视或俯视的观赏方法，减少旅游者的疲劳度，使观景更为效果突出和放松。在高速度公路收费站进行绿化环境设计时，由于西南民族地区环境优美，山奇石异，在进行景观布局时可以充分的考虑用借景的手法，将高速公路的自然环境与景观布局进行有机的结合，将优美的自然景观形成高速公路的点缀，做到美观和舒适的统一。总之，在西南民族地区的喀斯特地貌分布中，虽然存在着许多不利的自然因素需要在修建高速公路和开发旅游资源中采取措施和手段进行克服，但其本身也存在着大量的有利于生产的要素可供开发[390]，要求在进行选址和规划时充分地考虑到可以利用的有利因素。典型的喀斯特分布地区包括广西的桂林山水、云南的路南石林和贵州织金洞、龙宫等，在进行高速公路建设时要按喀斯特地貌的独特地貌特征进行合理、有序的规划。

三是完善西南民族地区现有的高速公路建设基础。西南民族地区的高速公路建设状况不是很好，基础的现代化交通体系还不够完善，路网结构不合理，交通基础建设十分薄弱。完善高速公路的建设基础的重点内容在于把握政府的扶贫力度和利用政策支持条件，使更多的人力、物力、财力投入到西南民族地区的基础设施建设中，激发民众进行公路基础建设的热情和积极性，提高公路等级，打破城市之间的交通线路呈现出的“碎片化”的现象，形成整体的现代公路交通布局网络。同时，西南民族地区的高速公路建设在项目建设前期、工程建设时期和公路运营期均对西南民族地区自然生态环境产生了不同程度的影响和破坏，这就要求西南民族地区在进行高速公路规划时应该始终将沿途的地质、地貌、地形、水文、气候等相关条件纳入考虑范围，对影响公路安全建设的植被覆盖和水土流失现状进行调查和取证，积极引入和采用现代科技、生物技术、工程防护等相关措施做好水土保持工作[391]。在建设的过程中要将高速公路建设对周边保护动物的影响程度降到最低，如果不可避免地对保护动物的生活和栖息地有所影响破坏，则应该根据现实条件积极地确立自然动物的保护方案，将不利影响降低到最小的程度。

四是强化高速公路与西南民族地区区域经济的互动联系[161]。一个地区的交通区位条件是衡量相应的经济区位优劣的先决条件[392]，是影响整个西南民族地区地区经济发展的不可忽视的重要因素。充分借助历史分析和空间分析方法，对高速公路的区位条件特征所导致的区域发展特征进行深入的分析和讨论。按照区域经济发展当中点—轴理论的相关内容，社会经济客体产生和集聚在具有资源集聚力和旅游吸引力的特色旅游小城镇上，强化高速公路与区域经济互动联系的重要手段就是加强各个节点的联系，通过加强节点的建设使得西南民族地区构成一个有机的空间结构体系，充分发挥交通线的连接作用和渠道作用，运用高速公路具有快速便捷的技术特性和运输主体的灵活性特征促进区域内的资源分布和特色旅游小城镇的综合发展。同时由于节点的大小是不一致的，所以在高速公路建设中要突出把握较大的节点，为物质能量的频繁交换提供相应的线状基础设施建设和能力，创造由重要节点组成起来的具有某种经济上优势的区域点轴体系[393]。

6.2.2　西南民族地区高速公路规划战略目标

对西南民族地区的高速公路进行规划需要在对内外部环境分析的基础上提出科学的合理的战略规划目标，结合西南民族地区高速公路发展现状和相关公路规划研究，在基于对西南民族地区的亲身调研实践活动上，本书提出外畅内达、结构均匀和集约生态的高速公路规划战略目标。

西南民族地区进行高速公路规划的第一个战略目标是外畅内达。外畅内达的战略目标在于实现西南民族地区区域内和区域外城市节点之间的直达通畅，具体来说，“外畅”是指对外实现与东部沿海地区和珠三角地带在内的整个长江中下游地区的畅通，积极借鉴东部的发展模式，结合自身的发展特点进行自身发展和管理模式的创新，同时，加强与东部发达地区的经济商贸往来和区域经济合作，充分利用东部的资源优势和技术优势，尤其是广西壮族自治区要充分的利用与广东省的地域优势，积极向东部地区靠拢。同时，西南民族地区地处中国与东南亚交接地带，与缅甸、老挝、泰国等国家，充分把握“一带一路”的大趋势积极与东盟国家实现经济合作，促进西南民族地区产业链的国际化，建设承东启西的综合网络体系。“内达”是指在西南民族地区内部实现交通的通达，一方面要实现云南、贵州和广西三省区的畅通，省域之间的高速公路建设可以使三省区的客流、物流、资金流、信息流以及文化流得到很好的传播，同时进行资源的交换和优势互补，在不断合作和竞争中提升自身的经济实力和文化实力。另一方面则是在三省区内部各自实现客、物流的无障碍流通。云南省、贵州省和广西三省区就目前的交通建设程度来看，现代化交通体系形成，基本实现了省内的无障碍流通，但是在一些旅游乡镇地带，高速公路建设的质量还存在着一些问题，对于已经投入运营的公路的管理和保养还有着很大的问题，亟待当地交通部门解决。做到内部畅通的战略建设目标需要对省内的高速公路建设进行合理的布局和管理，提高公路的利用率，对公路进行保护和管理。

西南民族地区进行高速公路规划的第二个战略目标是结构均匀。结构均匀主要指在高速公路建设中主体工程的均匀和结构物之间的均匀，高速公路的主体工程包括路基工程、路面工程、桥梁工程、互通立交工程、隧道工程、环保工程、安全交通设施工程、机电工程以及房屋建筑工程等相关工程，高速公路的结构物则主要指路基上下的混凝土构造物，如通道、桥梁和混凝土边坡排水等。在高速公路建设中需要保持主体工程的均匀和结构物之间的均匀，路面结构选型和土地基的不均匀会导致高速公路出现质量问题，对车辆的正常通行与安全造成了极大的安全隐患，保持均匀的结构是保证高速公路高质量的重要的不可忽视的一环。同时，各主体工程之间的均匀也在高速公路建设中需要引起相应的重视，不可只注重路面工程而忽视了路基工程，也不可只注重高速公路的里程建设而忽视了环保和交通安全因素。

西南民族地区进行高速公路规划的第三个战略目标是集约生态。集约生态是高速公路规划的重点内容之一。耕地保护和节约用地制度是我国严格执行的用地制度，在西南民族地区的发展过程中，通过重大工程、重点项目实施建成的公路占用了大量的土地资源，其中不乏优质耕地，造成了土地资源的极大浪费和损失。集约地利用西南民族地区有限的土地资源，需要在对高速公路进行规划的过程中合理地确定公路建设用地的规模、结构和时序，加强对西南民族地区存量公路建设用地的利用，同时对于新增的公路建设进行规模建设，全面促进公路的集约化利用，促进土地的可持续利用，减少在高速公路建设中土地征用的矛盾。在进行土地集约化利用的基础上加强对土地的生态保护，这就要求在进行高速公路建设中将景观生态规划的设计思想运用到公路规划建设中去，通过对公路建设区域内的土地及地上空间进行合理的安排，将旅游、交通和生态三者进行有机的结合。协调各种景观功能以使游客、交通工具、高速公路、沿线的自然环境、自然生态、文化底蕴和社会环境和谐相处，在追求经济效益和商业化的同时注重自然效益和社会效益的最大化。集约生态的公路规划战略目标需要在进行高速公路的建设中做好景观区域的整体规划、景观绿化及植被规划设计、景观环保标志规划、旅游节点景观环保规划等等。

基于本书对西南民族地区高速公路的维度划分、分析框架构建、作用机制、研究假设、实证研究以及案例验证的相关内容，研究对西南民族地区的高速公路重点主要从高速公路交通量、高速公路网布局以及高速公路服务区三个方面来进行规划。

一是高速公路交通量的规划。在对西南民族地区的高速公路交通量进行规划和研究时，主要内容在于对高速公路交通量进行预测，在对区域的经济发展基础上结合综合运输发展趋势对高速公路交通量进行预测。根据相关文献和科学测量方法，构建数学模型对区域内的综合运输量、旅游客流量和流向、大宗货物运输量和交通工具等相关内容一一作出科学的预测分析，重点把握高速公路交通量的预测内容。根据高速公路的客流量、货流量和相应的流向分布特点，结合相关的高速交通量的构成情况，对西南民族地区的高速公路交通量进行线路规划和分配，以做到最大限度的利用公路资源和提高高速公路交通量的效率性、扩展性、空间性和通达性。同时根据西南民族地区高速公路与特色旅游小城镇协同的分析框架、研究假设、实证分析和案例验证的相关内容，高速公路交通量的规划目标除了本身的交通功能以外，还应该考虑到高速公路交通量与慢旅游的协同，将西南民族地区的旅游流、慢性旅游系统和交通流等相关要素进行联合思考，要求对高速公路交通量的规划要积极地展现出西南民族地区高速公路建设的商业功能和旅游功能，与西南民族地区特色旅游小城镇的慢旅游模式发展相协同。

二是对高速公路网布局进行规划。从西南民族地区高速公路合理布局的原则出发，在对高速公路的规划中做到以人为本，发展服务经济，促进社会进步以及坚持可持续发展，对当地的社会经济发展水平进行充分的考虑，紧密地结合特色旅游小城镇的生产力布局、城镇分布特点以及现有的公路网现状等特点，根据公路网布局原则和原理，重点对西南民族地区的高速公路线路的走向、重要控制点进行科学的规划，注重公路景观的设置与小镇主题的一致性，在进行方案实施之前设计和规划出多种布局方案，通过比较和深入分析，根据最满意原则最终抉择出最优化的高速公路布局方案。同时根据西南民族地区高速公路与特色旅游小城镇协同的分析框架、研究假设、实证分析和案例验证的相关内容，高速公路网布局的规划目标除了本身的交通功能以外，还应该考虑到高速公路网布局与居民受益的协同，将西南民族地区的旅游景区可进入性、重点领域资源开发、旅游流网络和社会综合效益等相关要素进行联合思考，要求对高速公路网布局的规划要积极地展现出西南民族地区高速公路建设的商业功能和旅游功能，与西南民族地区特色旅游小城镇的居民受益模式相协同。

三是对高速公路服务区进行规划。高速公路服务区作为本研究对高速公路建设研究中的划分维度之一，作为现代化交通体系建设的重要组成部分，高速公路服务区建设主要集中在其基本功能建设之中。本研究着重在于高速公路与特色旅游小城镇的接入性研究，这就需要在对高速公路的服务区进行功能建设和布局中积极探讨高速公路服务区的商业化功能和旅游功能，打破传统的单一的服务性质，把西南民族地区的高速公路服务区打造建设成为新型的集旅游休闲和娱乐性质于一体的全新的高速公路服务区。充分挖掘其潜在的商业价值，同时注重旅游开发，将高速公路服务区的基础设施建设与旅游产品相结合。同时根据西南民族地区高速公路与特色旅游小城镇协同的分析框架、研究假设、实证分析和案例验证的相关内容，高速公路服务区的规划目标除了本身的交通功能以外，还应该考虑到高速公路服务区与特色旅游小城镇旅游功能开发的协同，将西南民族地区的旅游资源、生态环境、人文底蕴、人才素质、文明状况和经济基础等相关要素进行联合思考，要求对高速公路服务区的规划要积极地展现出西南民族地区高速公路建设的商业功能和旅游功能，与西南民族地区特色旅游小城镇的旅游功能开发相协同。

6.2.3 西南民族地区高速公路精品规划模式

本书在对西南民族地区的高速公路建设进行规划的过程中，在对西南民族地区高速公路的交通特性进行分析的基础上，提出了适合高速公路规划的科学的战略目标，基于完整的定位和详细的分析的，本书针对西南民族地区的高速公路发展实际状况提出适合的规划模式，根据所收集的相关文献内容和交通技术可行性的综合考虑，本着西南民族地区“外畅内达”的战略规划目标，高速公路建设也从对外和对内两个方面出发，本书主要分析的高速公路规划模式包括对外交通模式和对内交通模式两种。对外交通模式主要是指西南民族区域内的交通网络通过与周边城镇和重要设施的合理衔接，形成整个西南民族地区整体协调的对外交通体系。对外交通模式需要将公共交通廊道纳入考虑范围，做好大型的公共交通枢纽选址规划，同时考虑已有的路网的均衡状态是否达到平衡点。西南民族地区内的城市发展与城市以外地区之间的交通联系是分不开的，这种对外联系是城市存在和发展的必然条件，对外交通中交通设施的选择和运用对本区域内的城市发展和交通规划布局有着重要的影响，城市对外的交通设施设置是城市发展和总体规划的一项重要内容，因为从根本上看，一个地区的城市要获得发展，其对外交通占有非常重要的地位，二者在不断的发展中实现紧密结合。城市的对外交通对于本城市的发展和规划布局有着广泛的影响，具体来说，体现在以下几个方面：一是影响城市的人口规模和用地规模，因为城市中从事对外交通运输的职工占城市劳动力人口一部分份额；二是影响着城市的布局，这主要体现在对外交通运输设施的布局上；三是影响城市道路系统，城市的客运站和货运站既是对外交通要道，又是室内大宗客货流的起始点；四是影响城市景观，高速公路的客货运站是城市重要的公共建筑，体现着一个城市的风貌，其选址设计和位置选择都必须符合总体规划的要求。对内交通模式，也称为镇域内的交通模式，是指在西南民族地区内部构建公共交通、慢行交通和小汽车交通等不同类型的交通模式，结合不同交通模式发展特征进行正确的布局规划，实现不同类型交通模式协调发展。内部交通发展是西南民族地区特色旅游小城镇发展的骨架，在慢旅游发展的大趋势下，西南民族地区发展镇域内交通要注重慢性交通设施的建设和慢性交通工具的使用，提升慢性交通和公共交通的出行比例，提倡绿色出行的理念和以绿色交通系统为主导的交通发展模式，建立健全镇域内交通网络，为西南民族地区的居民提供一个便捷、畅通、安全的交通环境，同时在规划的过程中一定要结合自然地形和现状。

西南民族地区的高速公路建设进行旅游规划模式选择时需要充分考虑对外交通模式和对内交通模式的连接性，结合到西南民族地区的高速公路建设现状和特色旅游小城镇发展现状，针对镇域内的交通发展模式，本书提出以下几点规划措施。

第一，优先发展公交，提高公交服务水平。为了充分发挥城市公交系统、转变城市交通发展方式，国务院颁发的《国务院关于城市优先发展公共交通的指导意见》中着重强调了发展公共交通的重要性以及公共交通未来的发展趋势，提出优先发展公共交通是构建资源节约型社会、环境友好型社会的战略选择。结合西南民族地区的公共交通发展规划现状，要求在对镇域内的交通进行规划时除了规划交通线以外，也要注重出行方式的规划，绿色出行的方式是构成对内交通模式的主体理念。具体的方法包括：首先要对小镇的公交线进行完善，优化公共交通线路设置，增加公共交通优先车道，不断提升信息技术在公共服务产品中的比重，逐步形成公共交通优先通行网络。对于城市土地要采用集约化的利用手段，对现已开发的旅游资源进行综合开发和再造，尽量较少对后备可利用土地资源的开发，同时在公共优先车道的管理上加大信息化的科技投入，对拥挤路段加强道路监管，对于相关的规定和法律要切实地执行起来，提高公共交通设施的利用率。其次，除了公交线路的规划以外，公交站的建设也是重要的一环，在公交站的建立中要注重公交用地的发展和规划，提高建设用地的使用效率，充分利用土地资源，落实公交发展用地，将公交用地规划纳入城市重点土地规划的范围内。最后，建立衔接顺畅的公交换乘系统，考虑到社会环境的实际可容量大小和环境的承载力大小，将企业的成本和经济效益作为重点兼顾对象，完善市场机制，以市场为导向来进行公交换乘系统建设的重点，在价格体系的建立上要兼顾不同层次收入水平的城市居民，建立多层次化和价格差别化的价格体系，完善公共交通的运营环境和提升服务质量来吸引更多的乘客，建立公共交通系统持久的生命力。

第二，建设安全宜人的慢性交通系统。在对西南民族地区特色旅游小城镇的维度划分中，其中一项不可或缺的构成维度就是特色旅游小城镇的慢旅游发展模式。放在西南民族地区小镇的交通规划中就是建立完善的慢性交通系统，一方面，重视道路断面上非机动车道空间的分配，打造安全的慢性交通系统，构筑立体的交通网络，增加拥挤地段的地下通道建设数量。另一方面，加大步行系统建设，加强步行空间的改造和管理，坚持以人为本信念加大对步行交通的基础设施建设，打造宜人宜居的慢性交通系统。在西南民族地区建设慢性交通系统的过程中，具体的实施路径可以借鉴国外较为成熟的慢性交通系统，包括丹麦的自行车专用路网、美国洛杉矶提倡“为自行车开道”等，国内较为成功的慢性交通系统包括北京规划在道路两侧设立“自行车专用道”、上海提出在中央商务区域和商业中心周边地区都应该建立慢性的交通系统、海口市提出建立绿色慢行通道系统等。

第三，引导私家车的适度拥有和合理使用。随着人们的生活水平日益提高，私家车的数量也在逐年上升，对于小镇的交通规划来看，需要通过交通基础设施的建设给私家车提供适当的发展空间，一放面能够保持城市内汽车行业的经济持续增长，另一方面能够满足当地居民购买私家车的需求。但是，从长远发展的角度来看，私家车的购买和运营应该控制在一定的范围以内，减少交通的压力和增加交通设施的可持续利用，可以适当地限制私家车在某些道路或某个时段的使用，缓解由于私家车膨胀而带来的交通压力。同时政府在尊重市场的基础上要积极地进行私家车适度拥有的引导，运用经济调控手段对私家车消费的规模、方式、理念进行适当的引导、约束和规范，加大对新能源汽车推广应用的政策支持力度。

6.2.4 西南民族地区高速公路文化主题定位

随着区域经济的发展和人们生活方式的和生活理念的转变，慢旅游的这种深度的旅游体验方式逐渐在西南民族地区兴起并以较快的速度扩散开来，自驾游的旅游方式兴起，这就对西南民族地区高速公路建设提出了新的要求。高速公路作为旅游交通的重要组成部分，人类旅游活动的开展和旅游目的地实现从来都是与交通这个重要的物质载体紧密相关的，旅游和交通的关系也由此紧密相依。纵观世界上旅游经济发达的地区，例如欧洲，其公路建设体系相当完善，如我国的东部地区，其便利的交通条件极大地增强了旅游景区的可进入性，使距离和交通完全不再是构成旅游发展的限制性因素。基于旅游和交通的紧密联系，结合西南民族地区的现实状况和本书的重点，西南民族地区高速公路建设与特色旅游小城镇的发展息息相关，具体来说，高速公路在进行规划和建设的每一步都与旅游发展连接在一起，具体包括：

第一，在高速公路的规划中要突出西南民族地区的民族文化和地域特色。高速公路最基本的功能是交通功能，这和其他所有形式的交通工具载体一样都是作为交通工具的载体而存在。但是把高速公路这种交通工具载体放在具有相当丰富旅游资源的西南民族地区的时候，高速公路便具有了旅游价值和文化品位，具有了传承地方文化和促进沿线景观布局和开发的功能。在促进旅游业发展的规划中，不仅包括对旅游资源的开发和旅游景区的建设等方面，也包括完善公路在内的相关旅游基础设施建设，同时高速公路的修建不仅仅是传统意义上的修建一条公路，而是公路的修建应该与西南民族地区旅游景区的核心旅游吸引物在文化传承上具有一致性特征，在修建后对西南民族地区的特色旅游小城镇的可持续发展具有促进作用。

第二，在高速公路的规划中进行文化主题定位。在西南民族地区，高速公路的文化品位建设应该要有着鲜明的地域文化特色，具有西南民族地区的民族性和特殊性，每一条高速公路具有自身的文化主题定位，这种文化主题与西南民族地区的人文特色或自然景观都具有一定的联系。只有当高速公路由于西南民族地区的文化特色紧密连接在一起时，高速公路除了自身的文化建设便具有了西南民族地区主题文化传承的功能，当旅游者行驶在高速公路上时，沿途呈现的都是满载西南民族文化风情的旅游景观和高速公路标语，这就为旅游业的发展和旅游目的地形象的建立提供了大大的助力，加大了旅游促销力度。

第三，在高速公路的规划中要充分体现本地产业特色。西南民族地区的特色旅游小城镇类型因其优势旅游资源的不同导致核心竞争力也有所差异，特色旅游小城镇所依托的本地特色产业也存在着较大的区别。高速公路要实现与特色旅游小城镇的协同，在文化产业的支撑上就必须与特色旅游小城镇保持一致性，只有高速公路与特色旅游小城镇的产业支撑点保持一致性才能利用旅游业所带来的消费力为西南民族地区特色旅游小城镇的发展提供助力，充分发挥特色旅游小城镇的产业效应。同时，高速公路的产业定位可以为特色旅游小城镇提供良好的平台功能，对特色旅游小城镇已经形成的产业链进行深化，形成产、供、销、研发为一体的特色产业体系，积极发挥西南民族地区文化主题小城镇的文化旅游功能价值，为实现西南民族地区高速公路与特色旅游小城镇的协同提供支撑。

第四，在高速公路的规划中进行旅游客群市场的定位。旅游者既是旅游核心要素之一，也是旅游产品和旅游市场的关键影响因素，实现西南民族地区高速公路与特色旅游小城镇的协同要求在高速公路规划中进行旅游产品结构的层次化，根据不同的产品特性对目标客群市场进行有效的定位，区分不同类别的游客需要和旅游需求，同时对自身的旅游产品进行类别划分，在识别不同类型游客的基础上有针对性地进行旅游产品的销售，同时在销售的过程中要注重旅游产品的主题定位和文化特性的突出，突出西南民族地区以少数民族经济和少数民族文化为特点的民族特色，促进各民族的文化交流，维护和促进民族团结，实现各民族的共同进步。只有在高速公路规划定位前期对特色旅游市场的客群定位进行详尽的分析和全盘考虑，才能为后续所进行的高速公路建设和产品运营提供指导作用。

6.2.5 西南民族地区高速公路游客服务设施

西南民族地区高速公路设计和规划的重点，一方面在于固有的、传统的高速公路的交通功能，另一方面，旅游高速公路要满足公路的景观设计布局要素条件，强化道路安全性和通达度的同时，更加要注重旅游者在过程中对旅游公路沿线景观的观赏，旅游高速公路应该具有休闲游憩功能、体验教育功能以及信息引导等功能作用。因此，在进行西南民族地区的高速公路规划的时候，基于西南民族地区现有的特色旅游小城镇的规划和建设状况，应该把重点放在旅游主体上，致力于游客服务的基础设施建设，并结合西南民族地区高速公路规划的现状和实际对游客服务设施进行旅游规划。

传统的旅游目的地一般来说是从旅游的六要素出发，包括餐饮、住宿、交通、观赏体验、购物和娱乐等相关旅游基础设施，通过从旅游六要素的角度对游客的服务设施进行相应的规划。考虑到旅游公路的特性，其不仅仅是公路，也是旅游地，这就需要我们在对旅游公路进行规划布局时有所侧重，其游客服务设施建设的规划应该在交通、娱乐和观赏休闲活动等方面有所偏重[394]。因此根据旅游公路的功能特征，可大致分为接待设施，公共服务设施以及汽车服务设施3个方面（见图6.2）。接待设施主要包括野餐区、餐饮住宿区和露营区三个部分；汽车服务设施主要指收费系统、加油站、维修租赁、出入口和停车场，其主要功能在于为汽车的行驶提供较为全面的服务；公共服务设施则主要包括骑行设施、展览馆、观景设施、休息区、解说系统、安全系统和停车场等方面。

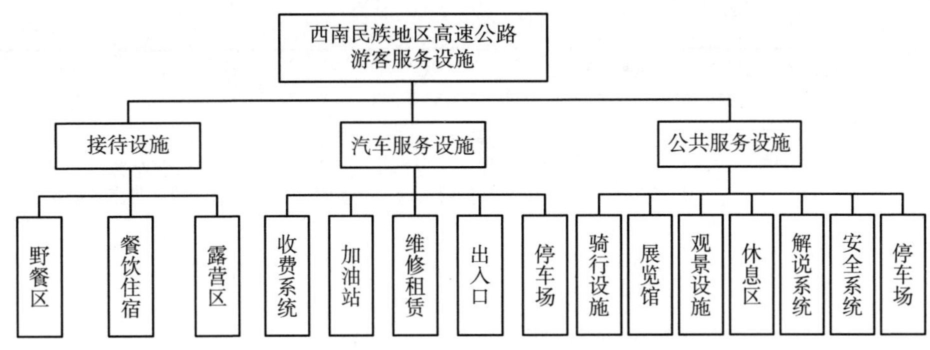

图 6.2　西南民族地区高速公路游客服务设施

西南民族地区高速公路游客服务设施构成了一个整体的系统，在这个系统当中，主要由接待设施、汽车服务设施以及公共服务设施三个子系统组成，三个子系统又分别由自己的子系统来共同构成。从西南民族地区高速公路游客服务设施的总体运作模式来看，各个子系统以各子系统的各自组成部分通过彼此的相互配合来满足游客进行观光游览和获得旅游体验的旅游需求，其彼此之间的相互契合程度决定了游客的旅游体验和游览质量。各个部分则充分发挥自身应该具有的功能和价值，这种功能和价值是其他部分所不可替代的，具有独立性特征。这就需要对西南民族地区特色旅游小城镇的高速公路游客服务设施进行旅游规划时，既要考虑到各部分的独立作用，又要考虑到各部分结合在一起的整体连接模式和契合点，根据各自的功能总结关注其相应的设计要点，做到各系统的完整的融合，发挥出原有功能所没有的功能，实现功能的最大化，具体功能设计和规划见表 6. 1。

表 6. 1　　西南民族地区高速公路游客服务设施规划

	服务设施	功能作用	规划要点
接待设施	野餐区	为游客提供野外餐饮	大致包括停车场、厕所、水龙头、车库及回收容器。具有桌子和烧烤火圈：需要采取预防火措施，包括警小牌以及灭火设备、救援服务的提供；材料和风格应反映设计主题
	餐饮住宿	为游客提供基本的食宿条件	餐位和床位应该与旅游公路所在地区游客量以及接待能力为参考标准；尽量与沿线城镇已有设施搭配；建筑设计风格与道路相符合

续表

	服务设施	功能作用	规划要点
接待设施	露营区	为游客提供暂时休憩和过夜的场所	露营区的规划和设计要以选址、场地、设备、服务设施等作为要点；露营区的种类一般包括帐篷野营区、木屋野营区、汽车野营区、吊床野营区等多种形式
汽车服务设施	收费系统	设置在相关路段对车辆收取费用	高效率的工作程序与人性化的流程相结合
	加油站	为自驾游的旅游者提供汽车的加油服务	与城镇的设计风格相一致，设置在与机场、城市较为接近的地方，为游客的使用提供便利性
	维修租赁	为旅游者提供汽车的维修车辆租赁等相关服务	在高速公路沿线的服务区、加油站等设施汽车的维修点，提升驾车游览体验；在机场或者大中型城镇附近设置汽车的租赁点，便于外来游客租赁汽车，提供便捷化服务
	出入口	主要为游客提供关于路线、方向以及相关服务等信息	入口标识设置应该充分展示旅游公路的特色，根据旅游公路的建筑和个性进行标识的风格选择；放置在主要交通工具进入或者比较靠近的地方
	停车场	为自驾游的旅游者们提供车辆的停放服务	停车场一般设置在旅游公路的出入口处，旅游路径的起始点和观景平台等相关地点也是停车场设置的可选择场所；在进行停车场设计时需要对重要的旅游节点之间的交通流量的大小进行测量，确保停车场的建设规模与公路的交通量相符合
公共服务设施	骑行设施	为旅游者进行丰富的户外活动提供相关的设施和机会	根据户外运动道路的长短和路况，考虑不同类型的使用者进行不同难度的设计，包括路线选址、基础设施建设以及其他相关的配套设施
	展览馆	为游客提供教育、参观和体验的机会	建筑外观的色彩和装饰风格应该尽量与周围的环境相融合，整体的设计风格要与主题相适应
	观景设施	为旅游者进行更好地观景提供机会和场所	针对自然风景类型的旅游公路来说，观景设施要能够观赏或者俯瞰全景；带来视觉震撼的效米；而文化历史类型的旅游公路，则更侧重在历史文化遗址地选址，同时辅以解说牌、杯车场等
	休息区	公路沿线地区设置的公共停留区域，为停留的旅游者提供暂时休憩和厕所服务	在规划休息区的位置应该与日常的必要设施维护相关；其设计要与游径起始点、观景设施、野餐区等搭配

续表

	服务设施	功能作用	规划要点
公共服务设施	解说系统	设置在旅游公路的各种设施上，或者设置在游客中心为旅游者提供各种旅游解说服务，使旅游者能够更好地对旅游公路进行认识，提升旅游者的体验	首先是进行解说标识的选择，解说标识的设置要在适当的地点和距离间隔内向游客提供可以获取的信息；旅游解说系统的规划者必须依托旅游公路的个性确定解说系统的主题；解说设施和人员安排的费用要紧密地根据解说系统的预算控制来进行。游客中心位置主要考虑的因素是选址和地点问题，选择的场地要有旅游用地的适应性和可获得性，其入口、通道以及周围场地的肌理能够展现旅游公路的个性
	安全系统	针对旅游道路上所出现的紧急问题，为短时间内需要帮助和服务和游客解决所遇到的突发情况，保障游客的安全	在安全系统的主题风格设置上要保持简约风格，一般安全系统设置在非旅游区，是在景区便利的出入口处；主要由道路、景区等相关部门负责运营
	停车场	为旅游者提供基本的停车服务	在进行停车场规划时主要的问题是路段和场地的选择，选址应该尽量地靠近出入口，以方便游客停车为主

6.3 西南民族地区高速公路建设与特色旅游小城镇协同的路径规划

6.3.1 西南民族地区高速公路与特色旅游小城镇协同的空间布局规划

在前文对西南民族地区高速公路与特色旅游小城镇协同的现状分析的基础上，将现有的产业布局、产业特征、区域可开发程度和土地的可利用状况等相关因素纳入规划考虑范围，以实现西南民族地区旅游资源和交通区位优势组合为目的，将西南民族地区高速公路与特色旅游小城镇协同的空间布局主要分为四个功能区：少数民族文化商品贸易区、旅游服务接待中心区、休闲生态观光区和养生健康产业区。

少数民族文化商品贸易区以旅游休闲、商品贸易、商业住宅、文化创意以及少数民族文化为核心产业[395]，以旅游商品的营销和贸易带动西南民族地区少数民族文化艺术和少数民族文化旅游产业的发展。重点建设文化艺术商品交易中心、国际旅游商品交易中心、少数民族艺术商品特色街区，打造国际化、集约化的西南民族地区旅游商品生产服务平台，形成西南民族地区少数民族文化企业集聚地[396]。转变传统的民族旅游资源开发理念，满足在新的时代下旅游者的复合型旅游需求，通过创意旅游产品开发和延伸旅游产品功能等方式增加原有的民族旅游产品的附加值。少数民族文化商品贸易区内的公路规划要紧密地和区内的空间相配合，准确了解交通车辆的诉求，基于步行可达性设置公共服务设施，在研究和预测特色旅游小城镇车辆活动强度的基础上，通过限制车辆活动区域来对汽车活动空间和游客活动空间进行适当的分离，设定车辆活动强度分区，保证游客在少数民族文化商品贸易区内的交通畅通和舒适度。

旅游接待服务中心区以科教文化、旅游服务、旅游信息、旅游商务为核心产业，以高端综合的旅游接待服务来带动旅游经济的发展。旅游接待服务中心区的发展主要依靠加快发展旅游、现代服务、信息服务、科技教育、人才培育、餐饮、娱乐、酒店住宿、医疗、通信、电子商务、动漫、休闲、物流等产业，重点建设科教园区、游客集散中心和休闲度假产业区，打造“吃、住、行、游、购、娱”为一体的国际化旅游接待服务中心和教育培训基地。充分发挥特色旅游小城镇的文化体验、娱乐休闲、旅游服务、度假生活方式等多重旅游功能，让旅游经济成为小镇经济的重要支撑和产品补充，通过提升和完善旅游接待服务进一步开发旅游市场，以文化旅游、文化产业和新型城镇化引领西南民族地区特色旅游小城镇的发展。同时全面优化西南民族地区旅游产业的结构，根据西南民族地区现有的旅游产品结构类型进行有重点的开发[397]，改变传统的单一的旅游产品支撑体系，将旅游观光产品、休闲度假产品和专项旅游产品进行有重点的划分，完善产品结构体系，使特色旅游小城镇依靠多点发展，发展动力支撑和发展方向更为多元化。在进行公路规划布局时应该充分考虑到旅游接待服务中心区的利益功能和商业功能，在道路布局时应考虑到便利性和景区可进入性，注重旅游小城镇与大城市的距离、小城镇与道路主干道的距离、小城镇与就近的旅游线路的距离等方面。

休闲生态观光区以休闲生态位核心产业，通过发展生态休闲业带动旅游业和旅游文化的发展。重点建设生态休闲产业园，充分利用西南民族地区原生态的自然生态风光来打造世界一流的山水休闲观光度假旅游目的地、国际旅游合作和文化交流的重要平台。对休闲生态观光区进行公路布局规划时要对土地的利用现状进行格外的关注，尊重与原有的道路网络所形成的自然肌理，体现特色旅游小城镇自然发育的过程，尽量保持自然的和谐氛围，延续空间自然肌理所具有的魅力，包括住宅、农田、小镇道路等。在进行公路规划设计时，虽然从交通工程的角度来看公路直接从特色旅游小城镇中间穿越并不是一种好的方式选择，但是基于西南民族地区的发展现状和自然肌理的要求，公路直接从特色旅游小城镇中间穿过时会产生较大的经济效益，最典型就是依托小镇公路的餐饮、贩卖等相关居民活动，是增加居民受益的一种重要的方式。同时，当公路穿越镇区时，公路的横断面布局可以大大增加道路的美观，可以在公路途经的小镇入口设置小型环岛来提醒司机前方进入“休闲生态观光区”。

养生健康产业区以种植加工、养生健康、生态农业为核心产业，以开发养生健康的旅游项目和旅游产品来带动农产品交易、体育竞技等产业的发展[398]。重点在于延伸现有的养生健康产业链，形成养、疗、研、学、乐等一条龙的产业体系，打造具有国际水准和西南民族地区特色的养生健康产业区。建设养生农产品种植园、养生食品加工园、养生康体基地、养生农产品交易中心、农业生态园和珍贵苗木种植园。对于原有的具有休闲养生价值的旅游资源进行产业链的延伸，通过一定的产品设计开发充分发挥自然资源的吸引力，深层次挖掘旅游资源的潜力，使原来的旅游产品产生独特的旅游吸引力，最终满足游客养生休闲健康的消费需求。同时加快建设汽车旅馆、野营基地等配套设施，打造区内的旅游接待服务中心，以提升区内的利益功能来缓解旅游接待服务中心区的接待压力。在道路的设计规划上要充分体现“以人为本”的理念，显示出小镇的进步和丰富的内涵，将更多的元素包含在道路设计和规划中，将道路和交通设施的使用功能和空间形象进行结合，加强整体面貌的统一设计而不仅仅是注重单体的建筑风貌的保存。

6.3.2　西南民族地区高速公路与特色旅游小城镇协同的产业布局规划

西南民族地区高速公路与特色旅游小城镇实现协同的一项重要的内容就是对西南民族地区特色旅游小城镇的不同类型产业进行布局规划，核心在于使产业的布局升级和特色旅游小城镇的城市功能进行匹配，通过“产城互助”实现“产城融合”的目标[399]。在遵循产业发展规律的基础上统筹考虑不同行业的产业基础、区域资源禀赋、要素支撑和功能定位等综合要素，形成不同产业的集群优势，扩大市场规模和形成区域间的相对比较优势，集中优势力量进行旅游产品的研发和创新[400]，对西南民族地区特色旅游产业进行合理的产业布局，包括旅游产业布局、现代服务业布局和休闲观光农业布局。

首先是对西南民族地区特色旅游小城镇的旅游产业进行布局。西南民族地区的民族特色包括少数民族文化和少数民族经济两个方面，始终坚持旅游业的经济主导地位是发展西南民族地区少数民族经济的必经之路[401]。发展西南民族地区旅游经济需要充分结合西南民族地区特色旅游小城镇的发展现状和未来规划，同时将西南民族地区的高速公路规划和建设融合到特色旅游小城镇的规划中去，做到产业和公路发展的统一与和谐，在对旅游产业的布局规划中实现西南民族地区高速公路与特色旅游小城镇的协同。具体的实现路径包括：一是对生态观光旅游进行布局。结合前文对西南民族地区特色旅游小城镇的空间布局规划，将生态观光旅游分别分布在少数民族文化商品贸易区、旅游接待服务中心区、养生健康产业区和休闲生态观光区，其中重点分布在云南特色旅游小城镇和桂林的相关风景区，最大限度地将西南民族地区生态质量好、交通通达性好的风景区展现给广大的旅游者。二是对休闲旅游进行布局。将休闲旅游主要分布在旅游接待服务中心区、养生健康产业区和休闲生态观光区，强调良好的休闲旅游资源和旅游服务，打造旅游景区环境的净化、绿化和美化，建立完整的休闲生态基础设施。在道路的布局上要注重道路的通达性和景观要素布置，将西南民族地区的山形、水系、风水、绿色廊道等要素进行有机的结合。三是对商务旅游进行布局。将商务旅游主要分布在少数民族文化商品贸易区、养生健康产业区和休闲生态观光区，就云南、贵州和广西三省区的分布来看，云南的大理、丽江、西双版纳、香格里拉等，贵州的镇远古镇、西江千户苗寨、织金洞、加榜梯田等，广西的北海、阳朔、象鼻山、龙胜梯田等都是适合开展商务旅游的旅游景点。四是对养生旅游进行布局。养生旅游主要分布在养生健康产业区，在满足人们对健康的追求的同时又能开发成适合度假的旅游项目，在开发的过程中将民族性和文化性融入到养生旅游项目之中[402]，包括在西南民族地区开展饮食养生旅游、环境养生旅游、养生主体节庆游、养生果蔬采摘游等相关领域项目活动。

其次是对西南民族地区特色旅游小城镇的现代服务业进行产业布局。西南民族地区的现代服务业的发展与知识经济时代的到来是分不开的，是在传统服务业的基础上所进行的技术改造和升级[403]。对西南民族地区的现代服务业进行布局要求以丰富的旅游体验为导向，大力发展文化教育、住宿餐饮、信息服务、商贸服务等现代服务业，为旅游业的发展提供重要的支撑[404]。具体的实现路径包括：一是对文化教育业进行布局。在“十三五”旅游规划的大背景下，西南民族地区的文化教育产业进入大数据时代，云南、贵州和广西都应该重点关注其带状发展的空间布局，将文化要素进行有机的市场配置与整合，突破行政区域的阻隔和产业门类的分割。具体来说，科研教育和研发基地布局在西南民族地区的科教园区，文化创意产业布局在西南民族地区相关的动漫园和文化艺术商品交易中心，体育文化产业和艺术文化产业的布局也要紧紧地与西南民族地区的发展历史和现状进行结合。二是对餐饮住宿业进行布局。旅游景点住宿、旅游商务住宿、旅游度假住宿和复合式旅游住宿布局在云南、广西、贵州的旅游集聚地，推出不同档次的度假酒店、特色客栈或者民宿，同时在小镇和乡村地区设置特色餐饮街区，将西南民族地区的少数民族饮食文化充分融入到其中，更好地展现出西南民族地区的民族风貌。三是对信息服务业进行布局。主要将信息服务中心布局在科教园区、动漫园以及周边，对信息资源的配置和开发进行优化，信息服务既要考虑到用户当前的需求，更要考虑到用户将来的需要[405]，要以长远的发展眼光去进行信息服务业的布局管理，做到长远目标和短期目标的协同。四是对商贸服务业进行布局。商贸服务业主要布局在少数民族文化商品贸易中心、国际旅游商品交易中心和现代农产品交易中心。

最后是对西南民族地区特色旅游小城镇的休闲观光农业进行产业布局。西南民族地区的地域特征为推进农业与第三产业的融合提供了自然优势，二者相互融合形成了较为完善的现代农业体系，包括在西南民族地区建立观光农园、农业公园、教育农园、森林公园以及民俗观光村等形式[406]，西南民族地区差异化的农业生产方式和习俗更是为创造景观各异的农业生态空间提供了自然基础，有机地将区域农业与休闲旅游业融合在一起，具体的实现路径包括：一是对特色种植业进行布局。在西南民族地区规划出特色农产品种植区和无公害农产品生产基地，在布局的时候将其布局在原有的蔬菜瓜果基地。二是对景观农业进行布局。景观农业种植布局在西南民族地区区域内靠近公路主干道的农田区域，将重点景观布局在休闲生态观光区，同时注重原有的休闲农业观光区的结构升级。

6.3.3 西南民族地区高速公路与特色旅游小城镇协同的产业发展规划

基于前文对西南民族地区高速公路与特色旅游小城镇的协同现状分析，结合西南民族地区高速公路与特色旅游小城镇协同的空间布局和产业布局状况，要充分发挥西南民族地区的资源优势，就必须积极引进和发展休闲观光农业与现代服务业[407]。强化产业合作对接，对接产业集聚和转型升级，提高自主创新能力，构建以旅游业和现代服务业为主导、休闲观光农业和特色效益农业协调发展的西南民族地区高速公路与特色旅游小城镇协同的旅游产业带。

优先发展旅游业是促进西南民族地区高速公路与特色旅游小城镇协同的首要手段。从西南民族地区特色旅游小城镇的旅游资源分类和发展基础出发，促进旅游业的发展主要从生态观光旅游、休闲旅游、商务旅游和养生旅游四个方面出发。具体的产业发展路径包括：一是大力发展生态观光旅游。特殊的地理环境和地质地貌条件是西南民族地区典型代表之一，在西南民族地区促进生态观光旅游业的发展要求紧紧地依托地文景观中的峰丛、石林、岩石、洞穴景观，以及水域中的游憩河段、古河道段落、沼泽与湿地，重点建设山水观光游览、温泉体验、少数民族风情展示、户外拓展、生态公园和生态农业体验项目[408]，积极举办旅游节等节庆活动。二是积极促进休闲旅游业的发展。休闲旅游业与西南民族地区的慢旅游趋势是紧密相关的，慢旅游发展模式是休闲旅游业新兴的一部分，积极推进西南民族地区慢旅游模式的发展将在很大程度上促进休闲旅游业的进步[409]。结合西南民族地区高速公路与特色旅游小城镇的协同现状和实现路径，要求在西南民族地区发展休闲旅游业要紧紧地依托地文景观中的山丘、谷地景观、文化遗址遗迹等，重点建设现代农业示范区、科技观光园区、体育运动休闲区和休闲农业庄园，发展体育休闲产品和休闲观光产品等特色产品，拓宽农业观光、农业生产体验活动，打造休闲商业品牌[410]。为了实现西南民族地区高速公路与特色旅游小城镇的协同，要求在进行公路布局时注重休闲旅游的开发，在高速公路主干道两边以及特色旅游小城镇周边道路开辟自行车道和步行道，并且每隔一定的路程距离就建设一处旅游节点和旅游服务站，为开展休闲旅游活动提供服务和维修补给。设立竞猜型体育彩票点，适量发展彩票活动中心以及销售网点[411]。建设娱乐旅游综合体，开发街头艺人表演以及娱乐性展览等综合娱乐业项目。三是注重商务旅游业的发展。少数民族经济和少数民族文化组成了西南民族地区的民族特色，同时也构成了西南民族地区发展旅游产业的核心旅游吸引力，大力发展西南民族地区的少数民族经济和少数民族文化是促进商务旅游发展的根本举措。结合西南民族地区高速公路与特色旅游小城镇的协同实现状况，具体包括紧紧依托西南民族地区区域内现有的相关产业和商务洽谈活动[412]，重点建设旅游商贸市场、商贸街、商业广场、健身中心项目、民族主题酒店、饮食文化街项目，积极发展高端地产、商贸服务、商务接待和商务培训等相关产业。四是促进养生旅游业的发展。紧紧地依托西南民族区域内的生物景观中的林地、树林草地、草地、草场花卉地、林间花卉地等景观，重点建设高端休闲养生服务园区，加强休闲旅游与健康养生的融合程度。积极开发田园体验、健康运动、休闲度假、健康养生、长寿文化、异地养老等系列产品。

大力发展现代服务业是促进西南民族地区高速公路与特色旅游小城镇协同的重要手段。基于西南民族地区高速公路与特色旅游小城镇协同的空间布局和产业布局规划，在发展西南民族地区的现代服务业时主要从文化教育产业、住宿餐饮业、信息服务业和商贸服务业四条路径出发，通过对这四类服务产业的规划来促进整体的现代服务业的发展和提升西南民族地区服务业的质量和水平。具体路径包括：一是大力发展文化教育产业。紧紧依托西南民族地区旅游区域内教育培训业基础和现有丰富的高校、职业技术学校等教育资源，重点发展旅游人力资源培训产业，在现有的高校中增强高素质的旅游人才的培养，开设旅游人才培养机构[413]，积极地进行旅游职业教育改革试点。抓住“一带一路”所带来的机遇，深化与东盟各国的教育培训合作，成立西南民族地区旅游教育培训中心，将西南民族地区的旅游教育培训中心打造成为高等教育和旅游人才教育培训基地。二是促进住宿餐饮业的发展。依托西南民族地区区域内现有的民族主题酒店、民俗、农庄、农家乐，推进西南民族地区不同类型的住宿餐饮形态的发展，加快建设一批星级酒店、民族特色酒店和特色餐厅，着力于提高西南民族地区的酒店住宿的服务质量和经营管理水平，同时积极发展农家乐和民宿，满足广大旅游者不同类型的产品需求[414]。在交通方面，规划建设汽车营地、汽车旅馆，打造具有现代特色和地区风味的住宿餐饮产业。三是促进信息服务业的发展。依托西南民族地区区域内现有的信息产业资源和高校科技园、动漫园等产业，重点发展具有西南民族地区少数民族文化特色、特殊地理环境的软件、信息和动漫产品，提高信息资源的原创能力，提升西南民族地区的品牌效应。积极开展软件培训，加大软件人才的培养，着力发展服务外包，提高软件和信息产业的国际化水平[415]。积极开发各类动漫衍生产品，打造集动漫产品研发、制作、展示于一体的国家动漫产业基地，同时带动西南民族地区动画卡通、网络游戏、手机游戏、多媒体等产业的发展。四是促进商贸服务产业的发展。依托西南民族地区原有的商贸业的发展基础，重点发展农产品、少数民族旅游商品商贸服务；依托水果、蔬菜等特殊农产品资源，重点建设面向东盟的特色水果展销交易市场以及“南菜北运”的供销平台与展示交易中心。加快推进西南民族地区区域内旅游购物市场中心项目，鼓励和支持旅游企业、旅游景区设立机构和站点，兴办旅游超市，销售旅游纪念品，规划建设一批特色购物、餐饮、休闲街区。

积极促进休闲观光农业的发展也是促进西南民族地区高速公路与特色旅游小城镇协同的重要手段。基于西南民族地区高速公路与特色旅游小城镇协同的空间布局和产业布局规划，积极发展西南民族地区的休闲观光农业主要从生态种植业、景观农业和健康养殖业三个方面入手。具体的实现路径包括：一是大力发展生态种植业。紧紧依托西南民族地区现有的林业条件和中国科学院广西研究所、桂林现代农业科技示范园和广西桂林国家科技园等项目，在稳定发展农业生产的基础上着力于发展优势种植业、特色林果业[416]。大力发展葡萄、金桔、花圃苗木等产业，鼓励发展林业和林下产业，因地制宜地发展生态农业。积极支持农业产业化经营，做大做强龙头企业。鼓励引导工商资本到农村发展适合企业化经营的现代种养业，将现代化的种植技术和管理技术因地制宜地进行结合，研究将西南民族地区区域内的特色农产品保险纳入政策性农业保险范围，扩大农业保险覆盖面。二是积极推进景观农业的发展。依托西南民族地区区域内现有的农业基础和蔬菜基地、葡萄园艺和茶观园等项目，发展高档蔬菜水果、高档切花、花卉苗木等产业[417]，推进产品深加工。通过使用苗木间种、稻田艺术、田园苗圃等种植工艺，建设树木群落景观、田园风管景观、稻田景观和农林果园景观等不同的景观点，将西南民族地区的农业景观从种植到管理采取一体化经营和标准化管理。三是促进健康养殖业的发展。依托西南民族区域内部现有的畜牧业资源和已有畜牧业企业，鼓励在远离公路、水源、居民点的边角地带建设养殖小区，采用“八统一分”的管理机制运作[418]，即统一规划设计、统一养殖蓄种、统一饲养标准、统一疫病防治、统一技术服务、统一无害化处理、统一产品销售、统一开展产地认定和产品质量认证；分户经营，独立核算。积极地打造与渔业养殖相关的休闲垂钓等现代服务业，拓广健康养殖业发展。

6.3.4 西南民族地区高速公路与特色旅游小城镇协同的城镇布局规划

西南民族地区的城镇布局规划能够为旅游经济的发展提供良好的市场环境，进一步促进西南民族地区的旅游业的发展。具体可以从优化西南民族地区的城镇化布局、推进产城融合、促进公共服务均等三个方面入手，核心在于提升新型城镇化水平，打造西南民族地区新型旅游城镇化体系。

优化城镇布局是促进西南民族地区高速公路与特色旅游小城镇协同城镇布局的首要手段。扎实有效地推进西南民族地区新型城镇化进程，必须切实地从西南民族地区的实际出发，坚持以人为本，积极促进城镇化与生态、资源、环境的协同发展[419]。同时将西南民族地区交通发展的因素纳入城镇布局模式的考虑范围，促进西南民族地区交通优势的发挥，依托交通基础提高西南民族地区特色旅游小城镇的景区可进入性。具体的实现路径包括：一是明确外部空间关系。明确西南民族地区与周边省份区域的空间关系，构建起“三核一带”的空间结构，即将西南民族地区的贵阳市、桂林市、昆明市打造成西南民族地区旅游城镇化发展的“三核”，核心区域也是西南民族地区的行政中心和管理中心，具有一定的国际知名度和影响力，通过对核心区域的建设对周边的城市有着经济辐射和带动作用。“一带”主要指将西南民族地区的主要旅游景区和景点通过系统化建设连成一条带状的旅游区域，主要突出西南民族地区的民族特色，即少数民族经济和少数民族文化。二是优化内部空间格局。以贵阳市、桂林市、昆明市为中心点，通过高速公路要道将三个中心有效地串联起来，同时注重交通要道的景观要素的布局，将单一的高速公路要道打造成旅游通道。三个中心点与周边城市的有效连接以及它们彼此之间的有机组合共同组成西南民族地区区域内的城镇发展格局，重点承担区域内产业发展和人口集聚的功能。注重中心点和周边城市品质的提升，增强整个西南民族地区的城市活力。三是建设特色旅游乡村。根据西南民族地区自然禀赋，因地制宜推进特色旅游乡村建设。距离旅游中心节点较近的乡村要立足城乡产业对接，建设城郊社区型乡村小镇，村级集体组织经济较强的村落建设村企合一型特色旅游乡村，同时现存的特色旅游乡村要加快升级改造，提升村镇接待游客的服务水平，增加村镇居民的收入，做到最大化地引导居民受益。积极推进城市基础建设向乡村延伸，逐步完善乡村基础设施建设，努力形成城乡一体化的基础设施体系[420]。加强乡村的环境优化美化，发展“无景点旅游”，形成“处处都是旅游环境”的特色旅游乡村。

推进产城融合是促进西南民族地区高速公路与特色旅游小城镇协同城镇布局的重要手段。统筹西南民族地区区域内产城融合发展，关键在于进行科学的规划和合理布局，引导产业和人口向重点乡镇集中，注重保护和开发利用历史文化、山水景观等休闲养生旅游资源，构建以旅游业引导的西南民族地区的“产城融合示范区”。具体的路径包括：一是注重生态宜居。正确处理好发展与保护之间的关系，进一步树立“高品质生态环境”就是稀缺要素、重要生产要素的理念，把提高科技含量作为产业发展的主导因素，加强生态建设和环境保护，推进产城融合，建设宜居宜业生态环境，实现和谐发展、可持续发展[421]。二是注重要素集聚。充分发挥市场在要素保障中的决定性作用，借助西南民族地区优质的自然环境和原生性的自然要素优势，通过市场化方式提升旅游产业竞争力。吸引投资者参与产城融合建设项目的投资。充分利用山水生态优势，采取优惠政策吸引有实力的企业和单位发展产学研一体化研发基地、科技孵化基地、院士合作站、疗养院等优质项目。三是注重一体化发展。推进西南民族地区新型城镇化建设与旅游为主导的产业“产城融合”，形成“旅游优势突出、布局层次分明、功能配套完善”的一体化发展格局，实现产业园区与居民生活区、外围郊区在交通、能源、教育、医疗、文化等重要基础设施布局建设方面的一体化。

推进公共服务均等化是促进西南民族地区高速公路与特色旅游小城镇协同城镇布局的重要手段。在西南民族地区推进公共服务的均等化，一方面是指地域上的均等化，包括云南、广西和贵州在公共服务方面的均等化，不可偏废其一，做到区域内部的统一和均等。另一方面是指发展项目的均等化，结合西南民族地区公共服务设施建设规划现状，主要从教育质量、医疗卫生条件、公共文体服务、居民收入等方面进行建设。具体的实现路径包括：一是提升中小学的教育质量。进一步加强西南民族地区初等教育和学期教育，重点改善中小学和幼儿园的学习条件，全面完善九年义务教育学校校舍等硬件建设。鼓励广西大学、广西师范大学、云南大学、昆明理工大学、贵州大学、贵州师范大学等西南民族地区高校开办附属幼儿园、附属小学、附属中学，支持现有优质小学教育资源由高校集中区向偏远地区迁移[422]，提升整个西南民族地区中小学教育的整体水平。二是改善基本医疗卫生条件。依托西南民族地区的卫生学校，建立起优质、高技术水平的医疗卫生中心。加强乡村疾病监测、疫情处理和突发卫生公共事件应对，建立旅游公共事件的应急体系。三是建立城镇公共文体服务体系。在西南民族地区实施文化惠民工程，加大对公共文化服务体系建设的支持力度[423]，加快全民健身场地的建设，强化规划功能，促进体育设施的广泛覆盖和高度利用，提供高校优质体育公共服务。四是增加居民的财产性收入。关键在于建立和完善农民收入增长的长效机制，贯彻落实集体建设用地流转政策，完善土地征用的保障政策[424]，鼓励农民参与管理，切实提高农民的积极性和树立主人翁意识，保障农民的合法权益，使得广大农民能够共享发展成果。

6.3.5 西南民族地区高速公路与特色旅游小城镇协同的道路景观规划

道路景观规划是城市化进程中不可缺少的一部分，在西南民族地区城市化进程发展中，将城市道路规划与景观生态结构进行结合是西南民族地区城市道路景观的规划重点，核心在于对道路绿化的设计规划和建设，推动西南民族地区特色旅游小城镇美化工程，增强西南民族地区旅游带田园景观效果，提升景观营造质量，打造与西南民族地区旅游带发展相协同的景观系统。

从整体上进行道路景观设置是西南民族地区高速公路与特色旅游小城镇协同的重点内容。根据西南民族地区高速公路沿途景色各异、城乡建筑、田园风光、山水特点，西南民族地区的景观系统设置分成四个类别：城市景观过渡带、城郊景观过渡带、创意农业特色景观带、峰林石山景观过渡带。每个景观带中综合考虑各类型景观的组合和序列，根据城乡建筑、田园风光、山水特点，合理运用灯光、色彩、图案、造型组合，结合区域内季节的变化，构建各具特色的景观特点，使全程能够成为一个富有韵律与节奏的梦幻景观带，推动旅游多层次发展。

积极促进道路绿化也是西南民族地区高速公路与特色旅游小城镇协同的重点内容。重点在于大力改善西南民族地区区域内高速公路以及周边相关特色旅游小城镇的环境面貌。通过对高速公路沿途景观进行整治，加大自然景观和高速公路融合性，对违章建筑和景观进行拆除，在基础设施建设的基础上对自然特色加以开发。同时对西南民族地区区域内沿线两侧建设绿化带，将景观生态农业间隔布局在西南民族地区高速公路两侧，展现时令特色和民族风情，构成延续性的绿色生态廊道。

注重乡镇美化也是西南民族地区高速公路与特色旅游小城镇协同的重点内容。对西南民族地区特色旅游小城镇内的主要街道和重要区域进行景观规划，充分凸显桂北的建筑特色。对在高速公路沿线质量较好的现有的建筑主要采取清洁措施，在保留建筑景观原有特色的基础上进行现代化技术的改造，凸显景观建筑的文化特色，增加文化底蕴和内涵。对于改造范围内的三层以下平屋顶住宅，在技术允许的范围内将平屋顶改造为坡屋顶。对于西南民族地区区域内的特殊公共建筑，则根据建筑的实际情况进行专门的屋顶设计，要求做到与周边建筑和室外环境相协调。

突出田园景观是西南民族地区高速公路与特色旅游小城镇协同的不可忽视的重要内容。西南民族地区具有地域特殊性和自身民族特色，其原生性的自然环境特色和优美的自然风光是在进行高速公路与特色旅游小城镇协同规划中应该着重凸显的部分。具体要求配合基本农田保护区的规划建设，做到田成方、渠成网、路相通、树成行，充分利用其中的排管沟渠、陡坎斜埂、田缘等非种植用地进行绿化造林。

第7章

西南民族地区高速公路与特色旅游小城镇协同的路径实施

7.1 基于西南民族地区高速公路建设的特色旅游小城镇的实施路径

7.1.1 慢旅游模式的实施路径

西南民族地区特色旅游小城镇发展慢旅游的深度旅游形式就是要将慢旅游的理念应用和推广到旅游小城镇的建设当中，将旅游小城镇的资源、生态环境、生活氛围与慢旅游系统构架紧密地连接起来。在西南民族地区将慢旅游与小城镇的发展实现协同是实现西南民族地区旅游业实现跨越发展的重要途径，从旅游小城镇的旅游产品、旅游相关产业以及相关环境入手，将西南民族地区旅游小城镇打造成独具特色的慢旅游目的地，同时慢旅游的内涵和外延也在小镇的实际建设当中得到较大的发展，将慢城与慢旅游的发展目标相结合[425]，将西南民族地区的特色旅游小城镇进一步塑造成个性化、多样化发展的宜居城市。

在西南民族地区对慢旅游的发展模式的实施路径进行探讨，按照旅游规划和实施的一般方法，打造慢旅游小城镇的方法主要包括两个部分：一是慢城旅游吸引力的构建，二是旅游游憩功能的提升。吸引力的提升主要依靠的是西南民族地区独特的旅游资源和优质的生态环境，游憩功能的提升则主要对旅游小城镇进行慢旅游策划和产品开发。结合西南民族地区特色旅游小城镇的战略目标和旅游发展现状，坚持以旅游者为中心，以增强旅游者的体验效果和实现旅游期望为评价标准，从旅游吸引力和游憩功能两个方面出发，提出在西南民族地区将慢旅游模式与旅游小城镇发展相结合的一般路径和发展方向。

第一，构建慢旅游小城镇的核心旅游吸引力。对西南民族地区特色旅游小城镇进行城镇规划和慢旅游发展模式相结合，核心要点是将小城镇的空间布局要素与旅游开发规划相融合。西南民族地区的旅游小城镇都是在独特的文化资源或生态景观上得到发展的，吸引力的构建同样需要紧紧地依靠西南民族地区特色旅游小城镇固有的生态旅游资源和人文环境氛围，包括典型的少数民族风情、古建筑风格、历史遗产文化遗迹等。主要的路径包括：一是注重对慢旅游城镇规划的规模管制，集约化的利用土地资源。在进行城镇规模建设当中，应该对慢旅游城镇的规模进行规制，不能一味地倾向于规模扩张而忽视土地的利用和保护，减少对未使用土地的新开发和利用。提倡对土地进行混合利用，尽量以现有基础设施和建设用地的改造和利用为主。考虑到西南民族地区的耕地紧张的情况，在进行慢旅游城镇的建设实施中，坚持古镇肌理，坚持空间紧凑、功能集聚的土地利用原则，最大限度地节约耕地和提高土地的利用率。二是坚持以慢性交通为导向来组织空间要素。将西南民族地区原有的景观要素与慢旅游线路进行融合，包括空间布局的融合和文化定位的融合，而在进行慢性交通道路的设计时，尽量采用田园绿道和阡陌交通作为慢旅游交通的构成要素，选用具有小镇风情的旅游线路。三是注重旅游当中的人的要素，打造具有丰富精神内涵的慢旅游城镇社区。城镇社区是现代社会发展的一项趋势，也是旅游经济发展的重要组成，都在发展的过程中非常注重人的要素，从这个角度出发，慢旅游是一种注重以满足人的精神需求为目的的旅游方式。通过旅游项目的构建和旅游产品的开发构造具有整体文化认同感和归属感的内聚式居住社区，重构西南民族地区优美的乡村生活画卷，进一步增强特色旅游小城镇的慢生活氛围。

第二，提升旅游游憩功能。对西南民族地区慢旅游城镇的旅游功能进行提升的中心要素就是开发具有民族特色和地域特殊性的旅游产品，同时将“慢”理念贯穿到旅游产品发展的始终，开发符合慢旅游理念的旅游产品。主要的路径包括：一是在产品的开发和设计当中必须注重产品原真性的保护。针对西南民族地区特色旅游小城镇的发展特点开发一些符合慢旅游需求的休闲度假类的旅游产品，增强旅游者的旅游体验效果，满足旅游者的旅游期望。西南民族地区包括云南、贵州和广西三省区，各省区都具有自身的特点，包括农产品特色、旅游线路和地方美食等具有代表性的可供开发的资源，通过对本地的旅游资源进行加工和再创造销售符合游客需求的慢旅游产品。二是在于将现代化景区建设手段与旅游小城镇本身的服务体系相结合。将具有浓厚商业化色彩的旅游开发与西南民族地区特色旅游小城镇传统建设相结合，采用地方特色民居和建筑形态，打造出具有西南民族地区特色的服务设施体系。将古老的建筑、传统的美食以及历史感丰富的店铺融入到现代化景区管理体系当中，构建出具有时空跨越感的小镇旅游服务体系。三是在慢城镇的管理模式中应该进行相对应的创新，根据西南民族地区特色旅游小城镇的发展管理现状和国际化的管理趋势，本书提出公众参与的景区管理模式[426]。这是一种全新的景区管理模式，注重在景区的运营和管理中群众的参与度，这是因为在西南民族地区，多数的旅游小城镇具有相当长的存在历史，当地的居民在这里生活了几十年甚至几代人，他们对小镇的历史和文化具有深深的理解和感悟，对小镇的热爱和情感也超乎一般的单纯的旅游景区工作者。运用居民管理的手段将大大激发当地居民建设旅游小城镇的热情，提高其积极性，保证旅游开发的社会效益和生态效益的平衡发展。四是注重慢城镇的旅游形象设计，塑造具有小镇特色的创新品牌。一个地区的旅游业能否得到长久的发展在很大程度上与旅游目的地的形象塑造和宣传是分不开的[427]，在进行小镇形象设计的时候，抛弃原来的狭隘的形象定位，将新的具有发展潜力的旅游要素融入进小镇的形象塑造和传播中去。

7.1.2 居民受益的实施路径

提高居民受益不仅是发展城镇旅游的最终目的，更是促进西南民族地区城镇旅游经济可持续发展的根本手段。本书通过对西南民族地区的特色旅游小城镇的实际考察和调研后提出，在现行的城镇旅游管理体制下，由西南民族地区旅游小城镇的运营管理机构主导、当地居民参与管理的股份制经营方式能够很好地进行居民利益的保护，同时保护西南民族地区旅游小城镇的自然资源。这种股份制的管理模式在本质上看是一种将景区资源的经营者和生产者进行分离的管理方法。具体来说，在西南民族地区特色旅游小城镇的建设中引入股份制的管理模式，本书在充分借鉴四川成都九寨沟的管理模式[428]的基础上，提出具有西南民族特色的股份制管理模式类型。

纵观西南民族地区的旅游城镇的发展现状，不同的旅游小城镇的经济发展基础具有很大的不一致性，许多关于景区股份制实施的理论和方法尚未得到完全的统一，本着从西南民族地区城镇旅游发展的实际状况出发的原则，本书提出只要是有利于旅游景区可持续发展的股份制改造模式都应该得到肯定和认同，并且不同的旅游小镇应该结合自身的发展实际情况采取相应的股份制改造模式。最典型的模式包括定额股份制、共有股份制、集团股份制、泛股份制、承包股份制以及中外合资股份制几种股份制形式。

具体来说，景区企业采用定额股份制模式要求职工具有一定的购买股份的能力。共有股份制的股份构成包括国家、企业集体和职工个人，通过股权的划分确定三方在所有权中的比重，按照股份的比重来进行利益的分配，共同享有盈利，相应地也共同的承担风险和损失，这种股份制模式有利于不同层次的人进行融资。集团股份制最典型的特点是具有层次性，通过股份制的形式组成包括核心层、控股层、参股层和协作层的集团，旅游企业实行集团股份制将大大有利于国家宏观调控的灵敏度和有效性。泛股份制是一种吸取了当代国际企业管理发展的新成就的综合性的管理模式，这种管理模式最典型的特点就是明确了责任和义务，产权关系在泛股份制中表现得清晰明了。承包股份制企业含有国家股、企业股和职工个人股三种形式，职工既是劳动者，又是个人资产的实际拥有者。在中外合资的股份制中有利于通过示范效应、人才流动、业务交流等方式，将国外先进的生产技术和管理经验应用到本土化的企业当中，提高当地企业的国际化水平，进一步扩大市场，对当地居民的从业素质提高和与国际接轨具有显著的作用。

7.1.3　旅游功能开发的实施路径

随着西南民族地区特色旅游小城镇发展步伐的加快，旅游者对于旅游资源和旅游产品的需求在不断地增多并不断获得更新，这就要求旅游小城镇必须不断地进行旅游资源的挖掘和旅游功能的开发才能满足日益增长的旅游主体的需要，将民族性和现代性相结合，在立足自身实际的基础上适当地超前发展[429]。具体来说，西南民族地区特色旅游小城镇进行旅游功能开发从以下几个方面入手：一是多样化的旅游形式的开发，二是进行小镇的人文价值和民族文化开发，三是进一步完善旅游小镇的旅游服务设施，四是提高当地社区居民的参与积极性，五是进行旅游项目的开发。

第一，多样化的旅游形式的开发。充分地利用西南民族地区特色旅游小城镇丰富的旅游资源，同时按照相关标准进行分类和权重确定，在现有基础上不断进行新的旅游形式的开发，典型的包括田园游、民俗风情游和休闲体验游等形式。

小镇旅游兴起的原因之一在于都市中的人们对于现实压力的逃避，发展田园风光游可以使得现代游客领略到西南民族地区小镇旅游的田园安宁和在山水间徜徉的美妙[350]。同时，现代游客旅游心理变化的一个大趋势就是追求差异化，西南民族地区旅游小镇独具特色的民族风情和具有历史沧桑感的古建筑正好满足了旅游者对旅游产品差异化的追求，在旅游功能的开发过程中应该更多地对旅游小镇的民族文化底蕴进行开发，并将看不见的文化风情以可视化的旅游产品表现出来[430]。多样化的旅游形式要求将观光旅游与体验旅游进行结合，增加游客的亲身参与和体验会大大增加游客的旅游体验和旅游感知，使当地的旅游文化和旅游产品深入人心，在进行旅游宣传的同时也增加了旅游创收。

第二，小镇的人文价值和民族文化开发。西南民族地区的特色旅游小城镇具有悠久的发展历史和深厚的文化底蕴，旅游开发不应该仅仅是对旅游资源的欣赏价值的开发，而是应该结合当地旅游景观背后所隐含的文化底蕴和历史内涵，西南民族地区具有独特的民族特色，包括少数民族经济和少数民族文化，在开发中要注重民族特色的挖掘，进一步促进旅游经济的发展。西南民族地区在历史长河中涌现出许多的文人墨客和英雄事迹，故事传说源远流长，将历史积淀的文化融入到景物的旅游开发当中会显得西南民族地区的旅游小城镇更为丰满[421]，更加吸引游客前去观瞻了解，对小镇所蕴含的文化也会有更深刻的印象，提升了旅游景物内在的文化价值[432]，提升旅游地位和价值。

第三，进一步完善旅游小镇的旅游服务设施。旅游服务设施是小镇旅游体系的重要组成部分，旅游设施的完善程度对于游客对旅游景物的印象满意程度、旅游体验、旅游食宿、旅游交通以及旅游购物都有着不可忽视的影响[433]。进一步完善西南民族地区特色旅游小城镇的旅游服务设施，一方面要加强旅游硬件设施的建设，完善景区的配套设施，提高游览质量，提高旅游景区的可进入性和交通通达度；另一方面加强旅游软件的建设，对于景物设施的管理和保养维护要建立相关完善的制度和规则，使不同类型的旅游基础设施都在管理和保护的范围内。同时，在西南民族地区旅游小镇存在着景点标识牌不够明白清晰的问题，不仅造成了旅游者对于景区线路的不明晰，也使景区的游览质量和形象有所损坏，更改和添加明晰的标识牌便成了西南民族地区的首要重点和工作任务。同时，在文化主题鲜明的地方应该配备相关的资深导游，在游客的参观中导游能够根据自身的知识对游客进行文化和景区的解说，使游客能够更好地对旅游目的地的文化有所了解，增加文化的传播力度，加强不同民族之间的文化交流。

第四，提高当地社区居民的参与积极性。当地居民的参与程度对于旅游小城镇的旅游经济发展和游客接待服务有着直接的关系[434]，在西南民族地区的旅游小城镇中，当地居民在长期的居住中逐渐成为小镇文化的一部分，居民的居住建筑、穿衣服饰、语言交流、节庆活动以及生产方式都贯穿着小镇的文化内涵。因此，提高当地居民社区参与的积极性，使居民投入到旅游小镇的发展中来，关键在于建立小镇居民依靠旅游小城镇的发展态势获得相应的经济收入的发展模式，增加居民的主人翁意识和参与的积极性，增加居民的旅游收入和对少数民族地区的民族认同[431]，使当地的居民在旅游城镇的发展中不断受益。

第五，旅游项目的开发。西南民族地区特色旅游小城镇的类型呈现出不同的地域色彩，其所蕴含的旅游资源也存在着较大的差异性，旅游项目的确定、设计、开发、实施和完善与特色旅游小城镇的旅游资源的数量和类型紧密相关[435]。在不同的旅游资源开发基础上，根据特色旅游小城镇的市场定位、旅游产品定位以及游客旅游方式的不同，旅游项目的设计和开发也具有一定的差异性。特色旅游小城镇的旅游项目开发包括对特色旅游小城镇的旅游资源开发、对资源的社会环境的开发、客源市场开发、投资与效益估算等相关分析内容。首先对旅游小城镇的旅游资源进行分析和调查，以对旅游资源的丰富程度、资源的数量、资源的质量、优势和劣势等相关特征进行归纳总结。对旅游资源的评价按照国际《旅游资源调查、分类与评价》（GB/T 18972 – 2003）作为评价标准，对特色旅游小城镇的旅游资源进行归类和做出客观的评价，根据资源的状况进行有重点的开发，尤其是针对西南民族地区的少数民族文化进行有重点的开发[436]。在促进旅游项目的开发追求经济效益的同时考虑到小城镇的社会环境，使小城镇的发展始终处于一个相对均衡的发展模式当中，对旅游项目的投资和效益进行估算，减少旅游项目开发的风险，包括对旅游小城镇的居民就业状况、居民收入的提升、当地居民文化素质的提高、小镇文明状况的改善、生态环境的改善、文物历史的保护、国际间的信息交流、区域的科技条件等进行评价。

7.2 基于西南民族地区特色旅游小城镇建设的高速公路的实施路径

7.2.1 高速公路交通量的实施路径

高速公路交通量作为研究西南民族地区高速公路与特色旅游小城镇协同关系

的维度划分之一，其对于西南民族地区的高速公路建设具有不可忽视的作用。在现有的西南民族地区的高速公路建设当中，一个非常突出的问题就是关于高速公路交通量与路幅的设计问题。由于高速公路的交通量在设计阶段其交通量预测通常是平均化的，而事实上不同的高速公路的交通量是存在很大的区别的，这也造成了西南民族地区在发展节日旅游时，时常出现交通堵塞和拥挤不畅的现象，进一步出现了需要扩建高速公路的需求，增大了交通成本和耗时。所以本书对西南民族地区高速公路交通量的研究和改进策略主要从加强交通量与路幅的匹配程度角度出发，这对于减少西南民族地区的高速公路拥挤和交通不畅现象以及缓解交通压力和降低成本具有重要的实践意义。

加强高速公路交通量与路幅的匹配和对应程度，需要提高西南民族地区的高速公路路幅的灵活性设计，具体来说就是在高速公路的建设当中，根据不同路段的交通量的不同、通行能力的大小而采用不同路幅设计的技术。这就要求设计规划人员对各路段的交通量进行分段交通量的预测，交通量预测的大小对路幅的设计具有直接的决定性作用，同时在降低交通成本的同时提高高速公路的通行能力和通行效率，避免因路幅与交通量的不匹配而带来的浪费，对于建设用地的合理利用和集约化土地使用具有重要的意义。美国对交通量与路幅设计的重视是一个非常成功的案例，根据相关研究和文献，大多数美国的公路设计原则就是根据不同路段的交通量的大小进行相应的路幅设计，充分地对公路实际情况进行了考虑。

从西南民族地区的高速公路交通量来看，以广西壮族自治区的交通量与路幅设计为案例，柳州至南宁的高速公路均采用双向四车道的设计，这就出现了建成不到十年，六景至南宁路段因严重的交通拥挤而继续进行高速公路扩建的现象。原因主要在于在进行路幅设计的时候没有考虑到六景至南宁路段有泉州至南宁的高速公路 G72 和广州至昆明的高速公路 G80 相重合，这路段的高速公路比柳州至六景的交通量大。加大西南民族地区的高速公路交通量与路幅的灵活性设计，设计和规划布局紧紧地从具体情况出发将会大大改善交通拥挤不畅和浪费的现象。以柳州至南宁的高速公路改建为例，如果能做到六景至伶俐段、三塘至南宁段的路幅数大于王灵至六景段，其通行能力便会大幅提高。加强高速公路交通量与路幅法灵活性设计，对于提高高速公路的效率性、扩展性、空间性以及通达性都具有重要的意义[437]，为西南民族地区特色旅游小镇的发展提供良好的交通条件和通行基础。

7.2.2　公路网布局的实施路径

西南民族地区高速公路网布局作为本书对高速公路划分的构成维度之一，良好的公路网布局对于整个西南民族地区交通网络体系来说都有着积极的作用，对于旅游资源的分布和旅游流网络的形成和布局都有着非常重要的作用。对西南民族地区的公路网进行合理的布局，一方面要从交通规划的角度出发将交通影响要素积极地纳入考虑范围，另一方面要从特色旅游小城镇的旅游经济发展出发，路网的布局与旅游景观都与旅游经济的发展具有某种程度上的联系，尤其是要注重高速公路道路景观的规划设计和植被的恢复[438]，综合考虑就使西南民族地区的高速公路网布局成为一项综合的复杂的规划活动，其中需要考虑的要素具有丰富性和多样性。本书在进行西南民族地区高速公路网布局时，在对传统的布局方法的局限性进行总结的基础上，将公路网布局流程大致分为“规划目标制定”——“交通区位分析”——“节点聚类分析”——“布局方案设计”——“布局方案优化”五个部分，针对每一项布局流程都辅以对应的理论方法，同时运用合适的技术手段展开分析，最终实现西南民族地区高速公路网布局的最优化，综合西南民族地区的实际路网布局状况，本书提出高速公路网的布局流程和技术支撑方法，见图7.1。

在我国的高速公路布局设计当中，将传统的高速公路网布局手段方法与现代化区域高速公路网络布局规划方法相结合，同时不断采用近年来随着科学技术的进步而出现的技术手段实现对高速公路网的布局的完善。本书在进行西南民族地区高速公路网布局时主要运用到的理论方法包括：战略规划方法、大背景分析方法、节点重要度法、OD流量流向方法、情景规划方法、区位分析方法、SWOT分析方法和公众参与的技术方法等，所运用的技术手段包括“3S”技术和交通仿真技术。将理论方法与技术手段相结合，为形成完整的可行的高速公路网布局流程提供支撑。如图7.1所示，本书创新性地提出构建综合集成的布局方法来完成西南民族地区高速公路网的规划布局，进行高速公路网布局的最优化选择。

运用战略规划理论和情景规划方法来制定规划目标。战略规划位于规划的最宏观的层次，是构成西南民族地区区域社会经济发展与交通运输体系概念设计之间联系界面的重要节点。同时，战略规划是对交通运输系统和社会经济之间的发展联系进行协调，运用战略规划理论有利于在交通网布局规划时从社会经济发展的要求出发确定交通运输体系的功能和结构，实现二者的有机结合。情景规划方法在国际上不仅被广泛地运用到经济、社会、能源、环境和军事等多个领域，更是被普遍地认为是探讨和制定未来发展战略一项非常重要的方法。由于交通运输规划区域的宏观性以及外部环境的多变性，在进行具体的规划布局时要对外部的变化性进行综合的考虑，将影响因素放置在具体的情景中，为西南民族地区的高速公路网布局提供更为全面的支持。

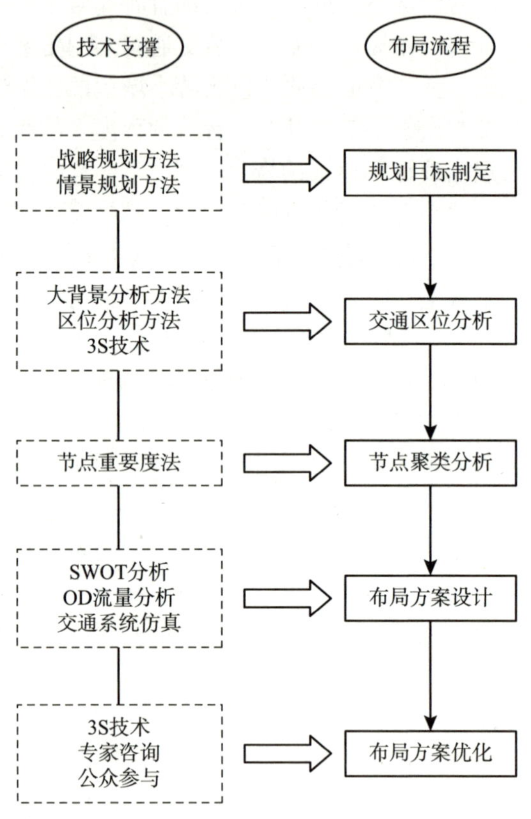

图 7.1　西南民族地区高速公路网布局流程和技术支撑

将大背景分析方法和区位分析方法加以运用，结合 3S 技术进行全面的交通区位分析。大背景分析法将西南民族地区的高速公路网布局以及其有关的背景视为一个统一的系统，将经济社会和综合交通体系的研究放置在区域经济的大环境中进行研究和分析，得出相关要素的运动路径和内在联系。运用交通区位分析方法对西南民族地区区域内外的交通区位线进行分析，以西南民族地区独特的地形地貌为主变量，将交通线建设在区位线上，使总体的交通运输效益达到最大。背景分析和区位分析都需要一定的技术手段才能得以实现，这里采用的是3S技术，即全球定位系统（GPS）、地理信息系统（GIS）和遥感（RS）三种技术，这三种技术互为支撑并逐渐融为一体，进行实时实现和快速准确地进行目标的空间位置定位。

在交通区位分析的基础上，运用节点重要度法进行节点聚类分析。根据“节点选择”——“节点重要度”——“节点分类”——“构建基本路网”——“形成初步路网”——“布局优化”——“最终布局方案”的高速公路网布局规划的重要度分析法工作流程进行西南民族地区高速公路的路网布局。

将SWOT分析方法和OD流量分析方法相结合，运用交通系统仿真技术进行布局方案的设计。运用SWOT分析方法通过对西南民族地区高速公路网进行布局规划的优势、劣势、机遇和挑战进行综合分析，在充分解构西南民族地区高速公路网布局的内外部环境的基础上对规划布局的方案进行定性分析和选择。OD流量分析法从微观角度出发，以定量分析为主导，研究西南民族地区经济在时间上和空间上的发展对交通运输的影响，通过交通需求的发生预测、OD流分布预测、运输方式分担预测和线路交通量分配预测将高速公路网布局与西南民族地区的经济发展紧密地结合在一起。运用SWOT分析方法与OD流量法进行布局方案的设计时需要运用一定的技术手段，本书采用的是交通系统仿真技术，交通仿真技术通过运用现代计算机技术建立一个接近现实的交通系统的模型，这个模型可以使现实的交通特性分析和交通系统在各种情况下的可能行为分析得以实现，通过对交通系统的仿真和描述寻求现实交通问题的最优解和对各类交通设施的运输结果进行评价。

在布局方案设计的基础上对布局方案进行优化处理，这一部分本书所采用的技术手段主要包括3S技术、专家咨询和公众参与的方式等，运用3S技术结合路段的重要度节点Fenix、交通量分配结果、地质地貌特征、环境敏感区、路网合理衔接地带等相关要素相结合进行综合的考量，并积极地征询地方政府和听取专家意见，积极引导公共参与，对已经提出来的路网方案进行布局优化，并确定最终的优化布局方案。

7.2.3 高速公路服务区的实施路径

随着我国高速公路的飞速发展，物流、客流、人流的变化所带动的信息流和资金流也在很大程度上改变着其固有的流向和流量，高速公路服务区是高速公路产业链中商机最大的节点。伴随着西南民族的地区经济的发展，特别是旅游经济的发展，高速公路服务区也在新的时代背景下实现了功能延伸和扩展，其中商业功能和旅游功能尤为突出。根据本书对高速公路服务区研究假设的相关内容，将高速公路服务区的功能主要划分为基本功能、商业功能和旅游功能，并运用实证分析和案例进行了验证，结合前文的研究基础，在实施路径部分，本文依旧从基本功能、商业功能和旅游功能三个方面出发，通过功能建设和完善西南民族地区高速公路服务区的布局和经营。

第一，基本功能建设。高速公路服务区的基本功能使高速公路服务区是高速公路沿线所必不可少的附属设施，为游客提供必要的休憩场所和车辆安全持续行驶的条件，为高速公路的紧急救援提供了保障，这都离不开高速公路服务区的基本功能的发挥。加强对高速公路服务区基本功能的建设，需要在对服务区设计和规划时对理念进行高度的重视，在实施规划时将现代感的设计化与当前的技术手段进行紧密的结合，将高速公路服务区打造成区域经济整合互动的有效载体。具体来说，停车位的设计实施应该具有前瞻性和预测性，对投入使用前对运营后的车流、客流进行科学的预测，使不同类型的车辆和停车位能够有所对应，同时注重车辆之间的安全距离和空间大小，做到车辆能够进出流畅[439]。卫生设施和短暂的休息场所要充分地考虑客流量的大小，着重考虑到客流量高峰时的需求，保持进出入的便利性。有偿服务的项目的设计要考虑到游客不同层次的需求，并保持服务的连贯性，一般来说，如果高速公路服务区建立在较大的城镇附近，整体的服务质量要求较高，考虑到车辆出城和进城时的不同需求，根据实际的情况进行功能安排。

对高速公路服务区的基本功能进行建设的一个突出的中心就是进行高速公路服务区基本功能设施的布局，只有在整体上进行布局完善和综合考量，高速公路服务区的基本功能建设才能得以实施，具体来说，西南民族地区高速公路服务区的基本功能设施组成如图 7. 2 所示。

如图 7. 2 所示，在西南民族地区高速公路服务区的实施措施中，高速公路服务区的基本功能的实现在很大程度上依靠的是服务区的基本设施，当基本设施组成基本能够符合服务区建设的需要时，高速公路服务区的基本功能建设也就基本得到了实现。在基本功能设施当中，本书主要将其分为停车场、观赏地、建筑设施和其他四类组成部分，处理好这四大部分的关系和进行合理的布局有利于西南民族地区高速公路服务区的基本功能实现。在高速公路服务区的基本功能建设中，始终要本着为人服务、为车服务的原则，从出行的实际需求出发，立足于满足需求的理念进行基本功能建设。

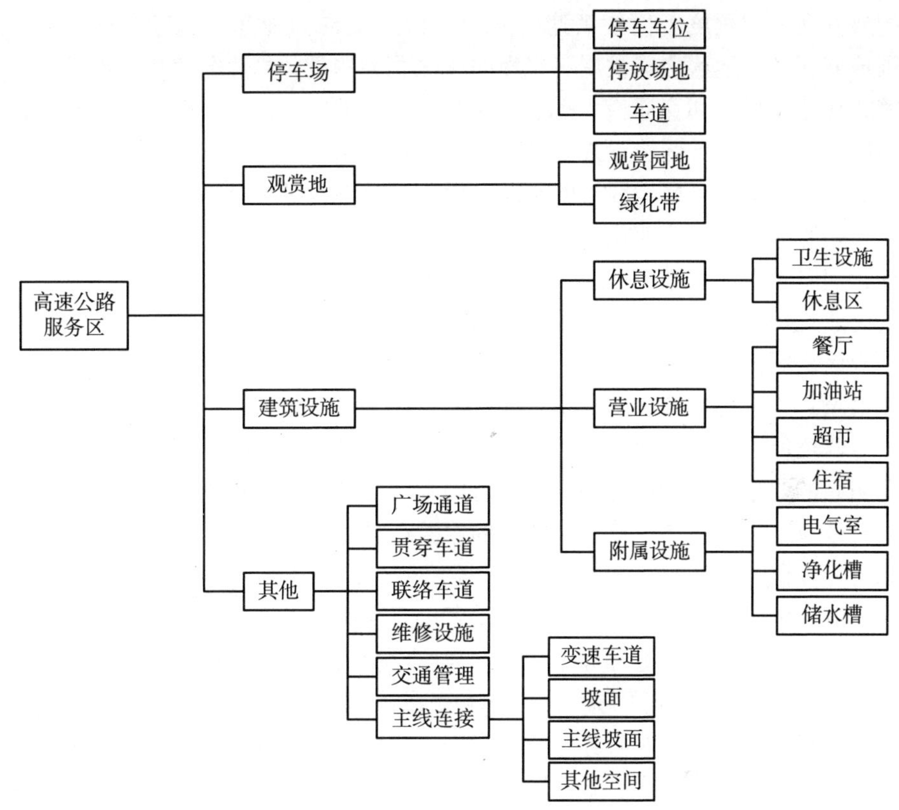

图 7.2　西南民族地区高速公路服务区的基本功能设施组成

第二，商业功能建设。高速公路以及服务区都是西南民族地区交通运输的基础设施，它们都是为了满足运输服务的需求而产生，同时，我们应该认识到，不管是高速公路还是服务区都必然会占用一定的社会资源，这就从客观上要求高速公路和服务区必须创造一定的经济效益来对所耗费的社会资源进行弥补，这就要求在进行高速公路基本功能建设的同时还必须对其商业功能予以充分的重视，进行高速公路服务区的多元化开发和功能延伸。随着私家车的拥有量迅猛增长，人们自驾游出行的数量也呈现出大幅度上升的趋势，高速公路得天独厚的优势条件就是快捷方便，高速公路服务区作为沿线高速公路的一大经济增长亮点，不管是其餐饮食宿，还是购物娱乐，服务区在现代化出行的大背景下越来越多地引进了市场经济的意识，在满足其基本的功能建设基础上，服务区的商业化功能越来越得到经营者的重视，服务区作为高速公路沿线资产的商业价值是乐观的，特别是我国高速公路收费政策的不确定性和新建高速公路营利能力的不断下降，这些客观的条件在一定程度上促使高速公路服务区逐渐向商业运营管理方向转变[440]。我国地域辽阔，地区之间发展不平衡的状况尤为明显，高速公路服务区建设的实施措施在建设环境和交通量水平上也存在着很大的区别，这就要求在进行西南民族地区高速公路服务区建设规划实施时要密切地结合西南民族地区的实际发展情况，在充分考量综合影响因素的基础上提出具有针对性和创新性的实施意见，对高速公路服务区进行产业化经营，进一步挖掘高速公路服务区的商业化和市场化特征，同时政府建立起与高速公路服务区相适应的规制体系[441]。为了刺激服务区的商业化功能建设，以下意见可以采纳：一是在进行高速公路服务区布局实施时，应该将服务区设置在人口密集区，有层次性地提供有偿服务，尽可能地刺激消费增长。二是打破传统的封闭式经营，将高速公路服务区打造成开放式的服务商业经营场所，依托高速公路的产业带动优势，通过不断进行高速公路建设提升产业园区的交通通达度并带动沿线经济的发展。三是充分地利用高速公路服务区的窗口效应，推销西南民族地区特色的旅游产品，打造高端化和特色化的旅游景点和观光度假旅游产品[442]等等。三是要使得西南民族地区的高速公路服务区获得更多的经济效益，服务区的经营管理者以及所确定的服务区的商业开发模式在整个过程当中有着举足轻重的作用。针对高速公路服务区的商业化经营管理建设，本书在充分借鉴相关文献的基础上提出一般性流程：明确定位——商业模式——实践总结。首先对服务区的经营进行目标定位，确定服务区主要的经营产品类型、企业所处的行业、服务区商业开发的价值等相关主题，明确的定位有利于西南民族地区高速公路服务区在未来的经营道路上始终坚持自身的经营理念，为下一步进行商业模式的开发和实施提供了必要的基础。

在明确自身定位的基础上，通过对经营项目的思考和分析，针对西南民族地区高速公路服务区的发展特点和未来发展方向，本书提出“1 + n + x”的商业经营模式[443]。其中，“1”表示经营主体，为了保证服务区真正的一体化，经营主体必须是唯一的，享有充分的权限对高速公路服务区进行调整和管理，服务区的规划、招商、运营、营销都由经营主体一一实现。“n”主打品牌店的多样化，所有的品牌店都必须体现西南民族地区高速公路服务区的经营亮点，品牌店可以是来自经营主体的企业公司，也可以是其他合作商的优秀品牌，所有的品牌亮点与西南民族地区的主题特色相符合，在体现西南民族地区民族特色的同时打造连续品牌，如服务区的经济连锁型酒店。“x”多家特色店，西南民族地区是具有浓烈的民族色彩和地域特色的区域，在高速公路服务区设立多家特色店，充分地体现地域特色和民族风格。最后的步骤是对“1 + n + x”的商业创新模式进行实践，并在不断的实践过程中不断发现所涌现出来的问题并给予及时的解决[444]，具体来说可以通过以下三种方法对这一模式进行实践：一是对经营主体进行重新定位，重构组织方式和平台建设；二是结合市场的实际需要和经营的需求，更改经营理念和管理体制；三是不断丰富项目内容和提升服务质量，不断进行商业模式的升级。

第三，旅游功能建设。随着西南民族地区旅游产业的不断发展和旅游链的不断延伸，在高速公路与特色旅游小城镇进行协同发展的维度当中，高速公路服务区的旅游功能建设有利于满足游客个性化、多样化的延伸需求[445]，更有利于在一个更高的层次上、更为长远的跨度上来思考西南民族地区旅游与交通的融合。结合西南民族地区高速公路服务区的建设现状和旅游业发展特征，本书针对服务区的旅游功能建设提出“服务区＋旅游”[439]的经营模式，将高速公路服务区打造成现代化的旅游服务区，即资源主体是依靠一定的规模和品牌影响力的旅游景区。将“服务区＋旅游”的创新模式运用到西南民族地区高速公路服务区的建设当中，抓住“一带一路”的建设趋势[446]将旅游要素与交通要素进行紧密的连接，树立景区旅游形象的同时提升旅游收入，使高速公路服务区的经营能力在根本上得到提高，为司机和乘客提供多元化的服务，具体来说可以从以下几个角度入手进行服务区建设的实施：一是将西南民族地区独特的地域特征、历史文化和人文特色融入服务区的设施建设当中[447]，将西南民族地区的高速公路服务区打造成为展示西南民族地区文化特征和地域特色的新平台。二是认识到高速公路服务区发展旅游休闲产业与西南民族地区的政府支持是分不开的。西南民族地区的整体经济发展水平不高，加之现有的旅游建设市场还存在很多的问题，这就需要当地政府积极地发挥其宏观调控作用，对旅游市场进行管理和监督，尤其是对旅游服务区相关经营者以及关联者的营利手段进行管理和监督，使经济运营在法律允许的轨道上进行。同时运用经济调控手段对服务区开展旅游休闲产业提供资金支持，为旅游服务区的建设拓展筹资渠道。三是整合西南民族地区的旅游资源，重视自身特色。少数民族经济和少数民族文化是西南民族地区典型的民族特色，西南民族地区发展旅游业除了其独特的自然环境以外，其文化氛围和多样化的民族特色也是旅游发展不可忽视的要素[259]。在进行旅游服务区建设的时候，缺乏特色的服务区必然是单调乏味并且不能实现长期可持续发展的，在充分地运用西南民族地区丰富的旅游资源和特色主题时，将文化要素融入到旅游服务区经营的旅游产品和建筑风格当中，将喀斯特地貌的独特性特征与少数民族文化相结合[448]，做到自然和文化的有机统一。四是注重旅游服务区的人的要素。旅游者作为旅游三要素之一，在服务区区开发旅游经济也需要对旅游者引起高度的重视，服务区的旅游设施建设必须充分考虑人性化的特点，可以用绿化的手段来营造出舒适、温馨、宁静的休息气氛[449]。五是引进专业的旅游人才队伍，打造高素质的服务团队。西南民族地区的教育水平较为低下，同时相关的专业旅游管理人才存在人才漏洞[450]，积极引进一批高素质的专业化的旅游管理人才和经验丰富的指导者具有积极的拉动作用[380]。同时西南民族地区可以在高校中选拔一批中青年骨干前往发达国家进修，接受国外先进的旅游管理专业的知识，不断提升自我的旅游管理专业素质和水平，再将国外先进的管理经验和西南民族自身的发展状况相衔接，做到集成创新和消化吸收后再创新，提升西南民族地区的人才力量储备，改变当前旅游管理无效且效率低下的现状[451]，为未来西南民族地区的可持续发展创造条件。

7.3 西南民族地区高速公路建设与特色旅游小城镇协同的实施路径

7.3.1 西南民族地区高速公路交通量与慢旅游协同的实施路径

在对西南民族地区高速公路和特色旅游小城镇的维度划分、研究假设、实证分析和案例验证的基础上，结合对西南民族地区高速公路与特色旅游小城镇协同的现状和影响因素，从西南民族地区高速公路交通量和特色旅游小城镇慢旅游两个维度出发，以交通流、旅游流、慢性旅游系统三个中介变量为路径节点，构建出西南民族地区高速公路交通量与特色旅游小城镇慢旅游协同的路径图，如图7.3所示。

根据图7.3所构建的西南民族地区高速公路交通量与特色旅游小城镇慢旅游协同的路径图，实现西南民族地区高速公路交通量与特色旅游小城镇慢旅游协同可以从以下路径出发。

促进西南民族地区慢旅游模式的发展是实现西南民族地区高速公路交通量与特色旅游小城镇慢旅游协同的第一条路径。从慢旅游的组成结构和层次出发，促进慢旅游模式的发展可以具体从四个方面着手：一是旅游主体的旅行动机，刺激旅游者对西南民族地区原有的自然生态环境的向往，对西南民族地区独特的少数民族风情的一种深入的了解欲望以及对特色旅游小城镇的自然生活状态的憧憬等，通过对旅游者的出游动机类型和强度进行引导规范以使得旅游主体拥有一种悠闲的旅游心态，不急不躁，不以游览目的的多少来作为旅游的评价标准和基础。二是旅游效果，引导旅游者抛弃原有的一味地追求游览数量的心态，相对于浮于表面的旅游效果，构建慢旅游模式更多的是要追求一种精神上的满足和愉悦，以满足游客期望作为衡量的最终标准，具体来说，要以对西南民族地区当地文化风情和自然景观的领略程度来作为出行效果的评价审核标准。三是旅游节奏，在西南民族地区构建和发展慢旅游模式要求游客主要实行减速而非加速旅游活动，把旅游的节奏和步调放慢放缓，同时放弃制订诸多的长远的利益目的地游览计划，根据自身的需要和期望随时对路程和速度进行调整，充分发挥游客所拥有的全权自主性和充分灵活性，当一个特色旅游小城镇的特色旅游资源吸引着旅游者时，旅游者会停下前行的脚步驻足在这个特色旅游小城镇，自由地安排旅游行程和实践活动。四是旅游的范围，构建和发展慢旅游模式的客观要求使得旅游出行的人数必然不会是以团队出行的方式来表现，一般游客都会选择与自己的家人、朋友等人数较少的范围来开始一段慢旅游，小范围的出行人数有利于增加旅行活动的自主性和可调整性，统一意见，避免不必要的冲突，同时与家人和朋友出行便于心灵上的沟通，在特定的空间地理环境中，出行者们能更好地进行情感上的交流，有利于慢旅游出行者取得更好的旅游效果。

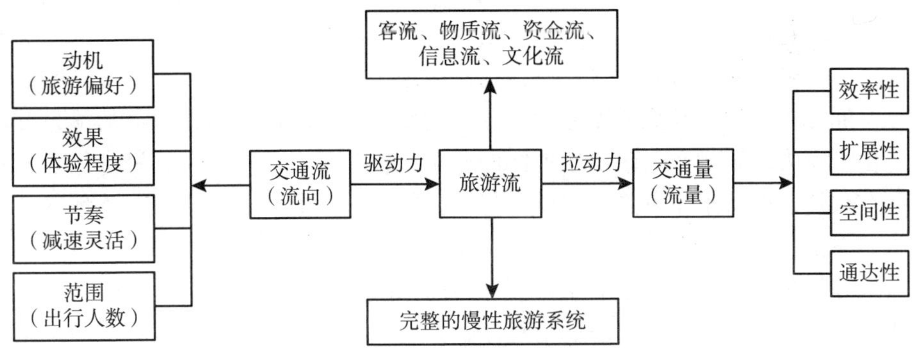

图 7.3　西南民族地区交通量与慢旅游协同路径

通过发展慢旅游模式对高速公路交通流的流向进行控制是实现西南民族地区高速公路交通量与特色旅游小城镇慢旅游协同的第二条路径。从慢旅游的层次和组成结构出发，通过对西南民族地区慢旅游模式的旅游动机、旅游效果、旅游节奏和旅游范围进行规范引导来改变西南民族地区高速公路交通流的流向，以实现对西南民族地区特色旅游小城镇的旅游流网络的形成和完善提供驱动力的目的。在旅游动机方面，增强慢旅游中旅游主体动机强度，通过宣传和建设提高众多城市居民对西南民族地区少数民族文化和少数民族经济的期望程度，使旅游主体的旅游偏好趋势呈现出显著的变化趋势；在旅游效果方面，通过提高旅游者对西南民族地区自然环境和人文资源的体验程度，进一步明确旅游者期望和对西南民族地区的旅游出行意愿，将一定时间范围内旅游者的出行意愿进行分析以预测出该时间范围内的高速公路流向走势，最终实现对西南民族地区旅游流网络构建和完善的有力引导。在旅游节奏方面，运用慢旅游模式充分的自主性和灵活性来开展减速的旅游活动，要求旅游者根据自身旅游需要进行交通路线的选择和更改，或者根据自身对某一旅游景点的旅游偏好程度来改变交通的具体方式，通过交通路线和交通方式的选择来实现对西南民族地区旅游流流向的改变；在旅游范围上看，一方面出行人数的控制对旅游交通工具的类型选择具有决定作用，另一方面出行数目的亲疏关系和沟通程度则会对西南民族地区旅游目的地的选择产生深刻的影响，两者的结合就使西南民族地区的交通流流向在很大程度上受到影响。

通过对高速公路交通流的流向控制以对旅游流的各个要素产生驱动作用是实现西南民族地区高速公路交通量与特色旅游小城镇慢旅游协同的第三条路径。充分发挥慢旅游模式下交通流的流向对旅游流各个要素所具有的驱动作用，当慢旅游形式的旅游主体们根据自身的体验期望程度对旅游目的地和旅游交通方式进行自发性选择时，西南民族地区特色旅游小城镇因其独特的旅游吸引力和召唤力吸引大多数慕名而来的游客，这就使西南民族地区交通流流向发生了改变，空间地理上交通方式的选择和交通流流向的改变会对西南民族地区的旅游流的流量和流向产生强有力的影响。西南民族地区的旅游流包括客流、物质流、资金流、信息流和文化流，客流是旅游主体旅游偏好选择的后果，资金流是西南民族地区旅游融资和旅游建设发展的重要一环，物质流包括基本的物流运输和西南民族地区的采购买办情况等要素，信息流是一切社会活动的重要组成因素，对西南民族地区的旅游流的影响更是突出，旅游信息流的方向和流量大小直接关系着西南民族地区旅游业对旅游市场的敏感程度和对内部旅游可变要素的控制力度，文化流是西南民族地区传统的特色民族文化和外来文化交流碰撞的结果，一方面西南民族地区具有悠久历史传承的民俗文化对外来游客进行文化渲染和熏陶，另一方面现代社会的文化和要素与相对封闭传统的西南民族文化进行了文化碰撞，在新旧交融中产生出新的文化元素，经过时间的锤炼和社会选择，新生的文化元素在与西南民族地区的传统部分或者全部相融合之后又转变成为本土文化元素的新生力量，实现了原始性和现代性的统一。

通过对旅游流各个组成要素进行管理来增强对西南民族地区高速公路交通量的拉动作用[452]，是实现西南民族地区高速公路交通量与特色旅游小城镇慢旅游协同的第四条路径。西南民族地区旅游流在横向和纵向上的趋势走向和强度对于西南民族地区高速公路交通量的大小有着显著的联动效应，通过对西南民族地区旅游流中的资金流、信息流、文化流、客流和物质流的控制和分析来提高西南民族地区高速公路交通量的预测精度。同时应该认识到西南民族地区的省区和城市在城市等级规模和旅游经济基础上存在着显著的差异，这种差异就使得高速公路交通量的流量大小和测算指标具有地域性特点。增强旅游流对西南民族地区高速公路交通量的拉动作用要求紧紧地将旅游流的各个组成要素与当地城市发展情况进行动态的结合，重点考虑西南民族地区省区的交通承载力在地区经济发展中所处的地位，将旅游流网络打造成内达外畅、结构均匀、集约生态的交通网络和经济网络，使西南民族地区高速公路交通量在通达性、扩展性、空间性和效率性上都有所提高。

通过对西南民族地区旅游流要素的管理控制来促进完整的慢性旅游系统构建是实现西南民族地区高速公路交通量与特色旅游小城镇慢旅游协同的第五条路径。西南民族地区旅游流要素组成和管理对形成一个完整的慢性旅游系统具有驱动作用，一方面旅游业因其固有的强大的带动和辐射作用；另一方面慢性旅游系统的形成和不断完善也对整个西南民族地区的旅游产业发展有着最根本的拉动作用[188]，最典型的是对高速公路的客流量的不断增大有明显的促进作用，高速公路交通量的增大是西南民族高速公路的通行能力和功能增强的最根本表现[453]，增强了西南民族地区高速公路的通行效率性，引导了西南民族地区扩展性的延伸，空间性更为突出，道路通达性提高。构建完整的慢旅游系统一个不可忽视的方面就是为旅游要素的管理控制提供基本条件，包括构建慢旅游系统所需的基础设施、公共辅助服务、技术设备和资金信息资源等，同时增强西南民族地区旅游流要素之间的社会经济关联度[454]，包括人口、消费、文化、经济等方面，通过增加各要素之间的社会经济关联度来完善西南民族地区慢性旅游系统的空间结构，同时注重壮大西南民族地区的旅游网络规模以扩大慢旅游系统的覆盖面。

7.3.2 西南民族地区高速公路网布局与居民受益协同的实施路径

在对西南民族地区高速公路和特色旅游小城镇的维度划分、研究假设、实证分析和案例验证的基础上，结合对西南民族地区高速公路与特色旅游小城镇协同的现状和影响因素，从西南民族地区高速公路网布局和特色旅游小城镇居民受益两个维度出发，以景区可进入性、重点景观要素、旅游网络优化、社会效益四个中介变量为路径节点，构建出西南民族地区高速公路网布局与特色旅游小城镇居民受益协同的路径图，见图 7.4。

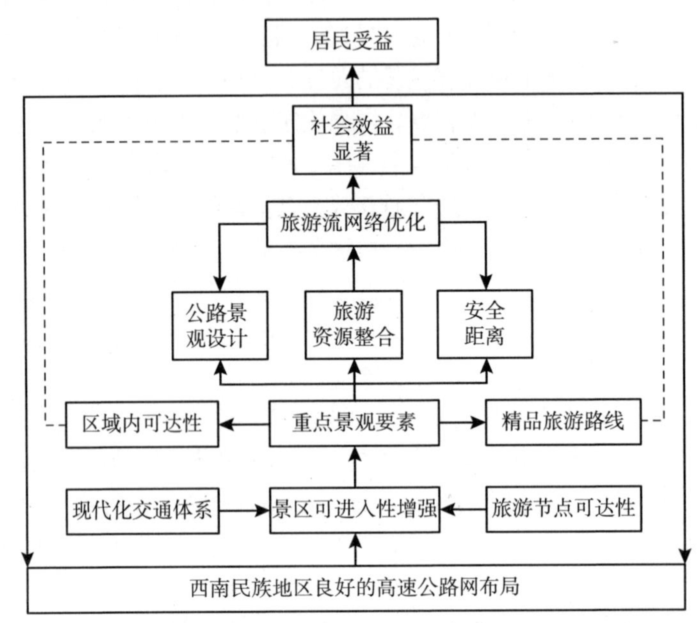

图 7.4 西南民族地区高速公路网布局与居民受益协同路径图

根据图 7.4 所构建的西南民族地区高速公路网布局与特色旅游小城镇居民受益协同的路径图，实现西南民族地区高速公路网布局与特色旅游小城镇居民受益协同可以从以下路径出发。

合理的高速公路网布局是实现西南民族地区高速公路网布局与特色旅游小城镇居民受益协同的第一条路径。高速公路网布局是西南民族高速公路建设的重要构成维度，同时作为现代化交通运输体系的组成部分，合理的高速公路网布局对于增强旅游节点的可达性[455]和进一步完善现代化交通体系都是重要的影响因素。对西南民族地区的高速公路网进行合理的布局首先要做的就是将西南民族地区特殊的地理环境考虑在内，包括云南、贵州、广西三个省区，充分利用本地区现有的特殊的地理环境优势加快对高速公路网布局的规划和建设，提高西南民族地区交通的通达性，通过完善交通条件缓解西南民族地区资源分布的不均匀和经济结构发展不平衡的状态。其次强化城市交通体系建设的同时综合考虑不同城市所具有的不同的资源优势[456]，重点考虑西南民族地区特殊的少数民族经济和少数民族文化，将民族要素和经济要素融合在高速公路的网络布局当中，从重要的旅游景点出发，突出极具特色和吸引力的当地文化和自然景观，重点突出有利于西南民族地区精品旅游路线的选取和建设，交通和旅游的结合使得西南民族地区各个景区的可进入性增强，旅游景点的可游览性增大，进一步促进西南民族地区旅游经济的发展。最后是改善西南民族地区现有的交通基础设施，拉动基础设施建设投资，以基础设施的建设促进区域经济的发展[457]，同时建立现代化的交通体系，实现经济的全面发展和结构的完善。高速公路基础设施建设作为现代化交通体系建设的重要一环，其建设是旅游发展的重要基础条件，是连接西南民族地区与外界以及增强西南民族地区区域内联系的重要纽带，能增强其便捷性和通达性[458]。

实现高速公路网布局和重点景观要素的协同是实现西南民族地区高速公路网布局与特色旅游小城镇居民受益协同的第二条路径。随着旅游精品路线的开发和重要景区规划的建设不断完善，西南民族地区众多旅游资源得到进一步的深度开发，公路资源与公路沿线的泛旅游资源得到高度整合，也更加注重对高速公路沿线的公路景观的设计，其中要注意的就是公路景观的设计既要从高速公路的交通性来突出，也要在设计时对旅游资源进行合理布局。同时，考虑到西南民族地区优良的自然环境和生态保护，高速公路网在进行布局时应该避免或者减少对原有生态环境的破坏，保持安全距离，从而促进西南民族地区旅游流网络的不断优化，高速公路布局也从单一的交通布局变成旅游交通布局，公路网布局与旅游空间结构紧密连接在一起。旅游空间布局的改进有其固有的经济带动作用和辐射效应，对西南民族地区的交通、工业、餐饮、就业情况、基础设施建设、生态环境以及居民收入都有着深刻的影响，从而促进了居民共享高速公路所带来的便利优惠，增加了居民受益。

实现西南民族地区旅游流网络的优化是实现西南民族地区高速公路网布局与特色旅游小城镇居民受益协同的第三条路径。交通建设是旅游发展的基础条件，同时旅游收入的增加也推动着交通建设投资[459]的扩大。旅游流网络的优化使旅游节点的可达性增强，刺激了旅游的相关活动，在保留当地居民生活文脉的同时增加了人性化的活动空间，公路景观设计和生态环境的安全距离的保持也被提上了公路网设计的总体规划，对整个西南民族地区良好的高速公路网布局起着积极的拉动作用。居民受益情况显著意味着当地居民在旅游经济的发展过程中所收获的各项利益更多，收入的增加和素质的提高使居民回报社会和发展经济的愿望和能力都得到了提升，大众素质的普遍提高从侧面反映出了西南民族地区的社会效益极其显著，社会效益的增加能促进旅游资源的高度整合，同时在发展旅游经济和进行自然旅游资源开发的同时更注重生态环境的保护和自然资源的维护[66]。在西南民族地区，高速公路与特色旅游小城镇的发展已经逐渐融合为一体并且相互依托促进彼此的发展，公路要素景观的完善和生态环境的保护在某种程度上对高速公路网布局和旅游节点可达性产生了非常深远的影响，旅游区域内的便捷性和通达性从内部和根本上增加了景区的可进入性，高速公路可进入路径的增多和范围的扩大有促使旅游交通部门对高速公路网进行更为科学和更为合理的布局，以促进西南民族地区高速公路网布局与居民受益更为协调，从很大程度上带动了西南民族地区良好的高速公路网布局。

合理解决土地资源占有问题是实现西南民族地区高速公路网布局与特色旅游小城镇居民受益协同的第四条路径。在西南民族地区高速公路公路网布局与居民受益协同的实现路径当中，必须要注意的是土地资源是高速公路网布局必须考虑的一项因素，土地占用问题没有得到圆满的解决，那么高速公路布局与居民受益之间的协同就会在很大程度上受到影响。这就要求在进行高速公路网布局时要集约属地的资源优势，促进城镇的空间优化布局，旅游小城镇根据功能定位和生态承载能力明确区域的发展方向，优化旅游小城镇的产业布局，对于小城镇产业集中区加大交通设施建设和完善公路网的覆盖面，提升旅游小城镇的聚集效益和规模效益，提高交通建设土地的利用效率，使当地居民在土地占用的问题上得到应有的补偿，真正做到旅游惠民[204]。

7.3.3　西南民族地区高速公路服务区与旅游功能开发协同的实施路径

在对西南民族地区高速公路和特色旅游小城镇的维度划分、研究假设、实证分析和案例验证的基础上，结合对西南民族地区高速公路与特色旅游小城镇协同的现状和影响因素，从西南民族地区高速公路服务区和特色旅游小城镇旅游功能开发两个维度出发，以旅游资源、生态环境、经济基础、文化底蕴、文明状况和员工素质六个中介变量为路径节点，构建出西南民族地区高速公路服务区与特色旅游小城镇旅游功能开发协同的路径图，如图 7.5 所示。

西南民族地区以少数民族经济和少数民族文化作为民族特色，独特的地理环境和少数民族民俗文化是由西南民族地区进行旅游功能开发和增强旅游吸引力两个强有力的旅游资源构成，按照国际旅游功能构成要素划分结合西南民族地区旅游特色旅游小城镇的现实分布情况，按照少数民族地区产业体系建设要求[460]对西南民族地区的旅游功能开发可以从旅游“新六要素”出发，根据图7.5所构建的西南民族地区高速公路服务区与特色旅游小城镇旅游功能开发协同的路径图，实现西南民族地区高速公路服务区与特色旅游小城镇旅游功能开发协同可以从包括独特的旅游资源、良好的生态环境、良好的经济基础、深厚的文化底蕴、文明状况良好和员工素质高六条建设路径出发。

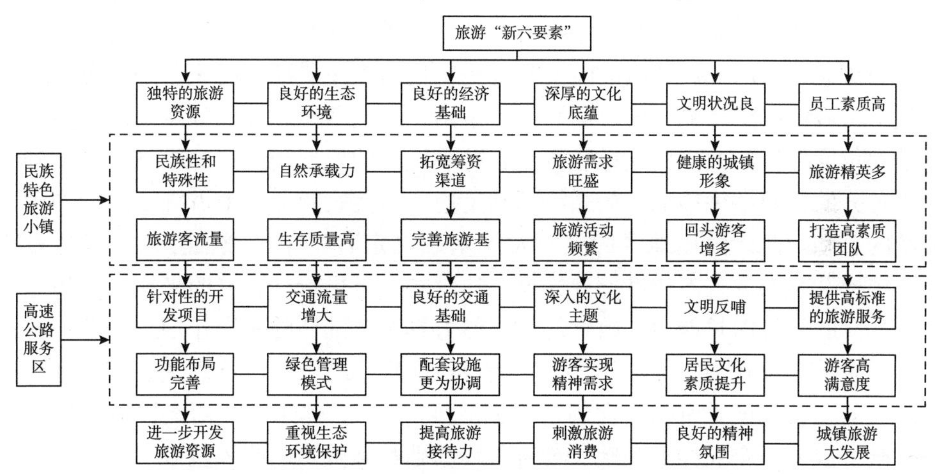

图7.5 西南民族地区高速公路服务区与旅游功能开发协同路径

促进西南民族地区旅游资源开发是实现西南民族地区高速公路服务区与特色旅游小城镇旅游功能开发协同的第一条路径。从西南民族地区独特的旅游资源的角度出发，西南民族地区喀斯特地质地貌、横断山系发达、高原山谷河流地发育众多的自然地理环境和多民族文化具有典型的民族性和特殊性，这也是构成西南民族地区旅游吸引物的重要组成部分，游客们慕名而来，旅游交通量逐年递长。与此同时，面对不同地域和旅游需求的各方游客，高速公路服务站根据市场需要进行有针对性的项目开发，根据游客来源分布和需求差异安排高速公路服务体系的针对项目，尽最大的努力来完善高速公路的功能布局为游客提供更好的服务功能，从而进一步促进旅游资源的开发，构成资源开发和高速公路服务站建设的良性循环链条。

注重西南民族地区生态环境的保护是实现西南民族地区高速公路服务区与特色旅游小城镇旅游功能开发协同的第二条路径。从西南民族地区良好的生态环境的角度出发，西南民族地区植被众多，大小河流无数，加上地理位置偏西南一隅相对封闭，所以生态环境维护较好，自然所能承受的人为压力较大，环境容量也较大，自然自身的净化能力还未被削弱，西南民族地区当地居民的生存质量较高，这也是西南民族地区特色旅游小城镇的特色之一[461]。相较于大都市逐年厚重雾霾、日益污染的水域环境以及脆弱的城市系统，西南民族地区良好的生态环境和较大的自然承载力便成了极具吸引力的旅游节点之一，游客争相往来，西南民族地区高速公路的交通流量增大，为了旅游和交通的可持续繁荣发展，高速公路服务站采用绿色交通管理模式[462]，在发展特色旅游小城镇的旅游行业时不以牺牲环境为代价，始终重视生态环境保护，促进可持续发展。

加快建设西南民族地区的经济基础是实现西南民族地区高速公路服务区与特色旅游小城镇旅游功能开发协同的第三条路径。从西南民族地区良好的旅游经济基础的角度出发，西南民族地区特色旅游小城镇的发展与区域的经济发展基础是密不可分的，西南民族地区的经济基础是指在西南民族地区中占统治地位的生产关系的总和。西南民族地区的经济发展基础决定着整个区域社会的经济总量规模、结构关系以及政府调度资源并投入建设的经济可行性，总的来说，经济基础对于社会的经济增长能力和政府的经济能力具有基础性的决定作用。特色旅游小城镇以旅游业发展为主导依托，其发展与西南民族地区的经济总量、结构规模以及政府的支持力度具有相当大的密切相关度[463]。具体来说，西南民族地区的经济基础可以分为企业经济基础、政府财政基础和旅游团的收入基础。一方面，政府支持已经成为许多地区旅游经济发展的中坚和支柱力量，更有相当一部分的旅游资源的开发和旅游景区运营的资金来源和后期财政支持都源于当地政府；另一方面，西南民族地区的特色旅游小城镇的发展离不开旅游企业的经济支撑，只有旅游企业实现了经济上的创收，其旅游基础设施才得以扩建和完善，旅游产品才得到不断的创新和发展，旅游管理模式得到不断修补和创新。旅游团的收入基础和民间人士的参与也是西南民族地区经济基础的重要组成部分之一，这就造就了西南民族地区发展旅游业拥有较宽的筹资渠道——政府的支持、企业的参与及民间人士的积极参与，充裕的资金有利于西南民族地区进一步修建和完善相关基础旅游设施，带动西南民族高速公路服务站的交通基础设施建设，使高速公路服务站与旅游发展的配套设施更为协调，二者相得益彰，从基础上提高西南民族地区旅游接待的能力。

建设西南民族地区的文化内涵是实现西南民族地区高速公路服务区与特色旅游小城镇旅游功能开发协同的第四条路径。从西南民族地区深厚的文化底蕴的角度来看，西南民族地区有着独特的少数民族民俗文化[464]，少数民族人数数量多，且分布广，种类丰富，民族文化丰富，如古滇文化、大理文化，分支较多的彝族多样化服饰，纳西族东巴文化等，这些异彩纷呈的少数民族文化刺激了旅游需求的兴起和旺盛。文化内涵的建设集中体现在旅游特色小城镇所开展的旅游活动中，通过规划设计相关的文化旅游项目增加旅游者对西南民族地区文化内涵的感知，同时将民族文化所具有的原始性和现代性进行结合，在不断的实践中进行文化内涵的提升和完善。受文化辐射影响的高速公路服务站亦有自己的西南民族特色文化主题，主要体现在建筑景观的建设[465]，加快建设西南民族地区的文化内涵有利于进一步满足旅游者对民俗文化的精神追求，增加新的旅游消费点的同时能够进一步刺激旅游消费。

完善西南民族地区的文明状况建设是实现西南民族地区高速公路服务区与特色旅游小城镇旅游功能开发协同的第五条路径。从西南民族地区良好的文明状况的角度来看，西南民族地区特色旅游小城镇打造健康的城镇旅游形象，始终保持良好的文明状况为旅游吸引力增添了重要的一笔，旅游的自然回头率增强。改善西南民族地区的文明状况关键在于对当地居民，尤其是对旅游从业人员的素质进行提升，包括专业素质和教育素质，政府和旅游企业要积极地发挥自身的引导作用，对广大居民进行思想上的教育以达到认识上的升级，从居民本身和根本上提高文明意识，让他们对自身的行为有所约束。受西南民族地区市民文明意识和出行意识的感染，外来游客自觉提高自身素质。对于西南民族特色旅游小城镇而言，这种文明反哺行为一方面促进了城镇城市面貌的改善，另一方面也有利于促进居民文化素质的提高，从而在整个西南民族地区形成良好的精神氛围。

提高西南民族地区员工素质是实现西南民族地区高速公路服务区与特色旅游小城镇旅游功能开发协同的第六条路径。从西南民族地区员工素质高的角度来看，高素质的员工团队意味着高素质的旅游精英较多，人才是发展旅游和高速公路的最为持久和根本的力量，专业的旅游管理人才培养和聚集组合成高素质的管理团队。高素质的人才培养有利于整合资源力量和集中优势资源，从另一方面为高速公路服务站能够提供高标准的旅游服务创造了条件，增加了游客的好评和满意度，为西南民族特色旅游小城镇的口碑建设和人才队伍建设提供了动力。

总的来说，西南特色旅游小城镇的特殊性、民族性、自然生态环境的承载力水平都是西南民族地区所共有的旅游吸引力要素[466]，只有在根本上让自身的竞争优势凸显才能有机会拓宽融资渠道获得持续性的充足的资金注入，渠道的广泛增大也为旅游经济的发展提供了客观可能性，有了资金的注入西南民族地区的特色旅游小城镇和高速公路建设才能实现更好的协同发展和共同进步。旅游目的地吸引力的增加会在很大程度上刺激旅游消费需求，加上全力打造西南民族地区健康的城镇形象，游客的回头率会大幅度地提升，西南民族地区的旅游基础设施和交通设施更趋于完善和建设，于是旅游客流量空前增多，人们对生存质量的高水准的需求会让相关的旅游活动更加的频繁，旅游经济本身强大的带动作用和拉动能力能够创造出更多社会效益，能够引起西南民族地区大方政府的重视和关注，从而获得政策和法规上的支持，培养新一批的旅游高端人才，打造精英团队。西南民族地区高速公路建设包括根据旅游市场的需要进行高速公路服务站的相关针对性项目的开发，加上对高速公路服务区的相关基础设施建设使西南民族地区的高速公路服务站的交通公路设施体系更为的完善，旅游交通基础良好，这是在硬件设施上对高速公路服务区的建设进行了修补和针对性的添加[467]。在软件设施配套方面，西南民族地区固有的民族特色文化为高速公路服务区建设提供了深厚的文化基础和文明话题，加之良好的文明状况使西南民族地区出现文明反哺，游客们规范自身的意识提升以提高自身的道德素质和公共素养，对于西南民族地区的高速公路服务站的服务质量要求较高，这就从外部给西南民族地区高速公路服务区的水平和团队质量的提高提出了新的要求。另外，西南民族地区高速公路服务区的旅游功能布局越来越科学和完善，这就避免不了对西南民族地区良好的自然生态环境纳入考虑范围，采用绿色生态的管理模式来对高速公路的旅游资源组合进行管理和分类[468]，对于旅游配套设施的要求也会越来越高以更好地满足旅游需要，同时随着游客自身的素质越来越高，其有着对更高的精神需求和文化哺育，只有对西南民族地区高速公路服务区建设的文化功能建设进行提高才能实现游客更高的满意度。

第 8 章

西南民族地区高速公路与特色旅游小城镇协同的实践规划：以云南翁丁古寨为例

8.1 规划背景

2017 年 2 月 28 日，由交通运输部、国家旅游局等联合印发的《关于促进交通运输和旅游融合发展的若干意见》中将“旅游 + 交通”放在了突出位置，对加快形成交通运输业和旅游融合发展的新格局提出了若干意见。在建立健全交通运输和旅游融合发展的运行机制中，以慢旅游和快进度为特征的旅游交通设施网络成为新时期的建设目标，同时将旅游景观、旅游标志等相关旅游基础设施建设与交通基础设施建设进行了统一规划和设计，在实现区域交通畅通的同时充分体现景区的人文特色和自然特色。除此以外，“十三五”旅游规划时期也是我国旅游业从旧常态到新常态的转变时期，旅游新常态的特征之一就是旅游市场的个性化、差异化和多样化消费需求逐渐成为主流，客观市场的特征对于将传统的笼统地追求旅游项目数量的增加转变为提高旅游服务项目的质量提出了相应的要求，同时旅游经济的增长方式也应该由规模速度型粗放增长转变为质量效率性型集约增长。要求因地制宜地进行高速公路景观打造和高速功能服务区的景区建设模式创新，积极发展精品公路旅游线路和打造精品旅游公路产品，加强高速公路沿线生态资源保护和旅游特色小镇、特色村寨、绿道系统的规划建设，推广旅游精品自驾游线路，挖掘交通文化旅游产品，将少数民族文化和交通运输进行有机地结合，积极推进少数民族经济发展，维护和促进民族团结，实现民族共同繁荣。

在2017年1月，国家发展改革委已正式印发《西部大开发“十三五”规划》(以下简称《规划》)，对“十三五”时期西部大开发进行了全面部署，其中有多项内容涉及铁路、高速公路、机场、航运、港口、新兴产业、新能源、生物医药等多个行业建设。《规划》列出百座特色小城镇建设，在西南民族地区，包括广西、云南和贵州均有小镇入选。广西9个城镇入围，其中旅游休闲型城镇有阳朔县兴坪镇；健康疗养型城镇有巴马甲篆镇、富川福利镇；商贸物流型城镇有防城港市防城区那良镇；科技教育型城镇有武鸣区城厢镇；文化民俗型城镇有龙胜龙脊镇；特色制造型城镇有柳州市柳东区雒容镇；能矿资源型城镇有平果县马头镇；边境口岸型城镇有凭祥市友谊镇。《规划》对入围的9个城镇给出了明确的发展定位，只要在产业布局及规划理念方面加大创新力度，其发展潜力不可估量。云南有7个城镇入选，包括旅游休闲型城镇剑川县沙溪镇、健康疗养型城镇板桥镇、边境口岸型城镇河口县河口镇、科技教育型城镇昆明市呈贡区、文化民俗型城镇丙中洛镇、特色制造型城镇大屯镇、能矿资源型城镇雄壁镇。贵州省有7个城镇入选，包括旅游休闲型城镇荔波县甲良镇，健康疗养型城镇石阡县中坝镇，商贸物流型城镇龙里县醒狮镇、榕江县忠诚镇，科技教育型城镇仁怀市茅台镇，特色制造型城镇安顺市西秀区七眼桥镇，能矿资源型城镇盘县柏果镇。在西部地区，积极稳妥推进扩权强县改革试点，优化城镇布局，深入推进统筹城乡改革发展成为发展重点，通过培育和发展西南民族地区特色旅游小城镇，积极发挥其资源优势，同时依托相邻重点城市、重要边境口岸和对外贸易通道口等，实现人口的有序集聚，提高特色旅游小城镇的经济发展活力和综合实力，增加居民受益。

翁丁古寨位于西南民族地区云南省临沧市沧源佤族自治县勐角乡，隶属全国仅有的两个佤族自治县之一的沧源县，翁丁古寨是佤山群落中最为独特的地方，被国家地理杂志誉为“中国最后一个原始部落”，被列为云南省第一批非物质文化遗产保护单位和历史文化名村。翁丁在佤族语中是云雾缭绕的地方之意，在这个毗邻中缅边界的小城里，佤族人民在这里生活了4000多年，并且形成了其独有的佤族文化。翁丁古寨是云南省保存较为完整的佤族原始群居部落，拥有近400多年的历史，有人评价翁丁古寨是佤族历史文化的自然博物馆，寨中的牛头、寨桩、民居等都是博物馆的内容，这里的群众依然保持着传统的放牧、耕地、狩猎等原始生产生活方式。古寨中的每一处都是历史，在这片蓝天、白云、高山、溪流之间诉说着佤族人民的过去和现在，让人体悟到真正的远古和自然。从沧源县官方网站查阅的资料显示，大约15年前开始了翁丁文化的“发迹”。由于当地学者的传播，翁丁古寨的名气逐渐扩大，到访者也逐年增多，1998年的时候，游客量仅有300人次；2000年时游客量上升到1 200人次，2005年成功举办了“摸你黑”狂欢节等旅游，翁丁寨旅游又迎来了新的高潮，2007年翁丁正式将旅游产业作为一项重要的支柱性产业来进行对待，2008年，翁丁佤寨接待游客达2万人次，被旅游局评定为“AAA”级风景区。沧源县政府公布的经济数据中显示，这个总人口不足20万人、佤族人口占80%、以农业作为主导产业的边陲小城，2012年全县完成国民生产总值24亿元。当地政府表示将在未来一段时间内要逐步、快速增加对第三产业的开发力度，尤其是要将旅游业的发展放在全县经济发展的重要位置上，逐步引导旅游产业作为经济发展的支柱性产业。

翁丁古寨作为一个完全原始的古寨，其最大的缺点就是交通条件不便。翁丁古寨位于翁源县城向西33千米，沿途均是茂密的原始森林。沧源县城距临沧市府所在地200多千米，全程均为柏油路。自驾、公路客运班车均可到达。翁丁村隶属于沧源县勐角乡，距沧源县城约40千米，基本上是柏油路，轿车车程为一个半小时左右。自驾游从昆明到沧源翁丁村，全程约670千米，耗时约11小时31分，其中公路状况欠佳，四周连接出去的都是传统的石板路，现代化交通设施和交通工具严重匮乏，加之公路建设管理方面缺乏现代化交通管理方法和运营管理模式，翁丁古寨的对外连接性较差，特色旅游与高速公路并未实现协同。由于翁丁古寨地处云南边陲小镇，其特殊的地理环境使得高速公路修建面临着天然的困境和难度，加上当地经济基础较差，公路修建和基础设施维护所需要的资金和信息缺乏必要的渠道和广泛的来源。除此以外，基础设施的落后严重影响到翁丁古寨的教育水平和人才培养，当地教育水平普遍比较低下，且由于经济水平和物质的匮乏，对外来的旅游管理人才和工程人才构不成就业吸引力，这就造成了当地专业的旅游管理人才和工程设计师人才的严重短缺，人才的问题是一个地区经济发展所面临的根本问题。工程师的缺乏就使得翁丁古寨的高速公路建设不能得到科学的规划和设计，不能结合翁丁古寨的实际发展情况促进当地高速公路建设得到发展和进步；另外，专业旅游管理人才的匮乏就使得没有专业的人才和管理团队对翁丁古寨的实际旅游发展情况进行详细深入的探讨，不能对翁丁古寨丰富而独特的旅游资源进行很好的分类和效率的评估，也没有对目标市场进行实际调研和考察，不能对翁丁古寨的旅游市场发展潜力建立专业的评价指标体系进行评估，不能对整个翁丁古寨的市场发展方向进行判断和评估，缺乏对翁丁古寨旅游发展的专业判断以及进行特色旅游小城镇旅游规划的设计和评估，从而也不能带动翁丁古寨基础设施的建设，高速公路规划和实施也长期呈现滞后和拖延的状态。

8.2 总体思路和目标定位

8.2.1 指导思想

全面贯彻党的十八大和十八届三中、四中、五中全会精神，将创新、协调、绿色、开发、共享的发展理念融入到小城镇的规划建设中，通过培育特色鲜明、产业发展、绿色生态、美丽宜居的特色小城镇，探索小城镇建设健康发展之路，促进经济转型升级，推动新型城镇化和新农村建设。

以西南民族地区云南省翁丁古寨为依托，以交通和旅游协同发展为线索，以民俗旅游为载体，以产业协同为手段，总体突出翁丁古寨高速公路与特色旅游小城镇的协同发展路径，彰显翁丁古寨独特的佤族文化和遗世独立的旅游生态环境，创设农、工、商、文、旅多产融联动发展的小镇业态，深度挖掘翁丁古寨千年沉淀的佤族文化，增加居民受益，做精做细翁丁古寨高速公路与特色旅游小城镇的协同实现路径，将翁丁古寨打造成独具特色又具有发展潜力的特色旅游小城镇。

8.2.2 基本原则

坚持突出特色原则。从当地现有的资源以及经济发展的实情出发，通过对当地特色的挖掘来发展特色产业，传承传统文化，同时注重对当地生态环境的保护，完善小镇基础设施和公共服务设施建设，重点开发翁丁古寨传统浓厚的佤族文化，在进行建筑修复或重建的过程中注重保留原有的建筑格局、建筑风貌和交通走势，加强小镇与公路的互动连接，在公路的建设中展示翁丁古寨丰富的民俗文化，形成具有文化主题的特色公路。

坚持市场主导原则。在尊重市场规律的前提下，充分发挥市场主体作用，政府重在搭建平台，提供服务，通过政府主导、市场运作的联动效应，形成以产业发展为重点，依据产业发展规模和特色来确定翁丁古寨与高速公路的接入路径。

坚持智创改革原则。以全域旅游、智创小镇为目标，加大体制机制改革力度，创新发展理念，创新发展模式，创新规划建设管理，创新社会服务管理。推动传统产业改造升级，培育壮大新兴产业，打造创新创业平台，发展新经济。

坚持把保障和改善民生作为根本出发点和落脚点。始终坚持民生为先、民生为重、民生为本的执政理念，探索建立保障民生的长效机制，千方百计扩大就业，解决民生问题，加快发展各项社会事业，健全覆盖城乡的社会保障体系，推进基本公共服务均等化，提高城乡社会管理水平，让人民群众共享发展成果，促进社会全面进步和谐发展。

坚持把生态文明建设作为重要着力点。深入贯彻节约资源和保护环境基本国策，增强能源危机意识和资源节约意识[469]，树立绿色、低碳发展理念，使得人口、环境和经济的发展保持一致性和协调性。在翁丁古寨的规划中采用一定的环境管制手段，转变技术进步的发展方向，推动绿色技术的发展和应用[470]，将生态文明建设纳入经济发展的范围之内。

8.2.3 发展目标

维护民族团结，实现民族共同繁荣。我国民族地区和非民族地区经济社会发展不平衡是我国一项基本的国情，促进少数民族地区经济的发展有利于促进少数民族地区社会、环境、生态、教育等多方面的发展，提高西南民族地区的居民受益水平，强化民族地区内部以及民族地区与外部的经济文化交流，维护和促进民族团结，实现共同进步和共同繁荣。

优化产业布局，促进民族地区经济发展。通过对高速公路与旅游小城镇协同实现路径的研究弥补相关理论空白，同时为进一步提高西南民族地区高速公路与特色旅游小城镇的接入性提供理论指导，为建设特色旅游小城镇提供规划和设计方法，促进高速公路建设的优化布局，推动翁丁古寨经济社会可持续快速健康发展。

社会建设明显加强，民生保障更加健全。加强社会的基础服务设施建设和公共服务体系建设，重点加强民生支出和教育支出，提升人民在科学文化、健康素质和思想道德方面的素质，通过完善社会主义民主政治体制来保护人民的合法权益。

生态建设取得显著成效，人居环境更加优越。生态环境得到有效保护，资源能源得以节约、集约利用，力争到 2020 年人均绿化面积、环境污染等重要环境指标均位居云南省前列，城镇生活垃圾无害化处理率为100%，城镇污水集中处理率为85%以上；农村生活垃圾无害化处理率为80%以上，农村污水集中处理率为70%以上，生态环境得到明显改善。

8.2.4 技术路线

本书对翁丁古寨高速公路与特色旅游小城镇的协同路径规划的技术路线见图8.1，详细地介绍了如何将本书的实现路径与翁丁古寨的现实相结合起来，最终实现翁丁高速公路与特色旅游小城镇的协同发展。

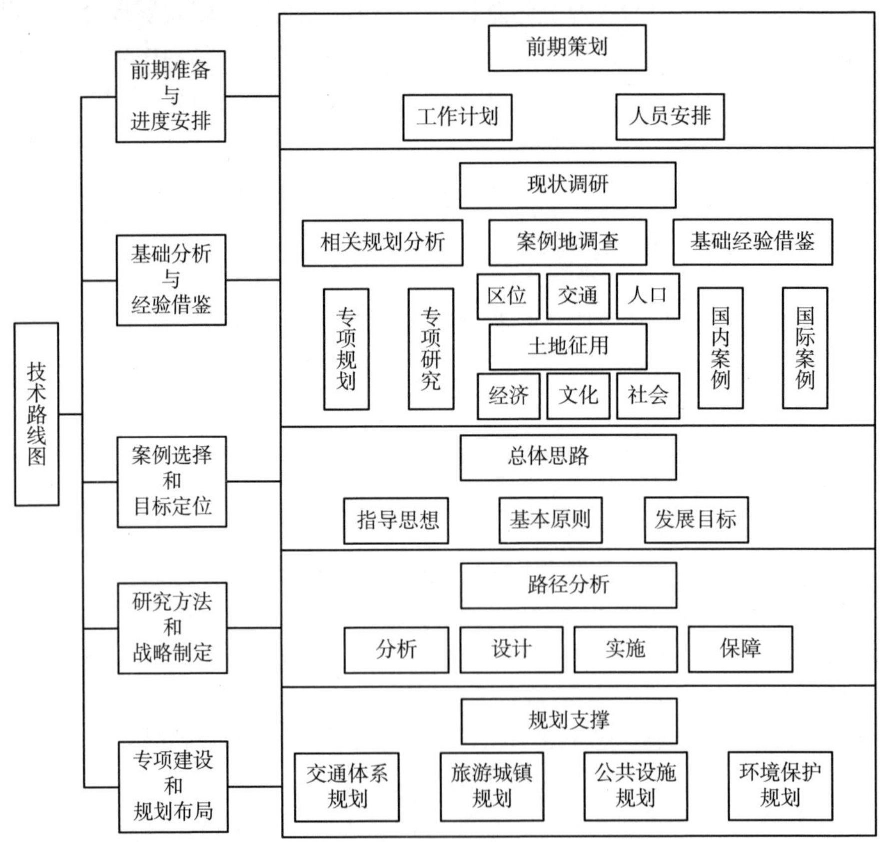

图8.1 翁丁古寨高速公路与特色旅游小城镇协同规划的技术路线

8.3　翁丁古寨高速公路与特色旅游小城镇协同的分析

8.3.1　翁丁古寨高速公路与特色旅游小城镇协同的维度分析

翁丁古寨高速公路建设构成维度的合理科学划分，一方面要反映翁丁古寨高速公路的内涵和特征；另一方面要突出翁丁古寨的民族特殊性和独特性，结合前文对西南民族地区高速公路维度划分的相关内容，结合翁丁古寨自身的特殊性和民族性，研究认为翁丁古寨高速公路划分具有以下几个依据：第一，翁丁古寨高速公路的根本建设是对其功能的建设，首先是对高速公路极大的通行能力的建设，高速公路功能的大小从侧面反映出翁丁古寨的社会经济发展状况。其次，交通量也是影响高速公路投资回报率的敏感性因素。第二，高速公路的设计建设包括对路网的设计、高速公路安全设计（照明设计、道路标识等）、道路设计等要素部分。其中，路网设计是总规划，安全设计是客观要求，道路设计实施纲要，在整个翁丁古寨高速公路的设计当中，路网设计占有基础位置，只有从整体上对翁丁古寨的公路网进行规模布局，翁丁古寨相关的旅游活动才能逐次展开，旅游空间格局才能逐渐拉大并最终形成。第三，翁丁古寨高速建设中高速公路服务的建设包括高速公路硬件服务设施的修建的完善、服务的管理体制的创新、服务理念的发展这三个方面。随着高速公路产业经济的发展，与之配套的服务区的功能被开发出来，人们开始转变对高速公路服务区的功能、性质、地位的观念，意识到以往对服务区在功能定位及扩展等方面的缺陷将会阻碍高速公路服务区的发展。

通过对翁丁古寨高速公路建设构成维度的划分依据的阐述，从翁丁古寨高速公路建设的功能建设、设计建设和服务建设出发，认为可以将翁丁古寨高速公路建设划分为以下几个维度。

第一个维度是翁丁古寨高速公路的功能建设——交通量。翁丁古寨高速公路交通流的流量增大对翁丁古寨的旅游经济具有巨大的拉动作用，使得旅游流在客流、物质流、资金流、信息流和文化流的广度和深度上不断地扩大和深化，交通流的方向也在发生变化，旅游节点上的通行量不断增大，促进翁丁古寨的旅游流网络不断趋于完善。同时，交通量的扩大提高了旅游流的空间性、扩展性和通达性，最终形成的完整的旅游流系统反过来对高速公路交通量具有积极的拉动作用。高速公路交通量的大小反映了社会经济发展对高速公路的经济需求，一般来说，影响交通量的众多因素可以划分为社会经济类、交通设施类和公共政策类三大要素。

第二个维度是翁丁古寨高速公路的设计建设——公路网布局。翁丁古寨高速公路建设的重要一环是高速公路网的设计建设，只有符合翁丁古寨实际的高速公路设计，才能保证提高路网整体效率、提高经济运行质量和效率。翁丁古寨的公路网布局对整个翁丁古寨的经济空间结构和运输效率的影响是广泛而深刻的。合理的高速公路网能为翁丁古寨经济社会更好发展提供基础条件，同时也为促进城乡区域经济的协调发展，提高应急保障能力，构建综合交通运输体系和实现公路可持续发展具有重要意义。

第三个维度是翁丁古寨高速公路的服务建设——高速公路服务区。翁丁古寨高速建设中高速公路服务区建设凭借其点多面广的优势，突破了作为高速公路辅助设施的这一基本功能，并且成为最具有商机的契合点，翁丁古寨高速公路服务区利用其优势资源来拓展业务功能，突破原有的作为高速公路附属设施这一定位，逐步向多元化方向发展。由于高速公路工作逐渐开始对服务管理的重视，服务区的规模、设施、功能、服务质量等各方面均得到了很大的提升。翁丁古寨服务区的基本功能建设是服务区的基础性建设。服务区的设置提升了高速公路通行能力，间接地扩大了高速公路容量，为车辆通行提供了缓冲作用。高速公路服务区作为高速公路的附属设施，其功能设置要能满足旅客在旅途中的基本需求。其设施的功能可分为基本功能和扩展功能，其中基本功能包括 24 小时停车、超市、加油、餐饮、休闲娱乐住宿、维修等。随着翁丁古寨高速公路的进一步建设和开发，高速功能服务区在自身定位中除了自身的基本功能建设以外，也积极地适应交通和旅游逐渐融合的趋势而发展其延伸功能。一方面高速公路服务区更具有商业经济性质；另一方面也兼顾更多的社会效益，成为高速公路收入的主要来源之一。延伸功能更能满足行驶车辆和驾驶人员多样化的需求，主要包括休息、加水服务、洗浴、医疗以及在遭遇突发事故和自然灾害时的特殊服务。

翁丁古寨特色旅游小城镇的构成维度的合理科学划分，一方面要反映翁丁古寨特色旅游小城镇的内涵界定和特征；另一方面要突出翁丁古寨的民族特殊性和独特性，结合前文对西南民族地区特色旅游小城镇维度划分的相关内容，结合翁丁古寨自身的特殊性和民族性，研究认为翁丁古寨特色旅游小城镇划分具有以下几个依据：第一，慢旅游。慢旅游是指旅游者通过放慢旅行节奏、长时间停留而前往有限目的地进行的休闲旅游方式，通过这种方式来满足身心愉悦、回归本性的目的[189]。这种旅游方式为旅游主体把生活和旅游的关系进行重新的反思和思考提供了一个价值切入角，对翁丁古寨特色旅游小城镇的发展和繁荣提供了一个新的路径。第二，居民受益。区域旅游业发展的经济效应，大体上包括直接关联效应和间接关联效应，其关联主体包括参与经济的企业、政府和个人[190]。其中翁丁古寨特色旅游小城镇居民能够共享区域旅游经济所带来的好处是翁丁古寨特色旅游小城镇发展旅游经济的最终目的和主要目标，即居民的受益情况。翁丁古寨特色旅游小城镇的特征决定了城镇旅游发展必然需要社区群众的参与，当地群众经过社群参与的方式参与到特色旅游小城镇的建设和规划发展以获得从旅游业中回报的机会，随着参与的程度越来越深，其与旅游经济的发展联系也越来越紧密，居民受益情况也越发的显著。第三，旅游功能开发。旅游资源是判别旅游吸引力大小的重要影响因素，旅游开发的过程中最重要的就是促进翁丁古寨旅游资源的深度开发，对于翁丁古寨而言，旅游资源的开发则主要集中在特殊的自然地理环境和独特的民俗文化。只有从根本上对翁丁古寨的旅游吸引力提高和再次开发，旅游景区才会有持续的吸引力和创新途径。旅游功能的开发一方面指对现有旅游资源进行深层次的开发，对翁丁古寨旅游资源进行高度整合，延伸游客体验空间；另一方面则是运用创新思维开发符合市场需要的翁丁古寨尚没有出现的旅游产品，开发具有代表性的精品旅游路线，从“食、住、行、游、购、娱”的旅游六要素出发进行旅游功能的开发。

通过对翁丁古寨特色旅游小城镇建设构成维度的划分依据的阐述，从翁丁古寨特色旅游小城镇的旅游发展模式、发展目的和发展手段出发，认为可以将翁丁古寨特色旅游小城镇建设划分为以下几个维度。

第一，深度旅游形式——慢旅游。翁丁古寨的旅游业发展具有较长的历史，其独特的自然地理环境和多样化的少数民族风情给翁丁古寨观赏型旅游的发展奠定了很好的基础条件。在全国旅游对于快旅游所带来的高效与便利感到疲怠的同时，翁丁古寨开始了对旅游理念和旅游形式的思考和探索，慢旅游这种深度的旅游形式满足了人们回归原始、顺应生态、低碳旅游的休闲自然旅游追求。慢旅游的旅游方式也是一种尊重传统、体现文化、保护生态环境、注重精神享受、综合创造效益的旅游模式，是翁丁古寨旅游空间结构完善和发展旅游经济的必然趋势。

第二，旅游目的——居民受益。旅游经济的一个重大的特征就是其具有巨大的带动作用，为旅游地创造的综合效益受到各方的认可和重视。任何一种经济发展最终是为了使得居民共享经济社会发展的成果，增加就业，提高收入和生活水平。翁丁古寨特色旅游小城镇旅游业的发展带动了现代化交通运输体系的完善，区域内交通的便捷性和通达性增加，公路景观设计被提上日程，公路资源与旅游资源的逐渐完美融合使得旅游高速公路的运营收益日益上涨，社会效益显著，居民受益增加。

第三，旅游资源——旅游功能开发。翁丁古寨的特色旅游小城镇想要获得长足持续的发展，就需要不断地为旅游经济的发展注入新的活力和血液，一方面开发旅游资源对其旅游吸引力的再塑造；另一方面进行相关旅游辅助机制的功能的加强，为旅游综合能力的提高创造条件，从自身内部出发进行旅游资源的整合和重组，只有从根本上对旅游功能进行开发和再创造，翁丁古寨特色旅游小城镇的旅游竞争力和资源集聚力才能得到提高。

8.3.2 翁丁古寨高速公路与特色旅游小城镇协同的分析框架

构建翁丁古寨高速公路与特色旅游小城镇作用机制的分析框架，可以将翁丁古寨高速公路的功能建设、设计建设和服务建设与特色旅游小城镇的旅游形式、开发目的和功能开发维度相结合。本章研究的是翁丁古寨高速公路与特色旅游小城镇协同的实现路径，在综合考虑西南民族地区城镇规划学、旅游学以及民族学等相关经典成熟理论的基础之上，从正向推导机制上采用协同理论的相关思想。本章按照“翁丁古寨高速公路可接入性扩大——翁丁古寨旅游流的管理和完善——翁丁古寨资源与旅游资源的高度整合——翁丁古寨的可持续发展”的协同理论的观点和方法。结合翁丁古寨高速公路的三个构成维度的具体作用和特色旅游小城镇的三个重要构成维度的评价标准，可以构建出翁丁古寨高速公路与特色旅游小城镇协同机制的分析框架（见图8.2）。

从图8.2中可以看到，翁丁古寨高速公路与特色旅游小城镇协同的作用机制框架主要是由高速公路的三个重要维度构成，包括高速公路的交通量、高速公路的公路网布局以及高速公路服务区，分别研究这三个重要维度对翁丁古寨的可接入性、旅游流和旅游高速公路的融合所产生的影响，再结合对影响翁丁古寨高速公路与特色旅游小城镇协同作用机制的内外部影响因素，研究翁丁古寨高速公路与特色旅游小城镇相结合的路径。翁丁古寨高速公路的交通量、公路网布局和高速公路服务站三个维度主要分别是从翁丁古寨高速公路的功能建设、设计建设和服务建设三个方面对翁丁古寨特色旅游小城镇的旅游发展的作用机制的影响进行说明。其中，翁丁古寨的特色旅游小城镇根据其旅游发展理念和形式、旅游发展的最终目的以及旅游功能开发三个主要方面分为慢旅游、居民受益以及旅游功能开发三个维度，分别与高速公路的交通量、公路网布局和高速公路服务区建设相互影响、相互协同促进。

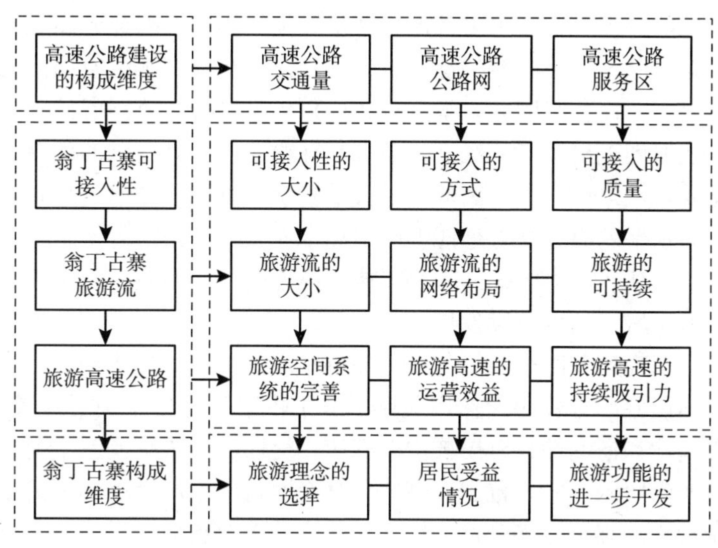

图 8.2　翁丁古寨高速公路与特色旅游小城镇协同关系的分析框架

从翁丁古寨高速公路与特色旅游小城镇协同的分析框架来看，翁丁古寨高速公路交通量、高速公路网布局和高速公路服务区分别与特色旅游小城镇的慢旅游、居民受益和旅游功能开发有着协同作用。首先，翁丁古寨高速公路的交通量、高速公路网布局和高速公路服务区三个维度分别决定了翁丁古寨可接入性的大小、方式以及接入质量三个方面。翁丁古寨通过提高高速公路交通量、合理地对高速公路网进行布局以及建设高速公路服务区来提高翁丁古寨的可进入性，包括扩大可进入的范围、完善可接入的方式和提高接入的质量。通过政策规划、资金统筹来提高高速公路的最大交通承载量，交通规划等因素影响翁丁古寨的高速公路网的公路布局以增多可进入的方式和路径，同时从高速公路的经营管理体系出发提高高速公路服务区的管理水平和创新管理模式，在接入质量方面有所提高。其次，翁丁古寨高速公路交通量、公路网布局以及高速公路服务区三个维度的建设对翁丁古寨特色旅游小城镇的旅游流有着明显的作用。翁丁古寨接入性的提高要适应高速公路的四个构成维度必须从翁丁古寨的内部影响因素着手考虑。高速公路交通量的提高对特色旅游小城镇的旅游流的增大有着明显的作用，从翁丁古寨的路网建设出发，公路网的布局影响着旅游流的网络布局结构，从外来游客的访问和旅游动机心理出发，高速公路服务区服务质量对旅游小城镇的旅游形象建设和游客偏好选择都有着非常显著的影响。再次，翁丁古寨高速公路建设的三个维度对翁丁古寨旅游高速公路的旅游空间系统的完善、旅游高速的运营效益以及旅游高速的持续旅游吸引力都产生举足轻重的作用。高速公路交通能力的增大能带动公路资源与公路沿线的泛旅游资源的快速整合，旅游空间结构进一步趋近完善。同时，高速公路网的科学合理布局包括了对沿线公路资源和公路景观的合理规划，能够创造出一定的经济效益来弥补对占用社会资源的消耗，提高旅游高速的运营受益。最后，服务区的建设关乎整个旅游业和高速公路融合的深度和呈现方式，高水平的服务和管理能够吸引和培养大批的旅游骨干人才，打造高素质的管理团队，从软实力的提高来获得旅游高速的持续的旅游吸引力，促进翁丁古寨特色旅游小城镇的可持续发展。

从翁丁古寨高速公路交通量与特色旅游小城镇慢旅游的协同关系来看，高速公路交通量与慢旅游有着协同作用关系。翁丁古寨高速公路交通量具有效率性、扩展性、空间性和通达性，以民族主题酒店、交通流和旅游流三个变量为中间桥梁对慢旅游产生协同效应。首先，高速公路交通量的绝对大小对于翁丁古寨的交通流的流量和流向都具有基础性作用，交通流的走向和大小对翁丁古寨特色旅游小城镇的旅游流网络的形成和发展有着重要的影响作用，包括物质流、资金流、信息流和文化流在空间上的变化流动方向和速度。其次，高速公路交通量与路幅的匹配程度决定着高速公路交通网络在空间上的通达性和流畅性，一方面对翁丁古寨的交通体系产生影响，交通量与路幅的匹配程度越高，其交通通达性和扩展性越高，交通体系越发完善；反之，交通量与路幅的匹配程度越低，高速公路在运营中所出现的交通堵塞状况会越加频繁，交通流的流畅程度受到一定的阻碍，而交通作为旅游流的重要影响因素，在很大程度上影响着翁丁古寨特色旅游小城镇慢旅游的旅游效果。最后，翁丁古寨的民族特色包括少数民族经济和少数民族文化，民族主题酒店既是旅游网络体系的重要一环，也是少数民族文化的重要依托，集中体现在民族主题酒店的文化性和民族性当中，在很大程度上影响着游客的旅游动机和出行范围，对翁丁古寨发展慢旅游经济的步伐具有加快或者延缓的作用。

从翁丁古寨高速公路网布局与特色旅游小城镇居民受益的协同关系来看，高速公路网布局与居民受益有着协同作用关系。高速公路网布局坚持以人为本、服务经济、社会进步和可持续的原则，通过旅游购物、旅游经济发展和景区可进入性三项中间变量来实现对居民受益的影响。首先，旅游购物作为拉动旅游经济增长的主要力量，引导旅游者进行旅游购物主要通过三个途径：一是增加旅游商品本身的吸引力，翁丁古寨具有自身的民族特色，包括在长期的历史发展中所形成的少数民族经济和少数民族文化，将民族特色融合到旅游商品中来提高旅游商品的文化内涵是增加旅游购物的有效途径之一；二是针对翁丁古寨的消费目标群体进行消费模式的转变，根据不同的客源市场进行消费模式的差异化对待，注重旅游收入在消费模式选择中的影响作用；三是商贸企业加强自身的管理和营销，企业自身水平的进步和管理模式对旅游购物有着最深刻的影响。其次，高速公路网布局的合理性和科学性影响翁丁古寨道路体系的完善程度和旅游节点的可达性的大小。一方面高速公路网布局决定着交通通达度的大小，通达度越高的特色旅游小城镇对游客的旅游吸引力越大，最终对景区的收入和游客评价产生影响；另一方面评价高速公路网布局的合理性不仅仅是从交通的通达度来进行，还要考虑到交通对生态环境的影响，路网布局和规划既要满足当前小镇居民对于发展旅游经济和增加旅游收入的需要，也要从长远的角度出发满足小镇未来的旅游规划和城镇持续发展的需要。最后，翁丁古寨是少数民族地区聚居地，高速公路网在布局中要充分考虑到少数民族经济的发展，增加少数民族居民与外界的联系和交流，将少数民族文化贯穿到翁丁古寨的高速公路布局当中，促进民族团结，实现不同民族的共同进步。

从翁丁古寨高速公路服务区与特色旅游小城镇旅游功能开发的协同关系来看，高速公路服务区与旅游功能开发有着协同作用关系。翁丁古寨高速公路与特色旅游小城镇实现协同的一项重要表现就是高速公路服务区逐渐打破原有单一的交通功能，随着旅游经济的深入，逐渐发展自身的商业功能、观光功能和休闲功能，同时通过对旅游吸引物系统、旅游功能布局和现代化交通体系的交互作用对特色旅游小城镇的旅游功能开发产生协同作用。首先，高速公路服务区的基本功能是建立现代化交通体系的基础性功能，包括为游客提供硬件设施、软件和组件，其中，现代化交通体系的管理方式和手段对高速公路服务区的商业功能的开发起着不可忽视的作用。其次，对翁丁古寨高速公路服务区的商业功能进行延伸时，重点在于挖掘高速公路服务区的观光功能和休闲功能，核心在于建立旅游吸引物系统，以突出核心旅游吸引物来获得旅游者的注意，设立旅游标识物，彰显翁丁古寨佤族特色，将服务区打造成集交通、休闲、观光功能为一体的旅游休闲区。最后，在翁丁古寨的旅游功能开发中，以完善旅游功能布局来促进翁丁古寨经济功能和社会功能的合理发展，注重核心旅游吸引物的中心作用，以发展服务区的商业功能来促进翁丁古寨经济基础的建设，同时在进行现代化交通体系的管理中注重人才的培养，将旅游和交通进行有机的结合，促进翁丁古寨少数民族经济的发展的同时注重社会效益，让高速公路服务区和特色旅游小城镇的协同作用关系呈现出可持续发展的状态，最终维护和促进翁丁古寨的民族团结。

从纵向来看，首先，高速公路的交通量、公路网、服务区的三个构成维度对翁丁古寨高速公路提高了可接入的可能性和必然性，高速公路交通量影响着翁丁古寨可接入性的大小，道路可通行的数量越大，其可接入性就越大；高速公路网布局的规划和整体路线安排对可接入方式产生重要的影响，公路网的布局包括对高速公路的进入口、出站口以及相关道路的联系的安排和规划，这就意味着翁丁古寨的可进入方式的多样化和选择的基数较大；在翁丁古寨可接入性得到扩大并且方式区域多样化的同时，高速公路服务区建设的质量高低与可接入性的质量是相互关联的，服务区的服务和质量提高了，相关服务设施的补充机制加强，人员的素质在逐渐上升中，高速公路与特色旅游小城镇的接入模式和接入过程的相关细节和服务在人员等相关软实力上得到很大空间的提升，可接入的质量便得到了提高。其次，翁丁古寨可接入性的提高大大影响着翁丁古寨的旅游流，接入性的提高、接入方式的多样化以及接入质量的提高分别影响着旅游流大小、旅游流的网络布局以及旅游流的可持续流动，接入性为外来人员和内部流动带来了基本的客流，在此基础上小镇的一切旅游活动才能发展和繁荣起来，旅游流网络作为一切旅游活动和一切旅游关系的总和，其与翁丁古寨的可接入性是分不开的。最后，旅游流快速平稳的流动使翁丁古寨的旅游经济得到进一步的发展，旅游资源与公路资源也趋向于相互整合，高速公路逐渐沾染上旅游的浓厚色彩，旅游的各个构成维度也与高速公路的各个部分相互融合并逐渐趋于产业的融合，原本的高速公路成为新时期下的旅游高速公路，其沿线旅游公路景观的设计和构成都体现着翁丁古寨的特殊性和民族性，最后对于当地的小城镇打造成为特色旅游小城镇有着巨大的推动作用。

从特色旅游小城镇的横向构维度来看，翁丁古寨因其独特的自然地理环境和沉淀千年的佤族文化造就了翁丁古寨旅游资源的独特性和民族性。快节奏的旅游方式让城市居民对旅游的感知越来越少，一味地追求旅游数目使得越来越多地城市居民厌倦现代的旅游方式从而更加热衷于对翁丁古寨民族文化和良好的生态自然环境的追求，这就让翁丁古寨的旅游理念逐渐由快节奏的旅游方式转为慢旅游的生活方式，由对旅游数目的追求转向对旅游理念的追求。在高速公路体系逐渐趋向完善和特色旅游小城镇的旅游经济逐渐发达的背景下，翁丁古寨的居民也越来越多地参与到城镇旅游经济的建设和发展中去，居民从城镇旅游和高速公路发展的协同机制中受益情况越来越明显。于是，高速公路建设越来越受到人们的关注，翁丁古寨的旅游可持续发展也被广大学者和政府部门所关注，如何在与翁丁古寨高速公路的接入中不断注入新的旅游发展力量和注入新鲜的血液以维持翁丁古寨旅游经济的健康、持续和协调发展成为了发展翁丁古寨不可避免的问题。在这种内外部环境的要求下，翁丁古寨就在新的时代下有了新的要求、评价标准严峻的挑战，于是对旅游资源的重新高速整合和旅游功能的开发成为了发展旅游经济的需要。

综上所述，翁丁古寨高速公路建设的交通量、公路网和服务区三个维度走“接入性的扩大——旅游流的持续——旅游高速公路的运营和完善——特色旅游小城镇的协同发展”的路线。交通量的激增提高了翁丁古寨的可接入性，增加了旅游流的大小，公路资源和旅游资源的高度整合有利于旅游空间系统的完善，引导人们开始对翁丁古寨旅游理念的思考和选择；合理科学地对翁丁古寨的高速公路网进行布局有利于增加翁丁古寨与外界的接入方式和选择，接入方式的多样化和重点路线的规划在形成旅游流网络布局中发挥着重要的作用，从旅游交通受益的层面来看，符合翁丁古寨旅游特色和交通体系的旅游高速公路的修建必然将提高旅游高速的运营收入，为当地居民增加了就业机会，完善了相关基础设施，带动了相关产业的兴起和发展，促进了居民共享当地旅游发展所带来的优惠好处；高速公路服务区作为现在交通运输体系的重要一环，服务质量的高度和人员素质的高度对高速公路可接入性的质量、旅游流的可持续流动和增长和保持旅游高速的持续吸引力都将有正向的带动作用，为了保持旅游高速的持续吸引力和特色旅游小城镇的旅游业的大发展，除了必要的高服务水平，必然从翁丁古寨特殊的地理环境和民俗文化出发，进一步开发旅游资源，促进旅游功能的增强。

8.3.3　翁丁古寨高速公路与特色旅游小城镇协同的现状分析

第一，翁丁古寨慢旅游与高速公路交通量的协同现状。根据西南民族地区高速公路与特色旅游小城镇的协同作用关系的分析框架、研究假设和作用机制的建立，结合翁丁古寨的高速公路状况与旅游业的发展现状，基于区域经济理论、循环经济理论以及旅游系统空间结构等相关理论和内容，构建出翁丁古寨的慢旅游与交通量的协同作用机制，为下一步进行翁丁古寨慢旅游与交通量的协同关系分析提供基础，详细见图 8.3。

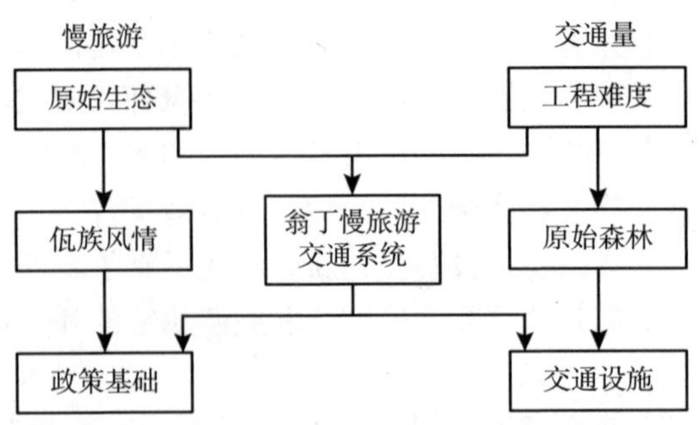

图 8.3　翁丁古寨慢旅游与交通量的协同作用机制

由翁丁古寨慢旅游与交通量的协同作用机制可以对翁丁古寨慢旅游与交通量的协同现状进行详细的分析，具体来说主要分别从慢旅游和高速公路交通量两个方面着手。在翁丁古寨的慢旅游建设方面，西南民族地区慢旅游的兴起和快速发展是建立在旅游主体的旅游期望的转变和旅游交通设施不断趋于完善的基础上，放在云南翁丁古寨这个边陲小镇中，综合实地考察和相关文献的借鉴与归纳，本书提出翁丁古寨的慢旅游的构成要素主要从三个方面出发：一是翁丁古寨具有最原始的生态环境，蓝天白云，生态状况极其良好，未受到现代工业社会的污染和现代信息社会的影响；二是翁丁古寨作为中国现存的保存最为完好的佤族原始部落，当地居民的生产生活方式都具有浓厚的佤族风情和色彩，成为慢旅游中最主要的民族文化风情；三是云南省地方政府对翁丁古寨发展慢旅游提供了强有力的政策支持，从旅游发展模式到当地居民思想意识的转变，翁丁的地方政府对翁丁发展旅游业起到了中流砥柱的作用。在慢旅游的旅游理念下，翁丁古寨开始进行旅游设施的建造和旅游路线的完善，综合人力和物力的改造，促进了翁丁的慢旅游系统的构建。

在翁丁古寨的高速公路交通量的建设方面，根据案例规划背景中对翁丁高速公路现状的详细分析，翁丁的现代化交通体系还远远未达到应有规模，高速公路交通流尚未形成完整的体系，伴随而来的是交通量的小规模和交通流向的混乱。结合翁丁古寨交通状况的建设和交通量现状，本书在实地考察的基础上提出三个主要的原因和要素：一是由于云南翁丁的山地地形和脆弱的地质状况使得修建高速公路的工程难度非常大，加之当地交通工程水平欠佳，不能因地制宜的在不破坏翁丁的原始性和整体性的前提下进行现代化公路的建设；二是翁丁古寨原始森林茂密，由于佤族人民对树的敬畏使得树木砍伐的行为在翁丁很少见，也使得这个古老的村落完全坐落在森林的怀抱中，盘根错节的老榕树枝繁叶茂；三是翁丁的现代交通设施的匮乏，通往翁丁的唯一路径是一条细碎的小石子儿路，村内盛行牛拉车，公路尚未完全通行，火车、高铁以及飞机等现代化交通工具在翁丁是不存在的，与此而来的是相应的交通服务设施的缺乏，这就使得整个翁丁的现代化交通设施体系还处在尚未成形的阶段，交通体系完善任重而道远。

综合来看，翁丁古镇慢旅游发展虽然有原生性的生态环境、浓厚的佤族风情以及翁丁地方政府的政策支持基础为保障，但是翁丁的交通量过小，主要原因在于翁丁的工程难度大、原始森林的天然屏障以及交通设施的匮乏等使得翁丁的现代化交通设施和体系建设尚处在起步阶段。在翁丁古寨的慢旅游与交通量的协同作用机制当中，翁丁的慢旅游系统的建立和完善是连接慢旅游与交通量的中间桥梁，翁丁古寨的旅游资源独特而具有原始性特征，这就为慢旅游交通系统的形成构成了基本的资源构成。另外，翁丁古寨虽然具有构成慢旅游交通系统的旅游资源基础，但是其高速公路建设还有所欠缺，高速公路路基和基础设施建设严重匮乏，很多地方的高速公路建设还在起步阶段，所以其高速公路交通量与慢旅游不能进行恰当的协同和相互作用，翁丁的慢旅游交通系统也不能得到构建和继续发展。直接造成了翁丁的慢旅游不能与交通量进行有效的协同，西南民族地区慢旅游与交通量的协同作用未能得到充分的发挥。

第二，翁丁古寨高速公路网布局与居民受益的协同现状。根据西南民族地区高速公路与特色旅游小城镇的协同作用关系的分析框架、研究假设和作用机制的建立，结合翁丁古寨的高速公路状况与旅游业的发展现状，通过对案例地的实地考察得出居民受益的动因与影响。同时在分析翁丁古寨高速公路网与居民受益协同机制的过程中旅游经济的发展成为了不可避免的考虑因素，通过分析高速公路网布局、旅游经济的发展以及居民受益情况三者之间的关系和相互影响机制模拟出翁丁古寨高速公路网布局与居民受益的协同机制，为下一步进行翁丁古寨高速公路网布局与居民受益的协同关系分析提供基础，详细见图 8.4。

基于翁丁古寨居民受益与高速公路网布局的协同作用机制可以对翁丁古寨居民受益与高速公路网布局的协同现状进行详细的分析，具体来说主要分别从居民受益和高速公路网布局两个方面着手。在翁丁古寨的居民受益方面，本书在综合研究的基础上对翁丁古寨居民受益的动因和主要输出进行了一定的归纳和说明，其中主要从内部和外部两个维度进行说明，内在的动力主要指当地居民对于提升生活水平和增加财产收入的需要，外在的动力则是指翁丁促进整个民族地区发展的需要。当局民受益增加时，一方面会提高从业者的经营性收入和建设性收入等财产性收入；另一方面放在整个翁丁的大环境下来看则会促进区域旅游经济的发展，进而带动农业、工业、服务业等其他产业的发展。居民受益的主要内容主要从经济效益、人才效益、社会效益、资源效益以及文化效益等五个部分出发。其中，最直观的经济效益即居民获得一定的旅游收入，可支配收入的增加带动当地生活水平的提高，有利于居民改善生活条件。居民受益对于每一个在翁丁生活的人来说不仅指经济能力的提高，还包括对个人文化素质和从业素质的提高，这是对居民受益软实力的提高，有利于培养高素质的旅游人才，打造专业的旅游管理团队。居民社会效益是衡量居民受益的另一项重要内容，主要指整个社会的文明状况有所改善，社会和谐性增加，人与人之间的交往更加的文明化。同时，随着居民受益的驱动，为了获得相应的经济效益和社会效益，当地居民会致力于积极的发展旅游行业，结合翁丁古寨的旅游发展模式，其旅游经济发展赖以生存的基础在于旅游资源的开发和整合，这就促进了翁丁自然资源和人文资源的开发。翁丁作为拥有千年佤族文化的传承者和代表者，其民族文化浓厚深重，民族风情多样化，传统节庆特色鲜明，这就形成了翁丁居民独有的文化传承，具有鲜明的文化印记，居民受益情况的改善有利于翁丁文化与外界的交融和发展，文化效益突出。

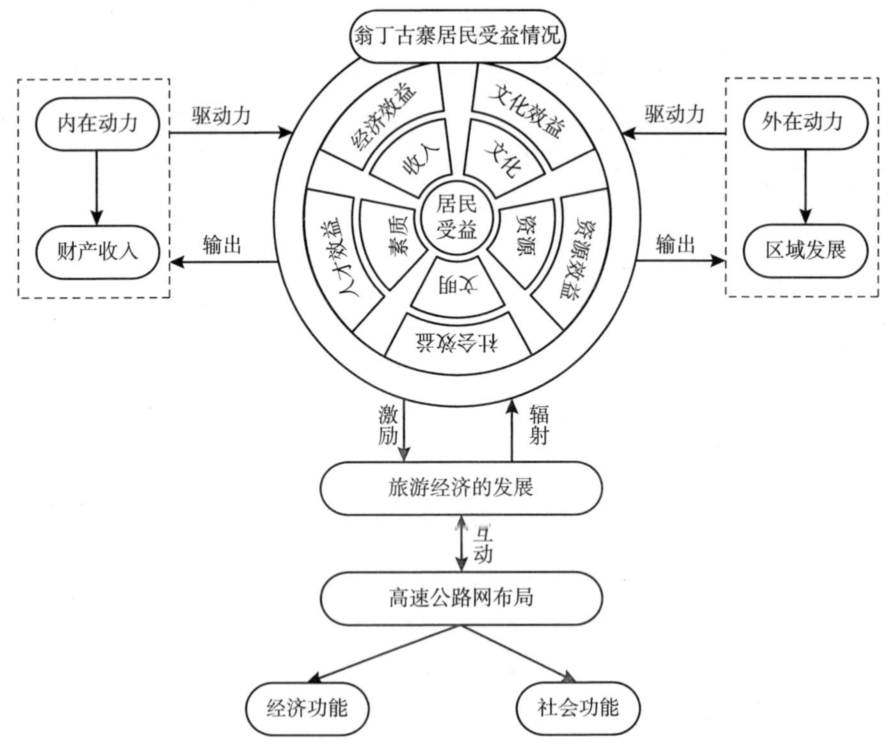

图 8.4　翁丁古寨居民受益与高速公路网布局的协同机制

在翁丁古寨的高速公路网布局规划方面，翁丁旅游经济的发展对于分析居民受益和高速公路布局具有重要的桥梁作用，一方面，居民受益的增加会大大促进当地居民改善生活状况和生产条件的愿望，激励作用相当突出，激励着人们以更为积极饱满的姿态去投入到发展旅游经济的大环境中，同时，旅游经济的发展对翁丁的旅游资源开发、经营收入、员工素质、社会状况改善以及文化传承都具有辐射作用。当旅游经济发展到一定阶段时，旅游交通作为旅游业主要组成要素之一，旅游目的地与外部市场的连接性和协同性成了发展旅游业应当考虑的首要问题，但是翁丁古寨的对外交通条件还极差，交通设施建设规模较小，导致旅游经济的发展不能和高速公路发展形成良性的沟通，更不能使高速公路网布局与沿线的旅游特色和旅游路线相互协同，进而也不能进一步发挥高速公路网布局的经济功能和社会功能，不能实现西南民族地区高速公路网布局与特色旅游小城镇的协同。

综上所述，本书根据翁丁古寨的实地考察结果和相关理论基础的有关内容对翁丁古寨居民受益与高速公路网布局的协同作用关系进行归纳和演绎，最终比较符合实际地构建出西南民族地区云南翁丁古寨与高速公路网布局的协同机制模型。翁丁古寨的居民受益情况的改善以内在和外在的动力为驱动力，其主要表现为当地居民财产性收入的增加和整个翁丁古寨的旅游经济和相关产业得到发展，翁丁古寨旅游经济发展的表现为居民受益的增加，居民受益增加可进一步促进旅游经济发展。居民受益的增多会形成强有力的激励机制，促进西南民族地区云南翁丁古寨旅游经济的持续增长，因为受益情况的改善会使得居民有更积极的动力和明确的目标追求投身于翁丁古寨的旅游城镇建设当中，促使居民在团结一致中迸发出强大的推动力。

第三，翁丁古寨高速公路服务区与旅游功能开发的协同现状。翁丁古寨高速公路服务区与旅游功能开发之间存在着密切的相关性，合理地、科学地进行高速公路服务区建设能够提升旅游交通可达性，区域的旅游交通可达性提高能够在很大程度上改善区域经济社会发展的不利的区位因素。一方面通过增加旅游景区的可进入性能够提升旅游目的地的旅游吸引力；另一方面旅游客源市场的扩大能够增加旅游经济收入，并不断优化旅游客源结构，有利于区域旅游经济的长远健康可持续发展。基于相关高速公路服务区和旅游功能开发分析的文献期刊，在综合交通规划和旅游规划、民族经济、少数民族城镇化等相关概念和内容基础上，探索并建立云南翁丁古寨高速公路服务区与旅游功能开发协同关系的作用机理图，为下一步进行翁丁古寨高速公路服务区与旅游功能开发的协同关系分析提供基础，详细见图 8. 5。

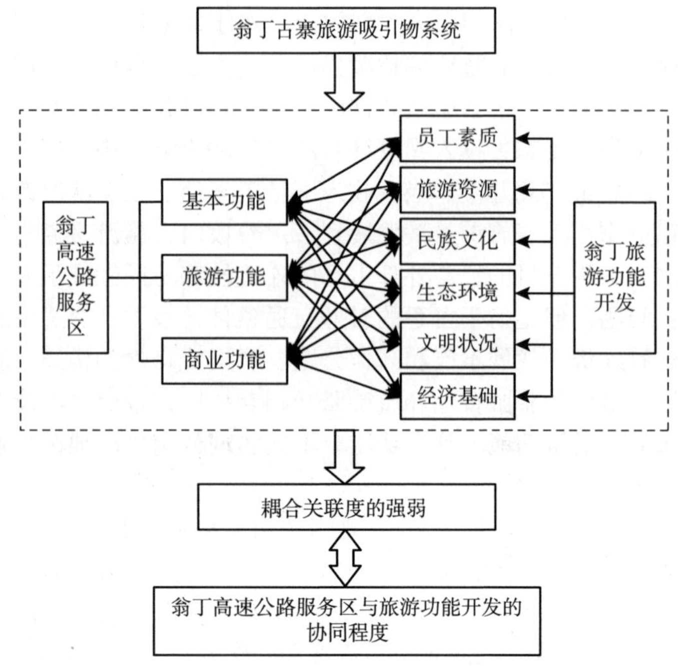

图 8.5　翁丁古寨高速公路服务区与旅游功能开发的协同机制

由翁丁古寨高速公路服务区与旅游功能开发的协同作用机制可以对翁丁古寨高速公路服务区与旅游功能开发的协同现状进行详细的分析，在翁丁古寨的整个旅游吸引物系统中，高速公路服务区与旅游功能开发相互作用、相互影响，对翁丁古寨的现状分析分别从高速公路服务区和旅游功能开发两个方面着手。在翁丁古寨的高速公路服务区建设方面，高速公路服务区的功能作用包括其基本的住宿、餐饮以及停车等基本功能、商业功能和旅游功能，高速公路服务区作为现代化交通设施的重要一环，其建筑设施以及经营状况都对景区的旅游经营状况产生重要的影响，是进行商业功能和旅游功能开发的基础功能。翁丁古寨的商业功能和旅游功能是伴随着现代化旅游交通体系的成长而逐渐发展起来的，对于翁丁古寨旅游资源的开发和民族文化的传播和扩散都将产生深远的影响。同时，高速公路服务区不同的旅游化程度对于翁丁古寨沿线地区的交通设施建设和经济发展水平都将呈现出不同的影响路径和范围，对于翁丁古寨这个佤族文化根深蒂固的原始城镇的文明状况好坏以及旅游从业人员的素质高低都有着不可估量的作用。只有当翁丁古寨的高速公路服务区与当地旅游功能开发的各自子系统相互影响并在相互渗透中不断实现协同度的上升时，高速公路服务区与旅游功能开发的耦合度才能达到一定的规模，两者的相互协同作用才能越发凸显。翁丁古寨位于云南沧源县，一个名副其实的边陲小镇，其道路交通状况极为欠佳，陡峭的地势和脆弱的地质状况使得高速公路建设的工程难度大，加之高速公路的修建所需要耗费的资金和物质资源缺乏一个强有力的资金来源和后期保障支撑，种种外部原因和内部因素就造成了翁丁古寨交通的极其落后。高速公路服务区尚处在基本满足服务区的基本功能的阶段，对于高速公路的商业功能和旅游功能的开发还有相当大的一段距离。

在翁丁古寨的旅游功能开发方面，翁丁古寨被国家地理杂志称为“最后一个原始部落”的村落，这是盛满一个民族历史的旅游小镇，有着上千年的佤族文化和原生态的生态环境，其旅游资源的原生性较强。但是，由于翁丁古寨自身经济基础的落后和现代科学技术的匮乏，对于原生态的旅游资源开发远远不够，具体表现在对翁丁古寨的旅游资源开发和展现得不够彻底，佤族的传统文化没有与外界进行良好的互动，生态环境还处在原始的状态，缺乏现代化生态保护设施，与此相关的是信息与外界的阻碍和不对称，使得翁丁古寨缺乏专业的旅游管理人才制定符合翁丁古寨旅游发展的旅游规划来进行现代化专业旅游评估和管理，旅游从业人员基本是当地的佤族居民，缺乏典型的能够带来旅游经济收入和刺激后续旅游发展的旅游产品体系，总体来说，旅游经济发展极为缓慢。于是在现代化旅游的背景下，如何传承和保护翁丁的佤族文化，如何对佤族文化进行开发和利用，将翁丁原生态的生产生活打造成旅游者体验佤族文化的民俗大餐，让保护和开发实现有机的统一，使得翁丁古寨具有支柱性的少数民族经济特色，呈现出持久的生命力。

综上所述，在翁丁古寨现有的高速公路服务区建设方面，翁丁特殊的地理位置使得高速公路建设的步伐还较为缓慢，加上工程难度、技术限制以及资金缺乏都造成翁丁在高速公路的建设方面还有很多的问题需要克服。同时，在翁丁古寨的旅游功能开发中，虽然翁丁具有最原始、最自然的文化和自然景观，典型的包括男耕女织的原始文明、神秘的图腾崇拜、原生态的佤族传承等景观。但是由于旅游资源的开发条件有所欠缺，旅游专业的管理人才极度匮乏，对当地的旅游资源不能形成系统科学的市场价值评价导致在旅游产品开发和市场定位中呈现中盲目性特征，旅游资源具有的商业价值远远没有被开发出来，旅游功能开发力度还需要不断的加大。在翁丁古寨实现现有的高速公路建设和旅游功能开发方面，无论是高速公路服务区的建设还是旅游功能的开发都还处于初步发展阶段，任重而道远，这就导致翁丁古寨现有的高速公路服务区和旅游功能开发不能实现较好的协同，两者的接入性较差。

8.3.4 翁丁古寨高速公路与特色旅游小城镇协同的影响因素

根据研究对西南民族地区高速公路与特色旅游小城镇协同的影响因素分析，翁丁古寨的高速公路与特色旅游小城镇的协同也从内部因素和外部因素两个方面来进行。内部要素主要包括政府领导人、内部发展战略以及民族特色、特色旅游资源、交通条件、酒店住宿和旅游购物相关旅游核心要素，通过对内外部因素的详细分析为下一步实现翁丁古寨高速公路与特色旅游小城镇的协同奠定基础。具体来说，影响翁丁古寨高速公路与特色旅游小城镇协同的影响因素包括以下几点。

第一，在翁丁古寨高速公路对特色旅游小城镇的众多影响因素中，政府领导人的位置摆在了突出的地位。我国的基本经济制度是以公有制为主体，多种所有制经济共同发展，在发展社会主义市场经济的同时，要注重“有形手”和“无形手”在社会主义市场经济发展中的作用，翁丁古寨对于高速公路的规划和特色旅游小城镇的发展制定长期和短期的发展计划和相关对策。从高速公路的交通量上来看，对高速公路交通量的预测的普遍四阶段法中一个非常重要的依据就是政府的发展规划的制定；从高速公路的公路网布局来看，高速公路网布局与旅游景点的可达性的一个关键因素就是政府交通部门对高速公路布局的政策影响，地方政府的项目规划意见作用与高速公路的交通网的通达性和可延展性，进而影响旅游的空间格局；从高速公路的服务区建设维度来看，政策上的支持是影响高速公路服务站修建的重要筹资途径和重要来源，除此以外，当翁丁古寨高速公路服务区建设初具规模有待于进一步发展的时候，当地政府的指令文件对其延伸范围和利润的控制也有着非常显著的影响。高速公路服务区在很大程度上能够对修建高速公路消耗社会资源有所弥补，是维持高速公路健康持续运营和进行高速公路管理的一个重要的节点，这个节点是由政府引导和管理，对政策的敏感性较强。

第二，翁丁古寨的内部发展战略是影响翁丁古寨高速公路与特色旅游小城镇协同的重要内部要素。翁丁古寨的高速公路建设是发展西南民族经济和进行城镇化建设的一个重要的组成部分，高速公路建设以及高速公路与特色旅游小城镇的接入性和协同必须在翁丁古寨的发展战略内进行。从这个层面上来说，翁丁古寨的高速公路对特色旅游小城镇的协同机制作用的演化过程是随着翁丁古寨的内部战略变化而变化的。不管是对于高速公路的交通量、公路网布局和服务区建设还是特色旅游小城镇的慢旅游的深度旅游理念和方式、居民受益情况以及旅游功能的开发，翁丁古寨内部区域战略的高度和方向都起着决定作用。在主动的翁丁古寨高速公路对特色旅游小城镇协同作用机制中，内部发展战略影响着高速公路与特色旅游小城镇构成维度的变化和选择，进而影响到高速公路与特色旅游小城镇的协同方式；在被动的翁丁古寨高速公路与特色旅游小城镇的协同作用机制中，内部发展战略也同样地影响着高速公路的维度选择和特色旅游小城镇的要素构成，进而也同样影响着翁丁古寨高速公路与特色旅游小城镇协同方式的变化和选择。因此，高速公路建设和特色旅游小城镇的发展都必须在翁丁古寨和西南民族地区内部发展战略的框架中进行，也只有符合内部发展战略，翁丁古寨的内部资源的合理分布和技术支持才能够跟上节奏和步伐，调动更多的资源来优化高速公路与特色旅游小城镇的接入性布局，实现高速公路与特色旅游小城镇的协同机制的演化。

第三，民族特色、特色旅游资源、交通条件、酒店住宿和旅游购物是翁丁古寨高速公路与特色旅游小城镇协同的内部核心影响要素。民族经济和文化是历史的积淀和积累，在千年的历史长河中逐渐孕育出翁丁古寨的灵魂。民族文化既是翁丁古寨的自然属性，也是发展旅游经济的重要基石。在翁丁古寨进行旅游产业的开发和建设一项重点工程就在于充分地将民族旅游特色和文化资源进行有效地开发、利用和进行保护，将翁丁古寨旅游产业经济的发展与民族文化的传承和保护运用科学的手段进行有效的协同，在借鉴国内外特色旅游小城镇民族特色发展模式的基础上，结合翁丁古寨的发展现状将其民族特色划分为在长期历史演进中所形成的少数民族文化和少数民族经济两个部分。翁丁古寨少数民族经济突出表现为经济结构的特色化和民族文化的系统化，并且随着翁丁古寨经济的发展和不同类型经济联系的加强，少数民族经济结构在不断的优化、升级中，推进翁丁古寨少数民族经济发展有利于推进区域间的横向和纵向的联系，在不断的联系中逐步构建开发式的经济合作体系。翁丁古寨少数民族文化是翁丁古寨人民在长期的生产生活中所形成的积淀，反映着当地人民的文化取向和民族特色。翁丁古寨的文化特色与当地的生态环境和社会发展息息相关，考虑到翁丁古寨的特殊性和独特性，其文化集中表现为兼具开放性和封闭性、原生性和创造性、多元性和单一性。随着民族融合和文化创新脚步的加快，少数民族地区的文化扶贫和主体构造成为文化建设的新内容，传统的文化特色与现代性相结合对于促进翁丁古寨的旅游城镇化进程具有重要的意义。特色旅游资源是翁丁古寨高速公路与特色旅游小城镇协同的内部核心影响要素。翁丁古寨特色旅游资源主要包括自然景观和人文景观两大类。自然景观主要指翁丁古寨别具一格的自然风光，古老而具有神秘色彩，翁丁古寨正是积极地以这种独具特色又地域鲜明为依托，在推进翁丁古寨的建设中拥有了强有力的基础。翁丁古寨特色旅游资源的另一个重要组成部分指独具魅力的民族风情，这也是拉动翁丁古寨旅游业发展的重要精神力量。翁丁古寨还保存着较为完好的佤族风情和佤族文化，从服饰到饮食，从语言到习俗，浓厚的佤族文化构成了翁丁古寨独特的人文资源，人文景观具有鲜明的地域特征，浓烈的佤族风情是促进翁丁古寨特色民族旅游发展的不竭动力。交通条件是翁丁古寨高速公路与特色旅游小城镇协同的内部核心影响要素。整体来看，交通的不便成为使翁丁古寨与外界民族相互隔离的主要因素，旅游业作为一项外向型经济，其强有力的关联作用和“造血”功能使得发展旅游产业成为拉动翁丁古寨经济发展和促进城镇化的支柱和中心产业，旅游交通作为构成旅游业的三大要素之一，其交通条件和设施的建设决定着翁丁古寨的对外连接性和内部区域的沟通，对旅游业的发展更是占据着举足轻重的地位。事实证明，在西南民族地区，交通通达度越高的地区，其旅游经济发展越快越好；旅游景区可进入性越强的地区，其旅游发展形成的规模体系更加的完善，旅游潜力得到更好的挖掘。对翁丁古寨交通进行有效的规划，需要在交通地理学、旅游地理学、区域交通规划以及旅游交通等多方面学科上进行综合考量，拓宽翁丁古寨交通运输融资渠道、建设智慧型交通运输体系、实施一体化规划以及优化交通运输体系等多方面的手段和措施来促进翁丁古寨交通运输与旅游经济的持续互动发展。酒店住宿也是影响翁丁古寨高速公路与特色旅游小城镇协同的内部核心要素。翁丁古寨慢旅游的方式逐渐兴起，传统的单一的观光旅游逐渐向休闲体验旅游发展，酒店作为旅游休闲系统的重要一环，其不仅满足传统的旅游主体的住宿需要，在形象表达方面要向外来旅游者展示翁丁古寨民族特色，文化内涵表达可以通过向游客提供民族特色文化体验。在翁丁古寨酒店的开发和管理中，文化是酒店体系的灵魂，而这种文化是建立在翁丁古寨地域文化和民族文化的基础之上的。既是对传统民族文化的展示，更是对翁丁古寨少数民族文化的提纯和凝练，酒店以一种游客熟悉和向往的形式展现给往来的旅游者，将富有历史文化积淀的文化转化为活态的文化展示，这也使得酒店有着“会说话的建筑”的评价。最后，旅游购物也是翁丁古寨高速公路与特色旅游小城镇协同不可忽视的内部核心影响要素。翁丁古寨旅游业发展一个重要的拉动力量就是进行旅游购物品的开发和市场销售，旅游购物品在某种程度上成为构成翁丁古寨特色旅游文化的一部分，经过长期的历史变迁和民族交往，旅游购物品已经融入了本民族独特的历史文化内涵，成为了少数民族文化的典型有形载体。旅游购物品的开发和营销一方面能够增加旅游收入，扩大旅游销售规模，提高居民的财产性收入和工资水平；另一方面能够有效地将旅游购物品的功能价值和文化价值扩展为旅游经济价值，成为旅游产品中可挖掘经济效益最大的构成要素。翁丁古寨的自然景观、民族风情、地域文化为旅游购物品的开发和设计提供了源源不断的设计灵感和销售卖点，一般来说，旅游购物商品的种类繁多，按其用途的不同可以划分为旅游纪念品、旅游用品和旅游消耗品三大类。

外部要素则主要包括国家和地区政策、技术与管理水平、行业发展状况、核心利益相关者的关系等方面。其中，地区政策、技术管理水平、行业发展状况和技术发展水平都与西南民族地区整体发展有着密切的关系，具体来说，包括以下内容。

第一，国家和西南民族地区的政策是影响西南民族地区高速公路建设与特色旅游小城镇系统关系的一个重要的外部要素。国家和西南民族地区政策泛指国家和区域对于西南民族地区高速公路与特色旅游小城镇的协同作用机制中所涉及的所有法规、政策和指导方针。来自外部的国家和西南民族地区政策方针对高速公路的建设对西南特色旅游小城镇协同机制的演化具有指导性的作用和意义，受国家和地区政策法规支持的高速公路对特色旅游小城镇的接入方式在实施的过程中必然会得到政策的鼓励和支持，减轻阻力。深化发展接入模式；相反，从哲学的角度来看，不在国家和西南民族地区政策法规所允许的范围内的接入协同模式必然很快成为旧事物，缺乏远大前途和政治目光，不符合事物的发展规律必然在一定时间后会面临消亡。从高速公路的构成维度和特色旅游小城镇构成维度的角度出发，交通量、公路网布局、高速公路服务区和慢旅游理念、居民受益、旅游功能开发的各个方面都必然要在法律和政策方针的范围内进行。

第二，西南民族地区的高速公路与特色旅游小城镇技术与管理水平也是一个不可忽视的重要内部要素。西南民族地区在考虑实现高速公路与特色旅游小城镇的接入时，技术与管理水平是必须要纳入考虑范围的因素。当西南民族地区的技术与管理水平发生变化时，高速公路与特色旅游小城镇的协同作用机制的演化过程就会受到相应的影响。从高速公路的交通量来看，西南民族地区高速公路建设的技术与管理水平同样决定高速公路对特色旅游小城镇的技术种类和管理高度的选择；从高速公路的公路网布局来看，西南民族地区的技术高低决定了西南民族地区高速功能公路网设计的科学性和合理性，管理水平则决定了公路建设的后期管理模式的选择和重点，进而影响着特色旅游小城镇的布局与整体规划以及后期管理水平和建设力度；最后从高速公路的服务区来看，西南民族地区的技术水平决定着高速公路服务站硬件设施的建设程度，现代化技术为高速公路服务区的建设提供了强有力的技术支持，而管理水平则决定了高速公路的服务区建设是否合理科学、是否具有营利功能以及是否具有可持续发展前景，西南民族地区的服务区应该把西南民族地区的客观实际要求和环境与国际高速公路服务区的管理模式和管理体制具有时代特色的相关要素相结合起来，打造具有西南民族地区特色的现代化高速公路服务站管理模式。在主动的西南民族地区对特色旅游小城镇协同作用演化过程当中，西南民族地区在技术与管理的支持下会产生主动的协同方式的演化，进而影响到西南民族地区高速公路对特色旅游小城镇的协同作用机制；而在被动的高速公路建设对特色旅游小城镇的协同作用机制的演化过程之中，中央政府的政策、产业发展状况、技术发展水平以及管理模式的选择等内外部因素的压力都是通过西南民族地区在协同高速公路与特色旅游小城镇的技术力量短缺以及管理水平低下的状态下被西南民族地区所感知的，进而影响到对特色旅游小城镇的协同接入方式的选择和转变。

第三，行业发展状况的好坏直接决定着翁丁古寨高速公路对特色旅游小城镇的协同作用的演化，对行业发展状况的准确认知能够帮助翁丁古寨高速公路与特色旅游小城镇的协同建设在激烈或相对平稳的市场中寻找自己的竞争优势和潜在市场。从管理学的角度来看，运用差异化策略来找对自己与竞争对手的差异化产品，并集中优势力量打造差异化品牌，开辟新的旅游市场和差异化路径，寻找自己与竞争对手们不一样且具有远大前途和旺盛生命力的市场空间，获得潜在的利润。因此，在翁丁古寨高速公路与特色旅游小城镇的协同接入机制中，高速公路的交通量、公路网布局、高速公路服务区以及特色旅游小城镇的慢旅游方式理念、居民受益、旅游功能开发等构成要素都必须参照当前行业发展状况和竞争优势状况。只有准确地对行业状况进行评估和把握，翁丁古寨高速公路对特色旅游小城镇的协同作用机制才能实现演化。

第四，技术发展状况也是影响翁丁古寨高速公路与特色旅游小城镇接入机制的重要外部要素。其中技术演进是技术发展状况的核心内容。对于翁丁古寨高速公路与特色旅游小城镇的协同接入机制而言，高速公路的交通量、公路网布局、高速公路服务区以及特色旅游小城镇的慢旅游方式理念、居民受益、旅游功能开发等构成要素都是在当前技术的框架内进行并且受到当前技术的支持或制约，其演化历程也受到技术发展状况的推进或延缓。

第五，核心利益相关者的关系和利益分配状况也是影响翁丁古寨高速公路与特色旅游小城镇接入机制的重要外部要素。翁丁古寨特色旅游小城镇规划设计的重点内容之一就是对小镇的利益相关者进行分析，结合翁丁古寨的经营发展现状和经营流程，本书将翁丁古寨的核心利益相关者分析划分为小城镇旅游开发经营中的核心利益相关者关系分析和小城镇旅游经营利益分配中的核心利益相关者分析。一方面，翁丁古寨的开发和经营是政府、企业和居民三者之间利益相关的结果，具体选择的合作方式则需要根据旅游小城镇的发展状况和经济条件的差异来进行选择，在不同的经营模式下，社区居民的“社区参与”的特点和程度存在着很大的差别。根据翁丁古寨的经营现状和特点可以看出，由于旅游后劲发展不足，翁丁古寨常常是实行政府主导的经营模式，小城镇的开发和经营管理的主导权都掌握在政府的手中。在政府的管理中更多地采取一种强制性的命令形式，居民更多的是服从，具有较少的参与性和表达自己的想法，在长期的经营管理中，居民因为没有充分地表达自身的期望而逐渐对政府管理产生不满情绪。居民与政府、旅游公司之间的矛盾阻碍了翁丁古寨旅游业的发展。另一方面，翁丁古寨的开发和经营是政府、企业、旅游开发商和居民三者之间利益相关的结果，在翁丁古寨的经营过程中，政府授权给旅游开发商进行旅游景区的开发和规划，旅游开发商往往为了攫取高额的利润和提高旅游公司的经济效益而缩减旅游开支，除了必要的景区管理费用以外，更多的是采取缩减对当地居民的补偿和租金，这就使得居民的收入减少，形成了心理上的不平衡，为了获得更多的财产性经营收入和提高生活水平，当地居民开始走“捷径”来赚取旅游外快，如充当私人导游，这就增加了小镇管理的混乱，增加了政府的管理负担。加上翁丁古寨的历史、地理等相关因素使得当地居民的小农意识比较强烈，古寨居民只注重当前的经济效应而缺少对今后旅游开发大局和开发质量的考量，尤其体现在文化意识的保护不够强烈。另一方面，对于旅游主体来说，小镇管理体系的混乱和当地居民的服务意识短缺使得旅游体验效果大打折扣，旅游者的旅游期望并未得到充分的满足，旅游者的不满因素就直接减少了翁丁古寨的经济收益，进而造成旅游开发商和旅游企业的经营效益低下，进一步加剧了居民的收入低下的状况，形成恶性的经营循环，不利于翁丁古寨的旅游经济的平衡持续和健康发展。

8.3.5 翁丁古寨高速公路与特色旅游小城镇协同具有可行性

对翁丁古寨特色旅游小城镇与高速公路建设协同规划所具有的可行性进行阐述，分别对翁丁古寨特色旅游小城镇与高速公路两个方面着手，在对两者分析的基础上对协同方式和开发进行分析。从翁丁古寨特色旅游小城镇的可行性分析出发，首先对翁丁古寨特色旅游小城镇的旅游资源开发所具有的可行性进行分析，其次是对翁丁古寨高速公路网络体系建设进行分析，在指出翁丁古寨高速公路在建设中所呈现出来的特点的基础上对翁丁古寨高速公路与区域旅游经济的紧密相关性进行分析，指出翁丁古寨的高速公路建设与旅游经济的发展具有协同一致性。翁丁古寨因其独特性和特殊性使其在建设和发展过程中具有相比其他运输工具不可比拟的优势特征，高速公路作为翁丁古寨旅游的主要旅游交通方式具有客观性，这是历史和现实的自然选择的结果。高速公路与旅游结合的大趋势使得高速公路不再仅仅是传统的单一的交通功能，其更具有了旅游功能和商业功能，这就促使了旅游公路的形成，旅游公路在新的旅游理念和趋势下具有全新的翁丁古寨独特的功能和作用。最后对于高速公路作为翁丁古寨旅游出行的主要的方式所具有的可行性进行了较为全面的分析。

第一，翁丁古寨旅游资源开发具有可行性。翁丁古寨的旅游资源主要分成三大块区域：一是中心区，中心区的旅游资源非常丰富，同时经济基础相对较好，旅游基础设施建设较为良好，这是翁丁古寨最主要的旅游通道，拥有较为丰富的自然景观、人文景观和现代都市景观，经济发达，人口众多，旅游市场较为稳定。二是特色区，特色区有着多样的自然景观，同时特色区还包括佤族村寨，其以独特的文化文脉为主要旅游资源，少数民族气息相当浓烈，但是特色区的经济开发条件和交通建设条件不如中心区，所以其虽然拥有独特的旅游资源，但在旅游开发和规划方面还有所欠缺。三是边缘区，由于翁丁古寨地处我国西南边境，位于边境的边陲小镇以及边境旅游景区便构成了翁丁古寨的边缘区地带，这些地方由于交通区位劣势的影响使原有的旅游资源不能对旅游客源市场形成信息流，其经济发展水平远远不如中心区，但是旅游资源的独特性和旅游吸引力独具一格。翁丁古寨旅游资源的分布状况就使得在整个翁丁古寨，在一些地区，旅游资源很丰富且极具独特性，价值本身经济条件和交通区位优势很明显，所以旅游业发展相当迅速，旅游客源市场也相对稳定。但是随着旅游规模的逐渐扩大，景区资源的可再生能力受到限制，翁丁古寨的民族原生性和独特性逐渐呈现出更多的商业化色彩，本身的旅游资源逐渐不再满足旅游市场的需求。而在另一些地区，旅游资源独特性十分突出，但是由于自身旅游经济基础相当薄弱，加之建设资金缺乏，旅游发展后劲不足，旅游目的地与外界的接入性有待进一步加强，出现供给过剩的状况。旅游资源与经济、市场的紧密相关性决定了旅游资源在开发的过程中不能仅遵循择优开发的原则，要根据旅游市场的空间分布特征和未来发展定位来确定旅游供给的空间布局和旅游开发战略[471]，这是旅游资源与其他类型的资源开发所呈现出的显著性特征。因此根据西南民族地区旅游资源在分布中所呈现出来的广泛性和不均匀性特征，以及西南民族地区交通在旅游资源和客源市场中所起的重要的连接作用，从客观上对交通可达性提出了全新的要求。同时西南民族地区特殊的地理环境和地址特征使得环境具有脆弱性和易破坏性，这就要求在进行旅游资源开发布局中要充分地考虑交通的灵活性和持续性特征。因此，纵观高速铁路、水运、空运等相关的运输方式，在灵活性和受限制性方面均没有公路运输的优势条件，加上与高速铁路和航空等相比，公路交通具有投资少，资金流动速度快的显著优势，综合来看公路的社会和经济效益更为显著。所以翁丁古寨的旅游资源分布决定了公路交通为其主要的旅游交通方式。

第二，翁丁古寨高速公路网络体系建设具有可行性。高速公路作为一种重要的交通载体，其自身具有运行速度快、通行能力大、安全性高、成本更低、投资回报率高等突出的优势特点，长时间以来以其方便快捷、通行自由、价格适中的综合优势成为许多旅游者选择的一种重要交通方式，相较于航空、水路、普通公路都具有自身不可比拟的优势。同时高速公路作为一种相对较主流的旅游交通方式，对于促进高速公路沿线的工业开发、改善工业布局、吸引大批工业企业沿高速公路两旁选址、修建厂房、发展工业基地具有积极的促进作用，对于加快旅游城镇化进程和形成工业带都具有重要的意义，一直以来都受到国家和广大人民群众的重视。旅游产业的发展强调对生态环境的保护，人们对于旅游出行的旅游期望已经不再单单满足于传统的只为出行提供快速便捷的交通条件，对沿途景观和布局业产生了新的市场需求。翁丁古寨具有原生态的自然环境，为人们旅游提供了得天独厚的自然环境和人文条件，为高速公路景观设计提供了天然素材和赖以发展的基础，独特的地质地貌特征影响着高速公路的隧道景观设计、高速公路服务区的景观设计以及高速公路收费站的景观设计。

第三，翁丁古寨旅游公路功能建设使高速公路与特色旅游小城镇的协同具有可行性。公路典型的特征包括其所具有的社会性、经济性、适用性等，主要从畅通直达、汇集疏散和灵活通达等方面集中体现其服务价值。随着公路的不断发展，社会经济总量不断加大，生态建设理念的进一步传播以及新的旅游市场需求在不断地增长，公路传统的内涵也在顺应时代发展中得到进一步的拓展和延伸，在原来的社会性、经济性和适用性基础上得到延伸和拓展，原本单一的交通运输功能逐渐被打破，更多的是与旅游观光、生态保护、道路景观文化展现等相关功能结合起来，增添了旅游、美学、艺术、文化以及生态等多重价值，形成了一种新型的公路类型——旅游公路。从旅游的视角来看，旅游公路在完成其传统的交通运输功能的同时已经成为旅游景区的一部分，其道路景观设计和文化定位是景区的重要组成部分，游客进入旅游景区的第一印象往往都是由旅游公路所决定的。公路交通网络是构成旅游基地开发和发展的基础条件之一，旅游目的地的开发和建设除了受到一般性的经济、地理、国家或地区发展战略的走向和政策影响以外，也受到旅游交通公路网络的影响，尤其是连接旅游景点的旅游公路的规划和建设，旅游目的地的发展受到公路交通的制约和影响。同时，旅游公路景观也是组成旅游资源和旅游吸引力系统不可缺少的一部分，旅游公路的网络布局、走向趋势以及规划重点都会对旅游产品的生产要素和产品流动产生深刻的影响。单个的旅游景点沿着旅游公路的走向进行布局，在新的视角和规划下呈现出全新的旅游产品形态，具有单个旅游节点不曾具备的功能和作用，在翁丁古寨区域内实现单个旅游景点无法实现的规模经济和集聚效益。

第四，翁丁古寨高速公路作为主要旅游出行方式具有可行性。云南省内地形复杂，河流纵横，南低北高，相差6 600米。翁丁古寨的主要地势地貌可以概括为：多山多岩溶，且地质构造复杂。真实的客观条件使翁丁古寨的交通建设难度系数直线上升，工程技术难度偏大，交通发展的限制性因素较大。对于铁路建设来说，由于地下多暗河和断裂带发育，火车的运行速度受到很大的影响；又由于翁丁古寨多山地气候，年降雨量偏多，使得航空飞行受到限制，加之整个区域内山地多平原少，机场的选址和修建有一定的难度，这就使得航空运输受到很大的限制。公路运输因其路程相对较短和造价经济的特点，可以实现“门达门”的直达运输，投入的资金量较少，投资回报风险较低，且资金的周转周期更短，灵活性更强，在翁丁古寨经济基础较差和地势地貌条件复杂的条件下，公路运输已经成为翁丁古寨主要的出行方式和运输选择。

第五，在慢旅游的趋势下，高速公路作为翁丁古寨特色旅游主要交通方式具有可行性。翁丁古寨的游客主要来自省内和省外两个区域，省外的旅游者中中等收入和高等收入者占据很大一部分，低收入者所占有的份额相对较少。在慢旅游的大趋势下，外来旅游者的旅游心理呈现出对深度旅游形式的追求和旅游期望的特点。游客不再是原来的单一地进行走马观花似的观光旅游，不再单一的对旅游速度和旅游数量进行追求，而是更多地要求放慢旅游节奏，以一种慢旅游的节奏去制定和规划旅游路线和旅游项目游览，同时不再是单一地追求旅游目的地的旅游游览效果，对旅游过程中的每一处风景都抱有观赏的旅游期望。这种普遍的游客心理对翁丁古寨的旅游交通便提出了相应的要求，旅游交通在满足基本的交通功能的基础上，对公路沿线的旅游景观都要进行相应的旅游布局以吸引旅游者的眼球，使得旅游过程不再是单一乏味的旅游交通过程，更多的是对沿途风景的一种享受。这种游客心理就决定了翁丁古寨要以高速公路交通作为主要的旅游方式和交通方式，因为从旅游者的类型组成来看，来翁丁古寨的旅游者大都是中等收入的群体，高速公路较高的经济效益和运行成本低的特点满足了这类游客类型的需要，节省了旅游花费。同时更重要的是最大限度的满足了旅游者心理需求，高速公路沿线景观的设计与旅游景观设计能够成为旅游吸引物系统的一部分，适合旅游者对慢旅游生活节奏追求的心理，在传统交通功能得到满足的基础上能够最大限度地实现旅游功能的满足。综上所述，根据翁丁古寨旅游者的类型和旅游心理，翁丁古寨旅游业的发展必须以高速公路交通为主要的运行方式，才能在整个旅游链和交通链上实现有效地协同和连接。高速公路作为一种现代化的道路交通基础设施，在缩短时间、节约花费、便捷舒适和安全四个方面占据绝对优势。由前面的可行性分析中得出由于翁丁古寨特殊的自然条件和社会民族性突出，其旅游资源的分布以及游客类型和心理都决定了高速公路交通作为云南主要旅游方式的必然性。同时应该指出的是，高速公路作为交通运输体系的重要组成部分，除了一般公路的特点以外，还具有特殊的功能和显著的优势特征，特别是在翁丁古寨这个有一定限制性的地区，高速公路作为交通方式的最优选择其优势尤其明显。首先高速公路作为优势性的交通运输方式，翁丁古寨的高速公路主线路和各支路形成了具有动态性和整体性的运输网络体系，大大缩短了翁丁古寨区域内部以及区域与外部的距离，缩短了旅游者对区域内各景区的感知距离，有力地刺激了旅游者的出行动机强度。其次，动态性和整体性的高速公路网络有利于从整体上对翁丁古寨的旅游资源进行整合，包括对已有的旅游产品进行创新升级和针对不断变化的旅游市场需求开发新的旅游产品，以创新旅游产品来引导旅游消费市场，引导区域旅游热点或中心的形成，提升翁丁古寨的景区竞争力。最后，高速公路网络的形成和建设将大大增强翁丁古寨区域内部的经济文化交流和与外部的信息共享，内部范围内或者内外经济合作和文化交流都会得到进一步地加强，有利于发展少数民族经济和少数民族文化，促进多民族交融和共同发展。通过高速公路作为纽带，形成大区域旅游系统，可以实现市场资源的导入和补足现有的不足。

综上所述，我们可以看出由于翁丁古寨处于复杂的山区环境中，且旅游资源空间分布在山区中的密度较大，以及来翁丁古寨游览的游客一般追求方便快捷、消费亲民的特点，这就使以高速公路作为主要交通运输方式的优势尤其明显，主要体现在高速公路可以缩短“感知距离”，加快区域内信息的传递以及优势互补，具有较大的优越性，在可达性方面的优先级能够带来可观的经济效益，决定了将高速公路作为翁丁古寨主要的旅游交通方式是可行并且必要的，契合了翁丁古寨特殊地理位置和民族文化特征。

8.4 翁丁古寨高速公路与特色旅游小城镇协同的设计

8.4.1 发展定位

图 8.6 为翁丁古寨高速公路与特色旅游小城镇协同的设计。对翁丁古寨高速公路与特色旅游小城镇进行发展定位是进行翁丁古寨高速公路与特色旅游小城镇协同设计的首要步骤。从发展定位的层次进行划分，翁丁古寨的发展定位可以分为总体定位、功能定位以及市场定位三个层次，在进行总体的定位上，结合翁丁

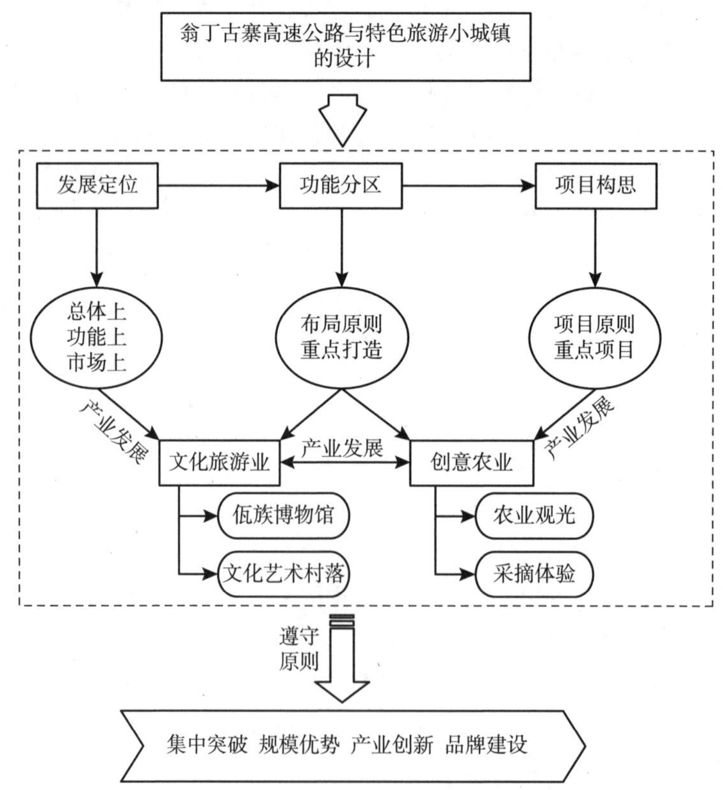

图 8.6 翁丁古寨高速公路与特色旅游小城镇协同的设计

古寨的旅游资源开发现状和经济技术客观条件，将翁丁古寨打造成为以发展文化旅游产业为核心的特色旅游小城镇。在进行功能定位上，将翁丁古寨具有深厚历史的佤族文化作为旅游开发的重点，集中体现翁丁古寨的文化性和民族性。在进行市场定位上，根据翁丁古寨的地理位置和文化特性，主要以西南民族地区、东部发达地区以及边境国家为主要的目标市场。通过从总体上、功能上以及市场上进行发展定位推动翁丁古寨文化旅游产业的发展，在具体的规划中可以通过建造佤族博物馆、文化艺术村落等方法促进翁丁古寨文化旅游业的发展。

翁丁古寨的发展定位对其功能分区和项目构思具有决定性作用，翁丁古寨的文化旅游小镇定位影响着翁丁古寨在进行功能分区时要坚持产业布局原则和规划重点文化产业。同时，在功能分区的基础规划上进一步对翁丁古寨的旅游项目进行构思和进行创新，坚持项目布局原则和规划重点项目，在进行产业发展的定位上一方面促进文化旅游产业的发展；另一方面促进翁丁古寨创意农业的发展，具体包括发展观光农业和体验农业。只有当发展定位与功能分区、项目构思保持战略上的一致性时，翁丁古寨的发展定位规划才能发挥其重要的战略领导作用，才能集中翁丁古寨的优势力量进行集中突破，打造文化旅游产业的规模优势，进行旅游产品的创新，加大旅游目的地营销和品牌建设力度，将翁丁古寨打造成具有特色民族文化的旅游目的地。

8.4.2 功能分区

对翁丁古寨进行高速公路与特色旅游小城镇协同进行功能分区需要遵守空间布局原则和旅游布局原则。在对翁丁古寨的自然资源和人文资源进行分析的基础上，结合高速公路与特色旅游小城镇协同的现状，同时参考当地土地的利用状况，充分综合考虑河流、交通、耕地和基本农田保护等要素的影响，按照土地的敏感程度和生态适应性，结合前文对西南民族地区土地征用情况的相关规划重点，研究将翁丁古寨的功能分区分为已建成区、适宜建设区、禁止建设区、限制建设区四大分区，针对不同分区的要求和特点提出应该遵循的布局原则。第一，对已建成区严格按照计划和已批准的方案进行规划实施，依据规划审批建设用地，防止多征少用、征而不用和任意改变土地使用性质的行为。第二，适宜建设区是整个规划区内除了禁止建设地区和限制建设地区以外的区域，是城镇发展优先选择的地区。适宜建设区是旅游规划布局中的中心区域和关键节点，该区在进行规划时应该根据翁丁古寨自身的资源和环境条件来确定开发模式、规模和强度，严格按照规划要求实施。第三，禁止开发区指翁丁古寨内的保护区，一般指具有特殊生态价值的自然保护区、水源保护区、基本农田保护区、具有鲜明地方特色的自然景观和人文景观区域、重要设施控制带（主要是高压走廊等市政交通通道以及铁路、公路等交通设施通道）、滨水防护绿地等均划入禁止建设地区。禁止建设区原则上禁止任何城乡建设行为，除直接用于生态防护林和必备的管理养护设施、取水设施、大型基础设施管线设施之外，不得建设任何形式的建筑物，现有任何与限制性要素无关的建筑必须限期拆除或搬迁。第四，限制建设区规划一般是为了保护资源环境、历史文物重点保护地或者敏感区。在旅游规划中，一般将一般农业用地、公园、文物古迹、坡度大于25%的山地以及工程地质条件较差的用地划入限制建设区。

对翁丁古寨进行旅游功能布局设计的重点在于打造具有经济拉动力的旅游核心区，以点带面实现旅游区的全面发展。翁丁古寨进行旅游规划布局设计要切实地考虑到所需要投入的资金量和后期的旅游发展效应，由于翁丁古寨现阶段的旅游经济基础较差，资金来源和渠道较为狭窄，不适合全面地进行旅游景区开发，而是应该在规划区内选取一片区位、基础设施、产业条件较好的区域作为启动区和核心区进行重点打造，带动整个旅游规划区的开发。根据翁丁古寨的交通结构、产业布局要求、发展现状和已有产业的发展情况，其空间规划结构呈现出“一心、一环、三区”的模式，具体来说：

“一心”即规划的核心区域，其范围以佤王府为中心，包括女神图腾桩、寨桩、神林等景点，以及其周边的相关佤族建筑。核心区是整个翁丁古寨的启动区域和中心区域，核心范围景区内的旅游资源、生态景观、基础配套设施等在整个规划区内都是相对较好的。

“一环”主要是指生态绿环，以规划区内绿道主线环路为载体，将主要的旅游景观、重要的农业生产、重要的手工业项目串联起来。规划将依托绿道系统，主要沿着核心区域内的旅游景点、村寨公路、村庄内部休闲道路、田园风景道路等自然和人工廊道建立环形绿道，绿道内可以设立供行人和自行车骑行者进入的景观游憩线路，连接景区内的主要节点。

“三区”主要是指翁丁古寨由南向北分为三大功能区，包括城镇化先行区、生态景观保留区和农业产业化片区。城镇化先行区包括佤王府、女神图腾桩、寨桩等景点，三个景点之间用绿化道相连接，交通便利，旅游资源的价值大，且基础设施相对完善，拥有一定的旅游基础，在城镇规划的同时将其打造成城镇化的先行示范区域，以第一产业为基础，大力发展第三产业，促进农民更多地转化为旅游从业人员。生态景观保留区主要指翁丁古寨的神林和古寨周边的生态环境保护，包括植被、水流、农田、山脉等自然景观要素的保护。农业产业化片区主要分布在翁丁古寨村内和村外的农田区域，到目前为止，农业作为翁丁古寨经济收入的支柱力量，农业区的规划主要分为两个部分。一部分主要以发展高科技农业产业为主，积极地将现代农业技术和现代生物技术应用到农业生产当中；另一部分则主要进行创意农业的开发，将翁丁古寨的佤族文化融入到农业景观当中，做到独特性、艺术性和民族性的融合，典型的手法打造创意农业景观，进行稻田艺术的开发。

8.4.3　项目构思

对翁丁古寨的高速公路与特色旅游小城镇协同进行项目构思的首要条件是要遵循高速公路与特色旅游小城镇协同开发的原则。一是延续与创新原则，规划要充分尊重和延续特色旅游小城镇的原则和要求，整合相关专项规划，对翁丁古寨的佤族风情进行突出。同时，在遵照已有的项目规划原则的基础上，针对翁丁古寨规划区特点以及产业发展规律，展开突破和创新，使得规划方案切实可行，利于推进项目建设与运营。二是生态与保护原则，在土地利用方面要坚持节约集约利用土地，走低耗高效充分利用有限的土地资源的道路，建设生态、高效、集约、低碳的新型的旅游景区，避免目前粗放的利用土地现象。积极规划和建立绿色交通体系，将公路与旅游融合在一起。同时在进行项目规划时在规划用地技术指标上充分体现交通和旅游的协同，注重节能、节水、节材等集约发展理念，建设无污染、低能耗、生态型园区。三是竞争与效率的原则，竞争和效率是旅游景区的生命，本规划区囊括了地区竞争、城际竞争、园际竞争以及企业竞争，体制机制的竞争，成本与效率的竞争。规划创造价值，要通过富有创意的规划策略和空间布局，创造有利于提升竞争力的规划框架，打造整体功能、整体效率、整体价值。同时要顺应时代发展潮流，从根本上提高翁丁古寨的竞争力和持续发展的能力。体现旅游产业经济发展的规律，培育核心竞争力，围绕少数民族文化和少数民族经济，集聚产学研要素，建立完整的产业生态系统，形成产业集聚效应。除此以外，充分利用规划区的各种优势条件和政策条件，规避经济波动所带来的风险，夯实规划区的经济基础。四是刚性与弹性的原则，翁丁古寨的发展面临着众多不确定的因素，经济发展形式下也会有不可预期的波动，招商引资本身也面对复杂的环境，因此，客观上又要求规划具有必要的适应性和弹性，否则就会影响规划自身的权威性和实用性。五是务实与理想的原则，任何对特色旅游小城镇或城区的规划都是一个长期的发展蓝图，目标设置一般会趋于理想化，但实施的过程却是十分复杂的，甚至面临着严重的困难。这就要求在对翁丁古寨进行布局时要兼顾理想蓝图与实施的可行性，并以此来作为规划的出发点。具体就要求依据宏观的经济形式和经济发展实力，坚持统一规划，分期实施，滚动发展，综合考虑规划区内以及周边的现实情况，重点突出近期规划建设需要，协调发展，互相促进，取得持续发展。六是和谐与统筹发原则，规划必须坚持以人为本，突出城乡统筹发展的原则，加快推进城镇化进程。在实现人与自然和谐的同时，重点推进城乡一体化进程，规划农民回建用地以及就业用地，适度超前安置农村居住人口。

在实现翁丁古寨高速公路与特色旅游小城镇协同的项目规划上，重点在于打造少数民族特色文化旅游产品。结合翁丁古寨的发展形状，尤其是具有的资源禀赋进行适宜性的创新，在项目产品的创新中紧密地和翁丁古寨的资源、人口和经济发展水平进行结合[472]。在中国这样一个现代化布局加快的国家，各民族都面向世界积极地发展自身，在现代化的浪潮中既要促进翁丁古寨的经济发展以提高居民的生产生活水平，又要在积极的发展中注重传统文化的保护，以边境文化、佤族风情、岭南文化、原始文化为依托，开发特色文化体验旅游产品，深入挖掘文化内涵，丰富文化展示与文化演绎方式，使游客旅游由被动观光向主动体验方式转变，由低层次文化旅游消费向高层次、高品位文化旅游消费方式发展。其中，开发以边境文化为中心的旅游体验项目，翁丁古寨与缅甸接壤，在翁丁古寨旅游有产品开发中积极地融入具有缅甸风情的旅游产品；开发以佤族风情为中心的旅游体验项目，重点在于增加游客的参与性和体验效果，让外来的游客能够积极地参与到佤族人们的生产生活当中去，体验传承千年的司冈里神话；开发以原始文化为中心的旅游体验项目，要求在进行旅游项目时开发与保护并重，体现翁丁古寨这个具有原始文化传承的活态民俗村落。

8.5 翁丁古寨高速公路与特色旅游小城镇协同的实施

8.5.1 翁丁古寨高速公路交通量与慢旅游协同的实施

在对西南民族地区高速公路和特色旅游小城镇的维度划分、研究假设、实证分析和案例验证的基础上，结合对翁丁古寨高速公路与特色旅游小城镇协同的现状和影响因素，从翁丁古寨高速公路交通量和特色旅游小城镇慢旅游两个维度出发，以交通流、旅游流、慢性旅游系统三个中介变量为路径节点，构建出翁丁古寨高速公路交通量与特色旅游小城镇慢旅游协同的路径图，见图8.7。

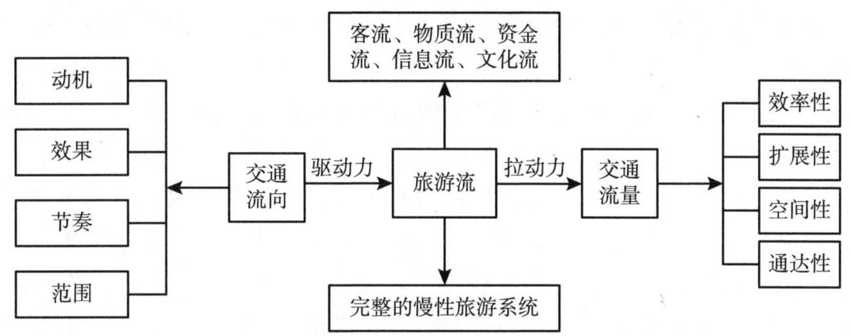

图8.7　翁丁古寨交通量与慢旅游协同路径

根据图8.7所构建的翁丁古寨高速公路交通量与特色旅游小城镇慢旅游协同的路径图，实现翁丁古寨高速公路交通量与特色旅游小城镇慢旅游协同可以从以下路径出发。

促进翁丁古寨慢旅游模式的发展是实现翁丁古寨高速公路交通量与特色旅游小城镇慢旅游协同的第一条路径。从慢旅游的组成结构和层次出发，促进慢旅游模式的发展可以具体从四个方面着手：一是旅游主体的旅行动机，刺激旅游者对翁丁古寨原有的自然生态环境的向往，对翁丁古寨独特的佤族风情的一种深入的了解欲望以及对特色旅游小城镇的自然生活状态的憧憬等，通过对旅游者的出游动机类型和强度进行引导规范以使旅游主体拥有一种悠闲的旅游心态，不急不躁，不以游览目的的多少来作为旅游的评价标准和基础。二是旅游效果，引导旅游者抛弃原有的一味地追求游览数量的心态，相对于浮于表面的旅游效果，构建慢旅游模式更多的是要追求一种精神上的满足和愉悦，以满足游客期望作为衡量的最终标准，具体来说要以对翁丁古寨当地文化风情和自然景观的领略程度来作为出行效果的评价审核标准。三是旅游节奏，在翁丁古寨构建和发展慢旅游模式要求游客主要实行减速而非加速旅游活动，把旅游的节奏和步调放慢放缓，同时放弃制订诸多的长远的利益目的地游览计划，根据自身的需要和期望随时对路程和速度进行调整，充分发挥游客所拥有的全权自主性和充分灵活性，当一个特色旅游小城镇的特色旅游资源吸引着旅游者时，旅游者会停下前行的脚步驻足在这个特色旅游小城镇，自由地安排旅游行程和实践活动。四是旅游的范围，构建和发展慢旅游模式的客观要求使得旅游出行的人数必然不会以团队出行的方式来表现，一般游客都会选择与自己的家人、朋友等人数较少的范围来开始一段慢旅游，小范围的出行人数有利于增加旅行活动的自主性和可调整性，统一意见避免不必要的冲突，同时与家人和朋友出行便于心灵上的沟通，在特定的空间地理环境中，出行者们能更好地进行情感上的交流，有利于慢旅游出行者取得更好的利用效果。

通过发展慢旅游模式对高速公路交通流的流向进行控制是实现翁丁古寨高速公路交通量与特色旅游小城镇慢旅游协同的第二条路径。从慢旅游的层次和组成结构出发，通过对翁丁古寨慢旅游模式的旅游动机、旅游效果、旅游节奏和旅游范围进行规范引导来改变翁丁古寨高速公路交通流的流向，以实现对翁丁古寨特色旅游小城镇的旅游流网络的形成和完善提供驱动力的目的。在旅游动机方面，增强慢旅游中旅游主体动机强度，通过宣传和建设提高众多城市居民对翁丁古寨少数民族文化和少数民族经济的期望程度，使得旅游主体的旅游偏好趋势呈现出显著的变化趋势；在旅游效果方面，通过提高旅游者对翁丁古寨自然环境和人文资源的体验程度进一步明确旅游者期望和对翁丁古寨的旅游出行意愿，将一定时间范围内旅游者的出行意愿进行分析以预测出该时间范围内的高速公路流向走势，最终实现对翁丁古寨旅游流网络构建和完善的有力引导。在旅游节奏方面，运用慢旅游模式充分的自主性和灵活性来开展减速的旅游活动，要求旅游者根据自身旅游需要进行交通路线的选择和更改，或者根据自身对某一旅游景点的旅游偏好程度来改变交通的具体方式，通过交通路线和交通方式的选择来实现对翁丁古寨旅游流流向的改变；在旅游范围上看，一方面出行人数的控制对旅游交通工具的类型选择具有决定作用；另一方面出行数目的亲疏关系和沟通程度则会对翁丁古寨旅游目的地的选择产生深刻的影响，两者的结合就使得翁丁古寨的交通流流向在很大程度上受到影响。

通过对高速公路交通流的流向控制以对旅游流的各个要素产生驱动作用是实现翁丁古寨高速公路交通量与特色旅游小城镇慢旅游协同的第三条路径。充分发挥慢旅游模式下交通流的流向对旅游流各个要素所具有的驱动作用，当慢旅游形式的旅游主体们根据自身的体验期望程度对旅游目的地和旅游交通方式进行自发性选择时，翁丁古寨特色旅游小城镇因其独特的旅游吸引力和召唤力吸引大多数慕名而来的游客，这就使得翁丁古寨交通流流向发生了改变，空间地理上交通方式的选择和交通流流向的改变会对翁丁古寨的旅游流的流量和流向产生强有力的影响。翁丁古寨的旅游流包括客流、物质流、资金流、信息流和文化流，客流是旅游主体旅游偏好选择的后果，资金流是翁丁古寨旅游融资和旅游建设发展的重要一环，物质流包括基本的物流运输和翁丁古寨的采购买办情况等要素，信息流是一切社会活动的重要组成因素，对翁丁古寨的旅游流的影响更是效果突出，旅游信息流的方向和流量大小直接关系着翁丁古寨旅游业对旅游市场的敏感程度和对内部旅游可变要素的控制力度，文化流是翁丁古寨传统的特色民族文化和外来文化交流碰撞的结果，一方面翁丁古寨具有悠久历史传承的民俗文化对外来游客进行文化渲染和熏陶；另一方面现代社会的文化和要素对相对封闭传统的西南民族文化进行了文化的碰撞，在新旧交融中产生出新的元素，经过时间的锤炼和社会选择，新生的文化元素在与翁丁古寨的传统部分或者全部相融合之后又转变成为本土文化元素的新生力量，具有原始性和现代性的统一。

通过对旅游流各个组成要素进行管理来增强对翁丁古寨高速公路交通量的拉动作用是实现翁丁古寨高速公路交通量与特色旅游小城镇慢旅游协同的第四条路径。翁丁古寨旅游流在横向和纵向上的趋势走向和强度对于翁丁古寨高速公路交通量的大小有着显著的联动效应，通过对翁丁古寨旅游流中的资金流、信息流、文化流、客流和物质流的控制和分析来提高翁丁古寨高速公路交通量的预测精度。同时应该认识到翁丁古寨的省份和城市在城市等级规模和旅游经济基础上存在着显著的差异，这种差异就使得高速公路交通量的流量大小和测算指标具有地域性特点。增强旅游流对翁丁古寨高速公路交通量的拉动作用要求紧紧地将旅游流的各个组成要素与当地城市发展情况进行动态的结合，重点考虑翁丁古寨省份的交通承载力在地区经济发展中所处的地位，将旅游流网络打造成内达外畅、结构均匀、集约生态的交通网络和经济网络，使得翁丁古寨高速公路交通量在通达性、扩展性、空间性和效率性上都有所提高。

通过对翁丁古寨旅游流要素的管理控制来促进完整的慢性旅游系统构建是实现翁丁古寨高速公路交通量与特色旅游小城镇慢旅游协同的第五条路径。翁丁古寨旅游流要素组成和管理对形成一个完整的慢性旅游系统具有驱动作用，一方面旅游业因其固有的强大的带动和辐射作用；另一方面慢性旅游系统的形成和不断完善也对整个翁丁古寨的旅游产业发展有着最根本的拉动作用，最典型的是对高速公路客流量的不断增大有明显的促进作用，高速公路交通量的增大是西南民族高速公路的通行能力和功能增强的最根本的表现，增强了翁丁古寨高速公路的通行效率性，引导了翁丁古寨扩展性的延伸，空间性更为突出，道路通达性提高。构建完整的慢旅游系统一个不可忽视的方面就是通过对旅游要素进行管理控制提供基本条件，包括构建慢旅游系统所需的基础设施、公共辅助服务、技术设备和资金信息资源等，同时增强翁丁古寨旅游流要素之间的社会经济关联度，包括人口、消费、文化、经济等方面，通过增加各要素之间的社会经济关联度来完善翁丁古寨慢性旅游系统的空间结构，同时注重壮大翁丁古寨的旅游网络规模以扩大慢旅游系统的覆盖面。

8.5.2 翁丁古寨高速公路网布局与居民受益协同的实施

在对翁丁古寨高速公路和特色旅游小城镇的维度划分、研究假设、实证分析和案例验证的基础上，结合对翁丁古寨高速公路与特色旅游小城镇协同的现状和影响因素，从翁丁古寨高速公路网布局和特色旅游小城镇居民受益两个维度出发，以景区可进入性、重点景观要素、旅游网络优化、社会效益四个中介变量为路径节点，构建出翁丁古寨高速公路网布局与特色旅游小城镇居民受益协同的路径图，见图 8.8。

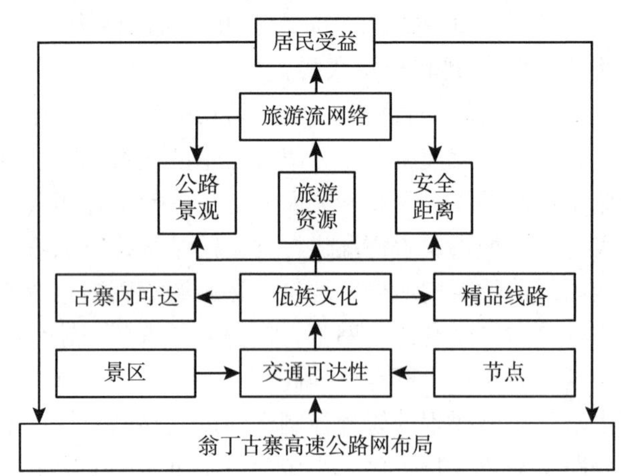

图 8.8　翁丁古寨高速公路网布局与居民受益协同路径

根据图 8.8 所构建的翁丁古寨高速公路网布局与特色旅游小城镇居民受益协同的路径图，实现翁丁古寨高速公路网布局与特色旅游小城镇居民受益协同可以从以下路径出发。

合理的高速公路网布局是实现翁丁古寨高速公路网布局与特色旅游小城镇居民受益协同的第一条路径。高速公路网的布局是翁丁古寨高速公路建设的重要构成维度，同时作为现代化交通运输体系的组成部分，合理的高速公路网布局对于增强旅游节点的可达性和进一步完善现代化交通体系都是重要的影响因素。对翁丁古寨的高速公路网进行合理的布局首先要做的就是将翁丁古寨特殊的地理环境考虑在内，充分利用本地区现有的特殊的地理环境优势，加快对高速公路网布局的规划和建设，提高翁丁古寨交通的通达性，通过完善交通条件缓解翁丁古寨资源分布的不均匀和经济结构发展不平衡的状态。其次强化城市交通体系建设的同时综合考虑不同城市所具有的不同的资源优势，重点考虑翁丁古寨特殊的少数民族经济和少数民族文化，将民族要素和经济要素融合在高速公路的网络布局当中，从重要的旅游景点出发，突出极具特色和吸引力的当地文化和自然景观，重点突出有利于翁丁古寨精品旅游路线的选取和建设，交通和旅游的结合使得翁丁古寨各个景区的可进入性增强，旅游景点的可游览性增大，进一步促进翁丁古寨旅游经济的发展。最后是改善翁丁古寨现有的交通基础设施，拉动基础设施建设投资，以基础设施的建设促进区域经济的发展，高速公路基础设施建设作为现代化交通体系建设的重要一环，其建设是旅游发展的重要基础条件，是连接翁丁古寨与外界以及增强翁丁古寨区域内联系的重要纽带，能增强其便捷性和通达性。

实现高速公路网布局和重点景观要素的协同是实现翁丁古寨高速公路网布局与特色旅游小城镇居民受益协同的第二条路径。随着旅游精品路线的开发和重要景区规划的建设不断完善，翁丁古寨的众多旅游资源得到进一步的深度开发，公路资源与公路沿线的泛旅游资源得到高度整合，也更加注重对高速公路沿线的公路景观的设计，其中要注意的就是公路景观的设计既要从高速公路的交通性来突出，也要在设计时对旅游资源进行合理布局。同时，考虑到翁丁古寨优良的自然环境和生态保护，高速公路网在进行布局时应该避免或者减少对原有生态环境的破坏，保持安全距离，从而促进翁丁古寨旅游流网络的不断优化，高速公路布局也从单一的交通布局变成旅游交通布局，公路网布局与旅游空间结构紧密联结在一起。旅游空间布局的改进有其固有的经济带动作用和辐射效应，对翁丁古寨的交通、工业、餐饮、就业情况、基础设施建设、生态环境以及居民收入都有着深刻的影响，从而促进了居民共享高速公路所带来的便利优惠及居民受益。

实现翁丁古寨旅游流网络的优化是实现翁丁古寨高速公路网布局与特色旅游小城镇居民受益协同的第三条路径。交通建设是旅游发展的基础条件，同时旅游收入的增加也推动着交通建设投资的扩大。旅游流网络的优化使得旅游节点的可达性增强，刺激了旅游的相关活动，在保留当地居民生活文脉的同时增加了人性化的活动空间，公路景观设计和生态环境的安全距离的保持也被提上了公路网设计的总体规划，对整个翁丁古寨良好的高速公路网布局起着积极的拉动作用。居民受益情况显著意味着当地居民在旅游经济的发展过程中所收获的各项利益更多，收入的增加和素质的提高使得居民回报社会和发展经济的愿望和能力都得到了提升，大众素质的普遍提高从侧面反映出了翁丁古寨的社会效益极其显著，社会效益的增加能促进旅游资源的高度整合，同时在发展旅游经济和进行自然旅游资源开发的同时更注重生态环境的保护和自然资源的维护。在翁丁古寨，高速公路与特色旅游小城镇的发展已经逐渐融合为一体并且相互依托促进彼此的发展，公路要素景观的完善和生态环境的保护在某种程度上对高速公路网布局和旅游节点可达性产生了非常深刻的影响，旅游区域内的便捷性和通达性从内部跟根本上增加了景区的可进入性，高速公路可进入路径的增多和范围的扩大又促使旅游交通部门对西南民族的高速公路网进行更为科学更为合理的布局以促进翁丁古寨高速公路网布局与居民受益更为协调发展，从很大程度上带动了翁丁古寨良好的高速公路网布局。

合理解决土地资源占有问题是实现翁丁古寨高速公路网布局与特色旅游小城镇居民受益协同的第四条路径。在翁丁古寨高速公路公路网布局与居民受益协同的实现路径当中，必须要注意的是土地资源是高速公路网布局必须考虑的一项因素，土地占用问题没有得到圆满的解决，那么高速公路布局与居民受益之间的协同就会在很大程度上受到影响。这就要求在进行高速公路网布局时要集约属地的资源优势，促进城镇的空间优化布局，旅游小城镇根据功能定位和生态承载能力明确区域的发展方向，优化旅游小城镇的产业布局，对于小城镇产业集中区加大交通设施建设和完善公路网的覆盖面，提升旅游小城镇的聚集效益和规模效益，提高交通建设土地的利用效率，使得当地居民在土地占用的问题上得到应有的补偿，真正做到旅游惠民。

8.5.3 翁丁古寨高速公路服务区与旅游功能开发协同的实施

在对翁丁古寨高速公路和特色旅游小城镇的维度划分、研究假设、实证分析和案例验证的基础上，结合对翁丁古寨高速公路与特色旅游小城镇协同的现状和影响因素，从翁丁古寨高速公路服务区和特色旅游小城镇旅游功能开发两个维度出发，以旅游资源、生态环境、经济基础、文化底蕴、文明状况和员工素质六个中介变量为路径节点，构建出翁丁古寨高速公路服务区与特色旅游小城镇旅游功能开发协同的路径图，见图 8.9。

翁丁古寨以少数民族经济和少数民族文化作为民族特色，独特的地理环境和少数民族民俗文化是翁丁古寨进行旅游功能开发和增强旅游吸引力两个强有力的旅游资源构成，根据国际旅游功能构成要素划分，结合翁丁古寨旅游特色旅游小城镇的现实分布情况，按照少数民族地区产业体系建设要求对翁丁古寨的旅游功能开发可以从旅游“新六要素”出发，根据图 8.9 所构建的翁丁古寨高速公路服务区与特色旅游小城镇旅游功能开发协同的路径图，实现翁丁古寨高速公路服务区与特色旅游小城镇旅游功能开发协同可以从包括独特的旅游资源、良好的生态环境、良好的经济基础、深厚的文化底蕴、文明状况良好和员工素质高六条建设路径出发。

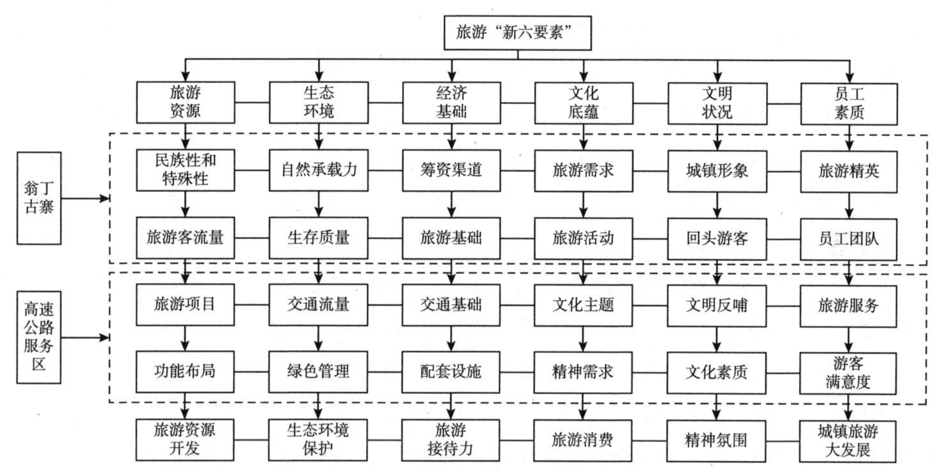

图 8.9　翁丁古寨高速公路服务区与旅游功能开发协同路径

促进翁丁古寨旅游资源开发是实现翁丁古寨高速公路服务区与特色旅游小城镇旅游功能开发协同的第一条路径。从翁丁古寨独特的旅游资源角度出发，翁丁古寨喀斯特地质地貌、横断山系发达、高原山谷河流地发育众多的自然地理环境和多民族文化具有典型的民族性和特殊性，这也是构成翁丁古寨旅游吸引物的重要组成部分，游客们慕名而来，旅游交通量逐年递长。与此同时，面对不同地域和旅游需求的各方游客，高速公路服务站根据市场需要进行有针对性的项目开发，根据游客来源分布和需求差异安排高速公路服务体系的针对项目，尽最大的努力来完善高速公路的功能布局以为游客提供更好的服务功能，从而进一步促进旅游资源的开发，构成资源开发和高速公路服务站建设的良性循环链条。

注重翁丁古寨生态环境的保护是实现翁丁古寨高速公路服务区与特色旅游小城镇旅游功能开发协同的第二条路径。从翁丁古寨良好的生态环境的角度出发，翁丁古寨植被众多，大小河流无数，加上地理位置偏西南一隅相对封闭，所以生态环境维护较好，自然所能承受的人为压力较大，环境容量也较大，自然自身的净化能力还未被削弱，翁丁古寨当地居民的生存质量较高，这也是翁丁古寨特色旅游小城镇的特色之一。相较于大都市逐年厚重雾霾、日益污染的水域环境以及脆弱的城市系统，翁丁古寨良好的生态环境和较大的自然承载力便成了极具吸吸引力的旅游节点之一，游客争相往来，翁丁古寨高速公路的交通流量增大，为了旅游和交通的可持续繁荣发展，高速公路服务站采用绿色交通管理模式，在发展特色旅游小城镇的旅游业时不以牺牲环境为代价，始终重视生态环境保护，促进可持续发展。

加快建设翁丁古寨的经济基础是实现翁丁古寨高速公路服务区与特色旅游小城镇旅游功能开发协同的第三条路径。从翁丁古寨良好的旅游经济基础的角度出发，翁丁古寨特色旅游小城镇的发展与区域的经济发展基础是密不可分的，翁丁古寨的经济基础是指在翁丁古寨中占统治地位的生产关系的总和。翁丁古寨的经济发展基础决定着整个区域社会的经济总量规模、结构关系以及政府调度资源并投入建设的经济可行性，总的来说，经济基础对于社会的经济增长能力和政府的经济能力具有基础性的决定作用。特色旅游小城镇以旅游业发展为主导依托，其发展与翁丁古寨的经济总量、结构规模以及政府的支持力度具有相当大的密切相关度。具体来说，翁丁古寨的经济基础可以分为企业经济基础、政府财政基础和旅游团的收入基础。一方面，政府支持已经成为许多地区旅游经济发展的中坚和支柱力量，更有相当一部分的旅游资源开发和旅游景区运营的资金来源和后期财政支持都源于当地政府；另一方面，翁丁古寨的发展离不开旅游企业的经济支撑，只有旅游企业实现了经济上的创收，其旅游基础设施才得以扩建和完善，旅游产品才得到不断的创新和发展，旅游管理模式得到不断修补和创新。旅游团的收入基础和民间人士的参与也是翁丁古寨经济基础的重要组成部分之一，这就造就了翁丁古寨发展旅游业拥有较宽的筹资渠道——政府的支持、企业的参与以及民间人士的积极参与，充裕的资金有利于翁丁古寨进一步修建和完善相关基础旅游设施，带动西南民族高速公路服务站的交通基础设施建设，使得高速公路服务站与旅游发展的配套设施更为协调，两者相得益彰，从基础上提高翁丁古寨旅游接待的能力。

建设翁丁古寨的文化内涵是实现翁丁古寨高速公路服务区与特色旅游小城镇旅游功能开发协同的第四条路径。从翁丁古寨深厚的文化底蕴的角度来看，翁丁古寨有着独特的少数民族民俗文化，少数民族人数数量多，且分布广，种类丰富，民族文化丰富，如古滇文化、大理文化，分支较多的彝族多样化服饰，纳西族东巴文化等，这些异彩纷呈的少数民族文化刺激了旅游需求的兴起和旺盛。文化内涵的建设集中体现在旅游特色小城镇所开展的旅游活动中，通过规划设计相关的文化旅游项目增加旅游者对翁丁古寨文化内涵的感知，同时将民族文化所具有的原始性和现代性进行结合，在不断的实践中进行文化内涵的提升和完善。受文化辐射影响的高速公路服务站亦有自己的西南民族特色文化主题，主要体现在建筑景观的建设，加快建设翁丁古寨的文化内涵有利于进一步满足旅游者对民俗文化的精神追求，增加新的旅游消费点的同时能够进一步刺激旅游消费。

完善翁丁古寨的文明状况建设是实现翁丁古寨高速公路服务区与特色旅游小城镇旅游功能开发协同的第五条路径。从翁丁古寨良好的文明状况的角度来看，翁丁古寨特色旅游小城镇打造健康的城镇旅游形象，始终保持良好的文明状况为旅游吸引力增添了重要的一笔，旅游的自然回头率增强。完善翁丁古寨的文明状况关键在于对当地居民，尤其是旅游从业人员的素质进行提升，包括专业素质和教育素质，政府和旅游企业要积极地发挥自身的引导作用，对广大居民进行思想上的教育以达到认识上的升级，从居民本身和根本上提高文明意识，让他们对自身的行为有所约束。受翁丁古寨居民文明意识和出行意识的感染，外来游客自觉提高自身素质。对于西南民族特色旅游小城镇而言，这种文明反哺行为一方面促进了城镇城市面貌的改善；另一方面也有利于促进居民文化素质的提高，从而在整个翁丁古寨形成良好的精神氛围。

提高翁丁古寨员工素质是实现翁丁古寨高速公路服务区与特色旅游小城镇旅游功能开发协同的第六条路径。从翁丁古寨员工素质的角度来看，高素质的员工团队意味着高素质的旅游精英较多，人才是发展旅游和高速公路的最为持久和根本的力量，专业的旅游管理人才培养和聚集组合成高素质的管理团队。高素质的人才培养有利于整合资源力量和集中优势资源，另外为高速公路服务站能够提供高标准的旅游服务创造了条件，增加了游客的好评和满意度，为西南民族特色旅游小城镇的口碑建设和人才队伍建设提供了动力。

总的来说，西南特色旅游小城镇的特殊性、民族性、自然生态环境的承载力水平都是翁丁古寨所共有的旅游吸引力要素，只有在根本上让自身的竞争优势凸显才能有机会拓宽融资渠道获得持续性的充足的资金注入，渠道的广泛增大也为旅游经济的发展提供了客观可能性，有了资金的注入翁丁古寨的特色旅游小城镇和高速公路建设才能实现更好的协同发展和共同进步。旅游目的地吸引力的增加会在很大程度上刺激旅游消费需求，加上全力打造翁丁古寨健康的城镇形象，游客的回头率会大幅度地提升，翁丁古寨的旅游基础设施和交通设施更趋于完善，于是旅游客流量空前增多，人们对生存质量的高水准的需求会让相关的旅游活动更加的频繁，旅游经济本身强大的带动作用和拉动能力能够创造出更多社会效益，能够引起翁丁古寨所在地政府的重视和关注，从而获得政策和法规上的支持，培养新一批的旅游高端人才，打造精英团队。翁丁古寨高速公路建设包括根据旅游市场的需要进行高速公路服务区的相关针对性项目的开发，加上对高速公路服务区的相关基础设施建设使得翁丁古寨的高速公路服务区的交通公路设施体系更为的完善，旅游交通基础良好，这是在硬件设施上对高速公路服务区的建设进行了修补和针对性的添加。在软件设施配套方面，翁丁古寨固有的民族特色文化为高速公路服务区建设提供了深厚的文化基础和文明话题，加之良好的文明状况使得翁丁古寨出现文明反哺，游客们规范自身的意识提升以提高自身的而道德素质和公共素养，对于翁丁古寨的高速公路服务站的服务质量要求较高，这就从外部给翁丁古寨高速公路服务区的水平和团队质量的提高提出了新的要求。另外，翁丁古寨高速公路服务区的旅游功能布局越来越为科学和完善，这就避免不了使翁丁古寨良好的自然生态环境纳入考虑范围，采用绿色生态的管理模式来对高速公路的旅游资源组合进行管理和分类，对于旅游配套设施的要求也会越来越高以更好地满足旅游需要，同时随着游客自身的素质越来越高，其有着更高的精神需求和文化哺育，只有对翁丁古寨高速公路服务区建设的文化功能建设进行提高才能实现游客更高的满意度。

8.6 翁丁古寨高速公路与特色旅游小城镇协同的保障

8.6.1 配套基础建设

第一，优化土地供给规划。按照使用功能的不同，将建设用地与非建设用地进行合理布局。规划区内的非建设用地可以分为农业用地、风景区用地、生态保护用地等集中类型，不同类型的用地执行适合其特点的规划控制要求。首先是农业用地。农业用地主要分布在规划区的中部和南部，主要为：基本农田、园地、林地等，根据农业生产基础、条件和城乡发展关系，规划翁丁古寨的农业用地时可以分为特色农产品种植区和创意农业景观区两个部分，各类农业用地将围绕这两个农业功能来展开活动。首先，基本农田主要规划区内中部的山体两侧形成的带状用地，规划将对基本农田进行严格的保护，不予进行城镇建设；园地则多分布在山体和林地周围，规划中可以将园地进行适度的集中，进行规模化和休闲观光农业生产；林地则多种植经济林，规划将大力发展林下循环经济产业，增加林地的使用价值。其次，风景区用地，包括村口、神林、佤王府等主要的旅游景点，将主要的风景区进行合理布局和规划，突出重点和佤族特色，规划区内的风景区用地要考虑到景点的知名度和客流量。最后，生态保护用地的用地规划，主要包括翁丁古寨内的自然生态林、河流以及古寨周围的喀斯特地貌山体，积极恢复被破坏的自然生态景区，对于尚未被开发或正在开发过程中的生态景观采取积极的保护措施。规划区内的建设用地则主要包括居民的居住用地、仓储物流用地和商业用地。居民的居住用地主要是指农村居住用地和规划区内部分产业项目的职工安置用地，其中农村居民居住用地按照新型农村社区进行集中的布局安排，安置用地城镇小区布置。在规划居住用地时主要针对当地居民现有的居住用地，逐渐改善居住用地与其他用地混杂的局面，改善现有的居住环境。同时在居民点改建的规程中，应以用地适当分离为原则，保证居住用地的完整性，尽可能相对集中商业用地，提高居住用地的绿化指标、降低容积率，提高居住环境的品质。仓储物流用地主要指翁丁古寨内用作仓储的地方，主要分布在公路的两侧用地，是翁丁古寨与外界进行物质交换的配送中心。商业用地在规划区内的南面的交易市场、佤族小商品贸易城和少数民族文化中心市场，这些具有一定规模的商业区将会为规划区集聚人气，规划紧紧依托佤族的少数民族文化，将商业用地集中规划在佤族小商品贸易城和少数民族文化中心市场。

第二，完善道路规划建设。在进行道路建设规划时，应该充分地将翁丁古寨周边的地形地貌进行考虑，道路设施建设要满足旅游业发展的需求，更好地符合城市发展规划建设，做到安全性、合理性和商业性的统一。根据翁丁古寨多山地多丘陵的地貌特点，典型的山岭、坡地、农田交错的丘陵地带，在翁丁古寨的道路规划时进行竖向的道路规划设计。结合现状高程和坡度，按照合理利用地形，土方量和防护工程量少，满足周边各地块建设用地的建设要求，靠近规划布置出水口的道路控制点的控制高程需考虑防洪排涝问题，并且按照道路排水管出水口处50年一遇的洪水位推算确定。根据以上控制高程，在满足规划的前提下进行道路竖向规划，并遵循以下原则：一是按道路等级，确定道路控制标高，避免出现经常性的倒灌；二是规划道路纵坡尽量与排水方向一致，以避免管线敷设反坡。当局部的确需要反坡时，尽量控制坡度，减少管线埋深。道路纵坡一般控制在0.3%~1.50%，以满足设置机动车与非机动车纵坡和排水等要求，少量道路由于地形等原因局部大于1.50%或小于0.3%，道路施工图设计时，按照城市道路设计规范要求，应注意在满足排水管道的最小覆土深度的情况下，进行调坡，或设锯齿形街沟，以保证排水通畅，通行安全顺畅；三是道路纵坡变坡点一般设置在交叉口，方便道路雨水口设置，利于排水；四是避免交叉口积水。交叉口作为道路交会处，应避免成为最低点。规划范围内已确定的道路规划高程和已建设道路高程等是规划区竖向规划的基础。由此，本规划竖向高程控制因素主要取决于现状条件、防洪排涝、土石方工程量等。首先，规划结合山水景观地形地貌进行场地的竖向控制，突出自然生态的规划理念。滨水空间和山体原则上保留原有山水风貌控制，体现城市独特的标志和景观特色。其他区域根据防洪排涝要求、用地功能性质和开放容量等，结合平缓低洼的自然地形，选择场地竖向布置形式为多向斜面平坡式。其次，场地依据周边道路，结合丰富的地形地貌进行竖向规划控制。地坪坡度小于5%的地块主要采用平坡式，而部分坡度较大的地块则采用平坡式和台阶式相结合的形式，台地的长边宜平行于等高线布置，使规划控制能体现丘陵河谷山体特色，突出自然生态的规划理念。再次，地面排水坡度按大于0.2%控制，但当地面排水坡度小于0.2%时，用地宜采用多坡向或特殊措施组织地面排水。地块的规划控制高程控制比周边道路的最低路段高程高出0.2米以上，防止用地成为“洼地”。最后，土石方及防护。根据本区地形特点，原则上控制各地块或街区土石方就地就近平衡。由于有部分场地均需要填方才能满足排水和与现状道路衔接的要求，土石方规划控制要求利用各种有利条件，以提高用地的使用质量和开发效益等为衡量适当范围内土石方平衡的原则。

第三，完善交通基础设施建设。交通基础设施建设作为翁丁古寨实现高速公路与特色旅游小城镇协同的重要影响因素，完善翁丁古寨的交通基础设施建设有利于推动翁丁古寨的高速公路与特色旅游小城镇的协同。一是规划和建设公交枢纽和场站，以沧源县城至翁丁古寨的公路为重点设置区域，规划公交枢纽2处，承担外部公交系统与规划区内之间快速联系公交系统的转换功能。预留公交综合场站2处，位于翁丁古寨外围，与居住区适当隔离。公交综合场站作为公交线路的首末站并兼有公交车停放、低级保养、能源供给、配套建筑等功能。翁丁古寨内部内不预留公交保养场站用地。二是科学设置停车场和加油站。快速路入口区域增加机动车停车泊位设置，城市外围各方向出入口结合公交站点预留机动车停车换乘停车场，实现对进城机动车流的有效截流。城市住宅配建标准不得高于1车位/户，提倡以地下车库、立体车库等土地集约建设方式配置车位。翁丁古寨内禁止设置路内停车场，停车场建设必须采用地下场（库）或地面立体停车楼形式。对于站点及重要设施200米范围内公交服务较好的地区，控制建设公共停车场，其余地区以及城市外围地区，停车泊位供给政策可适当放宽。翁丁古寨的加油加气站不设单独用地，由公交场站及外围停车场统筹安排。三是建立智能化交通管理系统及规则。以现代化的信息科技手段对路网进行合理的管理和监督，建立智能化市场监管机制，保证道路、车辆和行人在整个交通系统的统一性和协同性，简化传统的管理手段和过程，加大网络技术在社区的普及，运用B2C，即通过网络展示商品，网上定购等形式，由商家集中送货到家逐步取代传统生活性物流配送链。沧源县城通过减少机动车出行，鼓励购买低价格、低油耗、低污染的小排量汽车，积极推广使用电能、天然气为燃料的汽车，降低城市交通系统运行过程中的碳排放。

第四，推进信息化建设。充分利用数字化信息处理技术和网络通信技术，整合各种信息资源，将翁丁古寨建设成为高效、便捷、可靠、动态的数字化景区，实现“数字翁丁”目标。具体来说包含以下几个部分的内容。一是建立包含翁丁古寨在内的整个沧源县基础数据库，通过建立基础地理数据库和简单的三维模型库，开发具备演示和规划辅助编制功能的应用系统和规划信息管理系统数据库，集信息查询、统计分析、三维虚拟场景浏览、决策支持功能，包括规划用地性质和相关指标、规划道路数据、规划地下管网数据、公交场站数据等内容，为沧源县后期建设管理提供决策依据，真正实现城市信息系统数据处理、信息检索、查询统计、空间分析与规划管理、信息输出等综合应用。二是加快电子政务信息系统建设，通过计算机、数据库、信息技术和互联网络，推动沧源县政府工作的自动化、信息化和网络化，实现城市政务信息资源共享、行政成本降低及政务信息资源的优化配置，增强政务信息资源的服务能力，充分发挥电子政务在建设服务型政府中的作用。三是加快建设“数字社区”，逐步实现社区内部通信、娱乐、购物、医疗、安全等方面的数字化、信息化，提高居民生活便捷程度，减少出行需求，为当地居民和外来居住游客提供一个安全、舒适、高效、节能的生活与工作环境。

第五，积极调整能源结构。翁丁古寨的能源结构和能源的供应在根本上对翁丁古寨后续城市的发展和高速公路建设具有重要的基础性作用，积极调整现有的翁丁古寨中能源结构的不合理的地方，首先要做的就是构建安全、高效、可持续的能源供应体系，以能源供应安全和能源多元化为原则，综合考虑临沧市政设施系统（供热、燃气、电力）的高效利用和配置，采用常规能源利用和可再生能源利用、集中式能源利用相互衔接、相互补充的能源利用模式，发展以城市电网为主，太阳能、风能、沼气能为辅的供电形式，最大限度地减少煤炭、石油等化石燃料的使用，提高气电、太阳能发电、生物质能发电的比重，促进能源结构调整。优化能源供给系统，最终实现减少碳排放的目的。其次是抓好各行各领域的节能消耗，在临沧的市政建设方面，加强调整市政公用设施包括道路交通、供水、排水、燃气、电力、通信、防灾等基础设施的供需平衡，提高处理设备以及设施能效，设置自动监控管理系统以减少输送环节不必要的能源浪费。在居民生活方面，通过宣传、教育以及相应的政策法规约束，培养居民的节能意识，养成居民良好的节能习惯，消除人为的能源浪费，减少能源需求量。在商贸流通方面，积极开展争创“绿色饭店”活动，逐步减少、最终取消餐饮住宿行业一次性的服务用品；积极推行家电节能标识制度，抑制商品过度包装；广泛推广采用节能、节水、节材型产品和技术。在政府机关方面，推行“绿色办公”计划，加快对政府、商务办公大楼进行低碳化运行改造，建立办公大楼能源需求与使用管理系统。

第六，加强环境保护。原生态的生态环境和保存完好的植被状况是翁丁古寨发展旅游经济和进行旅游功能开发的重要生态基础，实现翁丁古寨的高速公路与特色旅游小城镇的协同与环境保护是分不开的，政府和居民都要具有高度重视环境保护的意识，注重可持续发展，坚决不走先污染后治理的老路。一是进行大气环境的保护，严格执行《环境空气质量标准》（GB3095－1996）。大气环境质量按略高于二级标准约束。好于等于二级标准的天数≥300天/年，其中，对重点污染物二氧化硫和氮氧化物按一级标准约束，一级标准的天数≥150天/年（相当于达二级标准天数的50%）。加强汽车尾气排放监督和治理，机动车严格执行国Ⅲ标准。二是注重水环境的保护，地表水水质严格按照《地表水环境质量标准》（GB3838－2002）中Ⅲ类水体水质标准执行。开发非传统水资源，完善非传统水源水的处理利用设施及配套管网，建设污水再生回用工程，提高再生水的循环利用率。三是进行固体废物的综合整治，全区垃圾无害化处理率达到95%以上，其中城镇垃圾无害化处理率达到100%，全区所有行政村实现村内垃圾“日日清”。建立基本覆盖的垃圾分类回收系统，在小区、办公楼普及垃圾分类回收装置。从源头消减固体废物产生量，全面推进清洁生产审核，减少生产废料。做好普及教育，提高居民的卫生意识和人身素质，落实生活垃圾中危险废物的安全回收和无害化处理。四是注重声环境的保护，噪声强度控制严格按照《城市区域环境噪声标准》（GB3096－1993）执行。对工业企业噪声和交通噪声实行严格管理，对经营场所噪声、公共场所噪声等各类社会生活噪声实行控制。合理布局居住、科文教、医疗等噪声敏感建筑，远离产业、交通用地，并设置禁鸣区。在城市主干道、快速路等噪声污染大的交通线路两侧设置绿化隔离带。对于施工工程，应对周边居民区等敏感点安装隔声墙等防护设施，夜间施工必须严格按照程序向环保部门审批。

8.6.2 公共服务建设

加强翁丁古寨的公共服务建设对于保障翁丁古寨的高速公路与特色旅游小城

镇实现协同具有不可替代的作用，在公共服务的建设中，坚持以人为本，强化生态文明理念，树立生态文化价值观，建立高效的社会事业结构，促进各项社会事业均衡发展，营造社会资源兼容共生的和谐社会，推进资源节约型社会和环境友好型社会建设。研究表明，增强公共服务设施供给和提高功能服务水平有利于提高居民的满意度水平[473]，具体来说，可以从公共教育建设、公共卫生建设、公共文化建设、公共体育建设、社会保障体系五个方面来进行。

第一，加强翁丁古寨的公共教育建设。一是实施均衡基础教育体系，优化配置公共教育资源，合理规划，着力打破城乡二元结构，统筹城乡教育发展，提高教育资源使用效益，实现城乡教育一体化。二是全面推进素质教育，利用生态文明教育基地以及社区文化活动中心普及生态教育，提高民众的生态环境意识、态度、价值观、责任感和技能，创造全民爱护环境新模式。三是加强低碳学科领域的高等教育发展。以临沧市的各大初中、高中为重点发展院校，积极发展加强基础教育的同时建设生态和环保特色学科，推进临沧师范高等专科学校的学科建设，不断提升生态研究水平和环保技术能力。围绕旅游城市的建设和管理、生态科技的研究和教学，集成创新，为国内外的学术交流搭建学术平台，打造知名的生态环保教育培训基地。四是大力发展职业教育。以扩大就业为导向，围绕民族旅游这一核心，加大投入，建设一批与产业发展和促进就业紧密结合、实效明显、具有品牌优势的高、中等职业学校。五是推行“文化校园”计划，面向学生推行“文化校园”计划，开展民族文化交流主题科普宣传进校园活动，引导学生了解民族文化知识，提高学生文化意识。

第二，加强翁丁古寨的公共卫生服务建设。政府提高人力、物力、财力在公共卫生服务建设中的比重，提高应对突发公共卫生事件和预防控制疾病的能力。积极推进健康特色旅游小城镇建设，拓宽健康教育和健康干预的渠道，探索建立多元化的健康管理、服务和参与模式。合理配置医疗卫生资源，以农村医疗卫生事业发展为重点，以提高农民健康水平，缩小医疗卫生城乡服务差别为目标，以新型农村合作医疗、乡村医疗卫生服务机构建设、健康教育、公共卫生服务体系建设等为载体，构建医疗保健网络，实现社区卫生服务制度全覆盖，提高基本医疗的均衡化。建设一批医院、标准化社区医疗卫生服务中心，促进基本医疗服务重心下移。

第三，加强翁丁古寨的公共文化服务建设。加强公共文化服务基础设施建设。整合和建设社区图书馆、展览馆、影剧院、广播电视出版、文化馆（宫）、群艺馆、青少年宫（中心）和少科站等文化设施资源，构建以社区文化活动中心为主体，惠及未成年人、中老年人和残障人士等群体，覆盖临沧市城乡的社区文化活动中心。建设生态文化交流中心，弘扬和谐文化和生态文明，积极打造佤族文化交流品牌，注重加强区域间的文化交流合作。同时，加强公共文化产品和服务的供给，确保对公共文化领域的投入。加强文化市场管理，保证公共文化产品质量和服务水平。突出生态文化建设，在进行文化开发的同时兼顾生态环境的保护，逐步引导人们的价值取向、生产方式和消费行为的转型，形成全社会共同参与生态建设的自觉行动。

第四，加强翁丁古寨的公共体育服务建设。以临沧市现有综合体育活动运动场馆为基础，配套建设若干室内综合健身馆和室外运动场地。重视室外公共体育活动设施建设。将室外公共体育活动设施与公共绿地建设实行统一规划、同步建设、综合利用。同时，大力开展全民健身运动，引导居民就近进行体育锻炼，提高活动参与率。使经常性参加体育锻炼的人数达到总人口的 40% 以上。积极培育体育休闲产业，融体育健身和休闲娱乐为一体。不断丰富居民喜闻乐见的体育休闲项目，尽可能吸引更多的居民积极主动参与到体育健身中来，形成良好的健身风尚。

第五，加强翁丁古寨的社会保障服务建设。首先创造优良的社会保障体系。实施积极的就业政策，努力增加就业岗位，确保居民的就业率。建立产业结构调整与就业结构调整以及人力资源开发有机结合的促进就业机制，对就业容量大的服务行业进行资金、政策扶持。鼓励创业带动就业，优化创业环境。建立就业服务体系和促进就业责任体系，完善政府扶助、社会参与的职业技能培训机制。规范用人单位与农民工的劳动关系，保障农民工社会保障权益。其次，建立完善的社会保险体系。按照逐步、快速覆盖的要求，完善与经济社会发展水平相适应的社会保障体系。确保财政对社会保障的投入，多渠道筹措社会保障基金，完善社会保障监管机制。积极发展补充保险，鼓励商业保险。扩大农村社会养老保险覆盖面。根据临沧新闻网公布的数据，2015 年底，劳动年龄段以上城乡居民养老保险覆盖面达到 60%；2020 年底，劳动年龄段以上城乡居民养老保险覆盖面达到 100%。创新公益住房政策，增加面向中低收入家庭的普通商品住房和保障性住房的供应，充分保障翁丁古寨各位居民的居住权。三是建立完备的社会救助体系。发展社会救助、社会福利和社会慈善事业。执行最低工资、最低生活保障和养老金年度增长的调整机制。鼓励社会福利事业，鼓励社会资本参与城乡社会福利事业。

8.6.3 强化政府主导

通过强化政府主导，促进部门资源的整合，使得翁丁古寨与整个西南民族地区形成合力，共同发展大旅游，培育大产业，整体推进旅游产业的快速发展。将旅游业纳入国民经济和社会发展计划及重点项目建设计划，实行产业扶植政策，保证必要的政府引导性资金投入。采取新思路、新机制、新办法，调动各方面力量积极投身于大旅游的发展当中。进一步强化政府监督下的旅游部门行业管理职能，树立政府部门良好的形象，良好的政府形象是增强居民对于公共服务满意度的主导因素，形象打造和维护有利于提高居民对公共服务的感知程度[474]。强化政府对旅游产业发展在规划、观念、政策、管理、旅游大环境、建立投融资平台和各部门联动、各旅游生产力要素整合、全社会支持等方面的主导。

第一，优先配置旅游资源要素，制定旅游发展规划。通过行政手段，对旅游业优先配置资源要素，政府机构掌握土地、规划权和生产力要素，在市场发育不完善的条件下，通过先期进入市场形成垄断优势，占有经营市场较高份额，发挥市场对资源配置的基础性作用，使政府主导、市场调控和企业运作相结合，建立与国际接轨的旅游业管理体制。在政府领导制定旅游发展规划中，建立强有力的旅游综合协调管理机制，负责对全局性、重点性工作进行协调和管理是必经之路，成立翁丁古寨旅游产业发展指导委员会，以便有效地指导、组织、协调翁丁古寨旅游产业发展中的一系列重大问题。由临沧市政府出资，选择主要从事临沧市政府授权范围内的旅游项目投融资建设、产（股）权投资、管理和产权、股权交易及其他经营业务的旅游开发公司。通过整合和优化配置翁丁古寨旅游产业资源，加快旅游基础设施建设和旅游景区景点建设；引进战略投资者参股或控股，兼并整合翁丁古寨旅游景区、民宿酒店、旅行社、旅游车船公司等旅游企业。筛选一批具有良好效益和市场前景的重大旅游项目进行开发，做强翁丁古寨的旅游产业。当前中国的许多民族问题都是由社会经济的发展在民族的特定语境下形成的，解决民族问题的重要手段之一就是提升政府文化渗透力和资源再分配能力[475]，正确处理好民族事务。同时要注意的是，在加强政府配置资源中要重视市场的作用，形成有效的竞争机制和约束机制，增强市场配置资源的活力，防止政府的过度干预[476]。

第二，转变旅游发展观念，实施可持续发展。临沧市政府按照“转变观念、整合资源、形成合力、实施重点突破”的要求，研究旅游产业发展总体思路、工作措施、景区开发和保护措施、重大事项，协调和组织各成员单位的组织实施工作，做大旅游产业。加强对旅游规划编制、实施的领导和监督，对重点旅游资源的开发进行审核和监督。成立翁丁古寨旅游开发的产业委员会，其成员由旅游、公安、财政、城建、环保、国土、交通、电力、邮政通信、农业、林业、工商、文化、卫生等部门及有关乡镇组成。旅游产业发展指导委员会下设办公室，旅游局为常设工作组织协调机构。委员会主任由翁丁古寨或沧源县主要领导兼任。重点旅游景区所在地的乡镇，明确一名业务熟悉的党委副书记或副乡长分管旅游工作。同时，旅游资源是旅游业发展的基础，应加大对翁丁古寨旅游资源的保护力度，处理好旅游开发与旅游资源保护和生态环境保护的关系。翁丁古寨的旅游开发必须规避急功近利的思想，杜绝破坏性开发，坚持可持续发展战略。为此，必须保护自然生态环境和人文环境，保护各种旅游资源。要加强对自然生态环境的保护；按照自然保护区管理条例严格控制自然保护区的旅游开发，保护自然生态环境和动植物资源；加强古树名木的保护；加强民居、宗祠、古建筑、历史遗迹等文化古迹的保护。对尚未开发的旅游资源要先进行保护，对已开发的旅游资源和旅游景区要避免开发活动对资源的破坏。特别是要注重翁丁古寨旅游开发中的佤族文化保护和居民生产生活方式的开发程度，保存少数民族文化的原生性特征，使翁丁古寨获得持续的旅游发展动力和资源供给。

第三，规范旅游市场。以政府为主导，通过规范化、法制化、市场化手段管理和调控旅游市场，建立起与社会主义市场经济体制相适应的旅游行业管理体制、经营机制和现代企业制度框架。一是要规范各类旅游经营服务行为，全面贯彻执行星级饭店新标准，加快星级评定步伐，规范和提高饭店的综合服务水平，全面提升各类宾馆饭店、休闲、娱乐设施的品位和档次；定期举办饭店服务技能、烹饪、导游服务等旅游技能服务大赛；在重要公共服务设施、人流集散场所、主要交通要道和路口普及旅游公共信息图形符号和正确的中英文标识。二是深入开展旅游创优活动，积极参加云南开展的“优秀旅游景区”“A 级景区”等创优活动，提升旅游服务质量，建立创优长效工作机制，通过创优活动树立和提升翁丁古寨旅游形象和品牌。三是全面提高旅游行业的素质，首先，严格执行全国和广西旅游标准，推进旅游标准化工作。完善导游员 IC 卡计算机管理系统，加强对导游人员的记分制管理；在旅游企业内部实施质监员制度，建立信誉档案并定期向社会公布，提高旅游企业服务质量；推动星级宾馆饭店和绿色饭店的建设和 A 级景区的申报和建设。其次，努力拓展旅游服务领域，把旅游行业的信用监督和失信惩戒机制落到实处，引导遵纪守法、文明有序的市场竞争，通过市场调节，实现旅游企业的优胜劣汰。最后，落实各项制度，进一步做好旅游安全工作，抓好旅游安全检查，杜绝旅游安全隐患，建立由法人负责的旅游安全责任制。四是加大旅游市场秩序的整顿力度，按照“统一领导、分级管理、统一对外、按质论价、合理收费”的原则，由物价管理部门会同旅游等有关部门依据国家物价政策，理顺旅游价格关系和价格管理体制。根据不同旅游线路、不同季节等特点，对旅游景区景点制定科学合理的价格，严禁乱提价、乱收费和削价恶性竞争。同时加强旅游市场法制化建设，加强旅游法规宣传，严格执法，进一步强化旅游行业管理，规范旅游市场秩序。

第四，加强资金支持。在制订国民经济中长期计划时，要将旅游项目单列，专门安排一定的资金和贷款；在综合平衡各项建设项目时，对旅游资源和产品开发实行倾斜性优先；对关系翁丁古寨旅游业发展大局的重点旅游项目，要列入沧源的年度基建计划，逐步加大资金投入。同时，地方政府选定合适的融资模式，项目的融资模式很多，主要包括 BOT 模式、TOT 模式、PPP 模式、BT 模式等，根据我国当前的情况结合云南省的区域环境，加上翁丁古寨的实际情况，建议项目的融资模式采用 PPP 模式。从缓解地方政府债务的角度出发，PPP 模式具有较强融资性特征，在特色旅游小城镇的开发过程中，政府与指定的社会资本签署 PPP 协议，按照出资比例组建 SPV，并且制定公司的章程，政府制定实施机构授予 SPV 特许经营权，SPV 负责提供特色旅游小城镇建设运营一体化服务方案，特色旅游小城镇建成并投入运营后，通过政府购买一体化服务的方式移交政府，社会资本退出。在资金的筹措中，特色旅游小城镇的投资建设呈现出投入高、周期长的特点，纯市场化运作难度较大，因此需要三方投资渠道的共同支持：不仅要保障政府的资金支持，还要引入社会资本和金融机构资金。三方发挥优势，进行利益上的捆绑，在特色旅游小城镇的平台上共同运行，最终实现特色旅游小城镇的整体推进和有效运营。结合国家政策报告、金融机构制度以及社会闲置资金等，总结出现行特色旅游小城镇主要融资渠道，从政策支持层面来看，在国家层面，主要设有特色旅游小城镇专项基金以及建设特色旅游小城镇的奖励政策。在省、自治区对当地的特色旅游小城镇有政策支持奖励政策；从金融支持层面上看，小镇可以通过银行政策性贷款、债券融资、股权融资、融资租赁、发放基金、受益信托、资产证券化等手段来获得投资资金；从社会资本支持的层面上来看，企业资本进驻、民间资本吸纳、社区参与资本等参与途径也将给特色旅游小城镇带来资金支持。

第五，加强人才支撑。劳动力素质的高低直接影响着劳动技能水平的高低，对地区经济的发展具有决定性作用[477]，加强人才支撑和供给是政府发展经济的重要手段之一。加强对文化旅游产业引进的高端人才调查，建立旅游领域引进的高端科技人才数据库，开通专业人才引进审批快速通道，加强人才引进政策宣传，完善人才引进服务措施，积极吸引国内外的领军企业、高端人才、科研机构来云南省发展低碳产业，为旅游文化产业发展提供智力支持和人力资源保障。发挥政府文化宣传和舆论的引导作用，积极营造“鼓励创新、宽容失败”的创新创业文化氛围。建立创新创业扶持和激励机制，组织开展创新创业培训课程、创业大赛、优秀创业者年度评选等活动，引导本地民间资本以及中小企业主开展二次创业，通过新技术、新工艺、新理念、新模式等产业元素引入，进入新兴行业领域。实施政策倾斜，培育一批勇于创新、开放合作、敢于超越的领军企业家，大力倡导重视科学、尊重人才、尊重企业家的社会风气，培育现代企业家精神。搭建对外交流合作平台，积极地与高校院所、知名园区以及国内创新创业氛围浓厚的城市建立联系，通过讨论、讲座、活动等形式，推动本地创新文化大发展，为产业发展提供持续内在动力。

8.6.4 多方协调与社区发展

第一，土地协调。土地占用问题既是西南民族地区特色旅游小城镇规划的一项重点内容，也是翁丁古寨进行多方协调与促进社区发展的一项重要内容。随着云南省旅游经济的发展，旅游业的不断开发和发展对土地的需求在不断地增加，但云南省的国土资源缺失十分有限，相当一部分土地都是作为农业耕地保持原有功能，这就使得有限的土地与无限扩大的旅游需求之间的矛盾在不断地扩大并且日益突出。旅游土地征收的合法性、旅游土地征用过程中所存在的一系列问题如居民参与的积极性问题[371]、征地补偿以及对农民的补偿以及土地资源存在浪费现象等都越来越突出并逐渐受到更多人们的关注。解决云南省翁丁古寨的土地占用问题的第一条路径就是保证翁丁古寨特色旅游小城镇旅游征地的合法性，主要的路径包括两个方面：一是严格按照我国《土地管理法》及《土地管理法实施条例》来进行旅游征地，在旅游土地征收方案批准后将相关的信息进行公告，提高当地居民的知情覆盖面，包括批准机关、土地用途、范围、补偿标准等，进行旅游征地补偿，在征地补偿完成以后再完成旅游土地征收。二是在保证土地征用程序合法性的基础上，翁丁古寨旅游项目的规划和土地占用还需要保证土地利用征收的过程中对被占用土地居民补偿机制的合法性，推行社会保障制度，货币的补偿方式，这是最为直接的方式之一，但却不是最有效和最有效用性的方式，土地征用补偿标准应以被征地所载安置农民的实际社会成本为准。第二条路径就是提高翁丁古寨旅游用地中居民社区参与的积极性，主要的路径包括两个方面：一是对居民进行旅游开发的宣传，使他们切实理解旅游开发的重点和意义，加强居民的主人翁意识，让他们能够从思想上解放自我，明白社区参与的重要意义，使得当地居民亲自参与旅游土地征收的决策，由被动变为主动[374]，旅游土地征收工作在与当地居民充分沟通的基础上顺利进行能够为之后的旅游业发展中居民的拥护和大力支持奠定基础。二是提高征地的透明度，让被征地的农民参与到土地的征用程序和补偿协商机制中来，增加农村集体经济组织和农民在土地征收的前期阶段的知情权，避免将征地事件本身和征地补偿标准单方面强加给农民，补偿条款应该以书面形式呈现而不仅仅是以口头形式告知，调动农民的生产积极性劳动的参与性和农民对土地的热爱，充分利用农民本身作为小城镇文化积淀的一部分具有相当的流动性和传播性特点，打造小镇的文化积淀和文化氛围。第三条路径是注重翁丁古寨的旅游用地的节约和浪费，主要的路径包括两个方面：一是对农村土地的合理规划和编制，改变旅游土地的利用方式，实现土地利用方式由粗放型向集约型的转变，重视土地利用规划中旅游业发展的用地需求，使得旅游用地结构更加的合理化和致力于旅游小镇的规模效益最大化，提高翁丁古寨的旅游用地的利用效率，充分地利用土地资源，减少土地的浪费和空闲，在翁丁古寨规划和设计的现状和未来方向的考虑条件下，在满足翁丁古寨的旅游区功能完整和发展规模适度的基础上，以取得最大的规模效益和集聚效益为旅游业发展的目标，对翁丁古寨进行旅游功能分区，同时兼顾旅游用地结构的最优化和土地资源的可持续发展。二是在进行旅游用地的规划和设计时充分考虑旅游用地的合理的用地布局，在合理布局的基础之上促进特色旅游小城镇实现旅游产业的稳定健康可持续增长，通过合理地进行旅游土地的投入强度的预算和测量提高翁丁古寨的旅游用地的深度和精度，通过增强对现有土地的利用和开发，减少后背土地资源的再开发数量，集约化地进行土地利用，最大限度地提高旅游用地的使用效率。三是提高翁丁古寨在旅游用地的效率性和功能性，提高相关旅游设施的功能和旅游价值和土地的集约化程度，改善翁丁古寨的景观老化、设备陈旧的突出现象，减少相当一部分旅游闲置用地，对已有的旅游项目进行充分的开发和修葺，避免一味地进行新的旅游项目的规划和开发而不是在现有的基础上进行深度开发和旅游资源的重组，同时提高翁丁古寨的后备土地资源存储量，今后翁丁古寨对于旅游用地的开发利用的重点应该放在对于旅游用地的投入产出水平上，在进行旅游设施修葺和深度利用的同时完善相关基础设施，运用集约化管理的思维减少旅游土地的投入，最大限度地使用翁丁古寨享有的旅游用地。

第二，文化保护协调。在高速公路与特色旅游小城镇的协同实现中注重文化的保护既是翁丁古寨进行旅游规划的一项重要内容，注重民族性的开发和保护也是西南民族地区特色旅游小城镇规划的一项重点内容。翁丁古寨以少数民族经济和少数民族文化为主要的民族特色，城镇发展的本质不是政府，不是经济，而是深埋在城镇发展之中的文化因素，大多数小城镇都是以文化为主要功能的小城镇，这是全球化大背景下特色旅游小城镇发展的趋势和重点战略，西南民族地区的中心文化要素集中体现在西南民族地区多样化的民族性当中，民族性是西南民族地区最具有代表性的文化符号，在旅游经济的开发和发展当中，民族性应该得到充分的保护，并在保护的基础上对翁丁古寨的民族性进行创意性的深度开发，丰富翁丁古寨民族旅游产品，树立翁丁古寨的旅游发展形象。对翁丁古寨的民族性进行开发和保护的第一条路径就是当地的民族旅游资源进行开发和保护，主要的规划路径包括两个方面：一是将民族资源进行整合和再创造，在自然环境塑造中进行文化的渗透，典型的是将江河风景旅游资源巧妙地与当地的山体、生物、气候以及建筑物相结合，同时在进行旅游规划时添加许多富有创意的、独特雅致的文化背景，完美的实现水体资源与民族文化的优势互补；二是保持翁丁古寨现存的具有原始性和纯真性的民族风情，对人文资源和以少数民族文化为中心的民族特色的传承和保护，对民族密度较高的地区进行完整性保护，允许各少数民族之间相互交流和文化吸收的同时更注重文化差异性的保护，将这种差异性打造成为翁丁古寨发展旅游业最主要的吸引力来源和促进翁丁古寨长久持续健康发展的重要依托点。对翁丁古寨的民族性进行开发和保护的第二条路径就是对地域特色进行开发和保护，主要的规划路径包括两个方面：一是把更多的时间和精力放在喀斯特地貌的开发和经营上，将翁丁古寨具有最典型的喀斯特地貌分布区打造成独特的风景区，在突出观赏价值的同时积极开发其较高的地理科研价值；二是在地理环境天然的自然形成状态上加之后天人工的雕琢和粉饰，改变翁丁古寨自然资源的特色和存在状态，使得品种和功能更加的多样化，运用进步的现代科技和现代景区的质量管理来提高翁丁古寨旅游目的地的旅游吸引物质量。对翁丁古寨的民族性进行开发和保护的第三条路径就是对佤族民族特色进行开发和保护，翁丁古寨的民族特色主要包括少数民族经济和少数民族文化，主要的规划路径包括两个方面：一是对佤族的文化特色进行合理科学的规划和区分，在开发和规划的过程中注意民族文化的地域差异性和民族特殊性，不能对民族旅游特色进行一概而论，应该在充分理解和合理开发的基础之上充分体现独特的民族文化特征，在加强顶层设计的同时加强对各部分的规划来突出各部分的民族特色；二是这就需要在对旅游项目进行开发时进行合理的有针对性的规划，在重点把握西南民族地区特色旅游小城镇发展项目的同时结合尚未开发或具有发展潜力的旅游项目，重点把握翁丁古寨民族性的开发和发展方向，在现有基础上对民族性的未来发展方面和规划进行科学合理的安排，突出民族性这一具有持久竞争力的要素。

第三，社区参与协调。正确处理好核心利益相关者之间的利益分配问题是翁丁古寨重点规划的第四项重点内容。根据前文对西南民族地区核心利益相关者的分析内容，翁丁古寨的构建和开发是多方利益相关者参与所构成的结果，正确地理解翁丁古寨开发中的核心利益相关者以及他们之间存在的相互作用关系，对于促进翁丁古寨的各社区群体之间和谐发展具有重要的意义。翁丁古寨是由政府主导、企业经营以及居民参与联合进行开发和经营，在小城镇的利益分配中，政府、企业（旅游开发商）、居民以及旅游者四者之间的关系是构成翁丁古寨特色旅游小城镇利益分配的主体，基于此，本章探索的是翁丁古寨在旅游经营中的利益者分配状况和在利益分配中小城镇所面临的矛盾现状。第一条路径是正确处理好翁丁古寨在开发经营中的核心利益性相关者关系，包括：政府、企业和居民。明晰小城镇在开发过程中的产权关系。翁丁古寨在开发过程中滋生的众多矛盾和冲突的根源就在于产权界线的模糊，这就需要积极地引入专业的第三方资产评估公司对小镇旅游资源价值进行评估，并且改变传统的管理企业一家独大的局面，将特色旅游小城镇建设的各方经营管理权力分散开来，吸引有兴趣的公司企业参与到特色旅游小城镇的建设和投资当中来，进一步促进旅游开发。同时在招商引资的过程中要以法律为规范来确定相关的条约和建立的合同，真正做到权责与义务的一致性，将特色旅游小城镇的开发经营活动进一步的公开化、合理化，提高居民在小镇利益分配中的比重。第二条路径是正确处理好翁丁古寨在利益分配中的核心利益相关者的关系，包括：政府、开发商、居民和旅游者之间的关系。在明确产权关系的基础上构建多主体混合经营管理模式，构建一个包容、平衡各方利益诉求的旅游开发模式来保障翁丁古寨的可持续发展，根据翁丁古寨的旅游开发特点和重点，多主体混合经营管理模式在管理主体上的多元化就有效地分散了权力，各方对于旅游小城镇的开发建设都有着自己的管理范围，也就保证在一定程度上的自我利益的保护，对当地的居民而言有利于维护自身的利益，使参与旅游开发的各项主体在利益分配中更具有均衡化的特征，形成“政府 + 公司 + 旅游协会”的三方经营模式。能够运用经济手段来缓解居民和政府，以及旅游开发商之间的矛盾和冲突，对于西南民族地区来说，有利于维护少数民族人民的经济利益，为发展少数民族经济和少数民族文化创造了条件，有利于维护民族团结和实现民族共同进步。

结　论

本书以研究西南民族地区高速公路与特色旅游小城镇的协同实现路径为主要目标，通过对西南民族地区高速公路与特色旅游小城镇进行维度划分，建立本书的分析框架，提出高速公路与旅游小城镇协同作用关系的演化过程以及内外部影响因素，根据维度构成和分析框架提出本书的研究假设和演化模型，并通过数据分析和建立结构方程模型对高速公路与特色旅游小城镇的协同作用关系进行实证分析，同时从研究区域西南民族地区出发，选择三个特色旅游小城镇作为案例地，运用SPS案例研究方法进行案例验证，以实证分析和案例验证的结果为基础对西南民族地区高速公路与特色旅游小城镇的协同作用路径提出对策和策略。同时，以西南民族地区翁丁古寨为案例地，通过将本书所构建的西南民族地区高速公路与特色旅游小城镇协同实现路径进行实践规划，将西南民族地区高速公路与特色旅游小城镇的协同实现路径做到理论和实践的统一。本书所进行的创新性工作和所得出的结论如下。

第一，构建了高速公路与特色旅游小城镇的分析框架，包括总分析框架和各子系统分析框架。在对高速公路和特色旅游小城镇进行内涵、特征和构成维度分析的基础上，通过运用相关理论结合实际，从高速公路的功能建设、布局建设和服务建设三个方面出发将高速公路分为交通量、公路网布局、服务区三个构成维度；从旅游小城镇的发展模式、发展目的、发展路径三个方面出发将特色旅游小城镇分为慢旅游、居民受益和旅游功能开发三个构成维度，从两者的构成维度的内部连接路径出发构建出全文的分析框架，包括总的分析框架和各子分析框架。

第二，构建了西南民族地区高速公路与特色旅游小城镇协同演化过程的理论模型，描述了主动和被动的西南民族地区高速公路对特色旅游小城镇协同作用演化过程。主动和被动的两个演化过程是同时发展并且互为补充的，尽管在不同的发展时期两者的作用点和作用类型是不一样的，但都在同一个过程中起着举足轻重的作用。从内部和外部进行分析得到西南民族地区高速公路与特色旅游小城镇实现协同的影响因素，结果表明政府领导人、内部发展战略、技术与管理水平都是不可忽视的重要内部要素。其中，将实际发展情况与理论相结合，提出影响西南民族地区高速公路与特色旅游小城镇结合的五项旅游核心要素，包括民族性、交通条件、特色旅游资源、旅游购物和酒店住宿要素。国家和西南民族地区的政策、行业发展状况的好坏、技术发展状况以及核心利益相关者之间的关系和利益分配都是影响西南民族地区高速公路与特色旅游小城镇协同的重要外部要素。

第三，构建了西南民族地区高速公路与特色旅游小城镇协同关系的结构方程模型，通过路径系数的计算进行实证分析。在对西南民族地区高速公路与特色旅游小城镇的协同作用关系进行实证分析的过程中，在基于相关研究假设的基础上，通过对数据进行检验和信度分析，在测量数据通过检验的基础上设计了高速公路交通量对慢旅游的协同作用结构方程模型、高速公路网布局对旅游小城镇居民受益的协同作用结构方程模型、高速公路服务区对旅游小城镇旅游功能开发的协同作用结构方程模型三个结构方程模型。通过适配度检验和路径系数分析对初始结构方程模型进行估计和检验，再根据检验结果对结构方程模型进行调整，同时进行效应分解和关键变量识别，建立最终的结构方程模型，对研究假设的路径进行检验并对结果进行讨论。实证结果表明，民族主题酒店、交通流、高速公路交通量对慢旅游的发展都具有显著的正向作用，旅游流对慢旅游有着不可忽视的间接作用；旅游购物、旅游经济发展和高速公路网布局对特色旅游小城镇居民受益的发展具有显著的正向作用，旅游景区可进入性对居民受益具有间接作用；高速公路服务区、旅游吸引物系统和旅游功能布局对旅游功能开发有着显著的正向作用，现代化交通体系对旅游功能开发虽然没有正向作用，但其可以通过作用于旅游功能开发产生间接作用。

第四，运用 SPS 案例分析方法对西南民族地区高速公路与特色旅游小城镇协同关系进行案例验证。采取单案例研究的方法，本书分别用贵州镇远古镇、广西扬美古镇、云南勐仑小镇作为案例地以确保案例选址的全面性，在基于对西南民族地区高速公路与特色旅游小城镇协同度测算，分别对西南民族地区高速公路交通量与慢旅游的协同关系、高速公路网布局对居民受益的协同关系以及高速公路服务区对旅游功能开发的协同关系进行案例验证，针对每一个协同关系的验证又分别从高速公路对旅游小城镇的协同作用（路带动镇）、旅游小城镇对高速公路的协同作用（镇带动路）、旅游小城镇与高速公路的协同作用（镇和路相互作用）进行案例验证。在对西南民族地区高速公路交通量与慢旅游的协同关系的验证当中，分别构建出镇远古镇高速公路交通量对慢旅游的协同作用机制、镇远古镇慢旅游对高速公路交通量的协同作用机制以及镇远古镇慢旅游与交通量的协同作用机制；在对西南民族地区高速公路网布局对居民受益的协同关系的验证当中，分别构建出扬美古镇高速公路网布局对居民受益的协同作用机制、扬美古镇居民受益对高速公路网布局的协同作用机制以及扬美古镇高速公路网布局与居民受益的协同作用机制；在对西南民族地区高速公路服务区对旅游功能开发的协同关系的验证当中，分别构建出勐仑小镇高速公路服务区对旅游功能开发的协同作用机制、勐仑旅游功能开发对高速公路服务区的协同作用机制以及勐仑高速公路服务区与旅游功能开发的协同作用机制，有效地对西南民族地区高速公路与特色旅游小城镇的协同关系进行了验证。

第五，构建了西南民族地区高速公路与特色旅游小城镇协同的规划路径。分别提出基于西南民族地区的高速公路建设的特色旅游小城镇规划路径、基于特色旅游小城镇建设的高速公路规划路径、高速公路与特色旅游小城镇协同的规划路径。分别从各自的维度出发，从内部探讨两者的连接性和接入性原理，建立高速公路交通量对特色旅游小城镇慢旅游的协同作用机制、高速公路网布局对特色旅游小城镇居民受益的协同作用机制、高速公路服务区对旅游功能开发的协同作用机制。在进行特色旅游小城镇与高速公路协同规划时，将五个旅游核心要素有机地联结在一起并入到特色旅游小城镇的设计体系中进行综合考虑，将特色旅游小城镇规划体系分为发展规划设计、总体设计层面以及详细设计层面。

第六，构建了西南民族地区高速公路与特色旅游小城镇协同的实施路径。分别提出基于西南民族地区高速公路建设的特色旅游小城镇实施路径、基于特色旅游小城镇建设的高速公路实施路径、高速公路与特色旅游小城镇协同的实施路径。从高速公路和特色旅游小城镇两个方面出发，依照本书对两者的维度划分和构建的协同作用机制，分别从高速公路交通量建设、高速公路网布局实施、高速公路服务区实施、慢旅游发展模式实施、居民受益实施以及旅游功能开发实施路径出发，根据各自的研究分析基础和规划重点提出实施路径。

第七，通过选用案例地将西南民族地区高速公路与特色旅游小城镇的协同实现路径进行实践规划，进行理论和实践的有机统一。本书在基于对西南民族地区高速公路与特色旅游小城镇的协同实现路径的理论上，以云南省的翁丁古寨作为案例地，将本书所研究的高速公路与特色旅游小城镇的实现路径进行实践。首先对翁丁古寨的高速公路与特色旅游小城镇的协同进行分析，然后对翁丁古寨的协同实现路径进行路线设计，在设计的基础上提出实施方法，最后为了进一步保证翁丁古寨的高速公路与特色旅游小城镇实现协同采取了一系列的保障措施。通过将本书研究的西南民族地区高速公路与特色旅游小城镇的协同实现路径运用到翁丁古寨的高速公路与特色旅游小城镇的协同中，有效地改变了翁丁古寨高速公路与特色旅游小城镇不协同的现状，高速公路的建设有效地推动翁丁古寨的旅游经济的发展的同时，翁丁古寨旅游经济的发展和城镇建设的进步也在很大程度上带动了高速公路的建设。研究结果证明，本书构建的高速公路与特色旅游小城镇协同的实现路径是具有可行性的，具有现实指导意义。

限于自身的理论素养和学术水平，本书在虽然对西南民族地区高速公路与特色旅游小城镇的协同关系以及协同实现路径展开了深入的研究，但是研究仍然存在着很多不足的地方，在研究的一些方面还可以展开进一步的研究。

第一，由于高速公路与特色旅游小城镇都与周边的要素具有较强的接入性和协同性，在今后进行两者的协同实现路径研究中，可以适度地进行构成维度的扩大化，不仅局限于现有的接入机制研究，还可以将影响力较强的要素纳入研究的范围。

第二，由于本书在进行高速公路和特色旅游小城镇的研究中始终是与西南民族地区的发展现状和特点相适应的，高速公路的构成维度划分为高速公路交通量、公路网布局和服务区三个维度，特色旅游小城镇分别划分为慢旅游模式、居民受益和旅游功能开发三个维度，具有显著的地域性和民族性特征。在今后的研究中，可以适度地将研究的范围和地域进行扩大化，探讨在非民族地区高速公路与特色旅游小城镇的协同实现状况。

第三，由于高速公路和特色旅游小城镇都是处在不断发展变化的动态环境当中的，各子系统和旅游核心要素也是在不断变化的。在进行今后的研究时，除了本研究中通过一次调研所获得的调研数据进行研究以外，还可以从长远的角度出发，长期地对研究地进行观察和展开时间序列数据的收集。

附录一：西南民族地区高速公路交通量对特色旅游小城镇慢旅游协同作用状况调查问卷

亲爱的朋友：

您好！

我是“西南民族地区高速公路与特色旅游小城镇协同研究”课题组的调查员，为了完成相关研究工作，希望您抽出一点时间，以自身的实际经验填写以下内容，您的回答将是本研究的重要依据，敬请您耐心作答，避免错漏。

我郑重向您承诺，本问卷只用于学术研究分析，绝不做他用。问卷不会涉及您的隐私，且获得的全部数据也将绝对保密，敬请安心作答。再次感谢您的支持！请在所选项上打√即可。

（一）被访问者的基本情况

1. 请问您是：

A. 当地居民　　B. 外来游客

2. 请问您属于：

A. 汉族　　B. 少数民族

3. 您的年龄：

A. 14 岁以下　　B. 15～24 岁　　C. 25～44 岁　　D. 45 岁以上

4. 您在本地居住的时间：

A. 5 年以下　　B. 5～10 年　　C. 10～20 年　　D. 20～30 年

E. 30 年以上

5. 您的职业：

A. 工人　　B. 职员　　C. 教育工作者　　D. 农民

E. 自由职业者　　F. 管理人员　　G. 军人　　H. 学生

I. 服务人员　　J. 技术人员　　K. 政府工作人员　　L. 退休人员
M. 其他

6. 您的家庭人口数：

A. 5 人以上　　B. 2 ~5 人　　C. 单身

7. 您的家庭年收入是：

A. 3 000 元以下　　B. 3 000 ~5 000 元
C. 5 000 ~10 000 元　　D. 10 000 ~20 000 元
E. 20 000 ~30 000 元　　F. 30 000 ~50 000 元
G. 50 000 元以上

（二）被访者从事旅游业的情况

8. 您的家庭是否有从事旅游行业的成员：

A. 是　　B. 否

9. 您的家庭成员主要从事的旅游的经营活动：

A. 餐饮　　B. 住宿　　C. 导游　　D. 交通
E. 景区管理　　F. 旅游产品销售　　G. 旅游规划　　H. 娱乐
I. 其他旅游活动

10. 您的旅游收入占家庭总收入的：

A. 80% 以上　　B. 50% ~80%　　C. 20% ~50%　　D. 10% ~20%
E. 10% 以下

（三）被访者的旅游感知情况

请您根据您的判断进行选择，1 表示最低（最少、最不好、最不满意），2 表示较低（较少、比较不好、比较不满意），3 表示中等（一般、无所谓高也无所谓低），4 表示较高（较多、较好、较为满意），5 表示最高（最多、最好、最满意）。

第一部分：高速公路交通量状况

序号	测量指标	现在的状态				
		1	2	3	4	5
1	高速公路交通量效率性与景区发展结合符合慢旅游发展的要求程度					
2	高速公路交通量效率性与旅游资源结合符合慢旅游发展的要求程度					
3	高速公路交通量扩展性对旅游流的形成符合慢旅游发展的要求程度					
4	高速公路交通量扩展性与景区通达度结合符合慢旅游发展要求程度					
5	高速公路交通量扩展性与旅游规模大小符合慢旅游发展的要求程度					

续表

序号	测量指标	现在的状态				
		1	2	3	4	5
6	高速公路交通量空间性的扩展符合慢旅游发展的要求程度					
7	高速公路交通量空间性与旅游流向结合符合慢旅游发展的要求程度					
8	高速公路交通量通达性与景区效率结合符合慢旅游发展的要求程度					
9	高速公路交通量通达性与资源要素结合符合慢旅游发展的要求程度					

第二部分：慢旅游发展状况

序号	测量指标	现在的状态				
		1	2	3	4	5
1	西南民族地区旅游主体的出游动机的选择符合慢旅游发展的要求程度					
2	西南民族地区旅游主体的出游动机的强度符合慢旅游发展的要求程度					
3	西南民族地区旅游主体的出游动机的实施符合慢旅游发展的要求程度					
4	西南民族地区旅游主体的旅游灵活性选择符合慢旅游发展的要求程度					
5	西南民族地区旅游主体的旅游速度控制符合慢旅游发展的要求程度					
6	西南民族地区旅游主体的旅游项目选择符合慢旅游发展的要求程度					
7	西南民族地区旅游主体的出行人数符合慢旅游发展的要求程度					
8	西南民族地区旅游主体的旅游路线符合慢旅游发展的要求程度					
9	西南民族地区旅游主体的旅游规模符合慢旅游发展的要求程度					

第三部分：民族主题酒店发展状况

序号	测量指标	现在的状态				
		1	2	3	4	5
1	酒店住宿民族性设计规划符合慢旅游发展的要求程度					
2	酒店经营管理的地域性符合慢旅游发展的要求程度					
3	酒店形象设计的民族特征符合慢旅游发展的要求程度					
4	酒店形象设计的民族特征符合慢旅游发展的要求程度					
5	民族主题酒店的文化旅游产品符合慢旅游发展的要求程度					
6	民族主题酒店的文化氛围营造符合慢旅游发展的要求程度					

续表

序号	测量指标	现在的状态				
		1	2	3	4	5
7	民族主题酒店的商业化运作模式符合慢旅游发展的要求程度					
8	民族主题酒店的旅游产品销售符合慢旅游发展的要求程度					
9	民族主题酒店的利益分配符合慢旅游发展的要求程度					

第四部分：旅游流状况

序号	测量指标	现在的状态				
		1	2	3	4	5
1	旅游流的物质产品规模符合慢旅游发展的要求程度					
2	旅游流的能量供应符合慢旅游发展的要求程度					
3	旅游流的货流量运输符合慢旅游发展的要求程度					
4	旅游流的文化传播路径符合慢旅游发展的要求程度					
5	旅游流的文化强度符合慢旅游发展的要求程度					
6	旅游网络中资金链的相互连接符合慢旅游发展的要求程度					
7	旅游流中资金流的流量符合慢旅游发展的要求程度					
8	旅游流的资金管理和利用符合慢旅游发展的要求程度					
9	旅游流中市场信息的流动方向符合慢旅游发展的要求程度					
10	旅游流的旅游产品信息的传播符合慢旅游发展的要求程度					
11	旅游流的信心传播和速度符合慢旅游发展的要求程度					

第五部分：交通流状况

序号	测量指标	现在的状态				
		1	2	3	4	5
1	交通流的可通行大小符合慢旅游发展的要求程度					
2	交通流的流量速度符合慢旅游发展的要求程度					
3	交通流的流动倾向符合慢旅游发展的要求程度					
4	交通流在方向上的密集度符合慢旅游发展的要求程度					

附录二：西南民族地区高速公路网布局对特色旅游小城镇居民受益协同作用状况调查问卷

亲爱的朋友：

您好！

我是“西南民族地区高速公路与特色旅游小城镇协同研究”课题组的调查员，为了完成相关研究工作，希望您抽出一点时间，以自身的实际经验填写以下内容，您的回答将是本研究的重要依据，敬请您耐心作答，避免错漏。

我郑重向您承诺，本问卷只用于学术研究分析，绝不做他用。问卷不会涉及您的隐私，且获得的全部数据也将绝对保密，敬请安心作答。再次感谢您的支持！请在所选项上打√即可。

（一）被访问者的基本情况

1. 请问您是：

A. 当地居民　　B. 外来游客

2. 请问您属于：

A. 汉族　　B. 少数民族

3. 您的年龄：

A. 14 岁以下　　B. 15～24 岁　　C. 25～44 岁　　D. 45 岁以上

4. 您在本地居住的时间：

A. 5 年以下　　B. 5～10 年　　C. 10～20 年　　D. 20～30 年

E. 30 年以上

5. 您的职业：

A. 工人　　B. 职员　　C. 教育工作者　　D. 农民

E. 自由职业者　　F. 管理人员　　G. 军人　　H. 学生

I. 服务人员　J. 技术人员　K. 政府工作人员　L. 退休人员
M. 其他

6. 您的家庭人口数：
A. 5 人以上　B. 2～5 人　C. 单身

7. 您的家庭年收入是：
A. 3 000 元以下　B. 3 000～5 000 元
C. 5 000～10 000 元　D. 10 000～20 000 元
E. 20 000～30 000 元　F. 30 000～50 000 元
G. 50 000 元以上

（二）被访者从事旅游业的情况

8. 您的家庭是否有从事旅游行业的成员：
A. 是　B. 否

9. 您的家庭成员主要从事的旅游的经营活动：
A. 餐饮　B. 住宿　C. 导游　D. 交通
E. 景区管理　F. 旅游产品销售　G. 旅游规划
H. 娱乐　I. 其他旅游活动

10. 您的旅游收入占家庭总收入的：
A. 80%以上　B. 50%～80%　C. 20%～50%　D. 10%～20%
E. 10%以下

（三）被访者的旅游感知情况

请您根据您的判断进行选择，1 表示最低（最少、最不好、最不满意），2 表示较低（较少、比较不好、比较不满意），3 表示中等（一般、无所谓高也无所谓低），4 表示较高（较多、较好、较为满意），5 表示最高（最多、最好、最满意）。

第一部分：高速公路网布局状况

序号	测量指标	现在的状态				
		1	2	3	4	5
1	高速公路网布局所产生的经济效益符合居民受益增加的要求程度					
2	高速公路网布局所产生的社会效益符合居民受益增加的要求程度					
3	高速公路网布局与旅游景区的结合符合居民受益增加的要求程度					
4	高速公路网布局对于提高景区服务质量符合居民受益增加的要求程度					
5	高速公路网布局对于增强服务意识符合居民受益增加的要求程度					

续表

序号	测量指标	现在的状态				
		1	2	3	4	5
6	高速公路网布局与小镇结合增加的社会效益符合居民受益增加要求程度					
7	高速公路网布局促进社会资源的合理分布符合居民受益增加的要求程度					
8	高速公路网布局对于资源的可持续利用符合居民受益增加的要求程度					
9	高速公路网布局对于综合效益的持续增加符合居民受益增加的要求程度					

第二部分：旅游购物发展状况

序号	测量指标	现在的状态				
		1	2	3	4	5
1	旅游商品销售数量的增加符合居民受益增加的要求程度					
2	旅游商品的文化内涵传播符合居民受益增加的要求程度					
3	旅游商品的环保效应符合居民受益增加的要求程度					
4	旅游购物消费模式的创新符合居民受益增加的要求程度					
5	旅游消费模式对于增加销售数量符合居民受益增加的要求程度					
6	旅游消费模式对行为思想的影响符合居民受益增加的要求程度					
7	商贸企业经营方式转变对创建品牌的促进符合居民受益增加的要求程度					
8	商贸企业主体地位的增强对提高竞争力符合居民受益增加的要求程度					
9	商贸企业销售额度的增大对增加利润符合居民受益增加的要求程度					

第三部分：旅游经济发展状况

序号	测量指标	现在的状态				
		1	2	3	4	5
1	旅游经济发展对于延伸旅游网络符合居民受益增加的要求程度					
2	旅游经济发展对于促进资源合理分布符合居民受益增加的要求程度					
3	旅游经济发展对于完善道路设施符合居民受益增加的要求程度					
4	旅游经济发展对于提高道路利用率符合居民受益增加的要求程度					

第四部分：旅游景区可进入性状况

序号	测量指标	现在的状态				
		1	2	3	4	5
1	景区可进入与交通完美结合符合居民受益增加的要求程度					
2	交通体系的完善促进旅游可持续符合居民受益增加的要求程度					
3	交通体系的规划与环境的融合符合居民受益增加的要求程度					
4	节点可达性增强对于信息交流便利性符合居民受益增加的要求程度					
5	节点可达性对于增强旅游网络整体连接性符合居民受益增加的要求程度					
6	旅游规模增大促进消费增长符合居民受益增加的要求程度					
7	旅游规模增大对于完善旅游基础设施符合居民受益增加的要求程度					
8	旅游规模增大对与增加居民就业机会符合居民受益增加的要求程度					
9	景区结构的设计规划与地域特征结合符合居民受益增加的要求程度					
10	景区节点的连接程度与交通结合符合居民受益增加的要求程度					
11	景区结构与旅游规模的结合符合居民受益增加的要求程度					

第五部分：居民受益状况

序号	测量指标	现在的状态				
		1	2	3	4	5
1	居民财产性收入增加符合居民受益增加的要求程度					
2	居民生活水平的提高符合居民受益增加的要求程度					
3	居民收入增加对发展经济积极性提高符合居民受益增加的要求程度					
4	旅游发展与文化氛围的结合符合居民受益增加的要求程度					
5	居民自身文化素质的提高符合居民受益增加的要求程度					
6	居民文化素质提高结合旅游从业素质符合居民受益增加的要求程度					
7	旅游经济发展带动生态环境改善符合居民受益增加的要求程度					
8	生态环境对于改善居民生存环境符合居民受益增加的要求程度					
9	生态环境评价对于增加旅游吸引力符合居民受益增加的要求程度					

附录三：西南民族地区高速公路服务区对特色旅游小城镇旅游功能开发协同作用状况调查问卷

亲爱的朋友：

您好！

我是“西南民族地区高速公路与特色旅游小城镇协同研究”课题组的调查员，为了完成相关研究工作，希望您抽出一点时间，以自身的实际经验填写以下内容，您的回答将是本研究的重要依据，敬请您耐心作答，避免错漏。

我郑重向您承诺，本问卷只用于学术研究分析，绝不做他用。问卷不会涉及您的隐私，且获得的全部数据也将绝对保密，敬请安心作答。再次感谢您的支持！请在所选项上打√即可。

（一）被访问者的基本情况

1. 请问您是：

A. 当地居民　　B. 外来游客

2. 请问您属于：

A. 汉族　　B. 少数民族

3. 您的年龄：

A. 14 岁以下　　B. 15～24 岁　　C. 25～44 岁　　D. 45 岁以上

4. 您在本地居住的时间：

A. 5 年以下　　B. 5～10 年　　C. 10～20 年　　D. 20～30 年

E. 30 年以上

5. 您的职业：

A. 工人　　B. 职员　　C. 教育工作者　　D. 农民

E. 自由职业者　　F. 管理人员　　G. 军人　　H. 学生

I. 服务人员　　J. 技术人员　　K. 政府工作人员　　L. 退休人员

M. 其他

6. 您的家庭人口数：

A. 5 人以上　　B. 2～5 人　　C. 单身

7. 您的家庭年收入是：

A. 3 000 元以下　　B. 3 000～5 000 元

C. 5 000～10 000 元　　D. 10 000～20 000 元

E. 20 000～30 000 元　　F. 30 000～50 000 元

G. 50 000 元以上

（二）被访者从事旅游业的情况

8. 您的家庭是否有从事旅游行业的成员：

A. 是　　B. 否

9. 您的家庭成员主要从事的旅游的经营活动：

A. 餐饮　　B. 住宿　　C. 导游　　D. 交通

E. 景区管理　　F. 旅游产品销售　　G. 旅游规划　　H. 娱乐

I. 其他旅游活动

10. 您的旅游收入占家庭总收入的：

A. 80%以上　　B. 50%～80%　　C. 20%～50%　　D. 10%～20%

E. 10%以下

（三）被访者的旅游感知情况

第一部分：高速公路服务区状况

序号	测量指标	现在的状态				
		1	2	3	4	5
1	高速公路服务区建设环境与旅游资源结合符合旅游功能开发的要求程度					
2	高速公路服务区功能布局符合旅游功能开发的要求程度					
3	高速公路服务区商业化管理模式符合旅游功能开发的要求程度					
4	高速公路旅游产品开发和设计符合旅游功能开发的要求程度					
5	高速公路服务区的定位符合旅游功能开发的要求程度					
6	高速公路观光资源开发符合旅游功能开发的要求程度					
7	高速公路观光接待设施建设符合旅游功能开发的要求程度					

续表

序号	测量指标	现在的状态				
		1	2	3	4	5
8	高速公路服务区休闲设施建设符合旅游功能开发的要求程度					
9	高速公路体验设施建设符合旅游功能开发的要求程度					

第二部分：旅游吸引物系统状况

序号	测量指标	现在的状态				
		1	2	3	4	5
1	旅游者的旅游体验期望类型符合旅游功能开发的要求程度					
2	旅游者的旅游人数规模符合旅游功能开发的要求程度					
3	旅游者的消费模式符合旅游功能开发的要求程度					
4	旅游吸引物系统的资源类型符合旅游功能开发的要求程度					
5	旅游吸引物系统的规划设计手段符合旅游功能开发的要求程度					
6	旅游吸引物系统的市场定位符合旅游功能开发的要求程度					
7	旅游系统标识物与自然资源结合符合旅游功能开发的要求程度					
8	旅游系统标识物与景区文化主题结合符合旅游功能开发的要求程度					
9	旅游系统标识物的设计规划符合旅游功能开发的要求程度					

第三部分：现代化交通体系发展状况

序号	测量指标	现在的状态				
		1	2	3	4	5
1	现代化交通的硬件设施水平符合旅游功能开发的要求程度					
2	交通设施由于环境资源的协调符合旅游功能开发的要求程度					
3	硬件设施的规划保护符合旅游功能开发的要求程度					
4	现代化交通的技术经济水平符合旅游功能开发的要求程度					
5	交通体系的现代化管理手段和管理模式符合旅游功能开发的要求程度					
6	综合运输系统的科技含量大小符合旅游功能开发的要求程度					
7	交通组件与旅游技术设施结合符合旅游功能开发的要求程度					
8	交通组件采用设计和规划符合旅游功能开发的要求程度					

续表

序号	测量指标	现在的状态				
		1	2	3	4	5
9	交通体系管理系统方法符合旅游功能开发的要求程度					
10	交通体系管理人才素质符合旅游功能开发的要求程度					
11	交通体系管理手段与旅游运营结合符合旅游功能开发的要求程度					

第四部分：旅游功能布局状况

序号	测量指标	现在的状态				
		1	2	3	4	5
1	旅游功能布局与增强旅游地吸引力结合符合旅游功能开发要求程度					
2	旅游功能布局与增加旅游经济收入结合符合旅游功能开发要求程度					
3	旅游功能布局促进资源的合理分布符合旅游功能开发的要求程度					
4	旅游功能布局促进环境状况的改善符合旅游功能开发的要求程度					

第五部分：旅游功能开发状况

序号	测量指标	现在的状态				
		1	2	3	4	5
1	旅游资源种类开发符合旅游功能开发的要求程度					
2	旅游资源开发强度符合旅游功能开发的要求程度					
3	旅游资源文化底蕴深度符合旅游功能开发的要求程度					
4	经济数量规模大小符合旅游功能开发的要求程度					
5	经济基础对基础设施建设的影响符合旅游功能开发的要求程度					
6	经济发展对于资金的聚集能力符合旅游功能开发的要求程度					
7	员工专业素质的高低符合旅游功能开发的要求程度					
8	员工的文明状况符合旅游功能开发的要求程度					
9	员工的旅游服务意识符合旅游功能开发的要求程度					

附录四：《交通运输部国家旅游局国家铁路局中国民用航空局中国铁路总公司国家开发银行关于促进交通运输与旅游融合发展的若干意见》

各省、自治区、直辖市、新疆生产建设兵团交通运输厅（局、委）、旅游发展委（局），国家铁路局所属各单位、民航各地区管理局、中国铁路总公司所属各单位、国家开发银行各分行：

旅游业是国民经济重要的战略性支柱产业，交通运输是旅游业发展的基础支撑和先决条件。近年来，我国综合交通运输体系不断完善，交通运输与旅游融合发展已经成为旅游业转型发展的新趋势。为深入贯彻党中央、国务院关于推进供给侧结构性改革的决策部署，落实《国务院关于促进旅游业改革发展的若干意见》（国发〔2014〕31 号），进一步扩大交通运输有效供给，优化旅游业发展的基础条件，加快形成交通运输与旅游融合发展的新格局，现提出以下意见。

一、总体要求

（一）指导思想。

落实创新、协调、绿色、开放、共享发展新理念，以深化供给侧结构性改革为主线，以转型升级、提质增效为中心，着力完善旅游交通网络设施，创新旅游交通产品，提升旅游交通服务品质，扩大新需求，创造新供给，更好地适应经济社会发展和人民群众旅游需求新变化，为促投资促消费稳增长提供坚实支撑。

（二）基本原则。

——坚持需求导向。围绕满足游客不断增长的旅游需求，增强旅游交通有效供给，提升旅游交通服务品质，带动相关产业发展，激发转型发展新动能。

——坚持协同联动。强化部门联动，优化整合交通运输与旅游资源，充分发挥开发性金融机构的优势和作用，探索建立旅游交通规划、建设、运营新机制，形成融合联动发展新模式。

——坚持市场主导。发挥政府规划引导和政策支持作用，进一步激发企业创新的内生动力，不断创新旅游交通产品和服务，构筑创新发展新环境。

——坚持突出特色。因地制宜确定旅游交通发展目标、路径和措施，打造具有地方特色、平安绿色的旅游交通精品，培育科学发展新优势。

（三）发展目标。

到2020年，基本建成结构合理、功能完善、特色突出、服务优良的旅游交通运输体系。建立健全交通运输与旅游融合发展的运行机制，基本形成“快进”“慢游”旅游交通基础设施网络，旅游交通产品供给能力明显增强，旅游交通服务功能明显改善，服务质量有效提升。

二、完善旅游交通基础设施网络体系

（四）加强旅游交通基础设施统筹规划。

进一步强化规划引领作用，加强旅游交通基础设施发展规划编制，统筹考虑交通、游憩、娱乐、购物等旅游要素和旅游资源开发，构建“快进”“慢游”的综合旅游交通网络。积极将观景台、旅游标志标牌等设施与交通基础设施统一规划、设计，充分体现区域人文特征及旅游特色，实现旅游交通标志规范、清晰明确、快速识别。

（五）加快构建便捷高效的“快进”交通网络。

依托高速铁路、城际铁路、民航、高等级公路等构建“快进”交通网络，提高旅游目的地的通达性和便捷性，实现游客远距离快速进出目的地。推进一种及以上“快进”交通方式通达4A级景区，两种及以上通达5A级景区。优化配置重点旅游城市列车班次，有条件的城市增开旅游专列。鼓励旅游城市增加至主要客源地直航航线航班，优化旅游旺季航班配置。鼓励按规定开展旅游包机业务。健全重点旅游景区交通集散体系。加快干线公路与景区公路连接线以及相邻区域景区之间公路建设，在有条件的地区形成旅游环线，并根据景区旅游规模科学确定公路建设标准。做好自驾车房车营地与交通干线之间联通公路建设。

（六）支持建设满足旅游体验的“慢游”交通网络。

建设集“吃住行游购娱”于一体的“慢游”交通网络。因地制宜建设旅游风景道，结合沿线景观风貌和旅游资源，打造具有通达、游憩、体验、运动、健身、文化、教育等复合功能的主题线路，并根据需求增设自行车道、步道等慢行设施。支持为红色旅游景区直接配套的红色旅游公路建设，支持通往少数民族特色村寨、风情小镇等旅游景点的乡村旅游公路建设。

三、健全交通服务设施旅游服务功能

（七）强化客运枢纽的旅游服务功能。

拓展机场、火车站、汽车站、邮轮码头等客运枢纽旅游服务功能，改造升级枢纽内旅游信息服务系统、标识引导系统等设施，增强自驾游服务等功能。鼓励发展旅游客运码头、游艇停靠点等，提升旅游服务功能。加强邮轮港口与城市旅游体系的衔接，引导有条件城市建设邮轮旅游集散枢纽。

（八）提升高速公路服务设施的旅游功能。

结合地方特色因地制宜在高速公路服务区增设休憩娱乐、物流、票务、旅游信息和特色产品售卖等服务功能，设置房车车位、加气站和新能源汽车充电桩等设施，推动高速公路服务区向交通、生态、旅游、消费等复合功能型服务区转型升级，建成一批特色主题服务区。加强连接重要景区的高速公路服务区的景观营造，邻近景区的服务区可考虑联合景区创新建设模式。临近高速公路具有观景价值的地方，可与景区联合设置服务区或停车区，旅游部门要提供便利，方便服务区建设和布局。鼓励有条件的高速公路结合重要景区灵活设置出入口。

（九）完善普通公路旅游服务设施。

以国省干线公路服务区试点建设为契机，鼓励在路侧空间富裕路段设置驿站、简易自驾车房车营地、观景台、厕所等设施。根据需要在农村公路沿线增设简易驿站、港湾式停车带和观景台。具备条件的道班可探索配套建设旅游停车场、驿站、简易自驾车房车营地等设施。加大景区和乡村旅游点停车场建设力度，鼓励在干线到旅游景区之间增设停车场并实现景区接驳服务。

四、推进旅游交通产品创新

（十）促进铁路旅游产品转型升级。

积极发展遗产铁路旅游线路、精品铁路旅游线路等铁路旅游产品。针对市场需求增开特色旅游列车、旅馆列车等特色旅游专列。鼓励景区结合铁路遗存、自然景观等，设置旅游体验或短途观光线路。支持开发适合旅游特点的特种观光列车等装备。

（十一）打造精品公路旅游产品。

按照景观优美、体验性强、带动性大等要求，结合旅游景区景点、旅游风景道等建设，加强沿线生态资源环境保护和风情小镇、特色村寨、汽车露营地、绿道系统等规划建设，形成有广泛影响力的自然风景线、历史人文线、红色文化线。加强与沿线产业和旅游经营对接，开展产品与公路旅游线路推介。推广精品旅游公路自驾游线路，引导自驾车房车旅游发展，培育自驾游和营地连锁品牌企业。

（十二）开发水上旅游产品。

优化沿海邮轮港口布局，逐步形成分布合理的邮轮港口体系。支持发展邮轮、游艇等水上旅游产品。鼓励支持航运企业根据市场需求拓展国际国内邮轮航线，打造邮轮港口至城市一体化旅游线路。支持长江干线、珠江干线及滨湖地区等有条件通航水域有序发展内河游轮旅游，增加游轮旅游航线，加强水上旅游线路及水上旅游公共服务设施建设。

（十三）发展低空飞行旅游产品。

支持开发低空旅游线路，鼓励开发空中游览、航空体验、航空运动等航空旅游产品。积极开展通用航空旅游试点，鼓励重点旅游城市及符合条件的旅游区开辟低空旅游航线。推动通用机场建设，建设低空旅游产业园、通航旅游小镇与飞行营地。支持低空旅游通用航空装备自主研制，打造低空飞行旅游装备及配套的专业化生产和产业化应用基地。

（十四）挖掘交通文化旅游产品。

加强对具有历史文化、精神价值等意义的铁路、公路交通遗产资源的保护开发研究，鼓励挖掘“丝绸之路”“茶马古道”“蜀道”“川盐入黔线路”“京杭大运河”等具有重要历史文化价值的交通遗迹遗存，做好资源保护与开发，完善旅游线路与展示平台。结合具有地域特色和历史文化价值的旅游线路和交通工具，打造交通旅游产品。鼓励富有观赏价值的大型桥梁等交通基础设施在设计新建时增加停车、观景、卫生等服务设施，已建成的可结合大修、改扩建增加观景服务等功能。

五、提升旅游运输服务质量

（十五）鼓励旅游客运市场创新发展。

加强服务景区客流的公共交通运输组织，鼓励开通至景区景点的旅游专线、旅游直通车，鼓励在黄金周、小长假等重大节假日期间开通定制旅游线路，增强城乡客运线路服务乡村旅游的能力。支持传统运输企业拓展旅游运输服务。支持运力闲置的客运班车向旅游包车转型，探索中小型旅游包车车型的准入。

（十六）积极推进游客联程联运。

完善省域客运联网售票系统，鼓励有条件地区设立跨省区联网售票平台并完善运行机制。积极推进跨运输方式客运联程系统建设，鼓励企业完善票务服务系统，提高联网、联程、异地和往返票务服务水平。引导互联网企业提供联程联运“一站式”票务服务。加强公空联运，推广设立异地城市候机楼，增设或加密机场到重点旅游景区的客运班线。加快推进空铁联运产品开发，在空铁联运枢纽内设立相应的旅游服务窗口。

（十七）加强旅游交通信息服务。

建立交通、旅游等跨部门数据共享机制，研究制定交通、旅游部门数据共享清单、开放清单，实质性对外开放相关数据。促进交通旅游服务大数据应用，引导各类互联网平台和市场主体参与交通、旅游服务大数据产品及增值服务开发，运用网站、微博、微信、应用程序（APP）等媒介，为社会公众提供多样化交通出行、旅游等综合信息服务，完善汽车租赁全国联网，推动实现一地租车、异地还车。政企合作推动 12301 智慧旅游公共服务平台建设，推广景区门票网上预约，完善重点景区客流监测预警等功能，采用信息化等手段引导节假日旅游高峰客流。

（十八）提升旅游交通安全保障水平。

高度重视旅游公路尤其是农村旅游公路安保设施建设，重点强化临水临崖路段、视距不良路段、陡坡急弯路段等安保设施。健全旅游客运驾驶员、船员培训与考核管理机制，提高安全驾驶与操作水平，推动完善房车准驾制度。在制度、装备、人员等方面督促企业落实安全管理主体责任，依职责加强监管。交通、旅游等部门共同制定旅游交通应急预案，提升旅游交通应急保障能力。旅游部门应对旅行社等企事（业）单位提供的服务项目进行审查，监督旅行社选择具有合法资质的旅游包车企业和车辆承接旅游团队，签订规范的包车合同。

六、强化交通运输与旅游融合发展的保障措施

（十九）完善促进融合发展的工作机制。

交通运输部门、旅游部门等加强协作，建立健全促进交通运输与旅游融合发

展重大问题协调推进机制，形成分工明确、协同联动的工作机制。强化对旅游交通规划技术指导。探索建立低空飞行、邮轮等旅游交通新业态的协同管理模式。

（二十）拓展促进融合发展的投融资渠道。

进一步创新模式，加大投融资力度，形成多元化旅游交通发展投融资格局。积极探索采取基础设施特许经营、政府购买服务、政府和社会资本合作（PPP）等模式，鼓励整合旅游和土地资源，实现沿线交通运输和旅游资源开发一体化发展。积极争取开发性、政策性等金融机构信贷资金支持。国家开发银行“十三五”期间提供不低于2 000亿元优惠贷款，贷款利率不高于央行同期基准利率，期限原则上不超过30年、宽限期3～5年，为交通运输与旅游融合提供有力金融支持，对相关示范工程给予政策倾斜和重点支持。

（二十一）加强市场监管及信用体系建设。

采用信息化手段强化市场动态监管，推动实现“正规社、正规车、正规导”“三正”服务模式。督促规范旅游包车客运管理，强化日常监管，切实规范旅游包车客运经营行为，加强旅游包车客运价格管理。强化旅游交通信用管理，完善旅游交通服务质量投诉处理制度，畅通投诉渠道，健全违法旅行社、旅游客运企业和从业人员“黑名单”制度，发布旅游运输企业服务质量投诉、质量考核信息，建立考核评价制度。加快完善邮轮运输法规体系，制定出台有关政策标准。

（二十二）发挥试点示范的引领作用。

研究构建旅游风景道体系，积极推动旅游风景道建设，打造一批特色突出的旅游风景道示范工程，鼓励结合地域特色研究制定旅游风景道建设标准导则。鼓励有条件地区创建交通运输旅游融合发展示范区。在高速公路服务区、邮轮旅游集散中心、旅游客运码头等基础设施建设领域，以及公路旅游产品、水上旅游产品、空中游览、旅游专列、联程联运等旅游运输服务领域，推动形成一批可复制、可推广的成功经验。

交通运输部　国家旅游局　国家铁路局

中国民用航空局　中国铁路总公司　国家开发银行

参考文献

［1］戢晓峰，张力丹，陈方．云南省自驾游发展水平与旅游交通可达性的空间分异及耦合［J］．经济地理，2016（5）：195－201．

［2］郝时远．坚定不移走中国特色解决民族问题的正确道路——学习中央民族工作会议精神的几点体会［J］．民族研究，2014（6）：1－11，123．

［3］庄天慧，陈光燕，蓝红星．精准扶贫主体行为逻辑与作用机制研究［J］．广西民族研究，2015（6）：138－146．

［4］王兴斌．以新常态思维谋划“十三五”旅游发展思路［J］．旅游学刊，2015（3）：2－4．

［5］魏后凯，成艾华，张冬梅．中央扶持民族地区发展政策研究［J］．中南民族大学学报（人文社会科学版），2012（1）：103－110．

［6］丁智才．民族地区少数民族特色文化产业发展研究［J］．广西民族研究，2014（6）：147－156．

［7］刘锋．让旅游成为美丽经济和幸福生活的融合体——“十三五”旅游发展创新突破［J］．旅游学刊，2015（3）：10－12．

［8］孙盼盼，戴学锋．中国区域旅游经济差异的空间统计分析［J］．旅游科学，2014（2）：35－48．

［9］徐维祥，舒季君，唐根年．中国工业化、信息化、城镇化、农业现代化同步发展测度［J］．经济地理，2014（9）：1－6．

［10］蒋志勇．西部民族地区旅游驱动型城镇化发展研究——基于区域比较优势和竞争优势理论的分析［J］．广西民族研究，2015（5）：157－163．

［11］Junxi Qian，Dan Feng，Hong Zhu. Tourism－Driven Urbanization in China's Small Town Development：A Case Study of Zhapo Town，1986－2003［J］. Habitat International，2012（36）：152－160．

［12］Jingjing Liu，Peter Nijkamp，Derong Lin. Urban-rural imbalance and Tourism－Led Growth in China［J］. Annals of Tourism Research，2017（64）：24－36．

［13］陈丽坤．离析现代化与旅游对民族社区的文化影响——西双版纳三个傣寨的比较研究［J］．旅游学刊，2011（11）：58－64.

［14］Mostafa R，Christian M. Urban vs. Rural Destinations：Residents' Perceptions，Community Participation And Support for Tourism Development［J］. Tourism Management，2017（60）：147－158.

［15］雷潇雨，龚六堂．城镇化对于居民消费率的影响：理论模型与实证分析［J］．经济研究，2014（6）：44－57.

［16］Siow－Hooi T，Muzafar S H. The Impact of The Dimensions of Environmental Performance on Firm Performance in Travel And Tourism Industry［J］. Journal of Environmental Management，2017.

［17］张显伟．少数民族特色村寨保护与发展的基本原则［J］．广西民族研究，2014（5）：91－97.

［18］王咏，陆林，杨兴柱．国外旅游小城镇研究进展与启示［J］．自然资源学报，2014（12）：2147－2160.

［19］周飞舟，王绍琛．农民上楼与资本下乡：城镇化的社会学研究［J］．中国社会科学，2015（1）：66－83，203.

［20］Stephen J. Case Study：Wellness，Tourism And Small Business Development in A UK Coastal Resort：Public Engagement in Practice［J］. Tourism Management，2017（60）：466－477.

［21］孙九霞，张士琴．民族旅游社区的社会空间生产研究——以海南三亚回族旅游社区为例［J］．民族研究，2015（2）：68－77，125.

［22］杨浩，汪三贵，池文强．少数民族地区精准脱贫进程评价及对策研究［J］．贵州民族研究，2016（7）：148－152.

［23］钟家雨，柳思维．基于协同理论的湖南省旅游小城镇发展对策［J］．经济地理，2012（7）：159－164.

［24］樊正强，梁耀积，梁志宪．新常态下民族地区产业结构转型升级的实践研究——以广西壮族自治区百色市为个案［J］．广西民族研究，2016（6）：144－152.

［25］刘冲，周黎安．高速公路建设与区域经济发展：来自中国县级水平的证据［J］．经济科学，2014（2）：55－67.

［26］白光，李文兴．铁路对少数民族地区经济的带动作用——以广西、青藏等铁路为例［J］．广西民族研究，2014（1）：139－145.

［27］杜纯布．推进中国“高铁经济”健康发展的理性思考［J］．中州学刊，

2011（3）：55－57.

［28］Daniel A，Xavier F. High Speed Rail And Tourism：Empirical Evidence from Spain［J］. Transportation Research，2016（85）.

［29］Rod T，Dennis W，Miranda B. Managing Motorways And Urban Arterials in Australia：Country Report for Australia［J］. Transportation Research Procedia，2016（15）：1－13.

［30］Yongtao T，Hui X，Liudan J. A Study of Best Practices in Promoting Sustainable Urbanization in China［J］. Journal of Environmental Management，2017（193）：8－18.

［31］马孝先．中国城镇化的关键影响因素及其效应分析［J］. 中国人口·资源与环境，2014（12）：117－124.

［32］Jose F，Ana B，Antonio R. Is The Tourism－Ted Growth Hypothesis Valid After The Global Economic And Financial Crisis？The Case of Spain 1957－2014［J］. Tourism Management，2017（61）：96－109.

［33］夏正超．旅游小城镇发展的动力机制研究［J］. 地域研究与开发，2015（5）：90－94.

［34］Ningxu S，Lu C，Yibo L. Study on Planning Strategies of Small Tourist Town Resource Integration—Take the Example of Hongshi Town，Jilin Province［J］. Applied Mechanics And Materials，2013（409）：904－907.

［35］马翀炜，马骏．文化品牌与民族地区文化产业发展［J］. 广西民族研究，2010（1）：179－183.

［36］陶慧，刘家明，朱鹤，李玏，王磊．基于A－T－R的旅游小城镇分类、评价与发展模式研究［J］. 地理科学，2015（5）：529－536.

［37］范文艺．旅游小城镇中心区空间意象与空间整合——以阳朔镇为例［J］. 旅游学刊，2010（12）：53－57.

［38］赵小芸．旅游小城镇空间衍生研究——基于Logistic模型的解释［J］. 经济问题探索，2012（7）：33－37.

［39］范文艺．旅游小城镇社会空间问题研究——以漓江流域阳朔、兴坪、大圩调查为例［J］. 广西民族研究，2010（2）：192－196.

［40］魏小安，金准．“高速时代”的中国旅游业发展［J］. 旅游学刊，2012（12）：40－46.

［41］葛全胜，席建超．新常态下中国区域旅游发展战略若干思考［J］. 地理科学进展，2015（7）：793－799.

[42] 李扬，张晓晶．“新常态”：经济发展的逻辑与前景［J］．经济研究，2015（5）：4－19.

[43] 张学良，Lin Hong. 交通基础设施促进了中国区域经济增长吗？——兼论交通基础设施对区域经济增长的空间溢出效应（英文）［J］. Social Sciences in China，2013（2）：24－47.

[44] 戢晓峰，张玲，陈方．旅游运输通道演化对区域旅游空间模式的影响机理——以云南省为例［J］．经济地理，2015（2）：202－208.

[45] Kyle M，Naho M，Bynum B. Perceptions of the ‘Other’ Residents：Implications for Attitudes of Tourism Development Focused on the Minority Ethnic Group［J］. Journal of Travel & Tourism Marketing，2016（33）：567－580.

[46] 马冬梅，李吉和．城市少数民族流动人口社会融合的障碍与对策［J］．广西民族研究，2013（2）：15－21.

[47] 陈全功，程蹊．空间贫困理论视野下的民族地区扶贫问题［J］．中南民族大学学报（人文社会科学版），2011（1）：58－63.

[48] 钞小静，沈坤荣．城乡收入差距、劳动力质量与中国经济增长［J］．经济研究，2014（6）：30－43.

[49] Yajuan Y，Yu H，Tian C. Livelihood Changes and Evolution of Upland Ethnic Communities Driven by Tourism：ACase Study in Guizhou Province，Southwest China［J］，Journal Of Mountain Science，2016（13）：1313－1332.

[50] 潘文卿．中国区域经济发展：基于空间溢出效应的分析［J］．世界经济，2015（7）：120－142.

[51] 黄剑辉，李洪侠．“一带一路”战略视阈下我国区域经济的协调发展［J］．税务研究，2015（6）：22－30.

[52] 宋泽楠．“一带一路”背景下西南少数民族地区的开放型发展——以广西为例［J］．广西民族研究，2015（3）：142－149.

[53] 韩永辉，罗晓斐，邹建华．中国与西亚地区贸易合作的竞争性和互补性研究——以“一带一路”战略为背景［J］．世界经济研究，2015（3）：89－98，129.

[54] 房冠辛，张鸿雁．新型城镇化的核心价值与民族地区新型城镇化发展路径［J］．民族研究，2015（1）：13－24，123－124.

[55] 李红云，金炳．中国特色民族理论核心与民族团结进步［J］．贵州民族研究，20161（12）：1－5.

[56] 黄娅．民族文化旅游产业可持续发展的综合评价体系及评价方法研

究——基于文化经济协同发展的视角 [J]. 贵州民族研究, 2012 (1): 111-116.

[57] 李建宏, 吴泗宗. 构建我国少数民族品牌权益的现状与对策 [J]. 贵州民族研究, 2017 (1): 25-29.

[58] 全毅. 全球区域经济一体化发展趋势及中国的对策 [J]. 经济学家, 2015 (1): 94-104.

[59] 王智勇. 产业结构、交通、民族与县域经济发展——以云南省为例 [J]. 云南财经大学学报, 2012 (5): 123-131.

[60] 张鸿雁, 房冠辛. 新型城镇化视野下的少数民族特色文化城市建设 [J]. 民族研究, 2014 (1): 26-36, 123-124.

[61] 唐剑, 李虹. 民族地区交通运输与区域经济互动发展研究——以四川阿坝藏族羌族自治州为例 [J]. 经济体制改革, 2015 (5): 78-84.

[62] 刘瑞超, 丁四保, 王成新等. 高速公路对区域发展影响的评价体系研究——以山东省为例 [J]. 地理科学, 2012 (7): 798-806.

[63] 杨帅. 少数民族地区贸易产业链优化研究——基于"一带一路"战略 [J]. 贵州民族研究, 2016 (5): 146-149.

[64] 向玲凛, 邓翔. 西部少数民族地区反贫困动态评估 [J]. 贵州民族研究, 2013 (1): 98-102.

[65] 赵波. 挑战与突破: 少数民族地区特色文化城市建设的路径研究[J]. 贵州民族研究, 2016 (6): 51-54.

[66] 熊鹰. 生态旅游承载力研究进展及其展望 [J]. 经济地理, 2013 (5): 174-181.

[67] 蔡宏波, 刘志颖. 出口贸易对我国民族地区与非民族地区之间收入差距的影响研究 [J]. 民族研究, 2016 (3): 29-40, 124.

[68] 陈茂荣. 多元文化背景下少数民族的认同困境及其应对思考 [J]. 广西民族研究, 2016 (1): 15-22.

[69] 墨绍山. 少数民族文化可持续发展机制研究——制度分析的视角[J]. 广西民族研究, 2016 (2): 141-146.

[70] 王延中, 管彦波. 云南建设民族团结示范区与和谐民族关系的基本经验及启示 [J]. 民族研究, 2014 (3): 1-12, 23.

[71] 吴小立. 民族地区资源特性、旅游价值及人力资本投资机会 [J]. 广西民族研究, 2013 (3): 170-176.

[72] 李忠斌, 郑甘甜. 特色村寨建设、民族文化旅游与反贫困路径选择

[J]. 广西民族研究, 2015 (1): 153 - 159.

[73] 李飞. 跨境旅游合作区: 探索中的边境旅游发展新模式 [J]. 旅游科学, 2013 (5): 10 - 21, 41.

[74] 付景保. 西南民族地区生态旅游发展战略的选择——基于 SWOT 的分析 [J]. 西南民族大学学报 (人文社会科学版), 2013 (3): 126 - 129.

[75] 潘冬南, 唐奇展. 民族地区旅游产业结构分析与优化对策——以广西为例 [J]. 广西民族研究, 2015 (4): 162 - 171.

[76] 罗昌勤. 文化生态学视野下广西壮汉民族文化融合与认同探析 [J]. 广西民族研究, 2016 (1): 136 - 142.

[77] 丁华, 陈杏, 张运洋. 中国旅游公路概念、类型及其效应 [J]. 长安大学学报 (自然科学版), 2013 (1): 67 - 70, 7.

[78] 莫靖聪, 翟丽蓉. 慢旅游模式在旅游区发展探究——以桂林旅游发展为例 [J]. 现代商贸工业, 2016 (1): 17 - 19.

[79] 刘海涛. 区域生态变迁与重建: 《生态重建的文化逻辑——基于龙脊古壮寨的环境人类学研究》评析 [J]. 广西民族研究, 2015 (3): 170 - 171.

[80] 刘成. 民族互嵌理论新思考 [J]. 广西民族研究, 2015 (6): 7 - 14.

[81] 钱芳, 刘代云, 张宇. 面向旅游的高速公路镇区出入口地区空间构成与整合对策 [J]. 现代城市研究, 2016 (3): 40 - 45.

[82] 农淑英. 治理视域中传统节俗的社会功能探析——以桂西南壮族乡村"三月三"为例 [J]. 广西民族研究, 2015 (3): 108 - 112.

[83] 何龙群. "符号广西" 思考 [J]. 广西民族研究, 2015 (5): 131 - 135.

[84] 赵小芸. 国内外旅游小城镇研究综述 [J]. 上海经济研究, 2009 (8): 14 - 119.

[85] 孟昭荣, 徐淑梅. 社区居民参与旅游小城镇发展之策略 [J]. 学术交流, 2016 (2): 134 - 137.

[86] Regional Economic Types and Development Strategy of Small Towns in Suburb Beijing [J]. ChineseJournal of Population, Resourcesand Environment, 2010 (2): 75 - 82.

[87] Hans Kjetil Lysgård. The 'Actually Existing' Cultural Policy and Culture - Led Strategies of Rural Places and Small Towns [J]. Journal of Rural Studies, 2016 (44): 1 - 11.

[88] Christine C, Muhammad. Shared Transport: Reducing Energy Demand and

Enhancing Transport Options for Residents of Small Towns [J]. Energy Research & Social Science, 2016 (18): 139 – 150.

[89] Alok Tiwari. Is Slipshod Urban Planning, Hampering Sustainability of Small Indian Towns? [J]. Procedia – Social and Behavioral Sciences, 2016 (216): 9 – 19.

[90] Chaolin Gu, Yan Li, Sun Sheng Han. Development and Transition of Small Towns in Rural China [J]. Habitat International, 2015 (50): 110 – 119.

[91] 石忆邵. 中国新型城镇化与小城镇发展 [J]. 经济地理, 2013 (7): 47 – 52.

[92] 沈关宝.《小城镇大问题》与当前的城镇化发展 [J]. 社会学研究, 2014 (1): 1 – 9, 241.

[93] 蒙睿, 刘嘉纬, 杨春宇. 乡村旅游发展与西部城镇化的互动关系初探 [J]. 人文地理, 2002 (2): 47 – 50.

[94] 张俊峰. 旅游城镇的旅游资源开发与保护——以红原县邛溪镇为例 [D]. 成都: 西南石油学院, 2003.

[95] 黄金火, 马晓龙. 资源型城镇旅游发展模式与对策研究 [J]. 西北大学学报 (自然科学版), 2005 (6): 811 – 814.

[96] 余凤龙, 黄震方, 曹芳东, 吴丽敏, 陶玉国. 中国城镇化进程对旅游经济发展的影响 [J]. 自然资源学报, 2014 (8): 1297 – 1309.

[97] Syakir A, Mariana M O, Syahriah B. Sustaining Local Community Economy Through Tourism: Melaka UNESCO World Heritage City [J]. Procedia Environmental Sciences, 2015 (28): 443 – 452.

[98] Haralambopoulos N, Pizam A. Perceived Impacts of Tourism: The Case of Samos [J]. Annals of Tourism Research, 1996, 23 (3): 503 – 526.

[99] Zamani – Farahani H, Musa G. Residents' Attitudes and Perception towards Tourism Development: A Case Study ofMasooleh, Iran [J]. Tourism Management, 2008, 29 (6): 1233 – 1236.

[100] Parlett G, Fletcher J, Cooper C. The Impact of Tourism on the Old Town of Edinburgh [J]. Tourism Management1995, 16 (5): 355 – 360.

[101] Owuor M A, Icely J, Newton A, et al. Mapping of ecosystem services flow in Mida Creek, Kenya [J]. Ocean & Coastal Management, 2017 (140): 11 – 21.

[102] Robert Madrigal, A Tale of Tourism in Two Cities [J]. Annals of Tourism Research, 2008 (20): 336 – 353.

［103］ Yim K P W, Bill B. Political Economy and the Emergence of AHybrid Mode of Governance of Tourism Planning ［J］. Tourism Management, 2015, (50): 316 - 327.

［104］ Nicole F, Richard G. Responsible Tourism Management: The Missing Link between Business Owners'Attitudes and Behaviour in the Cape Town Tourism Industry ［J］. Tourism Management, 2010, 5: (31): 621 -628.

［105］ Ashwani Kumar. Impact of Building Regulations on Indian Hill Towns ［J］. HBRC Journal, 2016 (12): 316 -326.

［106］ Baudy - Bovy M. New Concepts in Planning for Tourism and Recreation ［J］. Tourism Management, 1982, 3 (4): 308 -313.

［107］ Logar I. Sustainable Tourism Management in Crikvenica, Croatia: An Assessment of Policy Instruments ［J］. Tourism Managemenx, 2010, 31 (1): 125 - 135.

［108］ Costa C. An Emerging Tourism Planning Paradigm? A Comparative Analysis between Town and Tourism Planning ［J］. International Journal of Tourism Research, 2001, 3 (42): 5 -441.

［109］ 何高计，王书东．一个旅游型小城镇的兴起——繁峙县砂河镇建设的调查［J］. 经济问题，1986 (6): 56 -59.

［110］ 秦学．我国城市旅游研究的回顾与展望［J］. 人文地理，2001 (2): 73 -78.

［111］ 王光焘．建设部部长汪光焘在全国建设科技工作会议上的讲话（摘要）坚持科技创新促进城乡建设健康发展［J］. 智能建筑，2006 (8): 6 -7.

［112］ 赵媛．论我国小城镇建设的发展与完善［J］. 北方文学（下半月），2011 (10): 204.

［113］ 路培，马世梁，刘贺明，王勇．特色文化旅游小城镇建设探索——以武强周窝音乐小镇概念性规划为例［J］. 生态经济，2013 (12): 149 -153.

［114］ 李忠斌，李军，文晓国．固本扩边：少数民族特色村寨建设的理论探讨［J］. 民族研究，2016 (1): 27 -37, 124.

［115］ 龙彬，吴丹．城郊小城镇旅游发展模式探讨［J］. 小城镇建设，2011 (6): 100 -104.

［116］ 殷红梅，徐燕．贵州省贫困地区乡村旅游产业化扶贫建设模式探讨［J］. 贵州农业科学，2011, 39 (10): 197 -200.

［117］ 李瑞，黄慧玲，刘竞．山岳旅游景区旅游扶贫模式探析——基于对伏

牛山重渡沟景区田野调查的思考［J］. 地域研究与开发，2012，31（1）：94－98.

［118］刘滨谊，王玲．建设慢节奏、生态化的风景地区旅游小城镇——以华阴市为例［J］. 中国园林，2008（11）：11－16.

［119］韦玮．以上海朱家角古镇为例谈慢旅游目的地的建设［J］. 企业导报，2016（3）：56－58.

［120］鲍黎丝，王世峰．基于利益相关者视角的慢旅游动力机制研究［J］. 生态经济，2016（9）：126－128.

［121］段学成，朱晓辉．基于市场调查的舟山慢旅游开发研究［J］. 特区经济，2016（4）：121－124.

［122］张闻羽，何宸希，胡梦翔．基于慢旅游的城市公共自行车系统优化策略研究［J］. 旅游纵览（下半月），2015（7）：64－66.

［123］李佳，田里．连片特困民族地区旅游扶贫效应差异研究——基于四川藏区调查的实证分析［J］. 云南民族大学学报（哲学社会科学版），2016（6）：96－102.

［124］左冰．共容利益：社区参与旅游发展之利益协调［J］. 旅游科学，2013（1）：1－14.

［125］Christian M. Ringle，Mastura J. Urban vs. Rural Destinations：Residents' Perceptions，Community Participation and Support for Tourism Development［J］. Tourism Management，2017（60）：147－158.

［126］Gaunette Sinclair－Maragh. Demographic Analysis of Residents'Support for Tourism Development in Jamaica［J］. Journal of Destination Marketing & Management，In Press，Corrected Proof，Available online13 April 2016.

［127］Nikolaos B，Vassilios Z. Tourism Policy and Residents' Well－Being in Cyprus：Opportunities and Challenges for Developing An Inside-out Destination Management Approach［J］. Journal of Destination Marketing & Management，2016（5）：44－54.

［128］焦建春．绿道旅游功能开发与运营管理初探［J］. 现代城市研究，2012（3）：19－23.

［129］冯维波，于进勇，杨锐，秦趣．山地城市滨水区旅游功能区划与开发探究——以重庆主城区为例［J］. 重庆师范大学学报（自然科学版），2009（4）：110－115.

［130］刘敏，刘春凤，胡中州．旅游生态补偿：内涵探讨与科学问题［J］. 旅游学刊，2013（2）：52－59.

［131］Hays B，Gamble and Owen H，Sauerlender. Effects of highway noise in residential communities [J]. In the environment of human settlements human well-being in cities, 1976: 33 -40.

[132] Mel Slater, Martin Usoh. Simulating peripheral vision in immersive virtual environments [J]. Computers & Graphics, 1993, 17 (6): 643 -653.

[133] Milton P. Gordon, Amasino R, et, al. Current Developments in the Transformatin of Plants [J]. In Advances in Gene Technology: Molecular Genetics of Plants and Animals, 1983: 37 -46.

[134] Pavlos S Kanaroglou, William P Anderson. Economic Impacts of Highway-Infrastructure Improvements [J]. Transport Geography, 1998, 6 (3).

[135] Rephann. "New Highways as Economic Development Tools: An Evaluation Using Quasi - Experimental Matching Methods" [J]. Regional Science and Urban Economics, 1994 (24).

[136] Sagar K, Krishna N. S, Behara, J. Study of Lane Utilization on Delhi - Gurgaon Expressway [J]. Transportation Research Procedia, 2016 (17): 674 -684.

[137] Mohamed Abdel - Aty, Jaeyoung. A Bayesian Ridge Regression Analysis of Congestion's Impact on Urban Expressway safety [J]. Accident Analysis & Prevention, 2016 (88): 124 -137.

[138] Koji S, Kazuki I, Yuki M. A Study of Collision Risk Estimation and Users Evaluation at Merging Section of Urban Expressway in Japan [J]. Transportation Research Procedia, 2016 (15): 783 -793.

[139] Susumu Y, Makoto T. Analysis of Driver Behavior Based on Real Expressway Data [J]. IFAC - PapersOnLine, 2016 (49): 337 -342.

[140] Shoichi H, Ryota H, Tomoyoshi S. Development of a Network Traffic Simulator for the Entire Inter-urban Expressway Network in Japan [J]. Transportation Research Procedia, 2015 (6): 285 -296.

[141] Choongwan K, Taehoon H, Jimin K. A Decision Support System for Determining the Optimal Size of ANew Expressway Service Area: Focused on the profitability [J]. Decision Support Systems, 2014 (67): 9 -20.

[142] 高翔，龙小宁，杨广亮．交通基础设施与服务业发展——来自县级高速公路和第二次经济普查企业数据的证据 [J]. 管理世界，2015 (8): 81 -96.

[143] 钱佳，汪德根，牛玉．城市居民对高速公路免费政策的支持度及出游行为变化——以苏州市为例 [J]. 旅游学刊，2015 (4): 50 -61.

[144] 王成新，王格芳，刘瑞超，王明苹，李新华，姚士谋．高速公路对城

市群结构演变的影响研究——以山东半岛城市群为例［J］. 地理科学，2011（1）：61－67.

［145］陈豪，王宇熹，李春晓. 高速公路差异化收费引导假日旅游供需平衡研究［J］. 旅游学刊，2014（1）：83－91.

［146］周恺. 长江三角洲高速公路网通达性与城镇空间结构发展［J］. 地理科学进展，2010（2）：241－248.

［147］林涛，孙婷婷. 长江三角地区高速公路网络与城镇体系空间结构的分形研究［J］. 人文地理，2012（6）：43－49.

［148］Dick A，Khaled K，Kenneth G. Estimating Traffic Volume on Wyoming Low Volume Roads Using Linear and Logistic Regression Methods［J］. Journal of Traffic and Transportation Engineering（English Edition），2016（3）：493－506.

［149］Ladislav B，Vladislav B，Karel J. Verification of Methodical Procedure for Determining the Traffic Volumes Using Short-term Traffic Surveys［J］. Procedia Engineering，2016（161）：275－281.

［150］Faruk，Bhaven. Traffic Volume and Load Data Measurement Using APortable Weigh in Motion System：A Case Study［J］. International Journal of Pavement Research and Technology，2016（9）：202－213.

［151］Moniruzzaman，Hanna M，William A. Short－Term Prediction of Border Crossing Time and Traffic Volume for Commercial Trucks：A Case Study for the Ambassador Bridge［J］. Transportation Research Part C：Emerging Technologies，2016（63）：182－194.

［152］肖智，李玲玲. PSO－SVM 在高速公路交通量预测中的应用［J］. 管理评论，2011（12）：32－37，67.

［153］王慧勇，晏秋. 基于灰色线性回归组合模型的高速公路交通量预测［J］. 交通运输工程与信息学报，2016，14（1）：53－57.

［154］林文新，王建伟，袁长伟. 高速公路交通量预测的 GM（1，1）残差改进模型［J］. 长安大学学报（自然科学版），2011（5）：77－79，96.

［155］刘甜伟. 高速公路交通量预测失准分析［J］. 交通标准化，2011（1）：10－13.

［156］刘恒，丘建栋，方杰，罗建科. 城市连绵区高速公路交通量建模预测研究［J］. 交通信息与安全，2014（3）：73－77.

［157］李娇娇，赵翠薇. 新建高速公路诱增交通量与区域经济互动关系——以贵州省为例［J］. 贵州科学，2012，30（2）：86－90.

[158] 金刚. 京沪高速公路交通量、轴载增长规律研究 [J]. 现代交通技术, 2011, 8 (1): 79 -82.

[159] 郑晓阳. 西部地区干线高速公路交通量预测方法的重新审视 [J]. 交通标准化, 2011 (2): 87 -90.

[160] 陈大伟, 徐中, 李旭宏. 高速公路网互通立交布局优化模型 [J]. 交通运输工程学报, 2010 (3): 72 -76, 89.

[161] 王成金, 丁金学, 杨威. 中国高速公路规划网的空间效应与政策机制 [J]. 地理学报, 2011 (8): 1076 -1088.

[162] Thomas S, Jacko Robert B. Model for Forecasting Expressway Fine Particulate Matter and Carbon Monoxide Concentration: Application of Regression and Neural Network Models [J]. Air & Waste Management Association, 2007, 57 (4): 8 -480.

[163] Hao Z, Tao G. An Optimal Identifier - Selection Method Based on Recognition Probability of Expressway Network [J]. Applied Mechanics and Materials, 2011, 1447 (94): 1957 -1961.

[164] 王志星, 陆珍彩. 国际新通道: 通关达海对接东盟——防城至东兴高速公路建设纪实 [J]. 西部交通科技, 2013 (12): 10 -12.

[165] 冯立新, 杨效忠, 姚慧, 卢松. 骨干交通设施对区域旅游空间格局的影响——以渤海海峡跨海通道为例 [J]. 经济地理, 2011 (2): 189 -194.

[166] Takuya O, Muhammad A. Actual Congestion and Effect of Charger Addition in the Quick Charger Station: Case Study Based on the Records of Expressway [J]. Electr Eng Jpn, 2017, 198 (2).

[167] X J Rui, H Bai. The Monitoring System on the Security Situation in Service Area Operations of Expressway Based on the Neural Network Expert System [J]. Applied Mechanicsand Materials, 2011 (97): 919 -924.

[168] 孙朝阳, 敖佩玲, 朱铭雯. 面向新能源汽车的高速公路服务建筑研究——以云南省G56号潞江高速服务区为例 [J]. Hans Journal of Civil Engineering, 2016 (5): 216 -221.

[169] 王彬汕. 民族地区旅游小城镇规划探索以稻城香格里拉乡为例 [J]. 风景园林, 2009 (6): 84 -87.

[170] 王彬汕. 民族地区旅游小城镇规划中的“真实性”理论述评 [J]. 风景园林, 2010 (4): 98 -101.

[171] 张海燕, 李岚林. 基于和谐社会建设的西南民族地区旅游产业利益相

关者利益冲突与协调研究 [J]. 贵州民族研究, 2011 (6): 55 -60.

[172] 罗盛锋, 刘永丽, 黄燕玲, 刘星. 西南民族地区旅游影响调控研究——基于游客感知视角 [J]. 中国农业资源与区划, 2015 (5): 50 -59.

[173] 董法尧, 陈红玲, 李如跃, 吴建国. 西南民族地区民族村寨旅游扶贫路径转向研究——以贵州西江苗寨为例 [J]. 生态经济, 2016 (4): 139 -142, 157.

[174] 张春光. 生产函数法分析公路建设对国民经济的拉动作用 [J]. 公路工程, 2011 (4): 93 -97.

[175] 张文斌, 王博, 陈先义. 旅游公路交通量预测模型研究 [J]. 公路工程, 2013 (2): 87 -90.

[176] 张涵, 王卓甫, 丁继勇. 交通量可观测条件下 PPP 公路项目收益分配 [J]. 工程管理学报, 2015 (1): 71 -75.

[177] 梁文达. 论非物质文化遗产传承与少数民族地区文化软实力提升 [J]. 贵州民族研究, 2016 (1): 62 -65.

[178] 王金莹, 吴晋峰, 唐澜等. 亚洲入境旅游流地理分布及网络结构特征分析 [J]. 资源科学, 2013 (8): 1701 -1709.

[179] 许抄军, 赫广义, 江群. 中国城市化进程的影响因素 [J]. 经济地理, 2013 (11): 46 -51.

[180] 杨德进, 徐虹. 城市化进程中城市规划的旅游适应性对策研究 [J]. 经济地理, 2014 (9): 166 -171.

[181] 马剑平, 卢钦. 民族旅游资源开发利用与贫困地区发展——以广西为例 [J]. 贵州民族研究, 2015 (6): 148 -152.

[182] 彭兆荣. 论乡土中国的城镇化 [J]. 北方民族大学学报 (哲学社会科学版), 2017 (1): 5 -10.

[183] 马萱, 韩学周. 我国区域文化产业竞争优势与劣势 [J]. 中国青年政治学院学报, 2012 (2): 84 -89.

[184] 徐德莉. 少数民族传统文化视域下的社会主义核心价值观建设 [J]. 贵州民族研究, 2016 (2): 10 -13.

[185] 张新生. 旅游推动城镇化建设的典型模式与问题研究 [J]. 四川师范大学学报 (社会科学版), 2016 (1): 72 -80.

[186] 关新华, 李健仪, 谢礼珊. 旅游公共服务质量对旅游目的地形象的影响 [J]. 旅游科学, 2015 (5): 27 -38.

[187] 杨鹍飞. 当代中国城市民族工作的价值与模式 [J]. 中南民族大学学

报（人文社会科学版），2016（4）：13－18.

［188］张旗．慢旅游视角下的游客体验空间研究［J］．广西社会科学，2015（3）：75－79.

［189］曹宁，明庆忠．“慢旅游”开发的基本理念与开发路径探讨［J］．旅游论坛，2015（1）：81－86.

［190］王永明，王美霞．张家界旅游发展与居民收入的互动效应及影响因素［J］．经济地理，2015（3）：197－202.

［191］刘丹萍，金程．旅游中的情感研究综述［J］．旅游科学，2015（2）：74－85.

［192］周杨．高速铁路沿线旅游目的地协同发展及其实现路径研究［J］．经济管理，2013（3）：119－129.

［193］毕燕，徐洪琼，陈乔．广西国内旅游规模区域差异分析［J］．重庆师范大学学报（自然科学版），2012（4）：118－123.

［194］王峰，刘安乐，张斌丰等．云南省交通优势度与旅游产业发展水平空间耦合态势研究［J］．世界地理研究，2014（2）：166－175.

［195］高楠，马耀峰，李天顺等．基于耦合模型的旅游产业与城市化协调发展研究——以西安市为例［J］．旅游学刊，2013（1）：62－68.

［196］侯兵，周晓倩．长三角地区文化产业与旅游产业融合态势测度与评价［J］．经济地理，2015（11）：211－217.

［197］李晓西，刘一萌，宋涛．人类绿色发展指数的测算［J］．中国社会科学，2014（6）：69－95，207－208.

［198］万厉，刘志学，石向东．河南高速公路服务区配送模式研究［J］．经济地理，2012（3）：102－106.

［199］Rokhshad Hejazi，MadNasir Shamsudin，KhalidAbd. Rahim，Alais Radam，Saeed Yazdani，Zelina Zaitun Ibrahim，Mohammad Hassan Vakilpoor，Elmira Shamshiry. Measuring the Economic Values of Natural Resources along A Freeway：A Contingent Valuation Method［J］. Journal of Environmental Planning and Management，2014，574.

［200］Hong-di He，Jun-li Wang，Hai-rui Wei，Cheng Ye，Yi Ding. Fractal Behavior of Traffic Volume on Urban Expressway through Adaptive Fractal Analysis［J］. Physica A：Statistical Mechanics and Its Applications，2016，443.

［201］范晓峰．论区域少数民族文化旅游与文化传承的双向互动［J］．企业经济，2013（3）：133－135.

[202] 包玉山. 中国少数民族经济：核心概念、概念体系及理论意义 [J]. 民族研究，2010 (5)：30 -35，108.

[203] 徐英. 论贵州少数民族文化繁荣发展的“三要素” [J]. 贵州民族研究，2012 (3)：12 -15.

[204] 王建民. 扶贫开发与少数民族文化——以少数民族主体性讨论为核心 [J]. 民族研究，2012 (3)：46 -54，108.

[205] 林庆，李旭. 城市化进程与中国少数民族传统文化的生存前景 [J]. 云南民族大学学报 (哲学社会科学版)，2009 (4)：17 -21.

[206] 谭志喜，孙根年. 近20年国内民族旅游研究进展——基于国家社科、自科基金资助项目的分析 [J]. 西南民族大学学报 (人文社会科学版)，2013 (12)：142 -146.

[207] 曹志民，袁哲. 特色民族文化在环境艺术设计中应用的思考——以彝族度假酒店设计为例 [J]. 家具与室内装饰，2016 (3)：114 -115.

[208] 唐未兵，傅元海，王展祥. 技术创新、技术引进与经济增长方式转变 [J]. 经济研究，2014 (7)：31 -43.

[209] 王宁. 地方消费主义、城市舒适物与产业结构优化——从消费社会学视角看产业转型升级 [J]. 社会学研究，2014 (4)：24 -48，242 -243.

[210] 孙凤芝，许峰. 社区参与旅游发展研究评述与展望 [J]. 中国人口·资源与环境，2013 (7)：142 -148.

[211] 邓崇专. 当前广西民族乡散居少数民族特有权益保障的落空与实现——“广西民族乡法治状况研究”之一 [J]. 广西民族研究，2014 (4)：32 -38.

[212] John W，Sarah L，Yang S. Can Freeway Traffic Volume Information Facilitate Urban Accessibility Assessment?：Case Study of the City of St. Louis [J]，Journal of Transport Geography，2015 (44)：65 -75.

[213] 晏秋萍，彭勇. 基于旅游景区的交通量预测比较研究 [J]. 交通信息与安全，2010 (5)：25 -27.

[214] 胡功宏，林雨，高建平. 高速公路交通流实时安全性评价 [J]. 安全与环境学报，2015 (1)：57 -63.

[215] 段宗涛，李莹，郑西彬，康军，程豪. 基于Hadoop平台的实时多路径交通流分配算法 [J]. 中国公路学报，2014 (9)：98 -104.

[216] Alireza N，Peter A，Pantea F. Influence of National Culture and Balanced Organizational Culture on the Hotel Industry's Performance [J]. International Journal of

Hospitality Management, 2017 (63): 22 -32.

[217] 周欣，王新驰．民族文化主题酒店营销策略研究 [J]. 贵州民族研究，2013 (6): 127 -130.

[218] 许金如．论中国旅游业发展的五大趋势 [J]. 开发研究，2014 (2): 74 -77.

[219] Gheorghe Georgica. The Tourist's Perception about Slow Travel - A Romanian Perspective [J]. Procedia Economics and Finance, 2015 (23): 1596 -1601.

[220] 陈伟，修春亮，陈金星，王女英，魏冶．中国城市间交通流强度的空间格局 [J]. 人文地理，2015 (4): 116 -122.

[221] 张佑印，顾静，马耀峰．旅游流研究的进展、评价与展望 [J]. 旅游学刊，2013 (6): 38 -46.

[222] 杨兴柱，顾朝林，王群．旅游流驱动力系统分析 [J]. 地理研究，2011 (1): 23 -36.

[223] 马荣国，杨立波．可持续发展的城市交通规划 [J]. 西安公路交通大学学报，2000 (4): 53 -56.

[224] 蔡莉丽，马学广，陈伟劲，栾晓帆，李贵才．基于客运交通流的珠三角城市区域功能多中心特征研究 [J]. 经济地理，2013 (11): 52 -57.

[225] 杜美龄，孙根年. 30 年来国际“贸易—交通—旅游”(3T) 互动的统计分析 [J]. 人文地理，2015 (2): 155 -160.

[226] 张树民，钟林生，王灵恩．基于旅游系统理论的中国乡村旅游发展模式探讨 [J]. 地理研究，2012 (11): 2094 -2103.

[227] Celeste E, Maria J, Elisabeth K. Who Is Consuming the Countryside? An Activity - Based Segmentation Analysis of the Domestic Rural Tourism Market in Portugal [J]. Journal of Hospitality and Tourism Management, 2017 (31): 197 -210.

[228] 翁钢民，李凌雁．区域旅游流网络结构与环境响应研究——以京津冀地区为例 [J]. 地理与地理信息科学，2015 (1): 59 -63.

[229] Catia J, Mario F. Cooperation Networks in Tourism: A Study of Hotels and Rural Tourism Establishments in An Inland Region of Portugal [J]. Journal of Hospitality and Tourism Management, 2016 (29): 165 -175.

[230] 刘宏盈，韦丽柳，张娟．基于旅游线路的区域旅游流网络结构特征研究 [J]. 人文地理，2012 (4): 131 -136.

[231] Alireza N, Peter A, Pantea F. Influence of National Culture and Balanced Organizational Culture on the Hotel Industry's Performance [J]. International Journal of

Hospitality Management, 2017 (63): 22 - 32.

[232] 施国新. 主题酒店文化主题创意研究: 从创造体验到打造概念 [J]. 旅游论坛, 2013 (5): 98 - 104.

[233] 保继刚, 杨昀. 旅游商业化背景下本地居民地方依恋的变迁研究——基于阳朔西街的案例分析 [J]. 广西民族大学学报 (哲学社会科学版), 2012 (4): 49 - 54.

[234] 高岩, 董宪元, 田飞. 高速公路交通安全现状分析及管理对策 [J]. 中国安全生产科学技术, 2015 (10): 110 - 115.

[235] 陈方, 李俊芳, 戢晓峰. 高铁对区域旅游交通可达性格局的影响分析 [J]. 交通运输系统工程与信息, 2016 (4): 225 - 230, 247.

[236] 韦正富, 李敬. 论西南民族地区基层公共服务系统建设 [J]. 云南民族大学学报 (哲学社会科学版), 2010 (6): 68 - 72.

[237] 王岚, 张捷, 曹靖等. 游客感知视角下的旅游地可进入性评价研究——以九寨沟风景区为例 [J]. 人文地理, 2010 (2): 144 - 148.

[238] Juan Gl B, Oksana T. Tourists' Spending and Adherence to Shopping Plans: The Case of the Christmas Market in Merano, Italy [J]. Tourism Management, 2017 (61): 55 - 62.

[239] 左冰. 中国旅游经济增长因素及其贡献度分析 [J]. 商业经济与管理, 2011 (10): 82 - 90.

[240] Syed A R, Qianli D, Khalid Z. Travel and Tourism Competitiveness Index: The Impact of Air Transportation, Railways Transportation, Travel and Transport Services on International Inbound and Outbound Tourism [J]. Journal of Air Transport Management, 2017 (58): 125 - 134.

[241] Jennifer S Mindell. Active Travel Is (Generally) Good for Health, the Environment and the Economy [J]. Journal of Transport & Health, 2015 (2): 447 - 448.

[242] 杨骏. 全球化进程中原生态文化的资源价值与本土重建——兼论民族旅游开发 [J]. 中央民族大学学报 (哲学社会科学版), 2015 (5): 94 - 98.

[243] 杨军辉, 李同昇, 徐冬平. 民族旅游村寨居民文化补偿认知的空间分异及机理——以贵州西江千户苗寨为例 [J]. 地理科学进展, 2015 (9): 1167 - 1178.

[244] Lu Ke. Tourism Development Restrict Analyses of Ecology Flimsily Section [J]. Energy Procedia, 2012 (14): 451 - 456.

[245] 陈永昶, 徐虹, 郭净. 满意均衡——基于供应链视角对游客满意与旅

游购物问题的探讨 [J]. 旅游学刊, 2013 (3): 80 – 86.

[246] 徐菊凤, 任心慧. 旅游资源与旅游吸引物: 含义、关系及适用性分析 [J]. 旅游学刊, 2014 (7): 115 – 125.

[247] 胥兴安, 王立磊, 张广宇. 感知公平、社区支持感与社区参与旅游发展关系——基于社会交换理论的视角 [J]. 旅游科学, 2015 (5): 14 – 26.

[248] Antonia C, Metin K. Tourists' Shopping Experiences at Street Markets: Cross – Country Research [J]. Tourism Management, 2016 (56): 85 – 95.

[249] 胡林. 目的地居民对旅游影响感知的实证研究 [J]. 企业经济, 2013 (2): 118 – 121.

[250] 刘永丽, 黄燕玲, 罗盛锋. 游客感知视角下西南民族地区旅游影响的调控 [J]. 企业经济, 2014 (9): 96 – 102.

[251] Jiabin W. Expressway Service Area in Western China Fine Marketing Empirical Analysis and Countermeasure Research [J]. Applied Mechanics and Materials, 2014 (543): 4185 – 4189.

[252] Wang X, Robert L, Jinhe Z. How Smart Is Your Tourist Attraction?: Measuring Tourist Preferences of Smart Tourism Attractions via a FCEM – AHP and IPA Approach [J]. Tourism Management, 2016 (54): 309 – 320.

[253] Choongwan K, Taehoon H, Jimin K. A Decision Support System for Determining the Optimal Size of ANew Expressway Service Area: Focused on the Profitability [J]. Decision Support Systems, 2014.

[254] 潘海啸. 多模式城市交通体系与方式间的转换 [J]. 城市规划学刊, 2013 (6): 84 – 88.

[255] 汪侠, 甄峰, 吴小根, 张洪, 刘泽华. 旅游开发的居民满意度驱动因素——以广西阳朔县为例 [J]. 地理研究, 2010 (5): 841 – 851.

[256] Linjia Z, Laurent B, Sylvain P. Destination Performance: Introducing the Utility Function in the Mean – Variance Space [J]. Tourism Management, 2016(52).

[257] 田敏, 邓小艳. 近十年国内民族村寨旅游开发与民族文化保护和传承研究述评 [J]. 中南民族大学学报 (人文社会科学版), 2012 (6): 36 – 40.

[258] 杨军. 少数民族非物质文化遗产保护探究 [J]. 中南民族大学学报 (人文社会科学版), 2016 (1): 58 – 62.

[259] 秦志英. 西南少数民族地区旅游可持续发展策略探讨 [J]. 黑龙江民族丛刊, 2011 (1): 43 – 46.

[260] Eduard Kusen. A System of Tourism Attractions [J]. Tourism: An Inter-

national Interdisciplinary Journal, 2010 (58): 4.

[261] 路幸福，陆林. 基于旅游者凝视的后发型旅游地文化认同与文化再现[J]. 人文地理，2014 (6): 117-124.

[262] 段超. 保护和发展少数民族特色村寨的思考 [J]. 中南民族大学学报(人文社会科学版)，2011 (5): 20-24.

[263] 宋立中，谭申. 复合型文化遗产旅游产品开发路径分析——以福建马尾船政文化为例 [J]. 旅游学刊，2012 (10): 93-101.

[264] 黄炜，陈昕，王丽. 民俗旅游产品创新中的顾客价值需求研究——以湘西自治州为例 [J]. 旅游学刊，2013 (12): 64-70.

[265] 周娜娜. 民族旅游开发与可持续发展研究 [J]. 贵州民族研究，2013 (1): 107-111.

[266] 韦小良. 乡村旅游经济功能与农村市场化互动研究 [J]. 西南农业大学学报（社会科学版)，2012 (12): 9-10.

[267] 钟柏昌，李艺. 问卷调查方法在教育研究领域的应用状况分析 [J]. 开放教育研究，2012 (6): 74-79.

[268] 张珍珍，李君轶. 旅游形象研究中问卷调查和网络文本数据的对比——以西安旅游形象感知研究为例 [J]. 旅游科学，2014 (6): 73-81.

[269] 白凯. 无应答式李克特量表在旅游研究中的应用检验 [J]. 旅游学刊，2011 (4): 9-35.

[270] 刘小瑜. 试论方程结构对样本变化的耐抗性 [J]. 经济科学，2008 (5): 122-128.

[271] 徐万里. 结构方程模式在信度检验中的应用 [J]. 统计与信息论坛，2008 (7): 9-13.

[272] 姚汝铖，郑军，姚友平. SPSS 对有序分类资料的统计分析方法 [J]. 现代预防医学，2013 (16): 2972-2975, 2978.

[273] 胡亦武. 基于描述性统计分析的大学资助国际化项目的实证研究[J]. 云南财经大学学报，2009 (3): 149-153.

[274] Shiau W C, Zaleha I, Bambang S. A Rasch Model Analysis on Secondary Students' Statistical Reasoning Ability in Descriptive Statistics [J]. Procedia - Social and Behavioral Sciences, 2014 (129): 133-139.

[275] 李纲，冯娟，苏厚勤. 基于三层架构的描述性数据统计分析 [J]. 计算机应用与软件，2007 (8): 95-96, 102.

[276] Zhihai M, Benjamin Z William F. Porter. Use of Localized Descriptive Sta-

tistics for Exploring the Spatial Pattern Changes of Bird Species Richness at Multiple Scales [J]. Applied Geography, 2012 (32): 185 – 194.

[277] 孙涛，杜鹏东．统计软件 SPSS 在试卷再测信度计算中的应用 [J]. 实验技术与管理，2008 (3): 89 – 91.

[278] 温忠麟，叶宝娟．测验信度估计：从 α 系数到内部一致性信度 [J]. 心理学报，2011 (7): 821 – 829.

[279] Wei L, Xiao-hong G, Bo W. Validity and Reliability Testing of the Chinese (Mainland) Version of the 39 – Item Parkinson's Disease Questionnaire (PDQ – 39) [J]. Journal of Zhejiang University – Science B (Biomedicine & Biotechnology), 2010 (7): 531 – 538.

[280] 郑文智，吴文毅．结构方程模型拟合评鉴：整体拟合、内部拟合与复核效度检验 [J]. 心理学探新，2014 (1): 57 – 61.

[281] 史静琤，莫显昆，孙振球．量表编制中内容效度指数的应用 [J]. 中南大学学报 (医学版)，2012 (2): 49 – 52.

[282] 辛督强，韩国秀．因子分析法在科技期刊综合评价中的应用 [J]. 数理统计与管理，2014 (1): 116 – 121.

[283] 赵拥军，陈景武，唐军．主成分分析与因子分析法在医院管理质量综合评价中的应用研究 [J]. 中国卫生统计，2006 (5): 403 – 406.

[284] 程开明．结构方程模型的特点及应用 [J]. 统计与决策，2006 (10): 22 – 25.

[285] 辛士波，陈妍，张宸．结构方程模型理论的应用研究成果综述 [J]. 工业技术经济，2014 (5): 61 – 71.

[286] 史春云，孙勇，张宏磊，刘泽华，林杰．基于结构方程模型的自驾游客满意度研究 [J]. 地理研究，2014 (4): 751 – 761.

[287] Andrea S, Stefano N, Riccardo S. Predicting Organic Food Consumption: A Meta – Analytic Structural Equation Model Based on the Theory of Planned Behavior [J]. Appetite, 2017 (12): 235 – 248.

[288] 周涛，鲁耀斌．结构方程模型及其在实证分析中的应用 [J]. 工业工程与管理，2006 (5): 99 – 102.

[289] 陈琦，梁万年，孟群．结构方程模型及其应用 [J]. 中国卫生统计，2004 (2): 7 – 11.

[290] 张中华，段瀚．基于 Amos 的环境地方性与游客地方感之间的关系机理分析——以西安大明宫国家考古遗址公园为例 [J]. 旅游科学，2014

(4): 81 -94.

[291] 高军，马耀峰，吴必虎．结构方程模型之旅游研究近况——理性回顾、审视与反思 [J]. 旅游学刊，2012 (7): 98 -111.

[292] 方杰，温忠麟，张敏强，任皓．基于结构方程模型的多层中介效应分析 [J]. 心理科学进展，2014 (3): 530 -539.

[293] 何仁伟，李光勤，刘运伟等．基于可持续生计的精准扶贫分析方法及应用研究——以四川凉山彝族自治州为例 [J]. 地理科学进展，2017 (2): 182 -192.

[294] 谷慎，岑磊．我国"一行三会"监管协同度的实证分析——基于协同论的视角 [J]. 中央财经大学学报，2014 (5): 33 -39.

[295] 王晓亚，翁国阳．知识密集型产业协同度及影响因素研究 [J]. 中国科技论坛，2015 (11): 47 -53.

[296] 康健，胡祖光．战略性新兴产业与生产性服务业协同创新研究：演化博弈推演及协同度测度 [J]. 科技管理研究，2015 (4): 154 -161.

[297] 修竹．依云：来自阿尔卑斯山的馈赠 [J]. 现代企业文化（上旬），2014 (12): 62 -63.

[298] 陈志钢，保继刚．典型旅游城市游憩商业区空间形态演变及影响机制——以广西阳朔县为例 [J]. 地理研究，2012 (7): 1339 -1351.

[299] 张军．我国西南地区在"一带一路"开放战略中的优势及定位 [J]. 经济纵横，2014 (11): 93 -96.

[300] 汪延明．流通产业链绿色化治理的影响因素实证分析——以西南民族地区山地特色农产品为例 [J]. 中国流通经济，2016 (7): 17 -24.

[301] 李虹，张希源．区域生态创新协同度及其影响因素研究 [J]. 中国人口·资源与环境，2016 (6): 43 -51.

[302] 范厚明，马梦知，温文华等．港城协同度与城市经济增长关系研究 [J]. 中国软科学，2015 (9): 96 -105.

[303] 彭耿，刘芳．武陵山片区区域经济协同度的评价研究 [J]. 经济地理，2014 (10): 39 -45.

[304] 刘志迎，谭敏．纵向视角下中国技术转移系统演变的协同度研究——基于复合系统协同度模型的测度 [J]. 科学学研究，2012 (4): 534 -542，533.

[305] 吴笑，魏奇锋，顾新．协同创新的协同度测度研究 [J]. 软科学，2015 (7): 45 -50.

[306] 王宏起，徐玉莲．科技创新与科技金融协同度模型及其应用研究

[J]. 中国软科学, 2012 (6): 129－138.

[307] 陈劲松, 陈露. 论镇远古城品牌个性塑造 [J]. 中国商贸, 2010 (22): 182－183.

[308] 于英, 王麒麟, 田晋跃. 高速公路养护成本预测模型 [J]. 交通运输工程学报, 2007 (3): 76－79＋85.

[309] 郭永园, 施瑾. 生态化技术创新: 民族经济生态化的必然选择 [J]. 广西民族研究, 2015 (3): 150－156.

[310] 朱德亮, 张瑾. 基于共生理论的桂黔湘边区民族旅游竞合模式研究 [J]. 广西民族研究, 2012 (4): 185－192.

[311] 段超, 洪毅, 孙炜. 少数民族古村镇保护与发展的文化场域建构 [J]. 中南民族大学学报 (人文社会科学版), 2016 (6): 73－77.

[312] 秦红增, 郭帅旗, 杨恬. 农民的"文化自觉"与广西乡村生态旅游文化产业提升研究 [J]. 广西民族研究, 2014 (2): 161－165.

[313] 韩昭庆, 陆丽雯. 明代至清初贵州交通沿线的植被及石漠化分布的探讨 [J]. 中国历史地理论丛, 2012 (1): 29－36, 46.

[314] 肖林, 梁平锦, 蓝丹. 基于居民感知与环境监测的旅游环境影响评价——以扬美古镇为例 [J]. 旅游研究, 2011 (4): 19－24.

[315] 宇世明, 宋书巧, 屠爽爽. 广西古村落乡村旅游开发的思考——以南宁市扬美古镇为例 (英文) [J]. Journal of Landscape Research, 2010 (10): 69－71, 82.

[316] 蒋立宏. 南宁扬美古镇旅游开发路线图思考 [J]. 广西财经学院学报, 2010 (5): 123－126.

[317] 杨成, 孙秋. 苗族传统生态知识保护与产业扶贫——以宗地乡中蜂传统饲养的田野调查为依据 [J]. 广西民族研究, 2014 (3): 147－152.

[318] 潘笑云. 黔东南龙舟文化的差异及功能述论——以施洞和镇远两地为例 [J]. 贵州民族大学学报 (哲学社会科学版), 2012 (5): 35－38.

[319] 张补宏, 徐施. 民族旅游真实性研究及保护模式探讨 [J]. 地理与地理信息科学, 2010 (3): 105－108.

[320] 张俊英, 马耀峰. 民族地区乡村居民参与旅游发展的实证研究——以青海互助土族小庄村为例 [J]. 北方民族大学学报 (哲学社会科学版), 2012 (3): 81－88.

[321] 宋文辉. 城市社区文化建设中居民参与认知的困境及其排解 [J]. 行政论坛, 2013 (4): 89－92.

[322] 马晓龙.2000－2011 年中国主要旅游城市全要素生产率评价 [J]. 资源科学，2014 (8)：1626－1634.

[323] 金少萍. 南传上座部佛教与傣族的村社生活——西双版纳勐腊县勐仑镇城子村的田野个案 [J]. 西南民族大学学报 (人文社科版)，2010 (9)：1－10.

[324] 杨晋熙，刘晓鹰. 西南地区旅游产业集群竞争力评价研究 [J]. 西南民族大学学报 (人文社会科学版)，2011 (3)：137－141.

[325] 高婕. 民族关键符号在旅游场域中功能的异化——以民族服饰为例 [J]. 广西民族研究，2014 (1)：157－164.

[326] 刘红光，王云平，季璐. 中国区域间产业转移特征、机理与模式研究 [J]. 经济地理，2014 (1)：102－107.

[327] 韦复生. 耦合与创新：民族文化创意与区域旅游发展——西部民族地区经济结构调整与发展的新视角 [J]. 广西民族研究，2011 (1)：174－179.

[328] 王超，王志章. 西部少数民族地区旅游包容性发展动力模式研究——以贵州省为例 [J]. 西南民族大学学报 (人文社科版)，2016 (6)：135－138.

[329] 秦志英. 西南少数民族地区旅游可持续发展策略探讨 [J]. 黑龙江民族丛刊，2011 (1)：43－46.

[330] 单晓娅，潘康，滕文. 贵州少数民族地区生态文明发展现状评价与特征研究 [J]. 贵州民族研究，2016 (4)：33－39.

[331] 马耀峰，张春晖，薛华菊等. 中国旅游业"十三五"规划须关注的几个问题 [J]. 旅游科学，2016 (1)：16－24＋77.

[332] 刘小珉. 农户满意度视角的民族地区农村扶贫开发绩效评价研究——基于2014 年民族地区大调查数据的分析 [J]. 民族研究，2016 (2)：29－41，124.

[333] 吴莉. 文化多元视域下少数民族文化对外交流研究 [J]. 贵州民族研究，2016 (11)：74－77.

[334] 陈祖海. 民族地区资源开发利益共享机制研究——以广西锰矿资源开发的"大新模式"为例 [J]. 中南民族大学学报 (人文社会科学版)，2016 (6)：134－139.

[335] 辛丽平. 论全面对外开放格局下西南地区民族传统文化的保护 [J]. 贵州民族研究，2016 (11)：78－82.

[336] 毛巧晖. 非物质文化遗产与地域文化符号的重构——兼论山西安泽"荀子文化节"活动 [J]. 西北民族研究，2015 (4)：150－155.

[337] 唐剑，李虹. 四川藏区民族文化资源保护利用与新型城镇化建设协调

发展研究［J］. 贵州民族研究，2016（11）：65－69.

［338］杨利慧. 以社区为中心——联合国教科文组织非遗保护政策中社区的地位及其界定［J］. 西北民族研究，2016（4）：63－73，114.

［339］彭兆荣. 我国的城镇化建设与文化遗产保护的关系［J］. 西北民族研究，2014（4）：118－126.

［340］齐澍晗. 文化生态价值下少数民族传统村落保护与发展［J］. 贵州民族研究，2016（11）：83－86.

［341］谷文双. 民族地区文化旅游业发展探析——以贵州民族地区为例［J］. 贵州民族研究，2016（11）：170－175.

［342］桂怡芳. 文化资本化视角下民族特色旅游村寨建设研究［J］. 贵州民族研究，2016（11）：184－188.

［343］邹丽娟. 云南少数民族传统文化的圆融性及其时代价值［J］. 贵州民族研究，2016（7）：53－59.

［344］乔治·M·瓦拉德兹，周岑银. 协商、文化差异与原住民自治［J］. 世界民族，2014（4）：69－74.

［345］文化. 文化建设激发民族社区治理内生动力——基于西北民族社区治理的实践探讨［J］. 西北民族研究，2014（4）：127－133.

［346］安德明. 非物质文化遗产保护中的社区：涵义、多样性及其与政府力量的关系［J］. 西北民族研究，2016（4）：74－81，123.

［347］高丙中，宋红娟. 文化生态保护区建设与城镇化进程中的非遗保护：机制梳理与政策思考［J］. 西北民族研究，2016（2）：198－204，23.

［348］赵勇，魏后凯. 政府干预、城市群空间功能分工与地区差距——兼论中国区域政策的有效性［J］. 管理世界，2015（8）：14－29，187.

［349］阎占定，黄伦平. 民族地区农村土地流转中农民权益保护研究［J］. 中南民族大学学报（人文社会科学版），2016（6）：140－144.

［350］郝丽丽，吴箐，王昭等. 基于产权视角的快速城镇化地区农村土地流转模式及其效益研究——以湖北省熊口镇为例［J］. 地理科学进展，2015（1）：55－63.

［351］冒佩华，徐骥. 农地制度、土地经营权流转与农民收入增长［J］. 管理世界，2015（5）：63－74，88.

［352］刘彦随，乔陆印. 中国新型城镇化背景下耕地保护制度与政策创新［J］. 经济地理，2014（4）：1－6.

［353］王敬波. 政府信息公开中的公共利益衡量［J］. 中国社会科学，2014

(9)：105－124，205.

［354］高天跃．贵州少数民族草根创新发展路径研究［J］．中南民族大学学报（人文社会科学版），2016（5）：78－80.

［355］蔡灵洁．乡村旅游与农村土地利用经济效益耦合机理及联动路径研究［J］．农业经济，2016（3）：51－52，125.

［356］李永乐，舒帮荣，吴群．中国城市土地利用效率：时空特征、地区差距与影响因素［J］．经济地理，2014（1）：133－139.

［357］傅伯杰，张立伟．土地利用变化与生态系统服务：概念、方法与进展［J］．地理科学进展，2014（4）：441－446.

［358］李巍，李得发，王录仓等．城镇规划导向下城镇建设用地空间拓展研究［J］．现代城市研究，2012（12）：28－34，79.

［359］刘星光，董晓峰，王冰冰．英国生态城镇规划内容体系与特征分析——以三个典型生态城镇规划为例［J］．城市发展研究，2014（6）：33－38.

［360］李智环．论“一带一路”语境中的“民族走廊”及民族关系——基于云南的研究［J］．贵州民族研究，2016（1）：5－9.

［361］阎秀芝．融中西文化为一体：中华民族文化转型的重要路径［J］．贵州民族研究，2015（12）：48－51.

［362］景政彬．生态经济学视角下民族地区的城镇化推进［J］．贵州民族研究，2016（1）：132－135.

［363］David P，Catarina M，撒露莎．风土营销：葡萄酒旅游经济［J］．中南民族大学学报（人文社会科学版），2017（1）：77－80.

［364］范练练，沈苏彦．旅游景区征地补偿及其对农民的影响分析——基于江苏溱湖风景区的调研［J］．中南林业科技大学学报（社会科学版），2016（3）：66－70.

［365］宋才发．农村集体土地确权登记颁证的法治问题探讨［J］．中南民族大学学报（人文社会科学版），2017（1）：100－105.

［366］刘卫东．“一带一路”战略的科学内涵与科学问题［J］．地理科学进展，2015（5）：538－544.

［367］李晓，李俊久．“一带一路”与中国地缘政治经济战略的重构［J］．世界经济与政治，2015（10）：30－59，156－157.

［368］高良谋，马文甲．开放式创新：内涵、框架与中国情境［J］．管理世界，2014（6）：157－169.

［369］袁志刚，绍挺．土地制度与中国城市结构、产业结构选择［J］．经济

学动态，2010（12）：28－35.

［370］王世杰，张信宝，白晓永．中国南方喀斯特地貌分区纲要［J］．山地学报，2015（6）：641－648.

［371］张弛．浅议高速公路建设对贵州西南地区生态的影响及对策［J］．黑龙江交通科技，2012（8）：131.

［372］文玉钊，陆玉麒，刘玮辰，马颖忆，钟业喜．江西省交通区位演变与区域发展效应［J］．地理研究，2016（3）：572－589.

［373］孙东琪，刘卫东，陈明星．点—轴系统理论的提出与在我国实践中的应用［J］．经济地理，2016（3）：1－8.

［374］冯全胜，王海凤，陈海沐．旅游公路游客服务设施建设研究——以美国熊牙公路为例［J］．旅游论坛，2012（4）：108－112，125.

［375］张庆安．给力民族企业发展服务少数民族民生——“十一五”期间全国扶持民族贸易和民族特需商品生产优惠政策落实情况［J］．中国民族，2011（6）：24－28.

［376］路宪民．全球化时代的民族文化发展［J］．甘肃社会科学，2014（4）：105－108.

［377］徐金海，夏杰长．以供给侧改革思维推进中国旅游产品体系建设［J］．河北学刊，2016（3）：129－133.

［378］杨懿，田里，胥兴安．养生旅游资源分类与评价指标体系研究［J］．生态经济，2015（8）：137－141.

［379］贺传皎，王旭，邹兵．由“产城互促”到“产城融合”——深圳市产业布局规划的思路与方法［J］．城市规划学刊，2012（5）：30－36.

［380］阮建青，石琦，张晓波．产业集群动态演化规律与地方政府政策［J］．管理世界，2014（12）：79－91.

［381］胡丽，罗芳．旅游业对贵州省经济的拉动效应［J］．农村经济与科技，2015（7）：141－144，140.

［382］吕华鲜．广西猫儿山国家级自然保护区养生旅游开发研究［J］．林业经济问题，2010（3）：256－260.

［383］高玫．我国中心城市现代服务业发展现状与路径选择［J］．企业经济，2012（12）：108－111.

［384］闫星宇，张月友．我国现代服务业主导产业选择研究［J］．中国工业经济，2010（6）：75－84.

［385］吉亚辉，杨应德．中国城市信息服务业发展影响因素研究——基于中

国 191 个城市的空间横截面数据分析 [J]. 人文地理, 2012 (6): 71 -75.

[386] 陈书娴. 休闲观光农业导入文化创新的思考 [J]. 浙江农业科学, 2012 (9): 1337 -1340.

[387] 黄幸婷, 胡汉辉. 产业发展规划的范式研究 [J]. 科学学与科学技术管理, 2012 (9): 66 -73.

[388] 高文智. 农业生态观光旅游发展模式研究——以齐齐哈尔市为例 [J]. 中国农业资源与区划, 2016 (4): 214 -218.

[389] 陈宁. 从观光游到生态游: 旅游经济的发展模式转变 [J]. 广西社会科学, 2013 (6): 61 -63.

[390] 颜文华. 休闲农业旅游产品开发模式创新研究 [J]. 中国农业资源与区划, 2015 (7): 123 -128.

[391] 张瑜, 杨晓霞. 国外农业旅游研究综述 [J]. 人文地理, 2011 (5): 15 -23.

[392] 李玺. 城市商务旅游竞争力: 评价体系及方法的创新研究 [J]. 旅游学刊, 2010 (4): 27 -31.

[393] 石培华, 李成军. 我国旅游人才队伍建设的问题与对策思考 [J]. 旅游科学, 2011 (1): 88 -94.

[394] 施国新. 以振兴民族酒店产业为目标推进酒店教育改革——对我国酒店专业教育改革的思考 [J]. 当代教育理论与实践, 2013 (2): 121 -124.

[395] 李云鹏, 胡中州, 黄超等. 旅游信息服务视阈下的智慧旅游概念探讨 [J]. 旅游学刊, 2014 (5): 106 -115.

[396] 宋知远, 朱利群. 基于作物生态足迹的江苏省市域种植业可持续发展研究 [J]. 安徽农业科学, 2016 (16): 227 -230.

[397] 王忠义, 李雁, 聂紫瑾等. 关于景观农业的几点认识和思考 [J]. 安徽农业科学, 2013 (21): 8976 -8978.

[398] 詹丽, 谢梦琳, 邓念梅. 鄂西南民族地区养殖业与旅游业互动发展研究 [J]. 黑龙江畜牧兽医, 2014 (24): 7 -9.

[399] 卫利·巴拉提, 姬肃林. 优化新疆城镇布局新攻略 [J]. 新疆师范大学学报 (哲学社会科学版), 2013 (6): 9 -15, 2.

[400] 陶少华. 西南民族地区乡村休闲旅游发展的空间类型——以渝东南民族地区为例 (英文) [J]. Journal of Landscape Research, 2010 (8): 81 -83.

[401] 黄普绵. 西南民族地区发展生态旅游问题的深层次思考 [J]. 新经济, 2013 (17): 68 -69.

[402] 张东.西南民族地区职业教育创新发展策略研究 [J]. 贵州民族研究, 2016 (3): 219 -222.

[403] 万德权.西南民族地区体育旅游的现状与发展对策 [J]. 黑龙江民族丛刊, 2009 (4): 155 -158.

[404] 郑文俊.西南民族地区乡村旅游发展模式探析——以广西壮族自治区柳州市为例 [J]. 农村经济与科技, 2013 (3): 110 -112, 85.

[405] 黄华, 朱喜钢, 赵宁曦.慢城、慢旅游及其旅游规划运用 [J]. 浙江农业科学, 2013 (6): 741 -744, 748.

[406] The Construction Management System and Practice of Three Gorges Project [J]. Engineering Sciences, 2011 (3): 31 -36.

[407] 刘爱华.新型城镇化语境下民俗文化反哺的效能与维度 [J]. 民俗研究, 2015 (3): 39 -46.

[408] 石璇, 李文军, 王燕, 朱忠福.保障保护地内居民受益的自然资源经营方式——以九寨沟股份制为例 [J]. 旅游学刊, 2007 (3): 12 -17.

[409] 陈兴贵.民族旅游开发中应注意的几个问题 [J]. 贵州民族研究, 2006 (3): 92 -96.

[410] 徐赣丽.当代民俗传承途径的变迁及相关问题 [J]. 民俗研究, 2015 (3): 29 -38.

[411] 罗良伟, 郭凌.基于文化性格的民族文化旅游开发尺度探论 [J]. 贵州民族研究, 2016 (3): 162 -165.

[412] 刘爱华.城镇化语境下的"乡愁"安放与民俗文化保护 [J]. 民俗研究, 2016 (6): 118 -125, 160.

[413] 王洪达.乡村旅游规划之旅游服务设施修建性详细规划初探——以云南西盟佤族村寨为例 [J]. 中国林业产业, 2016 (5): 223 -224.

[414] 陈爱国.公众参与社区自然资源管理的路径选择——以云南大理洱海为个案的研究 [J]. 民俗研究, 2017 (1): 143 -151, 160.

[415] 刘琴.旅游项目规划的理论与方法研究进展 [J]. 安徽农业科学, 2011 (8): 4836 -4841.

[416] 王丛, 卞春泉.全球化背景下少数民族非遗文化的新型分类 [J]. 贵州民族研究, 2016 (2): 57 -60.

[417] 梁秀霞, 范晓佩.基于交通流融合的公交信号优先控制研究 [J]. 中南民族大学学报 (自然科学版), 2016 (4): 86 -91.

[418] 刘春霞, 韩烈保.高速公路边坡植被恢复研究进展 [J]. 生态学报,

2007 (5): 2090 - 2098.

[419] 罗瑄. 高速公路"服务区 + 旅游"经营模式管理探讨 [J]. 现代国企研究, 2015 (12): 164.

[420] 王晓燕. 高速公路服务区商业模式的创新实践 [J]. 中国公路, 2015 (23): 118 - 120.

[421] 樊建强, 徐海成. 高速公路产业化经营及政府规制探析 [J]. 经济问题探索, 2007 (3): 93 - 98.

[422] 高建平, 肖英洁, 兰北章. 高速公路开放式服务区功能定位方法 [J]. 长安大学大学学报 (自然科学版), 2015 (5): 35: 43 - 49.

[423] 左征辉. 高速公路服务区商业模式的创新路径 [J]. 现代国企研究, 2016 (16): 88.

[424] 王新哲, 陈田. 广西边境民族地区城镇合作与共生发展研究 [J]. 西南民族大学学报 (人文社科版), 2017 (1): 128 - 133.

[425] 刘萍萍, 梁双陆. 民族城镇化发展策略研究——基于云南山坝结构的探索 [J]. 西南民族大学学报 (人文社科版), 2017 (1): 151 - 156.

[426] 张永岳, 张传勇, 胡金星. "一带一路"战略下民族地区新型城镇化路径探讨 [J]. 西南民族大学学报 (人文社科版), 2017 (1): 145 - 150.

[427] 李忠斌. 民族地区精准脱贫的"村寨模式"研究——基于 10 个特色村寨的调研 [J]. 西南民族大学学报 (人文社科版), 2017 (1): 9 - 16.

[428] 苏洁. 贵州少数民族地质地貌景观旅游资源开发研究 [J]. 贵州民族研究, 2016 (1): 140 - 143.

[429] 朱琦, 徐晶. 民族民居建筑设计中民族文化的原点效应研究 [J]. 贵州民族研究, 2016 (1): 75 - 78.

[430] 刘小珉. 民族视角下的农村居民贫困问题比较研究——以广西、贵州、湖南为例 [J]. 民族研究, 2013 (4): 37 - 49, 124.

[431] 王慧英. 基于管理与环境视角的中国旅游效率研究 [J]. 旅游科学, 2014 (5): 31 - 40, 53.

[432] 汪德根, 陈田, 陆林等区域旅游流空间结构的高铁效应及机理——以中国京沪高铁为例 [J]. 地理学报, 2015 (2): 214 - 233.

[433] 付琼鸽, 刘大均, 胡静等. 湖北省旅游流网络结构的特征与优化 [J]. 经济地理, 2015 (3): 191 - 196.

[434] 赵云, 李雪梅. 高速铁路站点对城乡间经济关联度的影响研究 [J]. 统计与决策, 2015 (20): 141 - 144.

［435］王兆峰，余含．基于交通改善的湘西旅游城镇化响应时空分异与机制研究［J］．经济地理，2013（1）：187－192.

［436］孙鹏，屈啸，何小东．美国旅游公路建设及管理对我国的启示［J］．西北大学学报（自然科学版），2014（4）：635－640.

［437］柳思维，徐志耀，唐红涛．公路基础设施对中部地区城镇化贡献的空间计量分析［J］．经济地理，2011（2）：237－241，253.

［438］郑长德．中国民族地区自我发展能力构建研究［J］．民族研究，2011（4）：15－24，107.

［439］赵磊，方成．中国旅游发展经济增长溢出与基础设施门槛效应实证研究［J］．商业经济与管理，2013（5）：49－59.

［440］马黎政．开放经济中少数民族地区产业体系建设研究——以贵州省为例［J］．贵州民族研究，2015（12）：165－168.

［441］束锡红，聂君．西部地区民族关系的实证研究［J］．民族研究，2012（5）：22－32，108.

［442］张广海，赵金金．我国交通基础设施对区域旅游经济发展影响的空间计量研究［J］．经济管理，2015（7）：116－126.

［443］毛润泽．中国区域旅游经济发展影响因素的实证分析［J］．经济问题探索，2012（8）：48－53.

［444］田光辉，田敏．充分挖掘区域特色，促进民族文化旅游产业发展［J］．贵州民族研究，2015（12）：153－156.

［445］宋徽．少数民族历史街区文化景观开发探讨——基于民族旅游视角［J］．贵州民族研究，2015（12）：157－160.

［446］钟丽娟，王丹．少数民族民众生态文明意识培育的现实基础研究——以贵州为例［J］．贵州民族研究，2015（12）：39－42.

［447］耿裕清，吴泗宗．民族地区旅游景区服务满意度影响因素实证研究——基于贵州部分景点的数据［J］．贵州民族研究，2015（12）：161－164.

［448］辛丽平．略论贵州少数民族地区生态文化引领产业发展的路径选择［J］．贵州民族研究，2015（12）：148－152.

［449］王建明．资源节约意识对资源节约行为的影响——中国文化背景下一个交互效应和调节效应模型［J］．管理世界，2013（8）：77－90，100.

［450］景维民，张璐．环境管制、对外开放与中国工业的绿色技术进步［J］．经济研究，2014（9）：34－47.

[451] 罗昌勤. 文化生态学视野下广西壮汉民族文化融合与认同探析 [J]. 广西民族研究, 2016 (1): 136-142.

[452] 余泳泽, 张先轸. 要素禀赋、适宜性创新模式选择与全要素生产率提升 [J]. 管理世界, 2015 (9): 13-31, 187.

[453] 周绍杰, 王洪川, 苏杨. 中国人如何能有更高水平的幸福感——基于中国民生指数调查 [J]. 管理世界, 2015 (6): 8-21.

[454] 范柏乃, 金洁. 公共服务供给对公共服务感知绩效的影响机理——政府形象的中介作用与公众参与的调节效应 [J]. 管理世界, 2016 (10): 50-61, 187-188.

[455] 朱军. 中国经济社会转型中的民族问题与民族事务治理——以国家治理能力为分析视角 [J]. 民族研究, 2015 (1): 1-12, 123.

[456] 王文甫, 明娟, 岳超云. 企业规模、地方政府干预与产能过剩 [J]. 管理世界, 2014 (10): 17-36, 46.

[457] 彭国华. 技术能力匹配、劳动力流动与中国地区差距 [J]. 经济研究, 2015 (1): 99-110.

后　记

本书的出版受到了桂林理工大学校长解庆林教授的大力支持，本书是国家民委民族问题研究委托项目（2016－GMF－029）的研究成果，该成果在国家民委的结题鉴定中被评为了“优秀”等级。在本书即将出版之际，回忆起创作过程中的点点滴滴，心中充满了感慨和感激之情。这本著作是我和我的硕士生曹冬勤共同努力的研究成果，从选题到确定写作提纲，从实地调研到论文撰写，从数据处理到理论分析，既有艰辛和不易，也有快乐和成就。

首先，我要对我的博士后合作导师、教育部长江学者、山东大学经济研究院院长黄少安教授表示最真挚的感谢。黄少安老师学识渊博、治学严谨，在本书的创作过程中给予了指导性的意见，给了我很深的启发。每次与黄少安老师交流，总是能有很大的收获，对我的谆谆教导，让我受用一生。

其次，我要对我的博士生导师、中国社会科学院学部委员、马克思主义学部主任程恩富教授表示深深的敬意和感谢。程恩富老师胸襟宽大、为人谦逊、治学严谨。师从程恩富老师以来，时常受到他的点拨，一点一滴地教导我做人、做事、做学问，使我在各方面都取得了长足的进步，让我心怀感激、感动。

再次，我要对桂林理工大学解庆林校长表示衷心的感谢，本书的出版受到了桂林理工大学校长解庆林教授的大力支持。若不是解庆林校长特批的人才项目经费，本书难以付梓；感谢桂林理工大学梁福沛副校长、科技处方亮处长、人事处伍飞军处长的大力支持和帮助，他们为本书的出版提供了良好的条件，也使我在繁忙的教学科研工作中能够静下心来深入思考，最终完成本书的撰写；感谢广西师范大学外国语学院的李永男教授和将本书翻译成朝鲜语、日语、英语的的全今淑、李明华、杨勇、覃鸿延等四位老师，尤其是在不断校对的过程中，他们耗费了大量的精力和时间，付出了艰辛的努力，对他们的付出，我心怀感激；感谢经济科学出版社的李晓杰编辑对本书出版所付出的辛勤劳动，感谢在本书的校对和出版过程中所有付出心血的朋友们。

最后，我要对一直以来默默支持我的家人表示感谢，作为我坚强的后盾，他们始终给予我无限关怀和真挚的爱，让我能够专心投入到本书写作中，在写作过程中遇到困难和挫折时，总是给予我极大的精神鼓舞。

路漫漫其修远兮，吾将上下而求索！

曾 鹏

2017 年 11 月